本书列入

2017年国家社会科学基金重大委托项目
"十三五"国家重点图书出版规划项目

中华传统文化百部经典

周易

余敦康 解读

国家图书馆出版社

图书在版编目（CIP）数据

周易／余敦康解读 . —— 北京：国家图书馆出版社，
2017.9（2023.4 重印）
（中华传统文化百部经典 ／ 袁行霈主编）
ISBN 978-7-5013-6245-5

Ⅰ．①周… Ⅱ．①余… Ⅲ．①《周易》－注释
Ⅳ．① B221.2

中国版本图书馆 CIP 数据核字 (2017) 第 229826 号

国家图书馆出版社官方微信

书 名	周 易	
著 者	余敦康 解读	
责任编辑	于 浩 王亚宏	
特约编辑	邹西礼	
封面设计	敬人设计工作室	

出版发行 国家图书馆出版社（北京市西城区文津街 7 号　100034）
　　　　　 010－66114536　63802249　nlcpress@nlc.cn（邮购）
网　　址 http://www.nlcpress.com
印　　装 北京科信印刷有限公司
版次印次 2017 年 9 月第 1 版　2023 年 4 月第 3 次印刷

开　本　710×1000（毫米）　1/16
印　张　39.5
字　数　500 千字
书　号　ISBN 978-7-5013-6245-5
定　价　98.00 元（精装）

本册审订

张善文　　陈　来

中华传统文化百部经典
编纂办公室

张　洁　　牛淑娟　　马　超　　袁　媛

编纂缘起

文化是民族的血脉，是人民的精神家园。党的十八大以来，围绕传承发展中华优秀传统文化，习近平总书记发表了一系列重要讲话，深刻揭示出中华优秀传统文化的地位和作用，梳理概括了中华优秀传统文化的历史源流、思想精神和鲜明特质，集中阐明了我们党对待传统文化的立场态度，这是中华民族继往开来、实现伟大复兴的重要文化方略。2017年初，中共中央办公厅、国务院办公厅印发《关于实施中华优秀传统文化传承发展工程的意见》，从国家战略层面对中华优秀传统文化传承发展工作作出部署。

我国古代留下浩如烟海的典籍，其中的精华是培育民族精神和时代精神的文化基础。激活经典，熔古铸今，是增强文化自觉和文化自信的重要途径。多年来，学术界潜心研究，钩沉发覆、辨伪存真、提炼精华，做了许多有益工作。编纂《中华传统文化百部经典》，就是在汲取已有成果基础上，力求编出一套兼具思想性、学术性和大众性的读本，使之成为广泛认同、传之久远的范本。《百部经典》所选图书上起先秦，下至辛亥革命，包括哲学、文学、历史、艺术、科技等领域的重要典籍。萃取其精华，加以解读，旨在搭建传统典籍与大众之间的桥梁，激活中华优秀传统文化的价值，用优秀传统文化滋养当代中国人的精神世界，提振当代中国人的文化自信。

这套书采取导读、原典、注释、点评相结合的编纂体例，寻求优秀传统文化与社会主义核心价值观之间的深度契合点。以当代眼光审视和解读古代典籍，启发读者从中汲取古人的智慧和历史的经验，借以育人、资政，更好地为今人所取、为今人所用。力求深入浅出、明白晓畅地介绍古代经典，让优秀传统文化贴近现实生活，融入课堂教育，走进人们心中，最大限度地发挥以文化人的作用。

《百部经典》是一项重大文化工程。在中宣部等部门的指导和大力支持下，国家图书馆做了大量组织工作，得到学术界的积极响应和参与。由专家组成的编纂委员会，职责是作出总体规划，选定书目，制订体例，掌握进度；并延请德高望重的大家耆宿担当顾问，聘请对各书有深入研究的学者承担注释和解读，邀请相关领域的知名专家负责审订。先后约有 500 多位专家参与工作。在此，向他们表示由衷的谢意。

书中疏漏不当之处，诚请读者批评指正。

2017 年 9 月 21 日

凡 例

一、《中华传统文化百部经典》的选书范围，上起先秦，下迄辛亥革命。选择在哲学、文学、历史、艺术、科技等各个领域具有重大思想价值、社会价值、历史价值和学术价值的一百部经典著作。

二、对于入选典籍，视具体情况确定节选或全录，并慎重选择底本。

三、对每部典籍，均设"导读""注释""点评"三个栏目加以诠释。导读居一书之首，主要介绍作者生平、成书过程、主要内容、历史地位、时代价值等，行文力求准确平实。注释部分解释字词、注明难字读音，串讲句子大意，务求简明扼要。点评包括篇末评和旁批两种形式。篇末评撮述原典要旨，标以"点评"，旁批萃取思想精华，印于书页一侧，力求要言不烦，雅俗共赏。

四、原文中的古今字、假借字一般不做改动，唯对异体字根据现行标准做适当转换。

五、每书附入相关善本书影，以期展现典籍的历史形态。

國子祭酒護軍曲阜縣開國子臣孔穎達奉

勅撰

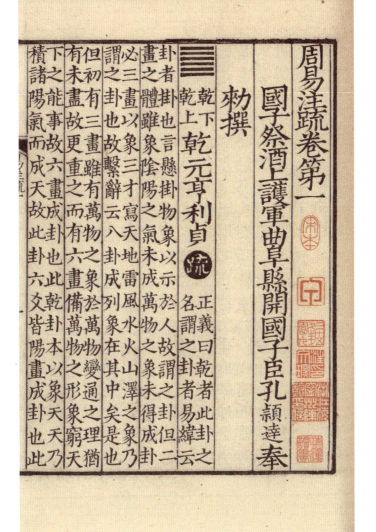

乾下乾上

乾元亨利貞　疏

正義曰乾者此卦之名謂之卦者易緯云卦者挂也言懸挂物象以示於人故謂之卦但二畫之體雖象陰陽之氣未成萬物之象未得成卦必三畫以象三才寫天地雷風水火山澤之象乃謂之卦也故繫辭云八卦成列象在其中矣是也但初有三畫雖有萬物之象於萬物變通之理猶有未盡故更重之而有六畫備萬物之形象窮天下之能事故六畫成卦也此乾卦本以象天天乃積諸陽氣而成天故此卦六爻皆陽畫成象卦也此

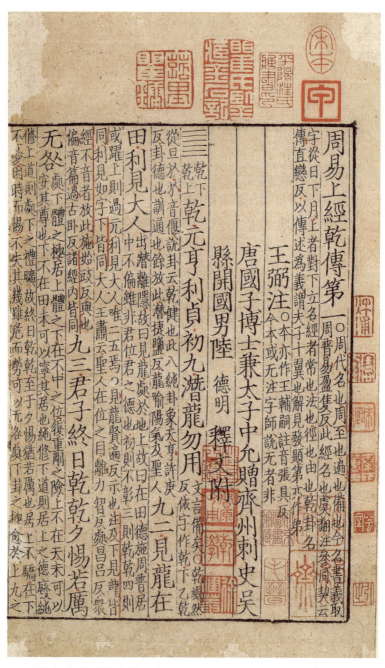

周易上經乾傳第一　〇周代名也周至也遍也備也今名書義取

宇從日下月上者對下立名經者常也法也經名也

傳直戀反以傳述為義謂夫子十翼也解見發題第亦作弟

乾下
乾上

王弼注　今本亦作王輔嗣註音張具反〇本或无注字師說无者非

唐國子博士兼太子中允贈齊州刺史吳

縣開國男陸　德明　釋文

乾元亨利貞初九潛龍勿用

九二見龍在

田利見大人

九三君子終日乾乾夕惕若厲

无咎

周易九卷附周易略例一卷　（三国魏）王弼　（晋）韩康伯注
（唐）陆德明释文　宋刻本　国家图书馆藏

目　录

导　读

一、《周易》经传的形成及其作者 ……………………………………（ 1 ）

二、易学思维特点 ……………………………………………………（ 19 ）

三、易学的历史发展脉络及主要思想流派 ……………………………（ 24 ）

四、《周易》的思想精髓与核心价值 …………………………………（ 34 ）

五、《周易》在中国文化中的特殊功能及影响 ………………………（ 39 ）

六、立足于二十一世纪的展望 ………………………………………（ 40 ）

周　易

上　经

乾卦第一 ………………………………………………………………（ 47 ）

坤卦第二 ………………………………………………………………（ 66 ）

屯卦第三 ………………………………………………………………（ 81 ）

蒙卦第四 ………………………………………………………………（ 88 ）

需卦第五………………………………………………（ 95 ）

讼卦第六………………………………………………（ 102 ）

师卦第七………………………………………………（ 110 ）

比卦第八………………………………………………（ 116 ）

小畜卦第九……………………………………………（ 124 ）

履卦第十………………………………………………（ 131 ）

泰卦第十一……………………………………………（ 139 ）

否卦第十二……………………………………………（ 148 ）

同人卦第十三…………………………………………（ 156 ）

大有卦第十四…………………………………………（ 163 ）

谦卦第十五……………………………………………（ 169 ）

豫卦第十六……………………………………………（ 175 ）

随卦第十七……………………………………………（ 182 ）

蛊卦第十八……………………………………………（ 189 ）

临卦第十九……………………………………………（ 195 ）

观卦第二十……………………………………………（ 201 ）

噬嗑卦第二十一………………………………………（ 207 ）

贲卦第二十二…………………………………………（ 212 ）

剥卦第二十三…………………………………………（ 220 ）

复卦第二十四…………………………………………（ 225 ）

无妄卦第二十五………………………………………（ 232 ）

大畜卦第二十六………………………………………（ 239 ）

颐卦第二十七…………………………………………（ 245 ）

大过卦第二十八………………………………………（ 252 ）

坎卦第二十九…………………………………………（ 258 ）

离卦第三十……………………………………………（ 264 ）

下 经

咸卦第三十一 ……………………………………………（ 271 ）

恒卦第三十二 ……………………………………………（ 279 ）

遁卦第三十三 ……………………………………………（ 285 ）

大壮卦第三十四 …………………………………………（ 292 ）

晋卦第三十五 ……………………………………………（ 298 ）

明夷卦第三十六 …………………………………………（ 305 ）

家人卦第三十七 …………………………………………（ 311 ）

睽卦第三十八 ……………………………………………（ 318 ）

蹇卦第三十九 ……………………………………………（ 326 ）

解卦第四十 ………………………………………………（ 333 ）

损卦第四十一 ……………………………………………（ 339 ）

益卦第四十二 ……………………………………………（ 346 ）

夬卦第四十三 ……………………………………………（ 355 ）

姤卦第四十四 ……………………………………………（ 362 ）

萃卦第四十五 ……………………………………………（ 369 ）

升卦第四十六 ……………………………………………（ 375 ）

困卦第四十七 ……………………………………………（ 382 ）

井卦第四十八 ……………………………………………（ 390 ）

革卦第四十九 ……………………………………………（ 397 ）

鼎卦第五十 ………………………………………………（ 404 ）

震卦第五十一 ……………………………………………（ 411 ）

艮卦第五十二 ……………………………………………（ 418 ）

渐卦第五十三 ……………………………………………（ 424 ）

归妹卦第五十四 …………………………………………（ 432 ）

丰卦第五十五 ……………………………………………（ 439 ）

旅卦第五十六 ·····························（446）

巽卦第五十七 ·····························（452）

兑卦第五十八 ·····························（459）

涣卦第五十九 ·····························（465）

节卦第六十 ·······························（472）

中孚卦第六十一 ·························（478）

小过卦第六十二 ·························（484）

既济卦第六十三 ·························（492）

未济卦第六十四 ·························（499）

系辞上传 ·································（507）

系辞下传 ·································（553）

说卦传 ···································（589）

序卦传 ···································（601）

杂卦传 ···································（609）

主要参考文献 ···························（613）

导　读

　　《周易》这部书对传统文化的影响至深且巨，在中国文化史上占有极为重要的地位。我们写这本解读《周易》的书，目的在于适应现代人的需求，把艰深晦涩的《周易》变为一般读者就能读懂的书，使易学智慧成为普通人能掌握的精神财富，其基本性质属于普及性的通俗解读。

一、《周易》经传的形成及其作者

1. 卜筮之书

　　人类的意识和精神生活经历过一个漫长的宗教神话时期。上古时期，人们向天地鬼神卜问吉凶的主要方法是龟卜和占筮，并将占卜的结果刻画在龟甲、兽骨等占卜用具上，到了周代，主要用蓍草进行占筮。《周易》这部书即起源于中国古代原始宗教时期，是在古代传统占卜成果的基础上不断积累并逐渐抽象化、系统化而形成的作品。它以一套神秘的符号系统及简短深奥的卜辞文字对占筮结果进行摹写和记录，用以象征和揭示宇宙间万事万物发展运行的奥秘。伴随着漫长原始宗教时期人类思维的发展，符号文字系统得以不断演进和完善，古人通过这套逐渐固定下来的符号文字系统沟通天地鬼神，获得心灵的启示和行为的指导，而在那些占卜活动及这套符号文字系统形成的背后，又必然隐含着中国古人对于世界及事物发展规律的思维认识方式，这是一个彼此促进发展的过程，而这个过程大约经历了数千年的时间。从原始的卜筮到《周易》的卜筮，经历了长时期的演变，中国的文化也由此而从蒙昧状态进入了文明状态。

2. "四圣一揆"

《周易》由《易经》和《易传》两部分组成。《易经》大约形成于殷周之际，《易传》大约形成于战国末年。在易学史上，关于《周易》这部书的作者，一直以来有着"人更三圣，世历三古"的说法。

《汉书·艺文志》说《周易》的形成是"人更三圣，世历三古"。"三圣"指伏羲、周文王（及周公）、孔子（及其后学）；"三古"也即"三圣"所在的上古、中古和近古。也就是说，《周易》这部书是由上古的伏羲、中古的周文王及其儿子周公、近古的孔子（及其后学）共同完成，由于主要由四位圣人共同完成这部著作，所以也被称作"四圣一揆"。在漫长的历史时期中，多位圣贤就像进行一棒一棒的接力传递一样，不断进行创作、继承、改造和完善，才最终形成了《周易》这部书。

上古的伏羲，是传说中的人物，乃中华文明的始祖，相传他作为部落首领带领民众在长期的劳动实践中，通过对自然事物及自身的观察，画出了两个符号"━""━ ━"，并用这两个符号排列组合成了八种图形，以象征天地间的八类事物，后来这八组符号被称作"八卦"。

中古的周文王，生活在殷周之际。《汉书·艺文志》记载："至于殷周之际，纣在上位，逆天暴物，文王以诸侯顺命而行道，天人之占可得而效，于是重《易》六爻。"文王在被纣王囚禁的七年中，将伏羲的八卦两两相重，八八六十四，推演出了六十四卦，每卦六爻，并为每卦、每爻配上了文字，称为卦辞和爻辞，也有后世学者认为卦辞是周文王所作，而爻辞是文王的儿子周公旦所作，历史上还有人认为重为六十四卦的就是伏羲，亦有说是神农或夏禹，这些推测都没有足够的证据。司马迁《史记》记载文王重卦，后世一般采信此说。至此，由卦爻画和卦爻辞组成的符号文字体系完成，被后世称作《易经》。《系辞传》说："《易》之兴也，其当殷之末世，周之盛德邪？当文王与纣之事邪？是故其辞危。危者使平，易者使倾。其道甚大，百物不废。惧以终始，其要无咎，此之谓《易》之道也。"经文王、周公系以卦辞、爻辞的《易经》深刻地蕴含了西周文化的思想精神。周文王、周公等周文化的创建者，变革了殷商以鬼神崇拜为主的宗教文化，建立了以德配天的天命神学观念，使中国文化的发展产生了一次重大的转折。这种转折，一方面表现在它对以往的巫术文化作了一次系统的总结，并且熔炼成为一种以天人关系为核心的整体之学；另一方面表现在它以曲折的形式反映了许多前所未有的理性内容，为后来人文文化的发展开辟了一条通路，提供了必要的前提。

近古的孔子，生活在春秋末期。《汉书·艺文志》中说："孔氏为之《彖》《象》《系辞》《文言》《序卦》之属十篇。"这十篇文章也就是后世人所称道的"十翼"，即"十个翅膀"的意思。《史记·孔子世家》中记载："孔子晚而喜《易》，序《彖》《系》《象》《说卦》《文言》。读《易》，韦编三绝。"这些文献的记载，说明孔子对《易经》进行阐释，创作了十篇文章，后世称这十篇文章为《易传》，这十篇文章对《易经》这部卜筮之书进行了诠释，对整个思想体系进行了哲学转化，使之由原始宗教的卜筮之书一跃而起，翱翔在哲学的天空。自汉代以来，世人皆认为《易传》的作者是孔子，这种观点从汉代的诸多著作中可以看得到，直到宋代欧阳修《易童子问》一书问世，列举了若干理由，认为《易传》非孔子所作。欧阳修虽然提出此说，但并没有得到普遍的重视和认可，近代人经过史学及文字学的考证，大致认为《易传》非孔子一人所作，然而具体的作者是谁，尽管有各种不同的说法，但由于没有足够的文献支持，亦不能得到广泛认同。记载孔子及其弟子言行的《论语》中有孔子讨论或引用《周易》的话，比如"不占而已矣"，"不恒其德，或承之羞"，可见孔子对《周易》有深入的运用和理解。综合各种不同的说法及相关文献，我们可以认为《易传》的形成并不是一人一时写就，当为孔子及其后学逐渐积累完成。

我们需要分清以下几个概念：《易经》《易传》《周易》及易学。

《易经》：卦爻画和卦爻辞组成的部分称作《易经》。形成于殷周之际，是用于卜筮算卦的书。

《易传》：孔子及其后学所作"十翼"（《彖上传》《彖下传》《象上传》《象下传》《文言传》《系辞上传》《系辞下传》《序卦传》《说卦传》《杂卦传》），成书于春秋战国时期，是一部哲学书。为了和其他易传相区分，世称"易大传"。是开启《周易》玄奥之门的一把钥匙。

《周易》：《易经》与《易传》合成一书，即为《周易》。关于"周"的含义，因《周易》作于西周时期，一般认为是指周代；"周"也被认为是指《周易》这本书所含道理的周流、周普、周密。

易学：汉以后至今，所有对《周易》进行的阐释与注解，统称为易学。

3. 从《易经》到《易传》

《易经》和《易传》二者形成的时间差距长达七八百年，反映了不同的文化背景，体现了不同的思想内容。《周易》的外延与内涵主要是通过《易传》而确定的。《易传》反映了春秋战国时期人文主义高涨的文化背景，与《易经》所反映的那种宗教巫术的文化背景有很大的不同。在从《易经》到《易传》发展转化的历史长河中，中国文化经历了一次从巫术文化到人文文化的重大转化，走过了一段从合到分，再从分到合的曲折过程。

在《易传》逐渐形成的时期，西周的那种统一的无所不包的天命神学解体了，精神领域的那种沉寂停滞的局面被打破了，诸子蜂起，百家争鸣，学术由原始的统一走向分裂，正如《庄子·天下》所描述的："天下大乱，贤圣不明，道德不一，天下多得一察焉以自好。"从另一个角度来看，这种分裂实际上是一次意识的觉醒、思想的启蒙、文化精神的再生。尽管当时的诸子百家彼此对立、相互争辩，但是由于他们都是怀抱着伟大的理想，把整体性的存在作为自己的思考对象，所以也都对中国文化的发展做出了贡献，从不同的角度扩展了它的外延，深化了它的内涵，并且创造了许多共同因素，为下一个阶段多样性的统一准备了条件。

到了战国末年，学术融合的局面形成了，于是人们通过各种形式来总结这个时期的文化创造。有的派别性较强，比如儒家的《荀子》和法家的《韩非子》；有的派别性较弱，比如杂家的《吕氏春秋》。至于《易传》，更是自觉地顺应这种大融合的趋势，提出了"天下同归而殊途，一致而百虑"的著名命题，不仅比其他各家更为全面地总结了这个时期的文化创造，而且接上了自伏羲以至《易经》的文化源头，把上古、中古、近古的文化连接成一个完整的系列，以浓缩的形式反映了中国文化的起源、演变和发展的轨迹，特别是反映了从巫术文化向人文文化转化的轨迹。

《周易》"世历三古"的成书史，本身就相当于一部中国文化发展史，或者相当于一部中国文化精神的生成史，而从《易经》到《易传》的这一段历史，相当于一部先秦文化发展史，可以大体上划分为西周、春秋、战国三个不同的发展阶段。从人类意识觉醒的角度来看，可以说其中贯

穿着一条人文主义的文化由萌芽、兴起到高涨的基本线索。易学的演变
与阴阳哲学的形成是和这个总的发展趋势相适应的。

　　易学的彻底改造、阴阳学说的孕育成熟以及统一的易道的形成，都
是经过战国时期的思想家长期艰苦的努力才得以实现的。战国时期的思
想家具有另一种特殊的性格，和春秋时期的那种身居高位而与传统习惯
势力有着千丝万缕联系的祝宗卜史、卿大夫完全不同。他们属于士阶层，
即普通的知识分子，在那个天下无道、礼坏乐崩的动乱时代，脱离依附
状态而游离于传统的意识形态与权力结构之外，因而获得了祝宗卜史、
卿大夫所无法想象的思想上的自由与人格上的独立。他们都是一些伟大
的理想主义者，以整体性的存在作为自己思考的对象。他们力图凭借自
己的理性来为人类寻找一个新的统一性的原理，使当时分崩离析的社会
重新凝聚起来，建立在更加合理的理论基础之上。为了达到这个目的，
他们就不能像春秋时期的祝宗卜史、卿大夫那样，局限于头痛医头，脚
痛医脚，就某些个别的现实问题发表自己的看法，而必须创造一个完整
的思想体系。

　　所谓思想体系，它有两个显明的特征：第一是在外延上周延于自然
与社会的各种现象，是一种囊括天人的整体之学；第二是在内涵上有一
个核心观念，有一个可以解释各种现象的一以贯之的总的思想原则。就
这两个特征而言，宗教与哲学都同样具有，都可以称之为思想体系，只
是从内涵的理论基础来看，一个是立足于神学的信仰，一个是立足于人
文的理性。由于西周的天命神学是中国文化史上最早成型的唯一的思想
体系，战国时期的思想家不能不把它作为自己唯一可以依据的思想来源，
所以他们为了创造自己的思想体系，大多同时从两个方面着手，即一方
面继承了它的那种囊括天人的整体之学，另一方面则极力把它的核心观
念从神学的信仰转化为人文的理性。这个转化的过程进行得相当艰苦，
因为它实际上就是哲学与宗教、理性与信仰的斗争过程，我们从先秦的

每一个重要的哲学流派身上都可以看出这种斗争的伤痕。

在先秦各家中，道家侧重于追求自然的和谐，儒家侧重于追求社会人际关系的和谐，《易传》则是适应战国末年学术大融合的趋势，消除了争鸣时期所形成的学派成见，根据殊途同归、一致百虑的包容原则，对儒、道两家进行了综合总结，为中国文化树立了一个天人整体和谐的价值理想。《易传》作为一部解经之作，自觉地接上了中国文化的发展源头，融汇为一种代表中国文化根本精神的统一的易道。

由此可见，从《易经》到《易传》，在两者之间存在着一种复杂微妙的关系，既有联系，又有差别。其差别表现为前者是巫术文化的产物，后者是人文文化的产物。其联系则表现为《易传》站在人文文化的立场对《易经》所反映的巫术文化进行了创造性的转化，以传解经，牵经合传，使经、传共同体现一种易道，而这种易道也就代表了先秦时期所形成的中国文化的根本精神。如果有传而无经，则所谓易道就失去了依附的对象，无从见出其生成的过程；如果有经而无传，则经部的卦爻符号与卦爻辞就始终停留于巫术文化的水平，易道无从谈起。由于历史是连续与中断的对立统一，不能只有连续而无中断，也不能只有中断而无连续。古代的学者经、传不分，只看到连续而看不到中断，固然是不符合历史的真相的，但"五四"以后，以古史辨派为代表的疑古辨伪的考据学者割裂经、传，只看到中断而看不到连续，特别是看不到其中蕴含着一种曾经在文化史上产生过重大影响的易道，同样也是不符合历史真相的。

4.《周易》的性质

那么，《周易》究竟是一本什么性质的书呢？就主要倾向而言，有四种看法是具有代表性的。一种看法认为，《周易》本是卜筮之书，因而应从卜筮的角度来解释；第二种看法认为，虽然《周易》由卜筮演变而来，但它的宝贵之处不在卜筮，而在于卜筮里边蕴含着的哲学内容，因而应从哲学的角度来解释；第三种看法认为，《周易》是一部讲天文历法的书，也就是一部科学著作，其中所蕴含的科学思维对古代的科技产生了深刻的影响，因而应从自然科学的角度来解释；第四种看法认为，《周易》是一部史学著作，其中保存了多方面的古代珍贵史料，特别是反映了殷周之际的历史变革，因而应从史学的角度来解释。

实际上，《周易》作为中外历史上的一种奇特的文化现象，性质十分复杂，巫术、哲学、科学、史学这几个层面的性质全都具有，也全都对中国文化产生过影响。由于《周易》具有多重结构，既包括《易经》的卦爻符号与卦爻辞，又包括《易传》的十翼，在内容上反映了上古、中古与近古三个不同时期的文化，容纳了卜筮、哲学、科学、史学等各种复杂的成分，所以人们可以各执一端，根据自己的所见把它的复杂性质归结为某种单一的性质。我们认为，那些由历史所造成而又各有其合理内核的门户之见不能再重复了，有必要对它们抱一种超越的态度，从广义的文化的角度对这个问题进行新的探索。所谓广义的文化，这个概念可以通过其外延与内涵之间的逻辑关系来把握，如果其外延无所不包，广泛涉及各个文化领域，那么其内涵则必然缩小为某种本质的核心的层次。其实《四库全书总目》所说的"易道广大，无所不包"，早就把《周易》看作是一种广义的文化现象了，虽然它的外延广大到无所不包，而居于本质核心层次的内涵却收缩为一种很小很小的易道。这个易道就是《周易》的思想精髓或内在精神，从根本上规定了《周易》的本质属性。

就《周易》所容纳的内容而言，诚然是广泛涉及卜筮、哲学、科学、史学以及其他的许多文化领域，但是所有这些都只是文化分支而不是广义的文化。从逻辑上来看，文化分支的属性与广义文化的属性，二者是不能等同的。只有当我们从所有这些文化分支中找到了一种可以称之为易道的东西，才能真正看出《周易》在外延上的扩展以及在内涵上的渗透。因此，我们对《周易》的性质问题的研究可以摆脱以往的那些门户之见，而转化为一种广义的文化史的研究。

如果我们结合这种在外延上无所不包的广义的文化，侧重于研究《周易》的内涵，极力弄清究竟什么叫作易道，把它的本质的核心层次发掘出来，那么我们将不仅可以据此较为准确地判定它的基本性质，使目前的各种分歧获得一定程度的会通整合，而且可以加深我们对传统文化精神的理解，为中国文化史的研究提供一个新的视角。

5. 何谓"易道"

什么是"易道"呢？这是易学研究中的一个永恒而常新的问题。自从《周易》成书以来，在二千多年的历史中，以易学名家者盖以千百数，他们都把这个问题当作最高的追求目标，都有一套自己的易道观。为了节省篇幅，我们只从古人的一些有代表性的看法中归纳出三个方面的内容：第一是思维模式；第二是价值理想；第三是实用性的操作。虽然由于时代环境的不同和学派立场的差异，每个人的说法不大一样，但是在古人的心目中，都把易道看作是一个三位一体的完整结构，既不能归结为单纯的思维模式，也不能归结为单纯的价值理想或者实用性的操作，必须同时包含此三者，才能把握它与其他之道相互区别的本质属性。

就易道的思维模式而言，显然是一种统贯天人的整体思维。这种思维把世界的统一性看作是一个自明之理，着重于探索天与人、主与客、自然与社会之间的关系，以便从整体上把握其中的规律，用来指导人事，特别是政治。先秦儒、墨、道、法各家普遍利用这种思维模式来构筑自己的体系，尽管各家的基本范畴命题及思想内容的侧重点互不相同，但都毫无例外地以天人关系为主轴，视天人为一体。易道的特征在于利用这种思维模式构筑了一个以阴阳哲学为内容、以卦爻符号为形式的体系，从而在先秦各家中独树一帜。《说卦传》所谓"立天之道曰阴与阳，立地之道曰柔与刚，立人之道曰仁与义"，这个囊括天、地、人的三才之道是通过六十四卦、三百八十四爻的象数关系表现出来的。形式与内容、象数与义理的奇妙结合，这是易道的思维模式区别于其他各家的根本所在。

就易道的价值理想而言，则是追求一种以"太和"为最高目标的天与人、自然与社会的整体和谐。在先秦各家中，道家对自然的和谐仰慕钦羡，极尽赞美之能事。比如老子曾说："万物负阴而抱阳，冲气以为和。"（《老子·四十二章》）庄子曾说："天地有大美而不言，四时有明法而不议，万物有成理而不说。"（《庄子·知北游》）儒家则侧重于追求社会人际关系的和谐。比如《论语·学而》："礼之用，和为贵，先王之道斯为美。"实际上，先秦各家普遍地把天人和谐作为自己的价值取向，他们一方面援引天道来论证人道，把天道的自然规律看作是人类社会合理性的根据；另一方面又按照人道来塑造天道，把人们对合理的社会存在的主观理想投射到客观的自然规律之上。只是各家对这种整体和谐的论述，有的比较侧重于天道，有的比较侧重于人道。《周易》在《乾》卦《彖传》中提出了"太和"的思想，认为"乾道变化，各正性命，保合太和，乃利贞。首出庶物，万国咸宁"。这是先秦各家中对整体和谐的最完美的论述，集中体现了中国文化的最高价值理想。

就易道实用性的操作层面而言，则是继承和转化原始卜筮巫术而来。在人类文化发展的蒙昧阶段，人们为了实践上的需要，迫切关心自己的行动所带来的后果，于是把某一种占卜道具奉为通神之物，企图通过巫术的操作来预测吉凶，进行决策。《周易》的那一套卦爻符号体系本是巫术操作的产物。《易传》的形成，使卦爻符号变成了表现哲学思维的工具，但是其操作层面却完全保存下来了。人们称《周易》为变经，即一方面研究客观的天道人事的变化，另一方面又联系人们的行动来研究主观的应变能力。因而《周易》也是一部"开物成务"之书，具有强烈的实践功能。就客观的变化而言，是无思无为，对人类的命运漠不关心，但就主观的应变能力而言，却是从忧患意识出发，立足于人文主义的价值理想，强调发扬自强不息的刚健精神，力图趋吉避凶，转祸为福，使客观形势朝着有利于人类目的的方向转化。《系辞传》指出："是故形而上者谓之道，形而下者谓之器，化而裁之谓之变，推而行之谓之通，举而错之天下之民谓之事业。"这就是明确告诉人们，《周易》的主旨在于把对道、器、变的客观认识用于实际生活，推而行之以成就一番事业。

概而言之，统贯天人的整体思维、追求以"太和"为最高目标的价值理想、具有强烈实践功能的实际操作体系，这三者共同构成了古人心目中易道的轮廓。

6.《周易》体例：象数符号、文字系统概述

1）象数符号

《周易》的阴阳哲学是通过一套结构严密的象数符号系统表现出来的，是象数形式与义理内容的奇妙结合。"象"指的是八卦的卦象，"数"指的是爻的奇偶。揲蓍生爻，就有了七、八、九、六奇偶之数，爻排列组合而成卦，就有了八卦与六十四卦的确定卦象。对于初学者来说，首先应该对这套象数符号系统有所了解，然后才能进一步掌握其中的义理内容。其基本的符号为"▬""▬▬"，"▬"是阳爻，也叫刚爻，以奇数之九表示，"▬▬"是阴爻，也叫柔爻，以偶数之六表示。这两个符号组合成八卦，有了卦名和卦形。为了便于初学，朱熹的《周易本义》载有《八卦取象歌》：

☰ 乾三连　　　☷ 坤六断

☳ 震仰盂　　　☶ 艮覆碗

☲ 离中虚　　☵ 坎中满
☱ 兑上缺　　☴ 巽下断

八卦代表八种自然界的物质，叫作卦象，每种卦象各有不同的性质功能和象征意义，叫作卦德。乾卦的卦象为天，卦德为健。坤卦的卦象为地，卦德为顺。震卦的卦象为雷，卦德为动。巽卦的卦象为风，卦德为入。坎卦的卦象为水，卦德为陷。离卦的卦象为火，卦德为丽。艮卦的卦象为山，卦德为止。兑卦的卦象为泽，卦德为悦。下面列表说明：

卦名	卦形	卦象	卦德
乾	☰	天	健
坤	☷	地	顺
震	☳	雷	动
巽	☴	风	入
坎	☵	水	陷
离	☲	火	丽
艮	☶	山	止
兑	☱	泽	悦

八卦叫作经卦、单卦、三爻卦。六十四卦是由八卦重叠而成，叫作别卦、重卦、六爻卦，各有不同的卦形和卦名。比如乾坤两卦相重，乾上坤下的卦形是䷋，卦名为《否》，乾下坤上的卦形是䷊，卦名为《泰》；坎离两卦相重，坎上离下的卦形是䷾，卦名为《既济》，坎下离上的卦形是䷿，卦名是《未济》。六十四卦按照一定的象数规律排列成前后相承的次序，前三十卦叫作上经，后三十四卦叫作下经，是《周易》的主体。

《周易》六十四卦卦序图：

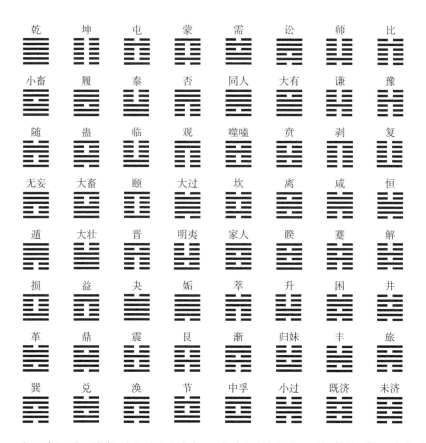

为了便于初学者对六十四卦有一个全面的了解，朱熹的《周易本义》载有《上下经卦名次序歌》：

乾坤屯蒙需讼师，比小畜兮履泰否，
同人大有谦豫随，蛊临观兮噬嗑贲，
剥复无妄大畜颐，大过坎离三十备。
咸恒遁兮及大壮，晋与明夷家人睽，
蹇解损益夬姤萃，升困井革鼎震继，
艮渐归妹丰旅巽，兑涣节兮中孚至，
小过既济兼未济，是为下经三十四。

　　《周易》的阴阳哲学把天、地、人"三才"看作一个整体，把支配这个整体的规律看成是阴阳两大对立的和谐的统一。《周易》六十四卦，每卦六爻，六爻所居之位叫作六位。六爻按照由下往上的顺序，分别称之为初、二、三、四、五、上。初、二为地之位，三、四为人之位，五、上为天之位。又因天、地、人三才之道是由一阴一阳构成的，于是又确定初为地之阳，二为地之阴，三为人之阳，四为人之阴，五为天之阳，上为天之阴，两两构成阴阳的对立统一。按照这种体例，一卦六爻的象数形式正好与阴阳哲学的义理内容符合一致，六十四卦的每一卦都是一个天、地、人的整体，其中贯穿着"一阴一阳之谓道"的和谐统一的规律。

　　在《周易》所体现的"一阴一阳之谓道"的规律中，蕴含了"当位"与"不当位"的体例。"当位"又称"得位"，即刚爻居于阳位，柔爻居于阴位。"不当位"又称"失位"，即刚柔两爻背离了理想的秩序而阴阳错位。

　　在六十四卦中，完全当位的唯有《既济》卦的六爻，而完全不当位的唯有《未济》卦的六爻。其余六十二卦中，则或当位或不当位，阴爻与阳爻排列组合成各种不同的情况。这是因为，爻是仿效具体事物的变动，这种变动受主客观因素的影响，不可能完全按照六爻的阴阳正位去各就各位，所以经常发生与理想的秩序相背离的情况。

　　2）文字系统

　　《易经》部分的文字：

　　卦名：每个卦的卦象后面居于首位的文字即为卦名，卦名多为一个字，如：乾、坤、屯、蒙、需、讼、师等，共计49个单字卦名；其余为两个字的卦名，共有15个，分别为：小畜、同人、大有、噬嗑、无妄、大畜、大过、大壮、明夷、家人、归妹、中孚、小过、既济、未济。卦名基本是由上下卦体组合而成的卦象卦义得出。

　　卦辞：卦名之后的文字，对卦象卦义进行判断性或描述性解说。由卦象卦义得出卦名后，再针对卦名所指向的主题及卦体结构作出阐释和判断，成为一卦之卦辞。

爻辞：对卦中每一爻进行的义理解说，作出吉、凶、悔、吝、无咎等判定。

《易传》部分的文字：

《易传》又称"十翼"，由七类十篇文章组成，分别为：《彖上传》《彖下传》《象上传》《象下传》《文言传》《系辞上传》《系辞下传》《序卦传》《说卦传》《杂卦传》。

《彖传》：对于卦辞进行解释与阐发的文辞。《周易正义》说："彖，断也。断定一卦之义，所以名为彖也。"六十四卦有六十四则卦辞，相应地有六十四则彖辞。因卦辞和彖辞是经和传的关系，古代的一些易学书籍中也称卦辞为彖辞。《周易》经文的前三十卦为上经，后三十四卦为下经，《彖传》对应上、下经而成上、下篇。

《大象传》：对六十四卦每一卦的卦象进行解释的文辞。从卦象所显示的天道对应于人事的立身修德的原则，是推天道以明人事之辞。《大象传》对应六十四卦共有六十四则，依据上、下经，分为上、下两篇。

《小象传》：对每一卦中的爻象、爻辞进行解释，共有三百八十四则文辞。依据上、下经，分为上、下两篇。

《文言传》：针对《乾》《坤》两卦的卦辞、爻辞进行深入阐释分析和总结阐发的文辞，义理深刻，文采斐然。

《系辞传》：对《周易》进行综合论述的通论文章，从各个方面深入地对《周易》进行阐发和解读，是"十翼"中内容最为丰富、哲学性最强的文章。分为上传和下传两篇。

《序卦传》：对《周易》的卦序进行合理性解释，将六十四卦的卦序排列与自然演化及社会人事的发展相对应，阐明卦与卦之间的关系，使六十四卦成为一个类似完整的发展链条。关于《序卦传》对卦序排列的解释，易学界有不同的看法，有的认为合理，有的不以为然。

《说卦传》：主要陈述和解说有关八卦的知识内容。对八卦的形成、意义、取象、性能、方位等分别进行说明，通过归纳式的整理说明，阐明《周易》是一个可以象征和解释宇宙万事万物的完备的体系。

《杂卦传》：将六十四卦两两对比，用简短的文字进行卦义上的对比呈现。《杂卦传》将《序卦传》中的卦序打乱，根据卦的意义及特点错杂搭配，重新编排，所以称作杂。《杂卦传》虽然是将《序卦传》卦序打乱了杂说，但文章仍保留了前三十卦以《乾》《坤》始，后三十四卦以《咸》《恒》始的特点，与卦序上下经卦数相合。

7.《周易》卦爻体例及分析原理

由于具体的事物经常在流动变化，没有一成不变的格式，所以反映这种流动变化的刚柔两爻也在相互推移，在六个爻位上转流不息，上下易位，变动无常，不固定在不动的位置上，而经常处于流动变化的过程之中，相互之间的关系错综复杂。《周易》中所蕴含的承、乘、比、应等体例表现了这种错综复杂的关系。

承与乘：以下对上曰承，承是承接；以上对下曰乘，乘是凌乘；阴柔承接阳刚为顺，阳刚承接阴柔则为逆；阳刚凌乘阴柔为顺，阴柔凌乘阳刚则为逆。总的来说，就是刚上柔下为顺，反之则为逆。这是爻与爻之间阴阳柔刚的主导与从属的关系。

比：相邻曰比。从卦位上说，初与二相比，二与三相比。三与四处于内卦与外卦交接之处则不能比。四与五相比，五与上相比。凡成比，必须是一刚一柔，如果相邻的两爻是刚对刚，或柔对柔，则不成比。

应：应有相应与敌应之分。所谓相应，即刚柔两爻彼此配合，相互感应，有五柔应一刚、五刚应一柔及三双同位刚柔相应之例。所谓三双同位刚柔相应，即初与四、二与五、三与上皆为一刚一柔，隔体相呼应。

由于阴与阳的关系相互依存，不可分割，缺少一方，另一方也不能存在，因而必须互相追求，阴求阳，阳求阴。如果这种追求得以实现，就叫作相应，相应则志同道合。反之，如果初与四、二与五、三与上或俱为刚爻，或俱为柔爻，彼此不能配合，形成一种互相排斥的局面，则称为敌应。一般情况下，在六十四卦中的各爻，相应则吉，敌应则凶。

从《周易》所蕴含的这几种象数体例来看，其中明显地表现了一种天、地、人三才整体和谐的哲学义理。这种哲学义理一方面强调刚柔之分，另一方面又强调阴阳之合，天、地、人三才的整体和谐就是在这种分与合的辩证关系中实现的。就刚柔之分而言，刚应居于阳位，柔应居于阴位，阳位为尊，阴位为卑，这种阳尊阴卑的等级位分不能错置；阳为主导，阴为从属，阳应据阴以发挥主导的作用，阴应承阳辅助配合，这种主导与从属的地位也不能颠倒。但是，由于阴阳两大对立势力是相互依存的，不能有阴而无阳，也不能有阳而无阴，阳需要得到阴的辅助，阴也要争取阳的领导，所以必须刚柔相济，阴阳协调，阳顺阴，阴顺阳，融洽配合，结为一体，才能达到整体的和谐。

时：卦以六爻为成，一卦六爻，按照承、乘、比、应种种复杂的关系，结成一个整体，有一个中心主旨，这就是卦义。卦义也叫时义、时用，简称为时，这是《周易》中一个极为重要的象数体例，因为它总揽全局，从整体上表明一卦的中心主旨。所谓时，不是一个单纯的时间概念，而是指时态、时运、时机，一种由时间、地点、条件所制约的具体的情境或客观的形势。《周易》认为，六十四卦的每一卦都是由阴阳两爻的错综交织与流转变化而形成，代表阴阳两大势力不同的排列组合所形成的具体的形势，象征自然和社会不同的状况以及势力的消长。这是一个动态的过程，其中有时大通，有时否塞，有时正面的势力上升，君子道长，小人道消，有时反面的势力上升，小人道长，君子道消。因而所谓"时"是总揽一卦之大义，表示此动态过程的一个待定的发展阶段，具有相对的稳定性，从整体上对卦中之六爻起支配作用，除非此卦变为他卦，这种支配作用是不会消失的。

按照这种体例，《周易》六十四卦代表六十四种不同的时，实际上就是以象数形式构造而成的六十四种关于自然和社会秩序的模型，呈现出各种不同的和谐与冲突的情况。就和谐的情况而言，大体上都是阴阳协调，刚柔并济，双向互动，协同配合。就冲突的情况而言，可以区分为四种不同的类型。第一种情况是由阳刚势力高踞于尊位而不与阴柔配合交往所造成的否结不通，《否》卦就是一个典型的例子。第二种情况是由阳刚发展得过头而造成了阳盛阴衰的危机，《大过》卦就是一个典型的例子。第三种情况是由阴柔过甚而破坏了阴阳平衡，《困》卦就是一个典型的例子。第四种情况最为严重，阴阳两大势力矛盾激化，发生了不可调和的斗争，《革》卦就是一个典型的例子。

位：爻是服从于卦的，表示事物在特定卦时支配下的变化。为了确定六爻适时之变的功能，《周易》中有关于爻位的体例。所谓爻位，也叫时位，就是在特定卦时的条件下六爻分别所处的地位。由于客观事物都有一个由始至终的发展过程，每一卦的六爻所居之位就象征着这个过程，初爻是始，上爻是终，中间四爻是事物发展的中间阶段。在事物的发展中，开始难以预料后来的结果，有了结果，才容易了解事物的全局，决定事物的吉凶祸福在于中间阶段。因此，这种爻位体例实际上是一个认识的模式，包括分析与综合两个方面。一卦六爻，分别处在初、二、三、四、五、上位，在事物发展的全过程中，占有不同的地位，起着不同的作用，应该具体分析。有了这种具体分析，综合起来，对于总揽全局的一卦之时就能得到一个切实的了解。

中：《周易》卦爻中所蕴含的"中"的体例表现了阴阳两大势力的最佳结合。"中"既是一种时位，也是一种行为的美德，在一卦六爻中起着关键性的作用。具体到卦中爻位说来，在一卦六爻中，二为下体之中，五为上体之中，所以二、五称为中位。由阳爻居中位，象征刚中之德；阴爻居中位，象征柔中之德。二为臣位，五为君位，二、五居中，刚中与柔中相应，表示君臣和衷共济，配合默契，阴阳两大势力和谐统一，事物处于最佳状态，称为中和。若阴爻处二位，阳爻处五位，则是既中且正，称为中正。就行为准则而言，只有既中且正才是尽善尽美的。就中与正相比较而言，中比正更为重要。这是因为，一卦六爻中的刚柔相应，关键在于二、五两爻之刚中与柔中的互相应和，尽管由于客观形势的变化，柔居阳位，刚居阴位，产生了九二与六五这种中而不正配置情形，但是二者互相应和，彼此依赖，君臣上下按照中的行为准则结为一体，仍然可以保持事物的和谐统一。由此可见，中的体例表现了《周易》的核心思想，易道贵中和，中和的最高境界就是太和。

以上对《周易》的卦爻结构和象数体例诸如承、乘、比、应、时、位、中作了简单的说明，准备了这些基本知识，进一步去阅读《周易》本文，就不会有太多的困难了。

二、易学思维特点

易学思维方法在中国文化中是一种百姓日用而不知的思维习惯，同西方传统思维方法比较，有四个方面的差异较为突出：易学思维重视事物发展的过程，而西方传统思维重视事物的内在结构；易学思维注重研究事物之间的关系，西方思维注重研究实体本身；易学思维注重把事物作为整体加以研究，西方思维注重对事物从多种角度加以分析；易学思维注重事物的变动性，研究事物的变动规律，西方思维注重事物的静态，研究事物的客观存在。当然，这种区分并不是绝对的，仅就其主要倾向而言。应当说，两种思维方法，各有其优越性，可以互相取长补短。

过程思维、关系思维、整体思维、动态思维是中国文化易学思维的四大基本特征。易学思维要求人们在观察分析问题时，从过程、关系、整体、动态发展的角度出发，去调查、思考并作出判断和决策。易学思维在中国传统思维中占有非常重要的地位。

1. 过程思维

易学思维看待事物时，不是孤立静止地看待它，而是把事物的存在放置于某个发展过程中去看待，这是易学中过程思维的特点，从八卦或六十四卦的形成就可以看出这是一个从单一到多样化的过程，《系辞传》说："《易》有太极，是生两仪，两仪生四象，四象生八卦，八卦定吉凶，吉凶生大业。"汉易将此种讲筮法的过程解释为宇宙衍化的过程，认为宇宙起源于浑然一体的气，称为"太极"；太极划分出"两仪"，即阴和阳，在现象界即体现为天地；两仪交感而派生出"四象"，即少阳、老阳、少阴、老阴，在现象界也就是春、夏、秋、冬，"四象"的运化，象征四时的运行。四时运行，于是产生天、地、雷、风、山、泽、水、火等八种自然物。这是对宇宙万物从无到有、由简到繁的发展过程的朴素认识。以一个连续不断的过程来解释宇宙的生成演变，是易学思维的特点。

《序卦传》论述了从自然到社会的发展过程："有天地，然后有万物；有万物，然后有男女；有男女，然后有夫妇；有夫妇，然后有父子；有父子，然后有君臣；有君臣，然后有上下；有上下，然后礼义有所错（措）。"这段话可分为两个部分：前一部分，讲天地、万物、男女、夫妇的演变，属于自然史的发展过程；后一部分，讲夫妇、父子、君臣、上下礼义的演变，属于社会史的发展过程。尽管这种论述相当粗疏，但基本上符合自然与社会的发展过程，反映了古代先哲对自然与社会演变过程的朴素认识。

《易传》中的这些朴素的认识，在《周易》卦爻辞中已经有萌芽。《乾》卦对六爻的流动发展过程有过生动的描述。初九，潜龙勿用；九二，见龙在田；九三，终日乾乾；九四，或跃在渊；九五，飞龙在天；上九，亢龙有悔，这是一个发展变化的过程，过程中的每一个环节都与前后各爻有着密切的联系，都不是孤立和偶然发生的。《乾》卦六爻以龙来象征，龙由潜藏、显现、朝乾夕惕、或跃、腾飞，一路向上，体现了阳刚之龙的进取奋斗精神，取得了阶段性的成功，但由于知进不知退，阳刚超过了极限，走向了反面，出现了亢龙有悔的局面，通过对过程的分析，爻辞提出相应的劝诫和提醒，使过程中的每个环节都可控，从而避免出现不希望出现的局面，这就是过程思维。再比如《渐》卦、《升》卦等，也是描述事物发展的过程，同样给人以有益的启发。

2. 关系思维

易学思维十分注重考察事物内部和事物之间的相互关系。事物的存在与发展，都不是孤立的。事物内部的各个组成部分之间，此事物与其周围相关事物之间，存在着错综复杂的关系。离开事物之间的相互关系，任何事物既不可能得到发展，也不可能被认识清楚。研究事物之间的内在联系及其相互制约的关系，历来受到易学家的重视。

八卦之间有四个对偶组，乾与坤（天与地）、震与巽（雷与风）、坎与离（水与火）、艮与兑（山与泽），从卦象上看，有阴阳对立关系，从其所代表的自然物看，存在对立的性质。

八卦按空间、时间的不同排列，反映了八卦之间的关系结构："天地定位，山泽通气，雷风相薄，水火不相射，八卦相错。"（《说卦传》）

"帝出乎震，齐乎巽，相见乎离，致役乎坤，说言乎兑，战乎乾，劳乎坎，成言乎艮。"（《说卦传》）

八卦排列所代表的时空关系体现了易学思维的特点，那就是时间与空间相统一的观念，事物彼此关联，多样统一于宇宙时空之中。

《周易》还将六十四卦从《乾》《坤》《屯》《蒙》到《既济》《未济》

的次序视为一个有着内在关系的因果链条，《序卦传》将这个链条进行了阐述，前后两卦之间或为相因关系、或为相反关系，形成了一个六十四卦的因果序列。卦与卦之间的关系，可以用"错综复杂"这个词来概括。六十四卦分为三十二对，其关系是"非综即错"或称为"非覆即变"。

综卦：两两相对。相邻的卦是互为倒置的关系，互为对方的"综卦"（或覆卦），有二十八对，共五十六个卦。比如《屯》与《蒙》、《需》与《讼》等。这种关系体现了事物变化日新、物极必反的规律。

错卦：逐爻相错。有八个卦是相邻两卦同位爻相错的关系（阴爻变阳爻，阳爻变阴爻），称为"错卦"（或变卦）。六十四卦中有四对卦是互为错卦，即《乾》和《坤》、《颐》和《大过》、《坎》和《离》、《中孚》和《小过》。这种关系体现了事物阴阳平衡与变通互补的规律。

交互卦：内部相重。一个卦内部六爻的联系变化，如第二爻向上连同三爻和四爻，形成下卦，第三爻向上与四爻和五爻形成上卦，于是又形成了一个新的卦，称作交互卦，这就是"复杂"。

这种彼此关联的思维方法即易学思维的关系思维。

3. 整体思维

易学思维的另一个重要特性：注重整体观。整体思维方法渗透在太极、八卦、六十四卦等各个方面，如河图、洛书、太极图等，都是中华文化传统中古老的整体结构模型。整体思维方法，对中国传统文化的各个领域都有影响。

正如我们在关系思维中所探讨的，六十四卦，每一卦体，都是一个复杂的关系结构，而关系思维的发展与综合，就会是整体思维。六十四卦是一个大的系统，而每一个卦又是一个小的系统，就如同我们常说的"万物一太极"，"物物一太极"。就每个卦体而言，六爻之间，存在多重对应和组合的关系。这一整体结构是由以下一些关系组合而成的：

1）贞悔关系

一个别卦（六爻卦）包含两个经卦（三爻卦）。也就是说，任何一个六爻卦都是由下卦（亦称内卦或贞卦）和上卦（亦称外卦或悔卦）组合而成的一个整体。别卦的卦象、卦名是由下卦和上卦的关系决定的。下卦和上卦的任何一爻发生变化，都会引起整个卦的卦象、卦义的变化，卦名和卦时就会相应改变。

2）三才关系

一个卦体的六爻之中，包含着天、地、人三才。初、二两爻为地，三、四两爻为人，五、上两爻为天。每一卦都体现着三才统一的思想，即每个卦都是天、地、人三才统一的整体。

3）比应关系

在前文叙述的"卦爻体例及分析原理"中，"承、乘、比、应、时、位、中"等爻与爻之间的关系体现出一个卦中内部所包含的各种关系，这些关系将卦中六爻整合到某个卦时的框架之下，是一个有机的整体。

4. 动态思维

《周易》论述事物的变化，表现为两种形式：变和通。"变"是指事物从无到有，从有到无的重大变化，即通常所说的质的变化。如两种化学元素，经过化合作用而产生新的化合物，对元素来说，是从有到无，对于化合物来说，是从无到有。"通"是指同一事物不断变化发展，如婴儿成长为儿童，再成长为青壮年，再衰老成为老年。这是事物普遍的变化过程。《系辞传》说："化而裁之谓之变，推而行之谓之通。"是说任何事物都处在变通之中，不是处于量的积累过程，就是处于剧烈变化的新旧代替过程，没有什么事物是永恒不变的。宇宙之间，不变的事物是没有的。人们对于经常变化的事物，要有所认识，注意掌握其规律性。要用事物不断变化的观点，来指导我们的认识，指导我们的行动。

《艮》卦《象传》说："时止则止，时行则行，动静不失其时，其道光明。"《剥》卦《象传》说："君子尚消息盈虚，天行也。"圣人君子崇尚消息变易，或止或行，合其时宜，符合事物变化的规律，其道光明，这是强调一种以动态思维指导行为的原则。任何事物都会有盈虚消长的过程，事物总是在不断变化，人要充分认识到事物变动不居的特点，认识规律，适应规律，把握规律，才能走上光明之途。

三、易学的历史发展脉络及主要思想流派

1."两派六宗"说

在经学传统中，向来是经传不分，把《周易》看作是一部完整的著作，由于它具有多重结构，既包括《易经》的卦爻符号与卦爻辞，又包括《易传》的十篇文章，在内容上反映了上古、中古与近古三个不同时期的文化，容纳了卜筮、哲学、科学、史学等各种复杂的成分，所以人们可以各执一端，根据自己的所见把它的复杂性质归结为某种单一的性质。后来易学研究中派别的分歧都是由此而来的，《四库全书总目》在描述这种情况时，把它归纳为"两派六宗"。所谓"两派"，是指象数派与义理派。象数派分化为三宗，即汉儒的卜筮，京房、焦延寿的礼祥，陈抟、邵雍的图书；义理派也分化为三宗，即王弼的"说以老庄"，胡瑗、程颐的"阐明儒理"，李光、杨万里的"参证史事"。加起来就是"两派六宗"。除此以外，《四库全书总目》还指出："又易道广大，无所不包，旁及天文、地理、乐律、兵法、韵学、算术，以逮方外之炉火，皆可援《易》以为说，而好异者又援以入《易》，故《易》说愈繁。"这种描述大体上是可信的。在两千年来的历史长河中，易学确实是分化成为象数派与义理派两大发展系列。两派各具特色，长期以来表现为彼此对立攻驳论争的局面，形成了很深的门户

之见，但就宏观整体而言，却是彼此促进，相得益彰，两派学说在论争中彼此批判地继承和扬弃，各派各宗从不同的侧面推动了易学理论的发展，使易学发展呈现出丰富日新的面貌。

近代易学家朱伯崑先生在其《易学哲学史》序言中说到："历史上对《周易》的研究，随着社会的发展，文化思想的演变，经历了不同的历史阶段。古代的易学史大致可分为五个时期：《易传》即战国时期，两汉经学即汉易时期，晋唐易学时期，宋易时期，清代汉学时期。每个时期的易学都有自己的历史特点，并且同古代经学发展的历史是相适应的。"

下面我们仅就几个重要发展时期的易学思想作一下简略的介绍：

2. 两汉象数派易学

就《易传》的主导倾向而言，应该承认，它是属于义理派的易学。《易传》之所以能够成功地把《易经》这部占筮之书改造成为一部哲学书，根本原因在于它发挥了解释学的优势。《易传》并没有扫落象数，只是在处理象数与义理的关系时，把义理摆在了首位，使象数服从于表现义理的需要。为了达到这个目的，《易传》对象数的体例、结构和功能作了一系列不同于筮法的新的规定，诸如承、乘、比、应、时、位、中等等。但是另一方面，《易传》也没有完全否定占筮，而是保留了某些对象数的神秘崇拜，比如它把卦爻结构看作是一个圆满自足的先验的体系，认为"天地之数五十有五"，特别是在《说卦传》中把八卦与四时、八方相配，组成为一个八卦方位的世界图式，并且列举了一系列来自宗教巫术的卦象，作为沟通神人关系的手段、预测吉凶祸福的依据。由于义理、象数这两种倾向都表现在《易传》中，所以后来的象数派和义理派都可以从中找到依据。

汉初七十年间，时代思潮酝酿着一场巨大的变革。到了汉武帝时期，董仲舒援引阴阳五行学说来解释儒家的经义，着重发挥了符瑞与灾异的思想。这是一种源于远古的宗教巫术而又混杂着先进的哲学与科学成分的奇特的思想，可以概括为天人感应论。汉武帝采纳董仲舒的建议，"罢黜百家，独尊儒术"，天人感应论遂成时代风气。汉代易学家孟喜、京房在这种时代风气的影响下，将阴阳术数与《易》相结合，提出了易学的"卦气说"，取得了举世公认的成就，而《周易》的地位也由此青云直上，跃居为群经之首。

孟喜的《易学章句》已经失传，根据史料可看出孟喜的卦气说由《说卦传》发展而来，他以四正卦配四时，十二卦配十二月，《中孚》卦配冬至初候，形成了一套八卦与天文历法相结合的占验体系。他建立这套体系的目的不在于说明气象历法本身的变化规律，而是为了比附人事，用来占验阴阳灾异。

京房的卦气说对孟喜的配法作了补充调整，其特点是分卦直日，以卦爻配一年的日数。京房的著作现在流传于世的有《京氏易传》三卷。《京氏易传》以八宫卦为主干，根据乾坤六子、阴阳变化的原理对六十四卦的卦序作了新的编排，编制了一个八宫卦、五行六位的图式，创设了纳甲、世应、飞伏等义例，确定了一套月建、积算的推断灾异的数学方法，并且使之能够体现儒家的文化价值理想。京氏易学是一个复杂的混和体，包含着术数与易学两个部分，尽管其中术数的部分后来为术士末流所承袭，演变为钱术之法，但是其中对象数义理的阐发与以象数解易的思路，不仅代表了易学发展的一个新阶段，也对后世包括义理派在内的整个易学产生了深远的影响。京房称得起是汉代象数派易学真正的奠基者。

《易纬》是汉易中的重要流派，纬书与当时经学家所写的一般性经学著作一样，都是解释经义的，从文体和思想内容上看不出什么差别，只是一般性的经学著作仅把这种解释看作是个人对孔子的"微言大义"的理解，是否正确，还留有讨论的余地，而纬书则把这种解释附会到孔子名下，有着和经书同样的神圣性质，具有权威性，根本不容讨论。《易纬》的特点在于适应汉代流行的那种以术数解经义的学风，把易学的根本原理纳入卦气图式之中，视天人为一体，自然的和谐与社会的和谐相互感应，认为这种相互感应可以通过儒家礼乐文化的具体操作过程完美地实现。纬书中最重要的作品是《乾凿度》，是汉代易学的通论，此篇对《周易》的性质、八卦起源以及筮法体例、卦爻象结构等进行了解说，其主导思想是卦气说。

　　东汉章帝年间，章帝亲自主持白虎观经学会议，委托班固编纂了一部贯通五经大义的《白虎通》，相当于东汉政权的一部立法纲要，它以经义的形式规定了国家制度和社会制度的基本原则，确立了各种行为准则。在易学方面，《白虎通》采用《易纬》的说法，易学的卦气说作为一种高层次的天人之学表现出指导政治实践功能的旺盛的生命力。东汉末年，受党锢之祸的影响，易学从政治领域退回到纯学术的研究，相继涌现了郑玄、荀爽以及虞翻这样一批著名的易学大师，创设了一系列的新的义例，使得卦气说的巫术色彩逐渐减少，理性色彩逐渐增多，卦气说的生命力也随之逐渐窒息。郑玄在易学史上的主要功绩表现在三个方面：第一是较完整地保存了汉易象数之学的成说；第二创设了一些尔后为义理派易学所继承的体例；第三是发展了京房以有无范畴说《易》的思想，明确地展示了以《老》注《易》的方向。汉易象数学发展到荀爽阶段，象数形式与义理内容的内在矛盾越来越激化，他的乾升坤降说试图将象数模式理解为一个乾升坤降的动态结构，并把阳升阴降作为一种普遍适用的体例强加在《周易》文本之上，往往左支右绌，难以自圆其说。虞翻则仍然从事象数之学的常规研究，发明了许多新的体例，比如"卦变说"，企图把义理内容完全纳入象数形式之中，这又是一种解决矛盾的方法。汉末道士魏伯阳作《周易参同契》，通过运用《周易》卦爻之象、数及名词术语解说道教炼丹的理论，属"易外别传"。

3. 魏晋义理派易学

在易学史上，王弼的《周易略例》是一部划时代的著作。易学史上义理派与象数派的明显的分野就是以这部著作的出现为标志。

在《周易略例》中，王弼围绕着《周易》的编纂体例、卦爻结构及其哲学功能所阐述的一系列思想，在《易传》中我们都可以找到它们的原始的依据，除若干不甚重要的细节外，可以说基本上是忠实于《易传》本义的。因为这个缘故，王弼的这部著作受到后来所有义理派易学家的重视。他们并不把这部著作看作是玄学著作，而看作是一部义理派的著作。《周易略例》共有七篇文章，各有重点。《明彖》论卦，《明爻通变》论爻，《明卦适变通爻》论卦与爻的关系，《明象》论形式与内容的关系，《辩位》阐述他对"同功异位"的独到的见解，《略例下》杂论各种体例，《卦略》列举了十一卦的卦义，是全文的总结。这七篇文章组成了一个有机的序列，总的目的是通过对《周易》体例和卦爻结构的研究，把象数形式完全改造成为表现义理的一种工具，以恢复《周易》中原有的卦义说。他认为，每一卦都有一个中心主旨，这就是一卦之体，通过卦名和《彖辞》，可以找到贯穿在每一卦中的总体性的思想，这个总体性的思想也叫作"理"。"物无妄然，必由其理"（《明彖》），他认为爻象所表示的变化主要是人事及事物的变化，这些变化是由"情伪"引起的，爻只是表示这些变化，并不是变化本身。王弼认为，卦与爻所反映的变化不是卦气的变化、天象的变化，主要是人事的变化，人们应该通过卦爻的变化去汲取人事的智慧而不是作出神秘的预言。所谓人事的智慧就是义理。他援引庄子的思想，提出"故言者所以明象，得象而忘言，象者所以存意，得意而忘象"（《明象》）的观点。王弼对六十四卦的卦义分析，始终贯穿着一种由用以求体的思想线索。王弼无论是解释《老子》或解释《周易》，都是立足于本体论哲学思维的整体观。

魏晋时期关于《周易》的解说和注释，现保存下来的完善的本子，除了王弼的《周易注》及《周易略例》外，还有晋韩康伯的《系辞注》。王弼没有对《系辞传》进行注释，韩康伯补之。韩康伯的易学思想主要从取义说出发，"进一步将《周易》的体例抽象化，追求象数背后的无形之理，认为易之理不仅是形而上的，又是超经验的，从而将易学引向了思辨的道路。其对《周易》的理解，对宋明时期易学中的义理学派，起了很大的影响。"（朱伯崑《易学哲学史》第一卷 345 页）

4. 隋唐易学

隋、唐两代主要是继承和发扬王弼易学。唐代的孔颖达受唐太宗之命撰《五经正义》，他将王弼、韩康伯两人的注合在一起，收入了《周易正义》，并对注文逐句进行了解释，是谓"孔疏"。孔疏在对王、韩二注进行解释时并非一味地照本宣科，而是根据时代的需求，针对社会问题而对王弼的思想有所扬弃。他在疏解的过程中保存了象数学派和义理学派的论点，是对汉以来易学的总结，孔疏将王弼说的贵无论引向崇有论，使汉易中的阴阳二气说有所恢复，并向前发展。因此，《周易正义》在易学哲学史上有其不容忽视的地位。唐代另一部重要的著作是李鼎祚的《周易集解》，是一部总结两汉魏晋易学成果的著作。

5. 两宋易学

宋代是易学发展的一个重要时期，涌现出一大批易学大家，掀起了持久不衰的研究《周易》的高潮，易学实现了新的突破，呈现出新的面貌。宋易的总体特点是注重探讨《周易》经传中的义理，而不刻意追求文字训诂方面的解释。图书之学的流行也是宋易的一大特色，此种解易的学风是对汉易象数学的发展，同时，由于魏伯阳的《周易参同契》被唐代及其之后的道教继承下来，其以种种图式进行阐理的方式，演变成为宋代的图书学派。北宋易学的主要著作有李觏的《易论》、欧阳修的

《易童子问》、司马光的《温公易说》、苏轼的《东坡易传》、周敦颐的《太极图说》、邵雍的《皇极经世书》、张载的《横渠易说》和《正蒙》、程颐的《伊川易传》等，南宋易学的主要著作是朱熹的《周易本义》与《易学启蒙》。由于篇幅所限，这里仅对各易学家的思想作简短的介绍，深入了解可参看拙著《汉宋易学解读》。

李觏是北宋初年的易学家，与胡瑗（著有《周易口义》）、孙复（著有《易说》）、石介（著有《徂徕易解》）同为范仲淹的门客，都把弘扬易学看作是配合新政、复兴儒学的一个重要组成部分。宋代易学的发展是和儒学复兴运动紧密联系在一起的，因此，其主旨乃是建立一套可以经世致用的明体达用之学，呈现出一股变古之风。李觏《易论》对为君之道进行了重点研究。

欧阳修的易学著作除《易童子问》外，尚有多种著作，概括说来，表现的是义理派的易学倾向，反对卜筮、河图洛书之学，也反对以心性说《易》，认为《系辞传》《文言传》《说卦传》《序卦传》《杂卦传》皆非孔子所作，其易学思想突出地表现了一种重人事而轻天道的倾向。

司马光是史学名家，世人皆知，而其《温公易说》的影响却与其史学之名不相称，《四库全书总目》以南宋的李光、杨万里为"参证史事"宗的开创者，实际上，此宗真正的开创者应为北宋史学大师司马光。司马光的易学思想独树一帜，主张"义出于数"，因此，并不能将他简单地归结为义理派。在他的天道观中蕴含着人文的价值思想，在他的人道观中蕴含着自然法则的客观依据，天人不二，相互渗透，而归本于易道的一元。

苏轼的《东坡易传》随处可见魏晋时期注解《庄子》的郭象思想的影响，苏轼解易与王弼的不同，大体上类似于庄学与老学的不同。值得一提的是，在如何处理共性与个性的关系问题上，苏轼与理学家的看法不同，理学家把共性置于个性之上，认为共性先于个性，同比异重要，因而他们的思路是理一而分殊，然后使分殊属于理一。苏轼则持相反的看法，他认为抽象之共性不可见，可见的皆为具体的个性，强调异比同重要，主张据其末而反求其本，由分殊而理一。这是一种尊重个性、尊重差异的思想。

周敦颐是理学的开山人物，他的研究成果承上启下，不仅在理论和实践上弥补了自魏晋以来儒学发展长期存在的缺陷，而且适应了宋代新儒学运动的总体需要，开拓了一个以天道性命为主题的理学思潮，其《太极图说》是理学的经典文献。

邵雍的《皇极经世书》，其理论特色表现为"尊先天之学，通画前之《易》"，突破了《周易》原来的框架结构，并依据他所发明的先天象数重新编织了一套井然有序且层次分明的易学体系。邵雍认为，《易》之道先于《易》之书而有，是为画前之《易》，此画前之《易》是宇宙生成的本源，是一种自然之道。文王所作之《易》即今之《周易》是对自然之道的一种主观上的认识和理解，是后天之学。易学应以这种先天之学作为主要的研究对象。

张载的主要易学著作是《横渠易说》和《正蒙》。张载把他一生为学的宗旨概括成四句话："为天地立心，为生民立命，为往圣继绝学，为万世开太平。"（《宋元学案》）第一句是关于宇宙论的研究，可称之为天学，天地之心是宇宙本体，可称之为天心；第二句是关于心性论的研究，可称之为人学，生民之命是心性本体，价值本体，可称之为人心。对天心、人心的研究，目的就在于"为往圣继绝学，为万世开太平"。张载根据他对易学原理和儒家道统的基本理解，为内圣外王之道奠定了一个坚实的理论基础。

程颐通过长期的探索，把北宋易学家一以贯之的明体达用之学提炼为"体用一源"，把理事结合概括为"显微无间"，写出了宋易理学思潮的经典之作《伊川易传》。"体用一源，显微无间"的命题也可表述为"理一分殊"。程颐的写作目的在于阐明以礼乐为核心的宇宙本体与价值本体的内涵，继往圣之绝学，示后世以开物成务之道，与张载的易学研究宗旨是完全一致的。

朱熹作《周易本义》，"本义"意指回到《易》本卜筮之书的本来面目。他认为象数乃作《易》根本，卜筮乃其用处之实。他认为义理的研究从王弼发展到程颐已经十分完备，只需要为这义理重新奠定一个象数学的基础。后来朱熹又作了《易学启蒙》，对象数与筮法进行了系统的研究。朱熹易学思想中，河图、洛书占有极为重要的地位，是他的一整套学说所赖以建立的理论基石。这也是自北宋以来图书学派的发展对朱熹产生的影响，他的易学思想是将义理与象数包括图书之学进行整合阐发的结果。

6. 元、明两代易学

宋代繁荣的理学思想发展到元代为统治者所推崇，成为科举必读之学，其他流派因而被压制。明朝更是将程朱理学尊为正统官学，致使理学逐渐变成僵化的学说，失去了接纳更新的生命力。元代在象数之学方面有所创新，主要易学家有雷思齐、俞琰、张理、萧汉中、吴澄等，均各有著述。

明代易学的基本底色是继承宋易并作进一步的探究与发展。义理派易学家主要有理学派薛瑄、蔡清，气学派王廷相及心学派湛若水等；象数派则有著名的易学家来知德和方孔炤、方以智父子。

7. 清代考据之学及近代易学

明清之际，涌现了一批反对空谈义理而倡导实学的易学家，其代表人物有黄宗羲、黄宗炎、毛奇龄、胡渭等。易学大家王夫之则以《周易内传》《周易外传》《周易考异》等多部解易著作建立其易学体系，彻底修正程朱理学，批判心学，完成了一套宣告宋明道学终结的易学体系，其"乾坤并建"的思想是易学史上的重要创见。

清朝政府在政权稳固之后，对文化思想实施高压政策，清代易学转向了以训诂和文献考证为主的汉学道路。复兴汉易的代表人物有惠栋、张惠言、焦循等。

历史发展到近代，由于中国社会政治经济结构发生了巨大变化，易学失去了以往经学时代的学术中心的地位，易学发展两千多年来形成的学术体系、价值观念和研究方法都面临着新的课题，即古今中西的问题。由于西学的强势进入，易学研究者对中国传统文化持批判继承的态度，在近现代出现古史辨派，顾颉刚、郭沫若、闻一多、李镜池、高亨等学者着重于二者内容上的差别，把经、传分开来进行研究，以经观经，以传观传，从历史发展的角度考订出它们属于不同的制作时代，反映了不同的思想意识。他们的研究扫除了笼罩在《周易》这部书上的神秘的迷雾，使人们比较容易地接近历史的真相。但是，由于过分强调其异而不见其同，易学研究也就失去了它在文化史上所具有的那种整体性的意义以及绵延不衰的强大生命力，而变质为一种以单纯追求历史真相为目的的历史考据学了。经学家章炳麟、刘师培、杭辛斋、尚秉和等继承清代学术，或立足文字音韵之学解易，或以佛学解、或以史学解，或综论历代易学，或致力于解经体例的研究，他们为近代易学的发展作出了有益的探索。近代以来，涌现出一批致力于易学探索研究的易学家如金岳霖、熊十力、蒋伯潜、范文澜、冯友兰、朱伯崑、张岱年、于省吾、苏渊雷、金景芳、黄寿祺等，均有易学著作面世。

《周易》在流传过程中形成了多种版本。本书以《四部丛刊》初编初印本魏王弼、晋韩康伯注《周易》附《周易略例》（以下称王弼《周易注》）为底本，偶有校改处则注明依据。

四、《周易》的思想精髓与核心价值

1. 政治理想与治民之道

《易传》关于政治得失和治民之道的看法，其所依据的价值观念和政治理想，和儒、道两家一样，也是属于民本思想的范畴。《易传》站在阴阳哲学的高度对这种民本思想进行了系统的论证，把它纳入广阔的天人之学的体系之中。《系辞传》指出，《周易》这部书，之所以能开通天下的思想，成就天下的事业，是因为它能"明于天之道，而察于民之故"。所谓"明于天之道"，是说对自然规律有着深刻的了解；所谓"察于民之故"，是说对民众的忧患安乐有着切身的体察。就自然现象而言，天地万物在阴阳规律的支配之下，相互依存，流转变化。就社会现象而言，情形亦复如此。君民之间，相互依存，结为一体。如果不能体察民情，制定出符合民心的政策，那就根本不可能通天下之志，定天下之业。《易传》由此而树立了一个评价政治得失的确定的标准，即"吉凶与民同患"。吉为政治之得，是政治的成功。凶为政治之失，是政治的失败。政治的得失决定于君主是否以民众的吉凶为吉凶，以民众的忧患为忧患，也就是说，应该根据民心的向背来评价政治的得失。

《易传》认为，天地长养万物，其大德曰生，君主的权位虽然宝贵，但是必须体现天地之大德，以仁爱之心关怀人民，把养育万民的问题置于首位。这也是国家政权的根本职责。

其次，《易传》认为，为了维持社会政治秩序的稳定，应该用伦理教化的方法，而不可用武力强制的手段。如：

山下有风，蛊。君子以振民育德。(《蛊》卦《象传》)

泽上有地，临。君子以教思无穷，容保民无疆。(《临》卦

《象传》)

　　　　风行地上，观。先王以省方观民设教。(《观》卦《象传》)

　　　　山下有火，贲。君子以明庶政，无敢折狱。(《贲》卦《象传》)

　　　　雷雨作，解。君子以赦过宥罪。(《解》卦《象传》)

　　　　苦节不可贞，其道穷也。(《节》卦《象传》)

　　第三，《易传》认为，居于尊位的君主只有以发于至诚的信任才能广系天下之心，因为诚信是国家团结的纽带、社会凝聚的动力。如果君民关系建立在彼此信赖的基础之上，君主以至诚之心对待人民，人民也会以至诚之心对待君主，至诚相感，上下交孚，于是君主就可以受到人民的衷心爱戴，能够克服一切困难，动而无违，得志于天下。如：

　　　　有孚惠心，勿问之矣。惠我德，大得志也。(《益》卦《象传》)

　　　　兑，说也。刚中而柔外，说以利贞，是以顺乎天而应乎人。说以先民，民忘其劳；说以犯难，民忘其死。说之大，民劝矣哉。(《兑》卦《象传》)

2.社会伦理与道德修养

1）社会伦理

　　《周易》关于社会伦理规范的思想是围绕着礼的范畴而展开的。《履》卦《象传》说："上天下泽，履。君子以辨上下，定民志。"

　　照《易传》看来，天地为万物之本，夫妇为人伦之始。就天地而言，天为阳，地为阴，天在上，地在下，虽有尊卑贵贱之分，但是必须互相感应，交通成和，才能化生万物。因而宇宙的自然秩序是由两个不同的方面共同构成的，一方面是阴阳之分，另一方面是阴阳之合，二者缺一不可。正是由于这两个方面的结合，所以自然界呈现出一种秩序井然而又生生不已的运动过程。为了调整稳定各种人际关系，于是建立设置了一套伦理规范，这就是礼的起源。这种礼虽是人为的创设，但却是效法天地，以宇宙的自然秩序作为自己存在的坚实基础。社会伦理是家庭伦理的推广和扩展。

《易传》关于社会伦理规范的思想始终是着眼于社会整体的和谐的，反复强调应该按照合乎乾行的中正之道来沟通天下人的思想。关于政治伦理，也同样应该履行这种合乎乾行的中正之道。照《易传》看来，尽管家庭伦理、社会伦理、政治伦理所处理的关系不相同，具体的行为规范存在着差异，但是，同时照顾到阴阳之分与阴阳之合的中正之道却是普遍适用的。

2）道德修养

《周易》既强调应效法天地，按照宇宙自然的秩序来规范自己的行为，又强调人应发扬自强不息的精神，奋发精进，实现自己所禀赋的善性，这种伦理思想既是"他律"的，又是"自律"的。易学关于道德修养的论述，总体上就贯穿了这种"他律"与"自律"相结合的精神。《系辞传》说：

> 夫《易》，圣人所以崇德而广业也。知崇礼卑，崇效天，卑法地，天地设位，而《易》行乎其中矣。成性存存，道义之门。

《易传》用一阴一阳之道统贯天、地、人。就天道之阴阳、地道之柔刚而言，是客观外在的自然律。就人道之仁义而言，这种自然律却是植根于内在的人性，成为人性的本质。因此，《易传》认为，"继之者善也，成之者性也"，人之善性不是一个静态的结构，而是"继之"与"成之"的动态过程。"继"是承继接续的意思，"之"是指一阴一阳之道，即客观外在的自然律。继之则为善，不继则不善，所以人必须自觉地去承继接续这种客观外在的自然律，使之变为自己主观内在的善。"成"是凝结实现的意思。"之"是既指客观外在的自然律，也指主观内在的善。成之则为性，不成则不能凝结实现人之所以为人的本质，所以人必须高度发挥主观能动性，加强道德修养，以进入"道义之门"。《易传》的这个思想，通天人，合内外，把发挥主体自觉的"自律"道德和遵循客观准则的"他律"道德融为一体。

3. 涉世妙用与立身决策

《周易》共有六十四卦，三百八十四爻。每卦代表一种时态，一种由时间、地点、条件所制约的具体情境。每一爻则代表在此具体情境下人们的行为。行为是否正确，其后果是凶是吉，是祸是福，并不决定于行为的本身，而决定于行为是否适合具体情境的规定。人们在实践活动中经常遇到不同的情境，究竟应该作出何种对策，采取何种行动，都能在《周易》这部书中找到方法论上的指导。明代首辅张居正曾根据他的切身经验，写他读《诚斋易传》的心得体会："六经所载，无非格言，至圣人涉世妙用，全在此书"（《张太岳集》卷三十五），不仅回答了《周易》何以被列为群经之首的问题，而且相当精辟地指出了《周易》的智慧就在于"涉世妙用"，具有强烈的实践功能，是一种指导人们正确行动的理论。

六十四卦所象征的六十四个时态，几乎囊括了人们所能遭遇的各种不同的处境，如果随时去细细体会，必定能使自己裁度事物、立身决策的智慧趋于上乘。这就是《周易》这部书赢得了不同时代不同人们的普遍喜好，使他们受到启迪和教益的原因所在。

4. 顺天应人与太和思想

《周易》在《乾》卦的《彖传》中首先提出了"太和"的思想，认为由于乾道的变化，万物各得其性命之正，刚柔协调一致，相互配合，保持了最高的和谐，所以万物生成，天下太平。这种最高的和谐并非如道家所设想的那样，是一种无须改变的既成事实，而是一种有待争取的理想目标。因此，《周易》重视发挥"自强不息"的奋发有为精神和"厚德载物"的博大胸怀。

在《周易》的体例中，一般来说，天地、阴阳、刚柔之间上下尊卑的等级地位是不能颠倒的，顺之则吉，逆之则凶。如果阴不安于自己被支配的地位而求比拟于阳，就会引起冲突。但是，从另一方面来看，如果阳得不到阴的支持与拥护，刚愎自用，一意孤行，也将陷入困境，导致灭亡。因此，阴阳应该根据各自所处的地位向着对方作不懈的追求，阴求阳，阳求阴。如果这种追求取得成功而达到了最佳的结合，那就是理想的和谐了。

《周易》并不拒绝革命性的变革。《周易》满怀激情地把变革赞扬为宇宙的普遍规律，认为由于天地之间的变革，所以形成四时，促进万物生生不已，商汤和周武王所发动的革命，顺乎天而应乎人，也促进了人类社会的发展。至于变革的目的，《周易》认为，并不是为了使一方消灭另一方，而是要达到一种刚柔在各自所应处的地位上协同配合的局面。

《周易》虽然基本是站在儒家的立场，强调君臣、父子、夫妇之间的等级制度是不可改变的，但是着眼于整个社会的和谐，从行为学的角度来研究调整的方法，反复阐述居于支配地位的刚应该与柔相应，合乎中正之道，保持谦逊的美德。在必要时，可以居于柔下，损刚益柔，以贵下贱，争取被支配者的顺从和拥护。《周易》关于冲突与和谐的研究，一方面洋溢着一种奋发有为的高昂的理想主义；另一方面又对复杂多变的现实环境有着清醒的客观认识，既是理想主义的，又是现实主义的。

古今中外的历史有许多的个性，也有许多的共性。生活在中国先秦时期的人们所面临的一些问题，在当今的世界也常常会遇到。由于科学技术的飞速发展，我们生活的世界变得越来越小了。但是，我们并没有把各种人际关系理顺，也没有找到一种有效的手段来抑制和根除爆发于各地的大大小小的冲突，我们仍未把这个世界建设成为一个舒适的家园。在这种情况下，如果我们回温一下《周易》的太和思想，激发更多的人们去追求最完美的和谐，共同谋划一种如同天地万物那样调适畅达、各得其所的社会发展前景，或许是有益的。

五、《周易》在中国文化中的特殊功能及影响

《周易》是中外思想史上一种绝无仅有的特殊现象，它把源于卜筮巫术的象数形式和阴阳哲学的义理内容结合为一个矛盾的统一体。象数是义理的形式，义理是象数的内容，由于形式与内容不可分，所以在《周易》的体系中，象数与义理乃是相互依存不可割裂的。事实上，《易传》在论述象数时，总是联系到义理；在阐发义理时，总是借助于象数。

《易传》对这种源于卜筮巫术的象数进行哲学的改造，使之成为表现天道人事变化的工具，大致说来，可分为宏观、中观、微观三个层次。

所谓宏观层次，是说利用奇偶之数和八卦卦象来建构一个"范围天地之化而不过"的宇宙图式；所谓中观层次，是说利用六十四卦的卦爻结构来象征事物发展过程中的某一个特定阶段；所谓微观层次，是说以爻变来表示受具体处境所支配的人们的行为选择。这三个层次，由宏观、中观以至于微观，一环套一环，整体统率部分，部分从属于整体，构成了一个无所不包而又层次分明、条理清楚的网络系统。下面我们就此分别作一点粗略的考察。

关于宏观层次，《易传》首先是利用"大衍之数"来建构宇宙图式。《易传》认为，古代筮法演卦所用的五十五根蓍草代表了天地之数。

中观层次与宏观层次不同。如果说宏观层次利用象数所建构的宇宙

图式，是象征阴、阳两大势力流转变化的全过程所形成的天人整体的和谐，那么中观层次则是利用一卦六爻所结成的网络关系来象征这个动态过程所达到的某一个特定阶段。六十四卦代表六十四个特定的阶段，六十四个特定的阶段即六十四个"时"，是阴阳变化所形成的特定情境。通过"时"这个概念，人们对阴阳变化的认识更为深化了，对事物的存在状态及其发展趋向的把握更为具体了。其实，"时"这个概念既不是《易经》的卦爻结构所本有，也不是《易传》的独创发明。先秦时期，儒、道、墨、法各家都对"时"的问题作了大量的研究，普遍地不把"时"当作一个单纯的时间概念，而与天道人事的具体存在状态及其发展趋向联系起来，使之上升为一个重要的哲学范畴。

微观层次着眼于爻的研究。爻由蓍生。"蓍之德圆而神"，"神以知来"。人们怀着强烈的忧患意识，带着实践中所碰到的疑难问题，揲蓍生爻，去向《周易》请教，目的是为了对形势的发展作出预测，以决定自己的行为选择，实际上是一种决策活动。

后世的易学家对《易传》所建构的这三个层次作了大量的发挥。有的侧重于天象，吸收融会了自然科学研究的新成果，把它们充实到宏观层次的宇宙图式之中，使之更加丰满完备。有的侧重于人事，依据中观层次与微观层次的结构原理来观察当时的社会政治形势，用于拨乱反正、经世济民。由此可见，《易传》的这种经过了哲学改造的象数形式，作为一种立足于和谐的操作系统，在中国文化中是产生了十分深远影响的。

六、立足于二十一世纪的展望

在中国文化史上，《周易》这部书被尊为群经之首、六艺之原，没有哪一部典籍能够享有如此崇高的地位。《易传》的作者对包括儒、道、墨在内的诸子百家的文化创造进行了综合总结，提出了太极、太和等概念，因而这些概念也就集中体现了中国哲学的精神，表达了中国民族文化的价值理想。

在百家争鸣时期，虽然各家都在追求行道、修道、得道，以道为最终的目标，但各家对道的理解有着很大的分歧，相互之间产生了激烈的冲突。各家都自以为掌握了道之全体，实际上都不免陷于一偏。正如冯友兰先生所指出的，儒家的孔孟偏于中庸而不够高明，道家的老庄高明有余而中庸不足。

所谓"中庸"，指的是人伦日用之常，是对社会人际关系的热诚关怀。所谓"高明"，指的是与天地参的宇宙意识，是对自然规律的冷静了解。这也就是说，儒家之所偏在于偏于人文主义而缺少自然主义，道家之所偏在于偏于自然主义而缺少人文主义。用金岳霖先生的话来说，儒家给人情感上的满足多于理智上的了解，道家给人理智上的了解多于情感上的满足。如果套用熊十力先生体用不二的理论，儒家的思想用多于体，道家的思想体多于用。

先秦时期，荀子站在儒家的立场批评道家，认为庄子蔽于天而不知人。道家也可以根据同样的标准，批评儒家是蔽于人而不知天。当时各家的这种带有意气用事和学派成见的争辩持续了数百年，由此而逐渐在一些基本问题上达成了共识，到了战国末年，终于造就了一个学术大融合的大好形势。

《系辞传》说："天下何思何虑？天下同归而殊途，一致而百虑。"《周易》不排斥各家的文化创造，站在一个超越的立场，着眼于中国文化的整体，谋求多样性的统一，认为各家所研究的对象相同，虽百虑而一致，各家所追求的目标相通，所以虽殊途而同归。这是一个豁达大度的宽容的原则，是一个整合的而不是对立的原则。《易传》根据这个原则总结了各家的文化创造，把各种各样的对立整合在一起，从而形成了一个博大精深的体系，使中国文化的整体构成了多样性的统一。由于这个原因，所以《周易》这部书受到后世一致的推崇，公认为代表了中国文化的根本精神，它所提出的太极、太和的概念，也被后世的哲学家反复引用，推出新解，一直到了现代，在熊十力、金岳霖、冯友兰这些享有国际声誉的哲学大师的思想中，仍然洋溢着清新的活力。

近几年来，中国兴起了一股研究《周易》的文化热潮，人们称之为寻求中国文化之根。为了探讨中国现代文化的走向问题，驱使着人们不断地向起源复归，而找来找去，总是找到了《周易》这部古老的典籍。这种情形也可以用"殊途同归、一致百虑"来形容。目前这股研究《周易》之风方兴未艾，尚无法预料是否会出现如同熊十力、金岳霖、冯友兰那样的能够代表一个时代的哲学大师。但有一点是可以肯定的，那就是，通过这种研究，体现在《周易》中的中国哲学的精神以及中国民族的文化价值理想必将为更多的人所认识，薪火相传，为二十一世纪中国文化的复兴奠定一个坚实的基础。

《系辞传》说："一阴一阳之谓道，继之者善也，成之者性也。仁者见之谓之仁，知者见之谓之知，百姓日用而不知。"这个"道"合天人，通物我，既有深沉的宇宙意识，又有浓郁的人文情怀，就其前者而言之是"极高明"，就其后者而言之是"道中庸"，是自然主义与人文主义的完美结合，可以使人得到理智的了解，也可以使人得到情感的满足，因而最能全面地代表中国哲学的精神而不陷于一偏。再进一步来看，由于这个"道"和人性的本质息息相通，所以不仅是哲学家理性思辨的认识对象，而且是普通百姓日用而不知的内在根据，有着极为深厚的生活土壤。因而，这个"道"也最能全面地体现中华民族的文化价值理想。

《周易》的"一阴一阳之谓道"这个命题，是说天地万物宇宙整体都是由阴与阳这两大对立势力所构成的，但是这种对立并不像伊朗的琐罗亚斯德所说的那样，使整个世界形成一种善与恶、光明与黑暗的不可调和的斗争，而是相反相成，协调配合，使整个世界焕发出蓬勃的生机。

因此，无论是就整体或者就个体而言，在一阴一阳相互推移激荡的过程中，最终必然趋向于"太和"。所谓"太和"，就是最高的和谐，阴与阳的完美统一，人类所追求的理想目标。这个目标实际上是蕴含于起源之中的。《系辞传》说："《易》有太极，是生两仪。"太极就是宇宙的起源，阴与阳以原始统一的形态潜藏于太极之中，后来经过一番分化的过程，才产生了五光十色林林总总的世界。金岳霖、冯友兰两位先生用"太极"这个概念来表述至真、至善、至美、至如的理想或永恒真实的众理之全，是就起源的意义说的。熊十力先生则着重于趋向目标的意义，认为要归于"保合太和"。总之，"太极"和"太和"这两个概念，其深层的哲学意蕴，都是指称阴与阳两种对立势力所构成的和谐统一。这种和谐统一就是道，既可以合起来说，也可以分开来说。大而言之，是宇宙的和谐、天人整体的和谐、全人类的和谐。小而言之，是国家的和谐、社会的和谐、地区的和谐、家庭的和谐、个人身心的和谐。《周易》把这种和谐的统一提炼而为"太极""太和"概念，从哲学的高度进行了论证，使之囊括宇宙，统贯天人，具有本体论的意义，于是中国文化的中坚思想、最崇高的概念与最基本的原动力才最终定型。

在世界文化体系中，历史悠久、源远流长的中国文化独树一帜，占有不可动摇的地位。这是一个无可置疑的事实，任何人都承认的。只是在近百年来，特别是自"五四"以来的七十余年间，由于不能对西方文化的挑战作出有效的回应，由于不能落实到现实的生活层面摆脱转型时期的困境，一部分人张皇失措，悲观失望，才对传统文化的意义和价值产生了怀疑，主张只有否定传统，抛掉因袭的重担，才能迈开现代化的步伐。

实际上，传统与现代是一个连续与中断的统一，如果割断历史，抱着一种民族虚无主义的态度，去彻底铲除中国文化之根，那么中国的现代文化究竟从何处开始就成了问题了。二十世纪三四十年代，以熊十力、金岳霖、冯友兰为代表的一大批现代哲学家，融贯中西，通释古今，上下求索，为了建立传统与现代的联结点，延续中国文化的慧命，作了艰苦卓绝的努力。他们怀着现代人的焦虑而复归于传统，根据《周易》中"太极""太和"概念，阐发了其中所蕴含的中国哲学的精神以及中华民族的文化价值理想，为陷入困境的中国文化重新点燃了精神的火焰。可以毫不夸大地说，他们在中国文化史上的功绩是不朽的。

按照他们所说的，中国哲学的精神就是一种从对立求统一的精神，是一种从天人之分中把握天人之合的精神，是一种既有宇宙意识又有人文情怀的极高明而道中庸的精神，也是一种洋溢着乾健与坤顺相结合的中和之美的精神。这种哲学所追求的理想目标，就是凝结着真善美的太极，是贯穿着和谐统一的太和。太极和太和作为一种理想的目标，几千年来，一直激励着中国历代的哲学家进行不懈的探索，在苦难卑微的现实中，它如同熊熊燃烧的火炬，如同永不熄灭的理想之光，照亮人们前进的道路，也必将指引现代的中国人走向未来。这些前辈哲学家共同的看法，是他们在各种各样艰难困苦的处境下始终坚持不渝的哲学信念，也是他们经过一番客观的比较研究后所发掘出来的中国哲学的永恒价值和全人类的普遍意义。

从他们的探索到现在，历史的车轮走过了半个多世纪，面临现代性的中国文化仍然没有走出困境。问题的关键在于，人们没有把中国哲学的精神及其价值理想转化为一种适应现代需要的操作程序，使之落实到现实生活的层面。二十世纪三四十年代，金岳霖先生曾为此感到极大的困惑，提出了"理有固然，势无必至"的命题。这个命题的意思是说，凡是合理的不一定必然能成为现实。冯友兰先生也有极大的困惑，他区分了真际与实际两个概念，把理想与现实分为两橛，认为哲学只讲真际而不讲实际，最哲学的哲学是一种不切实际的无用之学。他们的困惑也就是我们今天所感到的困惑。但是理与势是不会永远两截沟分的，真际与实际也不会始终分为两橛，精神的火炬已经重新点燃，和谐的理想已经重新发现，只要我们抱着强烈的忧患意识坚持不懈地去探寻，是可以找到一种有效的操作方法来克服传统与现代、现实与理想的对立，达到历代哲学家梦寐以求的理势合一、真际与实际交相辉映的太和境界的。而在这个有效的操作方法真正找到之日，也就是中国文化以前所未有的崭新姿态复兴之时。

本书由寇方墀女士协助整理和撰写，在此表示诚挚的谢意！

周易

上　经

乾卦第一

☰（乾下乾上）

乾 [1]：元亨利贞 [2]。

《彖》曰 [3]：大哉乾元，万物资始，乃统天 [4]。云行雨施，品物流形 [5]。大明终始，六位时成，时乘六龙以御天 [6]。乾道变化，各正性命，保合太和，乃利贞 [7]。首出庶物，万国咸宁 [8]。

[注释]

[1] 乾：卦名。《乾》卦是由下卦、上卦都是乾（☰）的两个经卦构成，是六爻皆阳的纯阳之卦，卦象是天，卦德为健。 [2] 元亨利贞：卦辞。阐明了《乾》之"四德"。元，指创始。亨，指亨通。

黎靖德编《朱子语类》云:"'六龙'只是六爻,'龙'只是譬喻。明此六爻之义,'潜''见''飞''跃',以时而动,便是'乘六龙',便是'御天'。"

"乾道"即天道,天道的变化使得万物各得其性命之正。天所赋为命,物所受为性,万物由此而具有各自的禀赋,成就各自的品性,呈现一幅丰富多彩的图景。这幅图景并不是混乱无序、矛盾冲突的,而是通过万物协调并济的相互作用,形成了最高的和谐,称之为"太和"。

朱熹《周易本义》云:"'万国'各得其所而'咸宁',犹万物之'各正性命',而'保合太和'也。此言圣人之'利贞'也。"

利,指和谐顺遂。贞,指正固。　[3]《彖(tuàn)》:即《彖传》,是对卦辞的解释,统论一卦之大义。　[4]大哉乾元,万物资始,乃统天:这是对"元"的解释。意思是,蓬勃盛大的乾元之气,是万物所赖以创始化生的动力资源,这种刚健有力、生生不息的动力资源是统贯于天道运行的整个过程之中的。　[5]云行雨施,品物流形:这是对"亨"的解释。意思是,由于乾元之气的发动,得到阴气的配合,云化为雨润泽于下,万物受其滋育,苗壮成长为各种品类,畅达亨通。　[6]大明终始,六位时成,时乘六龙以御天:这是对"利"的解释。大明,指阳气,大明终始象征天道的运行。六位,指一卦六爻所表示的六个时位。全句是说,天道的运行遵循一定的规律,阳气沿着六个时位的变化如同六条巨龙以时而动。　[7]乾道变化,各正性命,保合太和,乃利贞:这是对"贞"的解释。天道的变化保持了"太和"的状态,而万物各得其性命以自全。　[8]首出庶物,万国咸宁:这两句是指将天道运行的规律应用于人事所创造的业绩。《周易》认为,人类可以推天道以明人事,顺应自然界的和谐规律来参赞天地之化育,促进事物的发展,在物质生产方面可以"首出庶物",促进物产丰富,经济繁荣;在社会政治方面可以"万国咸宁",促进政通人和,天下太平。

[点评]

《周易》六十四卦,《乾》为纯阳之卦,《坤》为纯阴之卦,集中体现了阴阳哲学的基本原理,故称之为"乾元""坤元"。其他六十二卦都是通过"乾元""坤元"不同的排列组合派生而成的,所以作为深入理解易道的关键,《乾》《坤》被置于全篇之首。《系辞传》说:"乾坤,其《易》之门邪!乾,阳物也;坤,阴物也。阴阳合德,而刚柔有体，以体天地之撰，以通神明之德。""乾坤，其《易》之缊耶！乾坤成列，而《易》立乎其中矣。乾坤毁，则无以见《易》，《易》不可见，则乾坤或几乎息矣。"这是明确指出，《乾》《坤》两卦是进入《周易》哲学殿堂必经的门户，蕴藏着易道的精髓。因为《乾》《坤》两卦对天地之间阴阳两大势力的性质与功能作了全面的阐发，奠定了阴阳哲学的基础。《周易》以阴阳作为最高的哲学范畴，以"乾坤成列"作为建立哲学体系的主导原则，如果不首先读懂《乾》《坤》两卦，便会找不到入门的途径，无从窥见易道的底蕴。

"元亨利贞"为《乾》之四德，是天道的本质，其内在的核心就是一个"生"字。

《系辞传》说"天地之大德曰生"。生是一个动态的过程，可以区分为四个层次历然的阶段：元者，万物之始；亨者，万物之长；利者，万物之遂；贞者，万物之成。与四时相配，元为春生，亨为夏长，利为秋收，贞为冬藏。这个动态的过程发展到贞的阶段并未终结，而是贞下起元，冬去春来，开始又一轮的循环，因而生生不息，变化日新，永葆蓬勃的生机。

《象》曰 [1]：天行健，君子以自强不息。

[注释]

[1]《象》：即《象传》，是对卦象和爻象的解释。解释卦象的称作《大象》，解释六爻之象的称作《小象》。

[点评]

《乾》卦的卦象为天，天道的运行刚健有力。君子观此卦象，推天道以明人事，接受自然法则的启示，把天道的刚健有力转化为自己的主体精神和内在品质，自强不息，积极进取。

程颐《周易程氏传》云："乾以龙为象，龙之为物，灵变不测，故以象乾道变化，阳气消息，圣人进退。"

孔颖达《周易正义》云："阳爻称九，阴爻称六，其说有二。一者乾体有三画，坤体有六画，阳得兼阴，故其数九；阴不得兼阳，故其数六。二者老阳数九，老阴数六，老阴老阳皆变，《周易》以变为占，故称九称六。所以老阳数九、老阴数六者，以揲蓍之数，九过揲则得老阳，六过揲则得老阴。其少阳称七，少阴称八，义亦准此。"

初九[1]，潜龙勿用。

《象》曰："潜龙勿用"，阳在下也。

[注释]

[1] 初九：是阳刚初爻的名称，也称爻题。《周易》六十四卦，每个卦都是由六个爻组成，卦的爻位是自下而上按时位排列，因而读的时候自下往上逐次读，分别读作：初、二、三、四、五、上。如果是阳爻，则称九：初九、九二、九三、九四、九五、上九；如果是阴爻，则称六：初六、六二、六三、六四、六五、上六。之所以以"九"代表阳，以"六"代表阴，与《周易》的占筮法有关。

[点评]

这是象征一条潜伏的龙，既不能也不可有所作为。《小象》解释说，潜龙之所以勿用，是因为这条龙虽然具有阳刚的品质才德，但是由于穷居于下位，受到时空环境的限制，所以既不能展现自己的品质才德，也不可轻举妄动，有所作为。

九二，见龙在田[1]，利见大人。

《象》曰："见龙在田"，德施普也。

[注释]

[1] 见：读为"现"。

[点评]

《乾》之初爻上升到九二，象征这条龙已经脱离潜伏状态出现于田野地面，显露头角，有利于见到身居高位的大人而受到赏识。《小象》解释说，九二之所以"见龙在田"，是因为这条龙有所作为，普遍施展自身的阳刚品德，得到世人的认可，产生了广泛的效应。

九三，君子终日乾乾，夕惕若，厉无咎[1]。

《象》曰："终日乾乾"，反复道也。

[注释]

[1]乾乾：自强不息的意思。惕：警惕。若：语助词。厉：危险。无咎：没有灾害。

[点评]

九三由"潜龙""见龙"进到第三位，这个位次上不在天，下不在田，悬在半空之中，处境危险。作为以龙为象的君子应对这种处境，白天要自强不息，晚上也要戒惧警惕，虽然面临危险，可以免犯过错。《小象》解释说，君子之所以"终日乾乾"，是因为体现天道的自强不息的精神在任何情况下都要始终坚持，毫不动摇，无论面临顺境还是面临危险，都要反反复复地坚持，合乎阳刚的正道。

九四，或跃在渊，无咎。

有断句为"夕惕若厉，无咎"者，亦通。孔颖达《周易正义》云："'夕惕'者，谓终竟此日后，至向夕之时，犹怀忧惕。……此卦九三所居之处，实有危厉。又《文言》云'虽危无咎'，是实有危也。"

朱熹《周易本义》云："'或'者，疑而未定之辞。'跃'者，无所缘而绝于地，特未飞耳。'渊'者，上空下洞，深昧不测之所。"

《象》曰："或跃在渊"，进无咎也。

[点评]

九四这个位次和九三一样，也是上不在天，下不在田，悬在半空中，处在这个位次的龙可以作出两种选择，或者往上向天空飞跃，或者往下退居深渊，随时进退，免犯过错。《小象》解释说，九四象征一条龙业已经历了之前的三个位次，呈现一种前进发展的态势，应该适应这种态势，作出勇往直前、积极进取的选择，谋求更大的发展，可以无咎。

九五，飞龙在天，利见大人。

《象》曰："飞龙在天"，大人造也。

李光地《周易折中》引徐几曰："'大人造'者，圣人作也。龙以飞而在天，犹大人以作而居位。"

[点评]

在一卦六爻中，二为臣位，五为君位，阳爻居于五位就是居于九五之尊的君位。爻辞说，九五象征巨龙腾飞上天，利于见到有才德的大人。《小象》解释说，"飞龙在天"，这是取得君位的大人施展自己的才德而有所作为的大好时机。

朱熹《周易本义》云："'亢'者，过于上而不能下之意也。"

上九，亢龙有悔。

《象》曰："亢龙有悔"，盈不可久也。

[点评]

上九象征这条巨龙向上腾飞，亢进过度，超过正常的情况，将会引来灾祸，悔恨不已。《小象》解释说，亢龙之所以有悔，是因为任何事物发展到盈满鼎盛阶段，必然会向反面转化，不可能长久保持。

用九，见群龙无首[1]，吉。

《象》曰："用九"，天德不可为首也。

[注释]

[1] 见：读为"现"。首：首领。

[点评]

"用九"即用九之道，也就是全面而不是片面地应用乾元之道的基本原则。《乾》卦六爻皆以龙为象，虽然群龙全都具有纯阳刚健的内在品质，但是由于受到不同客观环境的制约却有着不同的外在表现，不能把其中任何一条龙的外在表现奉为首领而当作必须遵循服从的常规。这就是"群龙无首"，如果能明白这个道理而应用乾元之道，可获吉祥。

《小象》解释说，乾元之所以"用九"，是因为纯阳刚健的天德并不是一成不变的教条，应该懂得阴阳协调、刚柔并济的道理，适应不同的客观环境的要求，灵活应用。

《文言》曰[1]：元者，善之长也[2]；亨者，嘉之会也[3]；利者，义之和也[4]；贞者，事之干也[5]。君子体仁足以长人，嘉会足以合礼，利物足以和

义，贞固足以干事。君子行此四德者，故曰："乾，
元亨利贞。"

[注释]

[1]《文言》：是对卦辞、爻辞意蕴的进一步的阐发，共有六节。第一节解释卦辞"元亨利贞"，与《象传》比较，可以看出侧重点有所不同。《象传》主要是侧重于天道运行的自然规律，《文言传》则是主要着眼于人事的应用，把元亨利贞归结为从事社会人事的四个道德范畴。 [2]元者，善之长也："元"的天道层面的含义是万物之生，应用于人事层面就是恻隐爱人、众善之长的"仁"。 [3]亨者，嘉之会也："亨"的天道层面的含义是万物之通，应用于人事层面就是嘉美荟萃、井然有序的"礼"。 [4]利者，义之和也："利"的天道层面的含义是万物之遂，应用于人事层面就是促使事物各得其所宜的"义"。 [5]贞者，事之干也：朱熹《周易本义》将"贞"对应于人事则释为"智"，即"贞"在天道层面的含义是万物之成，应用于人事层面就是成就事务通达事理的"智"。因而作为天道规律的《乾》之四德同时也就是人事上的君子之四德。

[点评]

君子效法天道，从事社会人事活动，"体仁足以长人"，"嘉会足以合礼"，"利物足以和义"，"贞固足以干事"，天与人的联结通过君子的这种自觉的行为而实现，其行为是否取得成功也以君子是否自觉地遵循这四个道德规范为前提。

初九曰"潜龙勿用"，何谓也？子曰："龙德而隐者也。不易乎世，不成乎名。遁世无闷，不见是而无闷。乐则行之，忧则违之，确乎其不可拔，潜龙也。"

[点评]

这是说，所谓"潜龙"，从内在的素质看，具有阳刚的品德，就外在的处境而言，却是沉沦于底层，穷居于下位。一个真正的"潜龙"应该把这种处境看作是对自己的人格的磨炼，保持一个平常的心态，做到自尊、自信、自强。不去迎合世俗时尚而改变操守，也不迷恋追求浮华虚名。遁世并不是逃避人世，只是时运不济，不为人知，隐遁于下层民间。虽然如此，却不感到苦闷烦躁，牢骚满腹，即使自己特立独行的表现不被人们所认可，受到排斥打击，也同样无怨无悔，心平气和。碰到高兴的事就去做，违心的事就坚决拒绝。因此，尽管外在的处境限制了自己，不能有所作为，施展才学，但在内在的人格素质的磨炼上却是一个值得庆幸的可贵时机。只有通过这种磨炼树立了一个"确乎其不可拔"的坚强的人格，才能称得上是一个真正的"潜龙"。

九二曰"见龙在田，利见大人"，何谓也？子曰："龙德而正中者也。庸言之信，庸行之谨[1]，闲邪存其诚[2]，善世而不伐[3]，德博而化。《易》

初九是潜隐于地下的龙，其人格志向刚强、坚定而不可改移。然而，潜于地下的不一定全是龙，还有虫。龙和虫的区别就在于它是否具有坚强的人格，是否能够做到"确乎其不可拔"。

曰：'见龙在田，利见大人'，君德也。"

[注释]

[1]庸：平常的意思。庸言，即平常的言论。庸行，即平常的行为。　[2]闲邪：防止邪僻。闲，防止。　[3]善世而不伐：善，动词。善世，即行善于世，对社会做出了有益的贡献。伐，夸耀。不伐，即不自我夸耀。

[点评]

九二之位为下卦之中，居于此位谓之得中，这是一个固定的模式，表示凡居于此位者其行为德性不偏不倚，无过无不及，得其中道。全句大意是说，从人才素质和他的表现来看，九二已经具有足以领导众人的为君之德了。他的德性合乎正中之道，平常的言论诚实可信，平常的行为谨慎严密，防止邪僻，保持真诚，对社会做了好事而从不自夸，德性行为的这种正中之道受到众人的广泛的赞同，产生了感化和教化的效应，所有这些都是为君所必须具备的德性素质。

在一卦六爻的位次排列中，五为君位，二为臣位，九二虽有为君之德，与初九相比，虽由"潜龙"上升到"见龙"之位，处境有了很大的改善，却无如同九五那样的为君之位。为了克服有德与有位的时空差距，上升到九五，还要承受九三之"惕"与九四之"跃"的两个阶段的严峻的磨炼。

九三曰"君子终日乾乾，夕惕若，厉无咎"，何谓也？子曰："君子进德修业。忠信，所以进德也；修辞立其诚，所以居业也。知至至之，可与几也。知终终之，可与存义也。是故居上位而不骄，在下位而不忧。故乾乾因其时而惕，虽危无咎矣。"

[点评]

作为具有坚强人格和为君之德的君子处于九三之位，最重要的事情就是发扬自强不息的精神，进德修业，在人格素质的培养和提高上多下功夫。进德是就增进道德品质而言，应以忠信为本。修业是就修治事业而言，应该"修辞立其诚"，无论是对上还是对下，都要表里如一，言行如一，以真诚为本。除此之外，还要培养一种前瞻意识，全局意识，形成一种战略性的思考。所谓"知至至之，可与几也"，"知至"即知道事物进一步的发展趋势，"几"即事物变化的苗头，吉凶的先兆，意思是说，一个优秀的领导者应该胸怀全局，预见到事物进一步的发展趋势，只有这样，才能未雨绸缪，把握先兆，事先作好从容应对的准备。所谓"知终终之，可与存义也"，"知终"即知道事物发展最终的结果，这是客观之必然，顺应这种必然的规律把事物安排得恰到好处，井井有条，各得其所宜，这就是"存义"了。九三处于易犯错误的中间之位，但是并不关心个人的荣辱得失，而是以大局为重，勇于承担，从事战略性的宏观思考，这就培养出了一种豁达大度、气量恢宏的心态，"居上位而不骄，在下位而不忧"，虽处危地也不会有什么过错。

九三处于下卦之上、上卦之下，悬在半空，也就是不上不下，可上可下，属于中间之位。这个位次的人际关系十分复杂，极难处理。对下位而言，他是上位，应该履行领导的职责；对上位而言，他又是下位，应该服从上级，履行被领导的职责，因而常常会遇到一些不易妥善处理的难题，动辄得咎，是一个危险的易犯错误的位次。

九四曰"或跃在渊，无咎"，何谓也？子曰："上下无常，非为邪也；进退无恒，非离群也。君

作为一个发扬自强不息精神的君子从来不会接受时运的支配，面对着"上下无常""进退无恒"的偶然的时运，始终坚持自己的人格的尊严和精神的自由，不去做邪僻之事以欺世媚俗，也不脱离人群，放弃人文的关怀。

广阔的蓝天是龙得以自由翱翔的理想所在，"飞龙在天"也就是龙的理想的完满实现。就人事而言，这是比喻一个具有龙德的君子经历了四个阶段的磨炼，一步一步地跃升到九五之尊的君位，从而克服了有德与无位的矛盾，实现了自己的人格理想。从龙的角度看，蓝天只是提供了实现理想的外在条件，自由翱翔才是理想的内在本质。对于一个真正体现了龙德的君子来说，也是同样的情形，九五之尊的君位并不是理想的本身，而是作为一个外在条件，参赞化育，造福于民，由此创建出顺天应人、"首出庶物，万国咸宁"的丰功伟绩。

子进德修业，欲及时也，故无咎。"

[点评]

九四的爻位与九三相同，也是中间之位。就外在的处境而言，这是一个极不稳定的位次，"上下无常""进退无恒"，或者由中间之位上进到君位，也有可能由中间之位下退到深渊。这也就是人所遭遇到的时运，其所以表现为"无常""无恒"，不能确定，是因为这种时运完全是外在于人的，由各种各样客观的偶然因素所造成，人的主观意志无法去确定掌握。九四在这种处境下，最值得去做的重要事情和九三一样，仍然是"进德修业"四个大字。但是更要"及时"，因为时不再来，机不可失，九四业已接近九五之君位，应该抓紧时机加强人格修养，不断激励自己奋发上进。

九五曰"飞龙在天，利见大人"，何谓也？子曰："同声相应，同气相求；水流湿，火就燥；云从龙，风从虎；圣人作而万物睹。本乎天者亲上，本乎地者亲下，则各从其类也。"

[点评]

《乾》卦六爻皆以龙为象，看起来共有六龙，实际上是同一条龙在六种不同的时位制约下的六种不同的表现形式。九五的爻象是"飞龙在天"，象征着这条龙经历了初之"潜"、二之"见"、三之"惕"、四之"跃"四个阶段腾飞上了蓝天。关于《文言传》的这一段言论，可以从三个层面来理解。首先是明确指出九五取得至尊之君位的根本原因在于"同声相应，同气相求"，是同类的事物相互感应，彼此之间追求亲附聚合的结果。就自然界的事物说，"水流湿，火就燥；云从龙，风从虎"，人类社会的情形也是同样，"圣人作而万物睹"。圣人无常心，以百姓心为心，与下层民众是属于同类的，他所推行的政策措施应民所求，合其所望，充分满足了民众的需要，这就自然而然产生了一种亲附聚合的作用，赢得了民众的拥戴。其次，这段言论也含蓄地指出了君主应尽的职责。既然君主取得权力的原因在于"同声相应，同气相求"，那么他就应该坚守正中之德，奉行合群之道，不要高高在上，脱离民众，辜负他们的期望，否则就会变成一个孤家寡人，独夫民贼，从而丧失权力。最后，由君主应尽的职责可以进一步引申出判断君主是否合格的衡量标准。按照《周易》的体例，五为君位，这是一个固定的位次，阳爻居此位叫作九五之君，阴爻居此位叫作六五之君，阳不必善，阴不必恶，居此位者未必有德，德与位常常发生矛盾，不相对称。《周易》六十四卦，共有六十四个君位，有的受到赞扬，有的则是受到了谴责和批评，有的合格，有的则是不合格，具体情况各有不同，衡量的标准却是确定无疑，根据君主应尽的职责来看他是否奉行合群之道，坚守正中之德。

　　上九曰"亢龙有悔"，何谓也？子曰："贵而无位，高而无民，贤人在下位而无辅，是以动而有悔也。"

[点评]

上九是一个受到谴责的君主的形象，因为他盲目亢进，"贵而无位，高而无民，贤人在下位而无辅"，不是一个能够有效履行领导职能的合格的君主。上九知进而不知退，受愚妄骄奢之心的支配，追求比九五更高的位次，这就好比太上皇一样，虽然尊贵无比，却丧失了行使权力的职位。由于高高在上，也不会有民众的亲附拥戴，得不到在下位的贤人的辅助。对于一个合格的君主来说，有位、有民，加上贤人的辅助，这是三个必备的条件，如果不具备这三个条件，动而有悔就是必然的了。

这一节从人事应用的角度对爻辞的意蕴作了简明的概括，使爻辞的意蕴更为显豁，易于把握。

"潜龙勿用"，下也。"见龙在田"，时舍也[1]。"终日乾乾"，行事也。"或跃在渊"，自试也。"飞龙在天"，上治也。"亢龙有悔"，穷之灾也。乾元用九，天下治也。

[注释]

[1]舍：《说文》："舍，市居曰舍。"《礼记·月令》："仲春之月，是月也，耕者少舍。"《郑注》："舍，犹止也。"舍，是舍止、安居的意思。

［点评］

初九之所以"潜龙勿用"，是因为穷居于下位。九二之所以"见龙在田"，是因为得其时而有了安居之处。九三之所以"终日乾乾"，是因为要从事"进德修业"的人格培养，在行事上磨炼。九四之所以"或跃在渊"，是因为人格的培养是一个"自试"的过程，必须树立坚强的主体意识，以自我为导向，严格要求，自我省察，自我试验。九五之所以"飞龙在天"，是因为九五既有为君之德，又有为君之位，可以大展鸿图，治理天下了。上九之所以"亢龙有悔"，是因为权力地位上升到了穷极之处，必然导致灾难性的后果。乾元之所以"用九"，是因为只有通权达变，适应各种具体的情况灵活运用乾元之道，才能收到天下大治的实效。

"潜龙勿用"，阳气潜藏。"见龙在田"，天下文明。"终日乾乾"，与时偕行。"或跃在渊"，乾道乃革。"飞龙在天"，乃位乎天德。"亢龙有悔"，与时偕极。乾元用九，乃见天则。

［点评］

初九之所以"潜龙勿用"，是因为阳气处于潜伏阶段，时机尚不成熟。九二之所以"见龙在田"，是因为阳气已上升到地面，万物萌生，春意盎然，普天之下呈现一派文采光明的景象。九三之所以"终日乾乾"，是因为阳气上升到这个阶段，健动不已，与时俱进，体现了一种自

这一节从天道运行规律的角度进行解释，使天道与人事这两个层面的意蕴彼此印证，相互发明。人事的应用是以"天则"即自然的法则为依据的，这种"天则"就是《周易》的一整套思想的哲学理论基础，也是深入理解《乾》卦六爻何以在不同的时位会有不同表现的关键。

强不息的精神。九四之所以"或跃在渊",是因为阳气上升的趋势进入了变革阶段,在或上或下、或进或退之间疑而未定。九五之所以"飞龙在天",是因为阳气通过变革进入了鼎盛阶段,万物结成了丰盛的硕果,其"首出庶物"之天德业已圆满实现。上九之所以"亢龙有悔",是因为天道的运行遵循物极必反、盛极必衰的客观规律,阳气发展到这个阶段已到了穷极之地,必然要向反面转化,走向衰落了。乾元之所以用九,是因为"天则"是一个完整的概念,由乾元和坤元两个基本原则所构成,互动互补,合之则两美,离之则两伤,在应用乾元之道时,决不可一味求刚,躁动冒进,应该懂得阴阳协调、刚柔并济的道理,随时随地向坤元寻求互补,以克服自己的片面性。

　　这一节解释卦辞,对《彖传》的意蕴着重于从天道的层面进行阐发。天道的本质是一个生生不已的过程,这个过程虽然细分为"元亨利贞"四个阶段,但也可以归结为"元亨"和"利贞"两个阶段。在"元亨"阶段,万物创始亨通,蓬勃生长,生机盎然;到了"利贞"阶段,结成硕果,收敛归藏,生长的过程顺利完成。《彖传》说,"乾道变化,各正性命",万物各得其性命之正,这就是所谓"利贞者,性情也"的确切含义。

　　乾元者,始而亨者也。利贞者,性情也[1]。乾始能以美利利天下,不言所利,大矣哉!大哉乾乎!刚健中正,纯粹精也。六爻发挥,旁通情也。时乘六龙,以御天也。云行雨施,天下平也。

[注释]

[1]性:是指万物内在的本性。情:指这种本性外在的表现和功能。

[点评]

　　万物顺从自己的天然之性情在广阔的天地间茁壮成

长，自由发挥，在总体上呈现为一种既是斑斓多彩而又和谐统一的生长景观。就本源的意义而言，形成这种生长景观的根本原因在于乾元之道的创始发动，"乾始能以美利利天下，不言所利"，大公无私，求利于天下万民，这种乾元之道是宇宙生生不已的动力资源，伟大得无以复加。其所具有的品德，可以用"刚健中正"四个字来概括。刚以体言，健兼用言，中者其行无过不及，正者其立不偏。此四者结为一体，纯粹精美，通过六爻的发挥，展示贯通万物变化日新的情理，好比驾着六条巨龙翱翔于天空，行云施雨，促使万物各得其所，天下和平。

君子以成德为行，日可见之行也。潜之为言也，隐而未见，行而未成，是以君子弗用也。

君子学以聚之，问以辩之[1]，宽以居之，仁以行之。《易》曰"见龙在田，利见大人"，君德也。

九三重刚而不中，上不在天，下不在田。故乾乾。因其时而惕，虽危无咎矣。

九四重刚而不中，上不在天，下不在田，中不在人，故"或"之。"或"之者，疑之也，故无咎。

夫大人者，与天地合其德，与日月合其明，与四时合其序，与鬼神合其吉凶。先天而天弗

这一节再从人事的角度对六爻的意蕴进行阐发，通过六爻由下到上的发展序列论述君子人格的自我实现及其超越所取得的阶段性的进展。

违^[2]，后天而奉天时^[3]。天且弗违，而况于人乎？
况于鬼神乎？

亢之为言也，知进而不知退，知存而不知亡，
知得而不知丧。其唯圣人乎！知进退存亡而不失
其正者，其唯圣人乎！

[注释]

[1]辩：通"辨"。《周易正义》："君子学以聚之者，九二从微
而进，未在君位，故且习学以畜其德；问以辩之者，学有未了，
更详问其事，以辩决于疑也。" [2]先天：对客观形势的前瞻性的
预见。 [3]后天：对其发展后果的通盘的估量。

[点评]

初九属于人格的潜修阶段，虽有优秀的内在品质却
"隐而未见"，没有外在的表现，虽有一些值得称道的行
为却"行而未成"，缺乏磨炼，不够成熟。在此阶段，一
个有远大志向的君子应当沉下心来，把人格的自我完善
修养置于首位，奋力追求，并且身体力行，贯彻落实到
日常的行为之中，急于用世、不甘寂寞的莽撞做法是不
合时宜的。

九二"见龙在田"，环境有了改善，才学得以展现，
但仍然属于人格修养的积累阶段。在此阶段，应该在致
知和力行两个方面下功夫。"学以聚之，问以辩之"是致
知方面的事，要勤奋学习，增进知识，讨论质问，明辨
是非，使自己的学识上升到更高的水平。"宽以居之，仁

以行之"是力行方面的事，要以宽容之心待人，以仁爱之心行事，做到理论与实践的统一，认识与行为的结合。通过这种努力，人格修养凝聚内敛，积累深厚，虽无为君之位，却有为君之德了。

九三、九四这两个爻位悬在半空，不上不下，或上或下，极不稳定，作为一种外在的时空环境，对君子人格的自我实现提出了严峻的考验，因而就人格修养来说，属于考验阶段。在此阶段，应警惕自励，发扬自强不息的精神，进德修业，坚持理想，勇于担当，积极进取。

九五属于人格自我实现的完成阶段，在此阶段不称"君子"而改称"大人"，表明人格的修养已经上升到最高峰。《文言传》对这种高峰体验的描绘不着重于"君位"，而着重于"君德"。在《周易》的哲学体系中，"君德"并不是一个独立的概念，而是取法于"天德"。所谓"天德"即《乾》之四德，这是外在于人的客观自然的运行规律，表现为日月光耀的明察普照，四时代谢的井然有序，吉凶转化的神妙莫测。对于人类来说，由于天人合一，可以推天道以明人事，这种"天德"便成为君子从事人格修养所效法的对象，因而《乾》之四德也就是君子之四德的本源性的依据和价值的最高准则。但是，对"天德"的效法必须付出艰苦的努力，不可能一步登天，只有一步一步地通过初九之"潜"、九二之"见"、九三之"惕"、九四之"跃"的四个阶段性的进展，逐次逼近，才能指望获得高峰体验，全面而深入地把握"天德"的底蕴。一旦把握了"天德"的客观规律，用于社会人事就会得心应手，无往不胜，"先天而天弗违，后天而奉天时"，发挥卓有成效的领导作用。"先天"是指对客观形势的前瞻性的预见，"后天"是指对其发展后果的通盘的估量，此二者的要点都是强调要按照"天德"的客观规律办事，切切不可主观臆断，任意妄为。

上九的"亢龙有悔"，恰恰是违反了客观规律，犯了错误。因为事物的发展是一个动态的过程，常常发生进退、存亡、得丧的转化，如果违反了这条规律，"知进而不知退，知存而不知亡，知得而不知丧"，导致事与愿违的悔恨也就是确定无疑的了。虽然如此，明达事理的圣人，"知进退存亡而不失其正"，却可以避免犯错。在这个世上，可以避免犯错的人，大概也只有圣人了。

坤卦第二

䷁（坤下坤上）

《系辞传》说："一阴一阳之谓道。"这是易道的本质，天地万物的变化运动都可以归结为阴阳两种对立势力的变化运动，为这两种对立势力的交错联结、斗争消长所决定。纯阳的势力谓之"乾元"，纯阴的势力谓之"坤元"。

坤[1]，元，亨，利牝马之贞[2]。君子有攸往[3]，先迷后得主[4]，利。西南得朋，东北丧朋[5]。安贞吉。

《彖》曰：至哉坤元，万物资生，乃顺承天。坤厚载物，德合无疆，含弘光大，品物咸亨。牝马地类，行地无疆。柔顺利贞，君子攸行。先迷失道，后顺得常。西南得朋，乃与类行。东北丧朋，乃终有庆。安贞之吉，应地无疆[6]。

[注释]

[1] 坤：卦名。《坤》卦是由下卦、上卦都是坤（☷）的两个经卦构成，是六爻皆阴的纯阴之卦，卦象是地，卦德为顺。　[2] 牝马：母马，象征阴性。　[3] 有攸往：有所往。　[4] 先迷后得主：先行就会迷失道路，跟随在后就会有人作主。　[5] 西南得朋，东北丧朋：在《周易》的八卦方位中，坤居西南，"西南得朋，乃与类行"，往西南方向可以得到许多同类的朋友，但有阴而无阳，完全脱离了阳，不会有什么好结果。乾居东北，"东北丧朋，乃终有庆"，往东北方向虽然丧失了同类的朋友，但由于得到了阳，与阳结为一体，协调并济，最终将有吉庆。　[6] 安贞之吉，应地无疆：安静而贞正的吉祥，与无疆的大地顺承上天的那种美德相适应。

[点评]

"乾元"以天为象，是纯阳的象征，作为创始的动力资源，其表现的特征为"乃统天"，如同统贯天道运行的那种刚健雄强。"坤元"以地为象，是纯阴的象征，其表现的特征则是"乃顺承天"，如同大地那样柔顺服从，接受上天的主动施予，配合完成万物化生的过程。《乾》《坤》皆具"元亨利贞"四德，但在《坤》之"贞"德上加了定语，叫作"牝马之贞"，"牝马"属阴性，这是表明，"乾元"之性为阳刚，"坤元"之性为阴柔，《乾》以刚固为贞，《坤》则柔顺而贞。

就宇宙的自然史来说，正是由于这两大势力阴阳协

在万物化生的过程中，"乾元"为阳刚之性，起着创始、施予、主动和主导的作用；"坤元"为阴柔之性，起着完成、接受、被动和服从的作用。独阴不生，孤阳不长，此二者既对立，又统一，既相反，又相成，彼此配合，缺一不可，结成了一种"乾坤并建"的紧密依赖的关系。

调、刚柔并济的共同作用，遵循了乾阳统御坤阴、坤阴顺承乾阳的自然法则，所以才能形成调适畅达、品物咸亨的太和景观。

就人类的文明史来说，为了营建一种如同宇宙自然那样和谐有序的社会政治局面，也必须遵循同样的法则，做到阴阳协调，刚柔并济，正确处理阴与阳之间的关系。如果阳得不到阴的辅助，完全孤立，就会一事无成；如果阴得不到阳的率领，散漫而无统率，也难以形成群体，实现目标。由于宇宙的自然史与人类的文明史的根本区别在于前者无心，后者有意，既然从事社会活动是一种有意识的行为，这就会犯违反自然法则的错误，所以应该自觉地把这种自然法则奉为规范，来衡量行为是否正确。比如乾元之道在宇宙自然史领域所表现的"乃统天"，完全是无心的，也是不会有错的，但在人事应用的领域，却有可能发生"亢龙有悔"的错误。坤元之道的情形也是同样，在宇宙自然史领域表现为"乃顺承天"，无计度，无目的，毫不造作，纯属自然，但是应用于社会人事的领域，就必须进行规范，否则就无所遵循，容易犯错。

从这个角度看，可以把《坤》卦《象传》的论述划分为两段。从"至哉坤元，万物资生"到"牝马地类，行地无疆"是第一段，谈的是宇宙自然的法则，从"柔顺利贞，君子攸行"到结尾是第二段，谈的是人事应用的行为规范。《乾》卦《象传》以"元亨利贞"界定君子之德，主要是侧重于论述一个优秀称职的倡导者所应当奉行的行为规范。《坤》卦《象传》以"柔顺利贞"界定君子之德，则是侧重于论述一个优秀称职的辅助者所应当

"君子"是一个美称，《乾》卦《象传》用来称呼具有阳刚之性而居于上位的倡导者，《坤》卦《象传》也用来称呼具有阴柔之性而居于下位的辅助者，说明这个美称并非表示社会地位的高下，而是意味着对行为规范的要求，凡是能够自觉地遵循行为规范，履行本身应尽的责任和义务，不分地位高下，都可以冠以"君子"的美称。

奉行的行为规范。

《象》曰：地势坤[1]，君子以厚德载物。

[注释]

[1]地势坤：《坤》卦的卦象为地，"地势坤"之"坤"是顺的意思，即"地势顺"，与《乾》卦之"天行健"相对为文。

[点评]

就宇宙自然的法则而言，天道之刚健有力与地道之柔顺宽容双向互补，协调并济，共同促成了万物的化生。这种自然的法则内在地蕴含着人文的价值，君子观《乾》之象，从"天行健"中可以体会到自强不息的精神，观《坤》之象，从"地势坤"中可以体会到厚德载物的精神。乾坤并建，刚而能柔，柔中有刚，把二者结合得恰到好处而形成一种中和之美，是人之德性的最高境界，也是从事人事活动所应当奉行的根本原则。

初六[1]，履霜[2]，坚冰至[3]。

《象》曰："履霜坚冰"，阴始凝也[4]，驯致其道[5]，至坚冰也。

[注释]

[1]初六：是阴柔初爻的名称，位置在一卦最下面的初爻位，因为是阴爻，所以称"六"（参阅《乾》卦初九的注释）。 [2]履霜：

厚德载物与自强不息，分别强调了君子应具备的品德的两个不同侧面。自强不息指进取果敢，性属刚健；厚德载物指宽厚涵容，性属柔顺。如同宇宙的自然法则那样，此二者也应当结成一种双向互补、协调并济的关系，合之则两美，离之则两伤。比如纯任刚健以治物，其弊往往悖逆物性，专制独裁；一味柔顺以处世，则会流入谄媚逢迎，有失正道。关于这种流弊，王弼《周易注》指出："夫以刚健而居人之首，则物之所不与也；以柔顺而为不正，则佞邪之道也。"

踩到深秋的薄霜上。履，踩。 [3] 坚冰至：预示结着坚冰的寒冬将要到来。 [4] 阴始凝也：阴气已经开始凝结。 [5] 驯致其道：顺着这个趋势发展下去。

[点评]

初六指《坤》卦的第一根阴爻。《周易》六十四卦，共有三百八十四爻，凡阳爻皆称"九"，阴爻皆称"六"。如同阳在六个爻位中的发展有一个由下到上、由始到终、由微到显的过程，阴的发展过程也是同样。初六居于《坤》卦之下，表示阴性事物发展的初级阶段，虽然刚刚开始，其总体特征微而未显，隐而不彰，没有全面展示。但可以根据它的苗头先兆预见到它的实质和发展趋势，其端甚微，其势必盛，这就是从事社会人事活动必须见微知著的道理。

用形象的说法来比喻，当人方在履霜之时，即可预见坚冰将至。因此，阴性事物在其发展的初级阶段，应该端正方向，坚守正道，自觉遵循柔顺利贞的行为规范，并且防微杜渐，在错误刚露苗头之时加以制止，不让它向恶性的方向发展。

六二，直方大[1]，不习无不利[2]。

《象》曰：六二之动[3]，直以方也[4]。"不习无不利"，地道光也[5]。

[注释]

[1] 直方大：正直、端方、广大。 [2] 不习无不利：不熟悉也无不顺利。 [3] 六二之动：六二的行动作为。 [4] 直以方也：以正直、端方为本。 [5] 地道光：大地柔顺中正之道得以发扬光大。

[点评]

在一卦六爻中，五居上卦之中，为君位；二居下卦之中，为臣位。凡居于中位者，皆有中之美德。因此，六二作为阴性居于此位，不仅得中、得正，而且完全符合自己为臣的本分，是一个最适宜于自己居住的位次，这就自然而然内在地具有直、方、大三种品德。直是正直，方是端方，大是广大。这三种品德是与地道相通的，本源于地道的自然的禀赋，是一种内在的本性，顺着这种本性而行动，任其自然，不假修营，而功自成，所以"不习无不利"。

六三，含章可贞[1]。或从王事[2]，无成有终[3]。
《象》曰："含章可贞"，以时发也[4]。"或从王事"，知光大也[5]。

[注释]

[1] 含章可贞：才德美质蕴含于内，可以持守坚贞。章，章美。贞，坚贞。　[2] 或从王事：或者辅助君王的事业。或，副词，表示一种不确定的状态，在可与不可之间根据时势作出权衡选择。　[3] 无成有终：不把成功归为己有，这样可以有好的结局。　[4] 以时发：在恰当的时机发挥作用。　[5] 知光大：才德智慧就会得到光大。知，同"智"。

[点评]

六三内在蕴含章美之德，而且坚贞不渝，与六二是

在《周易》的体例中，一卦六爻，共有六个爻位，初、三、五为奇数爻位，叫作阳位，二、四、上为偶数爻位，叫作阴位，凡阳爻居阳位、阴爻居阴位者谓之得位，得位为正。

王弼《周易注》："三，处下卦之极，而不疑于阳，应斯义者也。不为事始，须唱乃应，待命乃发，含美而可正者也，故曰'含章可贞'也。"

完全相同的，但是由于爻位的上升，"或从王事"，六三担任职务，参与实际的社会政治活动。这是一个履行为臣之道的人自我实现的大好时机，应当充分发挥自己的聪明才智，若含而不发，错过时机，无所作为，是不正确的。另一方面，如果过高估计自己的作用，居功自傲，也同样是错误的。只有懂得了"无成有终"的道理，最后才能有好的结果。

李光地《周易折中》引俞琰曰："咎致罪，誉致疑，唯能谨密如囊口之结括，则'无咎无誉'。"

六四，括囊，无咎无誉[1]。

《象》曰："括囊无咎"，慎不害也[2]。

[注释]

[1] 括囊，无咎无誉：扎紧口袋，没有灾祸也没有荣誉。括，收束。囊，口袋。括囊，即束紧口袋，防止口袋里的东西倒出来。这里比喻人缄口不言，行为谨慎，韬光养晦，不露锋芒。这种处世之道，虽无称誉，也无咎害。   [2] 慎不害：谨慎小心不会有害处。

[点评]

六四之位由三位上升到四位，权高位重，担任要职，为近君之位，居于这个位次，如何妥善处理君臣之间的关系是一个极为重要的问题。就理想的情形而言，君臣关系应当相互依存，结为一体，尽管君居尊位，臣处卑位，君为主导，臣为从属，但却是按照刚柔相济、阴阳协调的原则结成一种和谐统一的政治组织。这种政治组织有如人之一身，君为元首，臣为股肱，相亲相辅，互助合作。君主不可垄断权力，专制独裁，而应该委贤任能，信任臣下；臣下也不可结党营私，侵犯君权，而应该尽力辅助，志匡王室。

六五，黄裳^[1]，元吉。

《象》曰："黄裳，元吉"，文在中也。

［注释］

[1]黄裳：黄是尊贵的中色。裳是穿在上衣下面的裙子，古人上衣下裳。黄裳象征地位尊贵而又具有柔和谦下的美德，大为吉祥。

［点评］

《坤》卦六五以阴柔之性上升到尊贵的君位，掌握了权力，职位变了，但是其内在的美德却没有改变，所以《小象传》解释说，"'黄裳，元吉'，文在中也"。《乾》卦九五具阳刚之性，其所以能"飞龙在天"而居君位，关键在于"同声相应，同气相求"，以中和的美德与居于下位者的同类结成了一种亲附聚合的关系，从而赢得了他们的拥戴。《坤》卦六五之"黄裳，元吉"，也是同样的道理，虽然地位尊贵，但仍然柔和谦下，不变本色，容民畜众，厚下安宅，与《乾》卦九五同样是在奉行中和的美德，其所以获得吉祥也就是理所当然的了。这种中和的美德，其实质性的含义就是阴顺阳，阳顺阴，刚

在《周易》的体例中，五为君位，这是一个固定的位次，无论是阳爻九五还是阴爻六五，凡居于此位者，皆为君位。六十四卦共有六十四个君位，分配的情形并非奉行阳尊阴卑的原则，由阳爻九五所独占，而是两两对称，各占一半，阴爻六五也分配到了三十二个君位。这种情形说明坤虽阴柔，其六五之"黄裳，元吉"与《乾》卦九五之"飞龙在天"同样都是在论述为君之道，只是论述的角度和侧重点有所不同，应该联系起来，参照发明，加深理解。

而能柔，柔而能刚，阴阳协调，刚柔并济，单有阳刚而排斥阴柔不能叫作美德，单有阴柔而排斥阳刚也不能叫作美德。

上六，龙战于野[1]，其血玄黄[2]。

《象》曰："龙战于野"，其道穷也[3]。

[注释]

[1]龙战于野：与龙交战于田野。　[2]其血玄黄：流出黑黄相杂的血。　[3]其道穷也：它的阴柔之道发展到了穷极。

[点评]

上六是坤阴的极盛之地，也是穷极之地。坤阴居于此地，忘乎所以，自称为龙，迷失了自己"利牝马之贞"的本性，与阳刚之真龙发生对抗性的矛盾，激战于田野，结果两败俱伤，谁也没得到好处，流淌的血色，又黑又黄。《小象》解释说，"'龙战于野'，其道穷也"。这种情形与《乾》卦上九的"亢龙有悔，穷之灾也"，是完全一样的。在社会政治的人事运作中，由于阴与阳的性质不同，自然存在着二者之间对立冲突的一面，但是更重要的是，必须站在自觉的高度用中和的美德来进行抑制，使协调并济的统一的一面占据主导地位。

《坤》卦上六和《乾》卦上九之所以犯了同样的错误，就是因为不懂得阴必顺阳、阳必顺阴的道理，没有进行自我抑制，让斗争的一面占了上风，从而导致了阴阳相互排斥、彼此伤害的恶性后果。

用六[1]，利永贞[2]。

《象》曰：用六永贞，以大终也[3]。

［注释］

[1]用六：即用六之道，也就是全面而不是片面地应用坤元之道的基本原则。与《乾》卦用九相对（参阅《乾》卦用九注释）。　[2]利永贞：利于永远坚守正道。　[3]以大终也：可以取得德业广大之结果。

［点评］

《乾》卦论述用九之道曾经指出，"乾元用九，天下治也"，认为如果善于运用乾元之道，可以创造成就天下大治的辉煌业绩。《坤》卦论述用六之道，也同样站在功效的角度指出，"用六永贞，以大终也"，认为如果善于运用坤元之道，可以取得德业广大之结果。其实乾元之道和坤元之道并非两个并立互不相干的道，而是从不同的侧面阐发一个共同的道理。

《文言》曰：坤至柔而动也刚，至静而德方。后得主而有常，含万物而化光。坤道其顺乎！承天而时行。

［点评］

《坤》卦《文言传》可分两节。这是第一节，阐发卦辞的意蕴。大意是说，坤虽至柔，但柔中有刚，运动的劲头刚健有力。坤虽至静，但其德方正，使万物化生凝结坚固而为形体。阴之道不唱而和，待阳而后动，因而阳唱阴和，阳主阴从，"后得主而有常"，积极配合阳的

易道贵中和，所谓"中和"就是阳刚与阴柔的变奏所围绕的核心主题。此二者虽然本性不同，但都在坚持不懈地向对方寻求互补，在此唱彼和的反复变奏的过程中，使得中和之美的核心主题凸显鲜明，发展得更加丰满繁富。因此，无论是用九之道还是用六之道，都是从不同的侧面强调中和之美的核心主题。

创始发动，含容万物，化育广大。坤道的总体特征就是柔顺，顺承天道，配合默契，协助襄理，依时而行。

积善之家，必有余庆；积不善之家，必有余殃。臣弑其君，子弑其父，非一朝一夕之故，其所由来者渐矣，由辩之不早辩也[1]。《易》曰："履霜，坚冰至"，盖言顺也[2]。

［注释］

[1]辩：通"辨"。《释文》引马融曰："别也。" [2]盖：大概。顺：有沿着当前趋势任其发展下去之义。

［点评］

第二节依次解释六爻爻辞。这是解释初六爻辞。从"履霜，坚冰至"的自然现象中，可以领悟到见微知著的道理，其端甚微，其势必盛，冰冻三尺，非一日之寒，关键是一个"积"字。积是积累，积聚，坚冰是由微小的霜冻逐渐积累、积聚而形成的。如果说自然现象的这个过程无目的，无意识，那么对于社会人事来说则是一种行为的自由选择。"积善之家，必有余庆；积不善之家，必有余殃。"吉凶祸福的后果虽然在发展过程的终结阶段呈现，但是它的前因先兆却是在开始阶段所作出的行为选择。人们可以选择为善，善必有善报；人们也可以选择为恶，恶必有恶报。这种善恶的报应不是冥冥中的天意，不是无可改变的宿命，而是决定于人们自由的选择，

一个人的命运是由自己掌握的，吉凶祸福的后果是由自己的行为所决定的，人们在社会生活中，应该具有清醒务实的理性，严于律己的道德，勿以善小而不为，勿以恶小而为之。

决定于主体行为或善或恶的逐渐积累和积聚。如果在开始阶段选择了某种行为，就应该根据见微知著的道理，预见到其所导致的后果，无论是吉是凶，是祸是福，都要由自己完全承担，无可推卸。

直[1]，其正也；方[2]，其义也。君子敬以直内，义以方外，敬义立而德不孤。"直方大，不习无不利"，则不疑其所行也。

［注释］

[1]直：是指发自内心的真诚无伪的正直。　[2]方：是指客观外在的合乎正义的行为规范。

［点评］

这是对六二爻辞的解释，重点论述道德修养的方法，总体上贯穿了自律与他律、内在主观与外在客观相结合的精神。君子从事道德修养，一方面要"敬以直内"，以加强道德的自律，严肃认真，反身修德，保持内心的正直；另一方面要"义以方外"，力求使自己的行为符合外在的规范，处事得宜，尊重他律。

敬立则内直，义形则外方，"敬义立而德不孤"，这就把自己塑造成为充实完美的道德人格，不会感到孤独。孔子说："德不孤，必有邻。""邻"是亲近的意思。有德之人必然会有人来与他亲近，并且产生感化的社会效应，这就是"大"。一个人如果具有"直、方、大"三种美德，他的行为是决不会受到人们怀疑的。

阴虽有美，含之以从王事，弗敢成也。地道也，妻道也，臣道也。地道无成，而代有终也[1]。

李光地《周易折中》引何楷曰："乾能始万物而已，必赖坤以作成之，故曰'代有终'，正对乾之始而言。"

[注释]

[1] 地道无成，而代有终也：大地之道"从不居功"，安于本分顺承天道，柔顺配合刚健，共同完成美好的事业。代，代替。乾阳倡始，坤阴成终，天施地受，阴阳和合，从而成就万物，万物在大地上繁衍生息，成就的是天之功。

[点评]

这是对六三爻辞的解释，大意是说，阴虽有美德，但只能发挥配合辅助的作用，只能当配角，不能当主角，不能把成功归为己有，这就是地道、妻道、臣道的本质。相对来说，阳发挥创造主导的作用，也就是天道、夫道、君道的本质了。历代易学家对此二者的关系有两种不同的理解。一种理解为阳尊阴卑，阳贵阴贱，尊卑贵贱之位不容颠倒，因而主张抑阴扶阳，强调片面绝对地服从，地必顺天，妻必从夫，臣必忠君。另一种理解为乾坤并建，阴阳协调，此二者虽然本性不同，发挥的作用不同，但并无尊卑贵贱之分，而是相互依存，围绕着共同的目标和衷共济的。按照后一种理解，地道之所以顺承天道，并不是因为卑贱者必须绝对服从尊贵者，而是为了实现共同的目标，使事业得到圆满的成功，履行自己应尽的职能。所谓"地道无成，而代有终也"，说的就是这个意思。比较起来，后一种理解是摒除了等级之分的偏见，把握了阴阳哲学的普遍原理，也切合原文的本义。

天地变化，草木蕃[1]。天地闭，贤人隐[2]。《易》曰："括囊，无咎无誉"，盖言谨也。

[注释]

[1]天地变化,草木蕃:天地运行变化,阴阳二气交合感应,顺达通畅,草木繁衍茂盛,象征政治清明,天下有道,因而贤人辈出。蕃,《说文》:"蕃,草茂也。" [2]天地闭,贤人隐:天地闭塞不通,阴阳二气彼此隔绝,不相感应,象征政治黑暗,天下无道,贤人就会隐退避世。

[点评]

这是对六四爻辞的解释。自然界在前一种情况下,草木蕃茂,万物生长;在后一种情况下,却是草木萎谢,万物不生。人们可以推天道以明人事,领悟到政治的清明与政治的黑暗也是由于同样的原因。政治之所以清明,关键在于君臣之间沟通顺畅,相互信任,配合默契,和衷共济,有如天地阴阳二气之交合感应,顺达通畅。政治之所以黑暗,关键则在于君臣道隔,缺乏信任,特别是君主对臣下无端的猜疑忌刻,有如天地阴阳二气之彼此隔绝,闭塞不通。作为一位怀有经世致用的理想而又身居下位的贤人当然是希望遇上政治清明的时代,但是希望往往落空,在现实的生活中更多的是遇上政治黑暗的时代。这不是个人的选择,而是偶然遭遇到的时运。

君子黄中通理[1],正位居体[2]。美在其中,而畅于四支[3],发于事业,美之至也。

[注释]

[1]黄中通理:具有柔顺中道的美德而通达事理。 [2]正位

君子如果时运不济,遭逢政治黑暗的时代,就只能选择《坤》卦六四爻辞所说的处世之道,"括囊,无咎无誉",缄口不言。尽管这种选择出于被迫无奈,违背了自己的理想,但却是免于祸患的明智之举。

居体：居于君位，掌握了最高的政治权力。　[3] 四支：四肢。

[点评]

这是对六五爻辞的解释。在人类社会的政治系统中，有德者未必有位，有位者未必有德，六五"君子黄中通理，正位居体"，说明德与位已经形成了完美的结合，是一种最为理想的政治局面。从政治权力有效运作的角度看，德与位这两个方面固然必须结合，不能或缺。但是细加分析，德是有效运作的必要条件，位是有效运作的充分条件，比较起来，为了使政治权力的有效运作，能够做出一番利国利民的大事业，德比位更为重要。六五"黄中通理"，"美在其中"，具有内在的美德，加上居于君位，获得了行使权力的充分条件，这就得心应手，好比心灵支配四肢一样，能够顺顺当当地做出一番大的事业。政治运作达到了这个境界，也就是达到最美的理想了。

阴疑于阳必战 [1]，为其嫌于无阳也，故称龙焉。犹未离其类也，故称血焉。夫玄黄者，天地之杂也，天玄而地黄。

[注释]

[1] 疑：读作"拟"，比拟。《周易本义》："疑，谓钧敌而无小大之差也。"

［点评］

这是对上六爻辞的解释。"阴疑于阳必战"，阴发展到极盛把自己比拟于阳，认为与阳完全相等，得意忘形，这就使得阴阳之间斗争冲突的一面占了上风，必然会与阳发生激战。"为其嫌于无阳也，故称龙焉。"阴的这种心态躁动不安，怨恨不满，总是嫌自己没有获得与阳同样的美称，所以自称为龙。"犹未离其类也，故称血焉。"尽管阴自称为龙，但阴仍然是阴，没有改变阴的本性，所以称之为血，血是属于阴类的。由于阴阳交战，两败俱伤，流淌的血又黑又黄，这种玄黄之色混浊杂乱，是天地之杂色，不是天玄而地黄的正色。如果阴阳两大势力不相协调并济而是斗争冲突，无论是宇宙自然还是人类社会，都不会保持秩序的稳定和谐，而是陷入非正常的状态。

屯卦第三

䷂（震下坎上）

屯[1]，元亨，利贞。勿用有攸往，利建侯。

《彖》曰：屯，刚柔始交而难生。动乎险中，大亨贞。雷雨之动满盈，天造草昧。宜建侯而不宁。

《周易》把某一特定的阶段称之为"时"。"时义"也就是卦义,是一卦的主旨。每卦都有一个主旨,每卦都代表一个特定的"时"。这种"时"是由客观外在的阴阳势力自然形成的结构,对六爻来说,是一种客观外在而偶然遭逢的时运,一种不可超越而必须生活于其中的具体处境,也是对六爻起支配作用的总体形势。在这种形势下,顺时而动,必获吉利;逆时而动,将导致灾难。因此,研究《周易》哲学,应该把一卦之"时"看作一个时态模型,根据对时态模型的理性分析来预测事物的发展前途,并且作出合理的决策,选择正确的行动,发挥主观能动性促使总体形势朝着有利的方向转化。

[注释]

[1]屯(zhūn):卦名,《说文》:"《易》曰:'屯,刚柔始交而难生'。陟伦切。"《屯》卦由震(☳)下坎(☵)上两经卦组成。《说文》曰:"屯,难也。象艸木之初生。屯然而难。""屯"字像草木初生的样子,幼芽艰难地破土而出。物初生而多艰难,"屯"引申为"难"。就卦序说,《屯》卦紧接《乾》《坤》两卦之后,是阴阳刚柔开始交合所派生的第一个卦。

[点评]

在《周易》的六十四卦的系统中,《乾》为纯阳之卦,《坤》为纯阴之卦,其他六十二卦都是由阴阳两爻不同的排列组合所形成的不同结构,代表阴阳两大势力流转变化过程所达到的某一个特定的阶段。由于阴阳两大势力在每一个特定的阶段有不同的排列组合,有时统一的一面占了上风,刚柔相济,阴阳协调,呈现为一种和谐的状态;有时却是斗争的一面占了上风,或者配置不当,阳刚过头,阴柔太盛,使得和谐的状态受到破坏而转化为冲突和危机。因此,虽然天人整体是一个和谐的全过程,但是就某一特定的阶段而言,却是或顺或逆,或吉或凶,具体情况十分复杂。

《屯》卦的卦义是屯难,总体特征是艰难险阻,很不安宁,代表事物发展处于屯难之时,屯难之世。其所以如此,是因为震的卦象为雷,坎的卦象为云,有云有雷而未成泽,震的卦德为动,坎的卦德为险,在危险的环境中行动,这两卦的组合象征着刚柔始交,孕育物之初生,正在经历产前的阵痛。虽然如此,其发展前途却是大为亨通的。就自然界的现象来说，表现为"雷雨之动满盈，天造草昧"，天地之气开始交合，雷雨之动充满宇宙，万物萌生，冥昧混沌，整个世界呈现一片紊乱的无序状态。就人类社会的现象来说，则是表现为"宜建侯而不宁"，阴阳两大势力开始交合，尚未形成有组织的群体，阴正在追求阳的倡导，阳正在追求阴的亲附，处于社会组织自然生成的初始阶段，也是同样紊乱无序，此时应该建立诸侯邦国，创立制度，稳定秩序，使社会得到安宁。

《象》曰：云雷，屯。君子以经纶^[1]。

[注释]

[1] 经纶：本义是指治理乱丝，理出头绪，编丝成绳，使之由紊乱无序的状态变为井井有条的有序状态。因而经纶引申为经营、筹划、治理。

[点评]

《屯》卦是云雷之象，乌云密布，雷声滚滚，阴阳之气郁结不通，紊乱无序。由于阴与阳的关系分中有合，合中有分，所以秩序与和谐有机地内在统一于阴与阳的关系之中。君子观此卦象，推天道以明人事，在从事社会人事活动中，发扬刚健有为的精神，不畏艰难险阻，要像治理乱丝一样，使之协调并济，相辅相成，由无序变为有序。

初九，磐桓[1]，利居贞，利建侯。

《象》曰：虽磐桓，志行正也。以贵下贱，大得民也。

[注释]

[1] 磐桓：即盘桓，指徘徊不前。

[点评]

初九为阳爻，在此屯难之世的开始，安静守正，磐桓不进，而且以尊贵的身份甘居于众阴之下，具有谦和的品德，应民所求，合其所望，从而赢得了众阴的亲附，为组织群体、建立秩序做出了重要贡献。所以《小象》赞扬说："虽磐桓，志行正也。以贵下贱，大得民也。"初九本为阳爻，又是《震》卦的初爻，震为动，就其本性来说，应该是勇猛精进，动而不已，但在屯难之世却是表现为磐桓不进，柔和谦下，显然是对自己的本性进行了一番抑制。其所以如此，主要是顾全大局，自觉地使自己的行为服从目标的整体需要。处于初九的爻位，组织目标的要求是十分明确的，就是"利居贞，利建侯"。为了实现这个目标，初九就必须抑制自己的本性，做到安静守正，刚而能柔，以谦和的品德来争取民众的亲附，建立秩序。

杨万里《诚斋易传》："姑盘桓不进以待时而已。然岂真不为哉，居正有待，而其志未尝不欲行其正也。"

六二，屯如邅如，乘马班如[1]。匪寇，婚媾[2]。女子贞不字，十年乃字[3]。

《象》曰：六二之难，乘刚也。"十年乃字"，反常也[4]。

[注释]

[1] 屯如，邅（zhān）如，乘马班如：屯，聚集。邅，回转。如，语助词。班，回旋。这是用诗的语言描绘了一幅生动的图景，一群人乘在马上来回盘旋，徘徊不进。　[2] 匪寇，婚媾：这群人不是贼寇，而是来求亲的。　[3] 女子贞不字，十年乃字：待嫁的女子坚贞地等待了十年，才与另一个男子订婚。待嫁的女子是指六二，前来求亲的男子是指初九，十年以后与之订婚的另一个男子是指九五。　[4] 六二之难，乘刚也。"十年乃字"，反常也：六二面临的困难，是因为阴柔凌乘于阳刚之上。十年才订婚约，这是反常现象。乘刚，指六二阴爻凌乘于初九阳刚之上。字，《礼记·曲礼上》："女子许嫁，笄而字。"指女子订婚许配男子。

[点评]

六二与初九的婚约之所以艰难，是因为六二以阴柔之体凌驾于初九阳刚之上，以柔乘刚，于理不顺，也不吉利。等了十年之久与九五订婚，这是屯难之世出现的一种反常的现象。婚约本质上是男女双方自愿互动的关系，男方向女方求婚，要得到女方的同意，女方不同意这门婚事而另有所许，也要等待另一男方来主动追求。

六二代表阴柔的势力而居于臣位，其心目中理想的对象是代表阳刚势力而居于君位的九五，在追求的过程中却遇到六三、六四两个竞争对手从中作梗，形成阻力，理想不能顺利实现，只得耐心等待。就初九来说，其理想的对象应该是六四。按照《周易》的体例，阴阳相应的关系只有在初爻与四爻、二爻与五爻、三爻与上爻之间才能建立，所以初九与六二虽然是一阴一阳，但不能结成阴阳相应的关系，而是一种以柔乘刚的不吉利的关系，六二之拒绝初九的追求是有道理的。

六三，即鹿无虞[1]，惟入于林中。君子几[2]，不如舍，往吝。

《象》曰："即鹿无虞"，以从禽也[3]。君子舍之，往吝穷也。

[注释]

[1]即鹿：追猎野鹿。虞：掌管山林的官名。　[2]几：事物变化的苗头，吉凶的先兆。　[3]从禽：跟踪猎物。从，指跟踪追捕。禽，泛指禽兽，这里指猎物。

[点评]

程颐《周易程氏传》："入山林者，必有虞人以导之。无导之者，则惟陷入于林莽中。君子见事之几微，不若舍而勿逐，往则徒取穷吝而已。"

往山林中追猎野鹿，没有虞人的引导，将会迷失道路，徒劳无功，自取羞辱。在这种情况下，明智的做法应该是知难而退，舍鹿不追。如果执迷不悟，贪功冒进，跟踪野鹿的目标往前追猎，导致穷困的后果就是必然的了。在《屯》卦六爻结构中，六三以阴柔之质而居阳位，其行为模式是躁动不安的，但是与初九、九五皆不能结成阴阳相应的关系，所以难以与阳结为一体共度时艰，行动起来，缺乏阳的引导和援助，如同"即鹿无虞"一样，难以成功。居于这个爻位，应该听从"君子几，不如舍"的劝诫，克制自己的盲动行为，以安静守正为吉。

六四，乘马班如，求婚媾，往吉，无不利。

《象》曰：求而往，明也。

[点评]

六四乘马盘旋去求婚，求婚的对象是初九之阳。由于六四的爻位与初九本质上是一种阴阳相应的关系，所以前去求婚必获应允，一定成功，吉无不利。六四以柔顺居近君之位，是得到君主信任的大臣，但是其才能不够，如果礼贤下士，主动追求初九之阳刚，结为一体，以刚济柔，共同辅助九五之君，那就是屯难之世的明智之举了。

九五，屯其膏[1]，小贞吉，大贞凶。

《象》曰："屯其膏"，施未光也。

[注释]

[1]屯：聚集。膏：膏泽、恩惠。

[点评]

九五居于至尊的君位，聚集了一定的财富，但是尚未脱离坎险之中。在这样的屯难之世，九五应该充分信任初九，共同携手把众阴势力凝聚在一起的，共渡屯难，

李光地《周易折中》引魏了翁曰："五处险中，不利有所作为，但可小事，不可大事。曰'小贞吉，大贞凶'，犹《书》所谓'作内吉、作外凶，用静吉、用作凶'者。"

但九五"屯其膏",分配不公,施予不广,偏私狭隘,小气吝啬,这就只能维持一种小小的局面,而不能做出一番大的事业。

上六,乘马班如,泣血涟如。

《象》曰:"泣血涟如",何可长也。

[点评]

上六以阴柔居《屯》卦之终,与六三未能结成相应关系,虽与九五之阳相比,但九五偏私狭隘,也不能给以应有的援助,是一个脱离了阳的倡导而无所亲附的阴柔之体,因而乘马盘旋,血泪涟涟,悲恸万分。

蒙卦第四

☷ (坎下艮上)

蒙[1],亨[2]。匪我求童蒙,童蒙求我。初筮告,再三渎,渎则不告。利贞。

《象》曰:蒙,山下有险,险而止,蒙。蒙,亨,以亨行,时中也。"匪我求童蒙,童蒙求我",志应也。"初筮告",以刚中也。"再三渎,渎则不告",渎蒙也。蒙以养正,圣功也。

[注释]

[1]蒙：卦名。《蒙》卦由坎（☵）下艮（☶）上组成，艮的卦象是山，坎的卦象是水。蒙，蒙昧，幼稚无知。　[2]亨：亨通。《蒙》卦继《屯》卦之后，屯者物之始生，蒙则代表始生之时的幼稚无知、蒙昧未发的状态，但是进行启蒙开导，其发展的前途是亨通的。

[点评]

《蒙》卦由坎下艮上组合而成，坎为险，艮为山，山有止的意思，山下有险，遇险而止，不知所从，正是蒙昧的象征。蒙昧必有困惑，困惑必寻求开导。无论是感到困惑还是寻求开导，都是蒙昧者自身的事，应该有主体的自觉意识。蒙昧者必须立足于诚心向开导者求教，开导者却不可反客为主，以先知先觉者自居对蒙昧者进行强制性的灌输。所以说"匪我求童蒙，童蒙求我"。此二者之所以"志应"，达到了启蒙的效果，是因为这种启蒙完全是建立在蒙昧者本身诚心求教的基础之上的。"初筮告"，说明有诚心求教之意。"再三渎，渎则不告"，说明蒙昧者安于蒙昧，毫无诚心求教之意，即令谆谆教导也难以达到启蒙的效果。"蒙以养正，圣功也"，"正"是蒙昧者的主体的自觉，也是其蒙昧未发的内在的素质，开导者从事启蒙的工作，应该尊重这种主体的自觉，培养其内在的素质，随时加以引导，使之发而中节，合乎中道，走上正轨，这也就是为圣之功。

《象》曰：山下出泉，蒙。君子以果行育德[1]。

李光地《周易折中》引林希元曰："童蒙不我求，则无好问愿学之心，安能得其来而使之信？我求而诚或未至，则无专心致志之勤，安能警其惰而使之听？待其我求而发之，则相信之深，一投而即入矣。待其诚至而发之，则求道之切，一启而即通矣。此蒙者所以得亨也。"

［注释］

[1] 果行育德：果断地采取行动培育明德。

［点评］

《蒙》卦的卦象，艮为山，坎为泉，山下涌出泉水，虽然是涓涓细流，却是一股其流不竭的源头活水。这种自然现象蕴含着人文的启示，象征人之初生，虽然幼稚无知，蒙昧未发，但却具有内在的明德，如果进行启蒙开导，就会沛然而莫之能御，如同涓涓细流的泉水汇为长江大河。君子观此卦象，应该发扬自强不息的精神，积极进取，奋发有为，果断地采取行动培育明德。

初六，发蒙[1]，利用刑人[2]，用说桎梏[3]，以往吝。

《象》曰："利用刑人"，以正法也。

［注释］

[1] 发蒙：启发蒙昧者。　[2] 利用刑人：包含两层意思，一指用刑罚来限制人，一指用典型来教育人。刑，指刑罚，也指典型。　[3] 用说桎梏：包含两层意思，一指解脱肉体的枷锁，一指解脱精神的枷锁。说，即"脱"。

［点评］

初六处于《蒙》卦之初，是一个蒙昧未发、幼稚无知的童子，如果不及早进行发蒙开导的教育，将会走入歧途，不利于健康成长。《小象》解释说："'利用刑人'，以正法也。"这是认为，用法律条文进行守法教育，用典型范例进行道德教育，这种双管齐下的教育方法，目的是为了端正方向，树立正确的行为准则，早在发蒙阶段就把受教育者引入正途，不犯错误。

九二，包蒙[1]，吉。纳妇[2]，吉。子克家[3]。

《象》曰："子克家"，刚柔接也。

[注释]

[1]包蒙：包容蒙昧者。　[2]纳妇：娶妻。象征接纳阴柔者。　[3]子克家：儿子能够承担起家庭的责任。克，能够胜任。

[点评]

在《蒙》卦的卦爻结构中，九二与六五两爻的配合，对由蒙昧到亨通的发展起到了关键的作用。比较起来，《蒙》卦六爻，唯有九二与六五两爻做到了刚柔相接，协调并济，不仅妥善处理了教育领域的师生关系，而且妥善处理了政治领域的君臣关系。单就九二来说，以刚爻居阴位而得中，是为刚中，具有刚明的美德而又柔和谦下，其对待童蒙的心态表现为"包蒙"。"包"就是宽厚包容，也就是体现了《坤》卦所说的那种"厚德载物"的精神。九二一方面具有刚明的美德，同时又能以宽厚包容的心态对待童蒙，自然会赢得童蒙的亲附。用形象来比喻，就如同男子娶妻一样，正当合理，大吉大利。

《蒙》卦六爻，初六、六三、六四、六五为阴爻，代表受教育的童蒙；九二、上九为阳爻，代表承担教育职能的启蒙者。启蒙者能否以宽厚包容的心态对待童蒙，童蒙能否立足于主体的自觉向启蒙者诚心求教，这种双向互动的关系能否有效地建立，也就表现为阴阳双方能否奉行时中之道，抑制自己过分的行为，做到刚柔相接，协调并济。

但是，从政治关系的角度看，六五为君，九二为臣，这种上下尊卑的等级秩序是不容颠倒的，所以把九二比作男，把六五比作妇，用"纳妇"的形象来比喻二者的关系不太恰当，而应该把六五比作父，用九二比作子，用"子克家"的形象来比喻。君臣关系有如父子关系，尽管九二刚而得中，开创了亨通的局面，建立了卓越的功勋，但也只能比作恪守孝道、兴家立业的儿子，子承父业，君令臣行，不能冒犯或者凌驾君父的权威地位。总之，九二在处理这双重关系的过程中都做到恰如其分，无过无不及，究其原因，在于刚柔相接，奉行时中之道，而这种时中之道也就是《周易》哲学的核心思想和基本原则。

六三，勿用取女[1]。见金夫，不有躬[2]。无攸利。

《象》曰："勿用取女"，行不顺也。

[注释]

[1]取：即"娶"。　[2]躬：自身。

[点评]

按照《周易》的体例，能与六三结成阴阳相应关系的对象不是九二，而是上九。而上九刚而不中，行为粗暴，完全不懂应以柔和谦下去赢得女方亲附的道理，就像一个拥有财富而自我炫耀的"金夫"，不是合适的对象。

六三以阴柔之质而居阳刚之位，不中不正，浮躁妄动，被上九的财富的表面现象所迷惑，不顾自我的身份人格主动前去追求。这种追求行为不顺，根本不可能结成阴阳相应的关系，当然也不会有什么好的结果。

六四，困蒙[1]，吝。

《象》曰：困蒙之吝，独远实也[2]。

[注释]

[1]困蒙：困于蒙昧。　[2]实：卦中的阳爻。在《蒙》卦中指阳刚笃实有学问的师长。

[点评]

六四在《蒙》卦的爻位中，处境远离阳爻，很不吉利，故称之为"困蒙"。六四以阴爻而居阴位，是一个迫切需要进行启蒙教育的对象，而在《蒙》卦六爻的网络结构中，唯一能对它进行教育的是九二，但是六四与九二远离，而且夹在六三与六五中间，为众阴所包围，这就无法摆脱蒙昧，陷入穷困之地。

六五，童蒙[1]，吉。

《象》曰："童蒙之吉"，顺以巽也[2]。

[注释]

[1]童蒙：像纯一的幼童那样接受启蒙。　[2]顺以巽也：恭

程颐《周易程氏传》曰："'童'，取未发而资于人也。"李光地《周易折中》引蔡清曰："此之童蒙，言其有柔中之善，纯一之心。"

顺谦逊。

[点评]

六五以童蒙之质而居君位，就其童蒙之质而言，与九二刚明之贤结成了阴阳相应的关系，顺从谦逊，诚心求教，这就摆脱了蒙昧状态，开发了智力品德，受到了良好的教育，吉祥如意。就其居于至尊的君位而言，不以权力地位为重，秉巽顺之德，任刚明之才，礼贤下士，出于至诚，把居于臣位的九二当作老师来尊重，这就使得权力的行使运作合理正当，不出偏差，吉祥如意。《小象》解释说："'童蒙之吉'，顺以巽也。"这种巽顺之德，其实质性的含义就是和顺。

上九，击蒙[1]，不利为寇，利御寇[2]。

《象》曰：利用御寇，上下顺也。

[注释]

[1]击蒙：打击蒙昧者。　[2]不利为寇，利御寇：不宜治蒙过猛如同强盗，而宜于并肩作战，抵御强盗。

[点评]

上九阳刚过头，有失中道，在蒙而求亨之时以极端粗暴的方式去"击蒙"，与九二以宽厚包容的方式去"包蒙"形成了鲜明的反差。事实证明，"包蒙"可获吉利，而"击蒙"必然会导致不利的后果。因为"击蒙"是把无知的童蒙当作寇贼，进行无情的打击，从而把本来可以妥善处理的关系激化成为对抗性的矛盾，而自己也变为童蒙心目中的寇贼，这就是故意制造敌人的"为寇"。正确的教育方式是与童蒙并肩作战、共同抵御蒙昧。

需卦第五

䷄（乾下坎上）

需[1]，有孚，光亨，贞吉[2]。利涉大川。

《彖》曰：需，须也，险在前也，刚健而不陷，其义不困穷矣。"需，有孚，光亨，贞吉"，位乎天位，以正中也。"利涉大川"，往有功也。

[注释]

[1]需：卦名。《需》卦由乾（☰）下坎（☵）上组成。需，包含两层意思，一指需要，一指须待、等待。　[2]孚：诚信。光：广大光明。亨：亨通顺遂。贞：守持正固。吉：吉祥如意。

[点评]

人有各种各样的需要，而诸多需要均是立足于主观的意愿，作为一种内在的驱动力，表现为一种价值的取向，一种对外在客观事物的不懈追求，只有在称心如意地获得了外在的客观事物的情况下，需要才能满足。但是，需要能否满足，追求能否实现，并不完全取决于主观的意愿，而是取决于客观的条件和时机。如果客观的条件不具备，时机不成熟，单凭一厢情愿的主观需要，轻举妄动，盲目冒进，结果就会四处碰壁，事与愿违，达不到预期的目的。在这种情况下，有必要沉下心来，审时度势，慎思明辨，创造条件，等待时机。因此，需要和等待就结成了主观和客观之间的既对立又统一的辩证关系。

《需》卦由乾下坎上组成，乾为健，坎为险。乾之三爻，初九、九二、九三，具有极为强烈的内在的需要，健动不已，一往直前，力求实现自我的本性。但是《坎》卦在上，作为一种艰难险阻的客观环境挡住了乾之三爻前进的道路，组成为"险在前"的卦象，迫使乾之三爻必须耐心等待。虽然如此，乾之三爻并没有违反自己刚健的本性止步不前，而是根据自身爻位的具体处境以及与上坎之险的距离的远近，不断调整端正自己的行为，继续前进，结果是"刚健而不陷，其义不困穷矣"，走出了困境，获得了成功。其所以能够不陷入困境，关键在于"位乎天位"而又具有正中之德的九五对乾之三爻进行了有力的援助和正确的指导。九五以阳刚位乎天位，居正得中，其内在的品德是"有孚，光亨，贞吉"，孚是诚信，光是广大光明，亨是亨通顺遂，贞是守持正固，吉是吉祥如意。在《需》卦六爻的网络结构中，九五为成卦之主，总揽全局，决定主导进一步发展的方向，居于下位的乾之三爻不仅得到九五最高权力的有力的援助，而且也得到其正中之德的行为方式的正确指导，当然会

人生活在世上，不能没有主观的需要，但是为了满足需要，不能不耐心等待客观条件的具备和时机的成熟。《需》卦《象传》把"需"界定为"需，须也"。《杂卦传》也把"需"界定为"需，不进也"。这是凸显耐心等待的一面，告诫人们在满足需要的过程中必须使主观符合于客观的道理。

"'利涉大川'，往有功也"。

《象》曰：云上于天，需。君子以饮食宴乐。

[点评]

《需》卦的卦象，上卦坎为水，为云，下卦乾为天，所以是"云上于天"。云气在天上郁结集聚，尚未形成雨水普降大地，其所以如此，是因为按照自然的规律，降雨的条件不具备，时机不成熟，究竟何时降雨，要顺其自然，耐心等待，这就是《需》卦的象征。一个有所作为的君子处于《需》卦的总体形势下，应该调整自己的行为，不可急于用世，而要"饮食宴乐"，静待时机。

初九，需于郊[1]，利用恒[2]，无咎。

《象》曰："需于郊"，不犯难行也[3]。"利用恒，无咎"，未失常也。

[注释]

[1] 需于郊：在郊外等待。城墙之内为"邑"，城墙之外为"郊"。　[2] 利用恒：保持平常心才会有利。恒，恒常、平常。　[3] 不犯难行也：不去冒险前行。

[点评]

初九爻与上卦坎卦所象征的险境隔了一段距离，继续前进，将会陷入险境。初九早在下乾之初就已经察觉

这种"饮食宴乐"的生活方式并非意味着吃喝玩乐，无所用心，消磨意志，降低人格，而是意味着保持一个平常的心态，安时处顺，宁静致远，饮食以养其气体，宴乐以和其心志，以便在时机成熟之时谋求更大的发展。

到前面的险境，不去冒险犯难，而是止步不前，在郊外旷野之地以平常心态等待，这是极为明智的做法。虽然是等待，却没有在危险困难面前表现得畏畏缩缩，丧失了自己本有的自强不息的精神和人格的操守，而是守健以自持，积刚而不变，泰然自若，优游从容，不失其常度，这就可以吉而无咎。

九二，需于沙[1]，小有言[2]，终吉。

《象》曰："需于沙"，衍在中也[3]。虽小有言，以吉终也。

[注释]

[1]需于沙：在沙滩上等待。　[2]小有言：周围有些议论和流言蜚语。言，言语口舌的伤害。　[3]衍在中也：内心宽绰镇定。衍，沙滩上的平衍之地，比喻宽裕平和的心态。

[点评]

九二的爻位与初九相比，由郊外进到沙滩，更接近于险境，虽然也和初九一样，选择了耐心等待的做法，不去冒险犯难，但是由于处境不利，仍然无法避免人事的纠纷，受到言语口舌的伤害。在这种处境下，最重要的是始终保持心态的宽裕平和，做到一个"中"字。因为这种心态可以把外来无端的伤害置之度外，不以为意，也可以化解矛盾，减少纠纷，有助于平息冲突，摆脱困境。九二以刚居中，内在地具有这种心态，所以"虽小有言，以吉终也"。

九三，需于泥，致寇至[1]。

《象》曰："需于泥"，灾在外也[2]。自我致寇，敬慎不败也[3]。

[注释]

[1]需于泥，致寇至：在泥沼中等待，导致强盗到来。泥，是泥潭，已经逼近于险境，立刻就会陷入水中了。寇，是寇贼，比喻灾难。致寇至，是说处于这种险境，将会引来灾难。　[2]灾在外也：灾害就在外面。指九三居于内卦乾卦的最上爻，已经紧邻外卦的坎险，象征灾害就在外面。　[3]自我致寇，敬慎不败也：自我"招来了强盗"，只有敬谨慎重才会不致溃败。

[点评]

九三谨慎小心，不去冒险犯难，即令身处泥潭，灾难将至，仍然耐心等待，结果是避免了灾难，没有失败。《小象》解释说："'需于泥'，灾在外也"，在泥潭中等待，是因为灾难还在身外，并没有对自我造成伤害，仅仅是自我所面临的一种险恶不利的客观处境。"自我致寇，敬慎不败也"，面临这种处境，是否引来灾难，并不完全决定于客观。如果主观上完全不顾客观形势，鲁莽灭裂，轻举妄动，冒险前进，这就会引来灾难，叫作"自我致寇"。反之，如果审时度势，通权达变，力求使自我的主观符合外在的客观，谨慎小心，选择耐心等待的做法，

值得注意的是，《需》卦的下卦，其乾之三爻，全都面临着上卦之坎险，"险在前"的客观形势是共同的，但是由于爻位的不同，其所要应付的险恶环境的挑战也有轻有重，有急有缓，应该进行具体分析。初九远离险境而"需于郊"，九二接近险境而"需于沙"，九三逼近险境而"需于泥"，虽然同样是"需"，都是耐心等待，但是初九的具体做法是不失常度的"利用恒"，九二的具体做法是"衍在中也"，保持宽裕平和的心态，九三的具体做法是避免"自我致寇"，尽可能地小心谨慎以求不败。

这就可以避免灾难，不会失败。

六四，需于血[1]，出自穴[2]。

《象》曰："需于血"，顺以听也。

[注释]

[1] 血：血泊。 [2] 出自穴：是指六四避免了流血冲突，从洞穴中顺利逃出，保全了自我。

[点评]

《说卦传》说，坎为血卦，象征因环境险恶而导致流血冲突。六四为坎之初爻，因而"需于血"是指六四在血泊中等待。

"出自穴"就《需》卦的卦爻结构而言，乾下坎上，乾之三爻虽然面临前面的坎险而耐心等待，但是并没有停止前进的脚步，而是适应不同的险境灵活迂回地前进，现在已经进入到坎体，即将与六四之阴柔展开一场流血的冲突。如果说过去乾之三爻因避免与上之坎险发生流血冲突而耐心等待，现在则是轮到六四因避免与乾之三爻发生流血冲突而躲避出穴了。六四之所以能从"需于血"中"出自穴"，从洞穴中顺利逃出，关键在于"顺以听也"，以柔顺之德，顺时势而为。

九五，需于酒食，贞吉。

《象》曰："酒食，贞吉"，以中正也。

[点评]

九五是《需》卦的主爻，须待之道在这个爻位上得到圆满完成。"需于酒食"意味着坐在酒食宴席上耐心等待，其所以如此，是因为九五"位乎天位"，而又具有中正之德，对下体与之同类的乾之三阳作了有力的支援和正确的指导，使得它们得以"刚健而不陷"，顺利地走过了这一段艰难险阻的历程，终于来到此地。九五以酒食相待，彼此共享欢乐。

上六，入于穴，有不速之客三人来[1]，敬之终吉。

《象》曰：不速之客来，敬之终吉，虽不当位，未大失也。

[注释]

[1] 不速之客：不请自来的客人。

[点评]

上六以阴爻而居阴位，遇到了下体乾之三阳不请自来，开始以为怀有敌意，为了避免发生流血冲突，躲入洞穴，后来发现乾之三阳并不是敌人，而是怀有善意的客人，于是消除了误解，恭敬招待，终获吉祥。从爻位的角度看，能与上六结成阴阳相应关系的只有九三，现在初九、九二也一同前来，"虽不当位，未大失也"，作为不速之客来招待，并没有什么大的失误。

讼卦第六

䷅（坎下乾上）

讼[1]，有孚，窒惕，中吉[2]，终凶。利见大人，不利涉大川。

《彖》曰：讼，上刚下险，险而健，讼。"讼，有孚，窒惕，中吉"，刚来而得中也。"终凶"，讼不可成也。"利见大人"，尚中正也。"不利涉大川"，入于渊也。

[**注释**]

[1]讼：卦名。《讼》卦由坎（☵）下乾（☰）上组成。讼，诉讼，在法庭上打官司，争辩是非曲直。　[2]有孚，窒惕，中吉：孚，诚信、真实。有孚，是说掌握确凿可信的理据而无欺诈不实之词。窒惕，在是非曲直窒而不通未获明判的情况下要戒慎警惕。中吉，不提出过分的要求而守持中道。如果遵循了这几条准则，叫作"刚来而得中"，可以使诉讼获得有利的结果。

[**点评**]

从卦的组合看，乾上为刚，坎下为险，内险阻而外刚强、刚险相接，这就发生诉讼。这种行为是在原告、被告和裁判三方共同的参与下完成的，而原告首先提出诉讼，是诉讼的主体，所以在这种行为过程中，原告所起的作用至为关键。为了使诉讼得以顺利完成，原告应该遵循"讼，有孚，窒惕，中吉"这样几条行为准则。"有孚"是根本，是决定诉讼行为是否正当合理的前提，如果理据不足，毫无诚信，编造欺诈不实之词执意与人争讼，这就是心存险恶，无理取闹了。有了诚信，但是是非曲直有待裁判的明察鉴别，所以还要保持一种"窒惕"的心态，按照法律程序的要求，提供理据，反复申辩，不可意气用事，出言不逊，恶语伤人。至于诉讼的结局要适可而止，因为"中吉"是化解纠纷的最佳选择，只有"中"才能得"吉"，如果不懂得"中吉"的道理，一意孤行，要把诉讼进行到底，这就会由"吉"而"凶"，促使事物向反面转化。所以说，"'终凶'，讼不可成也"。

在诉讼行为中，裁判是决定是非曲直的最高权威，应该具有"中正"的美德，主持公道，伸张正义，不可徇私枉法，曲意偏袒，只有这样，才能使诉讼的双方，无论是胜诉还是败诉都口服心服，言归于好，重新回到正常的秩序轨道来营建和谐的人际关系。

孔子曾说："听讼，吾犹人也，必也使无讼乎。"一个理想的社会，应该是和谐有序，争讼不兴。因此，尽管在现实的社会中由于各种各样的矛盾，争讼之事时有发生，难以避免，但必须正本清源，平息争讼，尽可能地做到无讼，如果助长争讼之风，就会激化矛盾，把社会引向灾难的深渊。所以总起来看，这种诉讼的行为，"'不利涉大川'，入于渊也"。

《象》曰：天与水违行，讼。君子以作事谋始 [1]。

[注释]

[1]作事谋始：在开始办事之先就进行周密谋划，制定必要的行为准则和规章制度，使人们有所遵循；如果是合作，要有明确

的协议或合同，使双方责权分明，以防止日后产生纠葛诉讼之事。

[点评]

《讼》卦由乾上坎下组成，乾的卦象为天，坎的卦象为水。天往上行，水往下流，二者的方向目标完全相反，背道而驰，难以沟通整合，协调发展，从而产生矛盾对抗，这就是《讼》卦的象征。如果说自然界"天与水违行"的矛盾对抗由客观外在的因素所决定，不以人的意志而转移，非人力所能干预，那么就人类社会而言，各种各样矛盾对抗的现象都是由人为的错误所造成，不能推卸责任诿之于客观。应该从主观上的谋划不周、决策失误、实施不当等方面找原因，站在总体战略的高度全盘考虑，预先防范。所以君子观此卦象，领悟到了"做事谋始"的道理。

初六，不永所事[1]，小有言[2]，终吉。

《象》曰："不永所事"，讼不可长也。虽小有言，其辩明也。

[注释]

[1]不永所事：不把诉讼进行到底。 [2]小有言：小有言语上的纠纷。

[点评]

初六以柔弱之质而居阳位，在《讼》卦之始首先提出诉讼，但"不永所事"，没有把诉讼进行到底，虽小有言语上的纠纷，终于辩明了是非，获得吉利。按照一般的情况，初六与九四本来结成阴阳相应的关系，不会发生矛盾对抗，但在《讼》卦总体形势的制约下，却是彼此误解，相互争讼。从爻位结构看，初六与九四相应，中间受到九二的阻隔，九四与初六相应，又怀疑初六意图与九二亲比而不来亲附自己。实际上，九二正忙于与九五争讼，既不会阻隔九四，也不会亲比初六，九四与初六双方的误解完全是多余的。但是初六仍然心怀不平，根据这种误解首先对九四提出了诉讼。由于这种误解并非根本利益的冲突，只要进行沟通，辩明是非，是有可能相互谅解，言归于好的，所以初六有见于此，"不永所事"，主动撤回诉讼，终获吉利。

九二，不克讼，归而逋[1]，其邑人三百户无眚[2]。

《象》曰：不克讼，归逋，窜也。自下讼上，患至掇也[3]。

[注释]

[1]不克讼，归而逋（bū）：争讼没有胜诉，就回家逃避。克，胜。逋，逃避。　[2]其邑人三百户，无眚（shěng）：他的三百户的小城邑，因此没有灾难。邑，指其封邑。眚，灾难。　[3]自下讼上，患至掇（duō）也：在下位的人与身居上位的人争讼，那是自取祸患。掇，拾取，比喻自取灾患。

孔颖达《周易正义》："三百户者，郑注《礼记》云'小国，下大夫之制'。"

[点评]

九二提出诉讼，但"不克讼"，没有胜诉，回家逃避，其封邑三百户人家也免遭讼事连坐之灾。九二与九五的爻位皆为刚中，分别居于下、上卦体的中位，按照一般的情况，本可结成同德相应的关系，但在《讼》卦的总体形势下，却是两刚相遇，发生争讼。九二诉讼的对象是九五，九五居于上位，九二无法胜诉，如果不回家逃避，将是"自下讼上，患至掇也"，自取灾患。就双方力量的对比而言，九五是至尊的君位，掌握了最高的权力，九二与之相争，"自下讼上"，绝难取胜。就道义的权威而言，九五中而且正，体现了最高的价值，是《讼》卦各方唯一的裁判，九二虽然"有孚"，与之相比只能算是小道理，小道理要服从大道理，所以也不能胜诉。九二毕竟内在具有刚中之德，因而保持了一种"窒惕，中吉"的心态，能够对自己的争讼行为进行合理的克制，进行全面的反思和理性的衡量，采取回家逃避的做法，从而避免了家族城邑之祸，这种选择是明智的。

六三，食旧德[1]，贞厉，终吉。或从王事，无成。

《象》曰："食旧德"，从上吉也。

[注释]

[1]食旧德：享用旧有的俸禄。

[点评]

六三以柔弱之质而居阳位，与初六相同，但是处境却比初六危险，因为其爻位在下卦坎险之上，又介于九二与九四两刚之间，进退失据，动辄得咎。为了保全自己，六三没有主动提出诉讼，而是采取息讼以获吉的做法。这些做法第一是"食旧德"，即安于享受旧有的职位俸禄，保全既得的利益，不做过分的贪求。第二是"或从王事，无成"，即跟从君王办事，有功也不自居，避免引起猜忌。第三是"从上吉也"，即对上九之阳刚保持顺从的态度，尽管上九以刚健之质而居穷极之地，恃强凌弱，挑起争端，也不改变这种以下顺上、以阴从阳的态度。所以总起来看，六三之获"终吉"，是理所当然的。

九四，不克讼，复即命[1]，渝[2]，安贞吉。
《象》曰："复即命，渝"，安贞不失也。

[注释]

[1]复即命：回归于正理。复，回复。即，就。命，正理。　[2]渝：改变初衷。

[点评]

九四和九二在诉讼行为中都是"不克讼"，没有胜诉，但是九二之所以"不克讼"，原因在于"自下讼上"，而九四之所以"不克讼"，原因恰恰相反，在于自上讼下，具体情况并不相同。从爻位结构看，九二诉讼的对象是九五，九四诉讼的对象是初六。初六位卑力弱，质地阴柔，九四以阳刚之体，凭借着接近君位的权势，竟然向初六提出诉讼，这就是以上讼下，挟贵而讼，以强讼弱，挟力而讼，就力量的对比而言，九四击败初六，取得胜诉，是轻而易举、势所必然的，为什么反而"不克讼"呢？这就不是一个力量对比的问题，而是一个诉讼的理据是否合理正当的问题。实际上，九四与初六本来应该结成阴阳相应的关系，而不应该形成矛盾对抗，因而无论是初六向九四提出诉讼，还是九四向初六提出诉讼，诉讼的双方都缺乏合理正当的理据，而完全是出于不必要的误解。就初六来说，虽然出于误解对九四提出诉讼，但是通过一番理性的全面的衡量，消除了误解，回归于正理，"不永所事"，主动撤回诉讼，这就是化敌为友，与九四达成了谅解。九四也是同样根据道义实理来调整自己的行为，"复即命"就是回头复归正理，"渝"就是改变向初六提出诉讼的初衷，既然初六并非有意与自己为敌，而自己对初六不满是出于不必要的误解，那么在彼此沟通相互谅解的基础上重建言归于好的阴阳相应的关系，那就是安贞不失而获吉了。

诉讼的行为主要是根据共同认可的道义实理争辩是非曲直，胜负决定于是否有理，而不是决定于是否有力，如果理据不足，也就不可能胜诉。

九五，讼，元吉[1]。

《象》曰："讼，元吉"，以中正也。

[注释]

[1]讼，元吉：治理诉讼，大吉。

[点评]

在《讼》卦中，九五是诉讼各方唯一的裁判者，这是因为九五位居至尊的君位，具有最高的政治权威，同时又体现了中正的美德，具有最高的道义权威。值得注意的是，《小象》解释九五之所以说"元吉"，不是着眼于其政治权威，而是着眼于其道义权威，认为是"'讼，元吉'，以中正也"。在《周易》以阴阳协调、刚柔并济为核心内容的哲学思想中，"中正"是一种普遍适用的制度化的行为准则和价值标准。从这个角度看，九五虽然具有政治权威和道义权威双重身份，但在履行公正职能以平息各方争端的过程中，主要不是凭借其手中所掌握的政治权力，而是凭借其赢得众人心服口服的中正的美德。

上九，或锡之鞶带[1]，终朝三褫之[2]。

《象》曰：以讼受服[3]，亦不足敬也。

[注释]

[1] 或锡之鞶（pán）带：或因争讼获胜而获得了赏赐的鞶带。锡，赏赐。鞶带，古人佩玉的腰带，以革制成，大夫以上始得系之。象征金钱权力。　[2] 终朝三褫（chǐ）之：一天之内就被多次剥夺。褫，剥夺。　[3] 以讼受服：以争讼而得到的官服。

[点评]

上九刚而好讼，诉讼的对象是居于下位的六三，六三抱着息讼宁人的目的，采取以下顺上、以阴从阳的做法，

人际关系中的各种行为都可以用"中正"的标准来衡量，并且明确地区分为四种不同的类型，或者不中不正，或者中而不正，或者正而不中，或者既中且正。《周易》认为，只有既中且正才是尽善尽美的，阴阳双方都应该使自己的行为趋向于这个标准，特别是居于权力结构顶端的君主更应该如此，因为权力结构的正当合理并不决定于权力的本身，而是决定于权力的运作是否符合这种制度化的行为准则和价值标准。

并不打算与上九争讼。在这种情况下，上九本来应该像九四那样，回头复归正理，改变初衷，与六三结成阴阳相应的关系，但是上九刚愎自用，一意孤行，既无"窒惕"的心态，也不懂"中吉"的道理，强讼不止，这就不是平息冲突，而是激化矛盾了。上九之强讼暂时获胜了，由此而得到了鞶带的赏赐，但因缺乏正当合理的理据，引来各方的非议，其所得到的赏赐在一日之内多次被剥夺。《小象》对上九的这种强讼的行为严厉谴责说："以讼受服，亦不足敬也。"

师卦第七

䷆（坎下坤上）

师[1]，贞[2]，丈人吉[3]，无咎。

《彖》曰：师，众也。贞，正也。能以众正，可以王矣[4]。刚中而应，行险而顺，以此毒天下[5]，而民从之，吉，又何咎矣。

[注释]

[1]师：卦名。《师》卦由坎（☵）下坤（☷）上组成。师，指兵众，军队。《师》卦主要阐发兴师动众出兵作战的道理。　[2]贞：正。用兵之道，以正为本。正是正当、合理、正义，作为价值准则从总体上规定战争的性质和目的。　[3]丈人：

德高望重之人，指贤明而有威信的统帅。　[4]能以众正，可以王（wàng）矣：能把众人团结在正义的旗帜之下，遵循正道，万众一心，这就是师出有名，以正讨不正，可以推行王道，成就王业，使天下归心。王，动词，统治、称王之意，非指居于君位的王者。　[5]毒：兼有双重含义，一为毒害，一为治理，以毒攻毒，通过毒害来治理。《周易集解纂疏》："毒，荼苦也。五刑之用，斩刺肌体，六军之锋，残破城邑，皆所荼毒奸凶之人，使服王法者也。"

[点评]

"师，贞，丈人吉，无咎"，是说出兵作战必须具备两个条件。第一是"贞"，即理由正当，符合正义的要求。第二是"丈人"，即选拔贤明而有威信的统帅作指挥。如果不同时具备这两个条件，战争的结果不可能做到吉且无咎。《师》卦下卦是坎，坎为险，上卦是坤，坤为顺，"行险而顺"，象征战争在危险的境地顺利进行而最后得胜。其所以顺利，是因为由九二所统帅的军队是正义之师、王者之师，既有正当合理的战争目的，又有指挥战争的卓越的才能。"以此毒天下，而民从之，吉，又何咎矣"，兴师动众出兵作战，虽然免不了伤财害人，毒害天下，但是战争的目的在于主持正义，维护秩序，治理天下，所以顺天应人，得到民众的衷心拥护服从，自然是吉而无咎了。

《象》曰：地中有水，师。君子以容民畜众。

在战争行为中，统帅的作用至关重要。就《师》卦的卦爻结构而言，唯有九二是统帅的最合适人选，因为一卦六爻，五爻皆阴，九二为阳，而战争是阳刚之事，所以选拔统帅非九二莫属。九二刚而处中，本身具有刚中的品德，而且与六五之君结成了阴阳相应的关系，君臣同心，得到了君主的信任，从素质、才能和君臣关系各个方面来看，都是合适的。

[点评]

《师》卦由坎下坤上组成，坤为地，坎为水，广阔的大地集聚着众多的水源，是《师》卦的象征。君子观此卦象，应该发扬厚德载物的精神，包容民众，畜养民众。古时寓兵于农，平常时期致力于容民畜众，战争时期就可以有众多的兵源。

初六，师出以律^[1]，否臧凶^[2]。

《象》曰："师出以律"，失律凶也。

[注释]

[1]律：纪律。　[2]否臧：不善，即不守纪律。

[点评]

初六是《师》卦的初爻，表示开始出兵作战。"师出以律"，在开始出兵阶段，首先必须严明纪律，做到令行禁止，统一行动。"失律凶也"，如果不遵守纪律，就是一群乌合之众，不堪一击，必然导致凶险的后果。

九二，在师中吉^[1]，无咎。王三锡命^[2]。

《象》曰："在师中吉"，承天宠也^[3]。"王三锡命"，怀万邦也^[4]。

[注释]

[1]在师中吉：统率军队能刚柔并济、持中不偏，吉

祥。　[2]王三锡命：君王多次颁发奖赏、委以重任。三，指"多"。锡，通"赐"。　[3]承天宠也：秉承了天子的宠信。　[4]怀万邦也：怀有安定万邦的志向。

[点评]

在《师》卦的卦爻结构中，九二与六五的互动关系具有关键性的作用。九二刚而处中，是全卦唯一的阳爻，最适合于担任统帅重任率兵出征，但是二为臣位，能否得到委任，使之履行统帅的职务，决定于六五之君。六五本质阴柔，不适合亲自率兵出征，把指挥军队的大权完全交给了九二，宠爱有加，信任专一，是因为六五与九二阴阳相应，不存在猜忌疑虑的隔阂，能够在君臣同心的基础上共度时艰。就九二来说，既然受到六五之君专一的信任，掌握了指挥军队的大权，那么如何使用这种权力，特别是如何处理与六五之君的关系，就是一个十分重要的问题。因此，"在师中吉"，是说九二用中道来调整自己的行为，由于履行中道而获吉。"'王三锡命'，怀万邦也"，是说九二建立了威服万邦的战功，得到君王多次赐命嘉奖。

九二本质阳刚，最容易出现的偏差不是阳刚不足，而是阳刚过头，有失中道。比如在指挥作战时，过勇则轻敌，过智则奸诈，过威则难以服众，过强则骄傲浮躁。在君臣关系上，虽然得到专权的委任，不专无成功之理，但是过于专权则流入专横，有失为臣之道，僭越了本分。九二是否能够把握中道至关重要。

六三，师或舆尸[1]，凶。

《象》曰："师或舆尸"，大无功也。

[注释]

[1]舆：车厢。此处用作动词，指用车载。

李光地《周易折中》引杨简曰："行师之法，权归一将，使众主之，凶之道也。众所不一，必无成功，九二既作帅，六三居二之上，有权不归一之象。"

[点评]

六三以阴柔之质而居阳位，不中不正，如果选拔不当，所用非人，委派六三统领军队指挥作战，将会用车满载尸首大败而还，凶险已极，无功可言。

六四，师左次[1]，无咎。

《象》曰："左次，无咎"，未失常也。

[注释]

[1]左次：即退避驻守。

[点评]

六四以阴柔之质而居阴位，当位得正，根据敌我双方力量的对比，量力而行，知难而退，虽未克敌制胜，但保全了实力，免遭咎害，这也是战争中适应情况需要的通常的做法。

六五，田有禽，利执言[1]，无咎。长子帅师，弟子舆尸，贞凶。

《象》曰："长子帅师"，以中行也。"弟子舆尸"，使不当也。

[注释]

[1]田有禽，利执言：田野里有禽兽闯入侵害庄稼，有正当的

理由予以猎捕，比喻有敌寇侵犯，危害国土安全，有正当的理由予以讨伐。

[点评]

六五师出有名，义正词严，说明战争的性质完全是出于自卫而不是侵略，属于正义的战争而不是非正义的战争，因而是无咎的。但是对于六五之君而言，除了战争的性质必须符合正义的原则以外，委派何人担任统帅的职务也至关重要。"长子"指九二，"弟子"指六三。如果委派具有刚中之德的九二担任统帅，可以吉而无咎；反之，如果委派六三去指挥作战，则将舆尸而还，导致凶险。因此，六五之君切切不可弱而多疑，而应兴师有道，用将有法，在委派统帅的问题上必须慎重考虑，因为这是决定战争胜负的关键。

上六，大君有命，开国承家，小人勿用。

《象》曰："大君有命"，以正功也。"小人勿用"，必乱邦也。

[点评]

战争胜利，论功行赏，大君发布命令，立大功者"开国"封侯，立小功者"承家"立为卿大夫，但是小人不可录用，用之必乱国家。

比卦第八

䷇（坤下坎上）

比[1]，吉。原筮[2]，元永贞[3]，无咎。不宁方来[4]，后夫凶[5]。

《彖》曰：比，吉也。比，辅也，下顺从也。"原筮，元永贞，无咎"，以刚中也。"不宁方来"，上下应也。"后夫凶"，其道穷也。

[注释]

[1] 比：卦名。《比》卦由坤（☷）下坎（☵）上组成。《比》卦的卦义为亲比，讨论的主题是如何把人类社会的阴阳两大势力凝聚起来，使之相互亲比，彼此依存，产生一种亲和的力量，形成有组织的群体。　[2] 原筮：历代注家有不同的解读，一说是原来的筮占，一说是再次筮占，一说是推原筮占的过程。实际上，筮占的目的在于作出决定，在亲比之时决定与人亲比，不仅要看自己是否怀有诚意，也要看对方是否怀有诚意，诚意是亲比的前提，缺乏诚意绝不可能亲比，因此，"原筮"的实质性的含义是指对人对己是否怀有诚意的一种全面的省察考量。　[3] 元永贞：《乾》卦《文言传》说"元者，善之长也"，"君子体仁足以长人"，按照这个界定，元，指的是为众善之长足以率领众人的仁爱恻隐之心。永，是永久，始终不渝。贞，是贞固，坚守正道。　[4] 不宁方来：不安宁了方且来求附比。　[5] 后夫：落在后面的人，卦

中专指上六。

[点评]

从《周易》的乾坤并建的哲学原理看，独阴不生，孤阳不长，阴阳两大势力是一种协调并济的关系，而不是相互排斥、彼此伤害的关系。人类社会的组织也是同样，任何人都不可能脱离组织而孤立存在，而组织的基本的结构元素按其性质则可以归结为阴阳两大类。阳类势力的性质是刚健，发挥创始、主导的作用；阴类势力的性质是柔顺，发挥完成、实现和配合的作用。二者的作用虽然不同，却都具有同等重要的地位，只有当它们结成一种刚柔并济阴阳协调的关系，才能组建为一个稳定而有效能的组织系统。为了结成这种良性互动的关系，阳必须与阴亲比，阴也必须与阳亲比，进行双向的追求。正是通过这种双向的追求，阴阳两大势力才得以相互亲比，彼此依存，产生一种亲和的力量，把整个社会凝聚成为一个和谐有序的群体。但是，由于人类社会史与宇宙自然史有着根本的不同，这种双向的追求并非自生自发而是本于理性自觉的行为选择，所以必须站在哲学的高度来讨论亲比之道，明确共同的价值取向，规定合理的道德准则，使阴阳双方都能有所遵循，不出偏差，否则就难以实现相互亲比的组织目标。

王弼《周易略例》说："凡阴阳者，相求之物也。""夫阴之所求者阳也，阳之所求者阴也。"程颐《周易程氏传》说："人之生，不能保其安宁，方且来求附比。民不能自保，故戴君以求宁；君不能独立，故保民以为安。"

就《比》卦的卦爻结构而言，九五为阳，其他五爻都是阴，这就自然而然形成一种五阴应一阳的亲比态势，客观外在的环境总体上是有利的，所以说"比，吉也"。但是，对于九五来说，却不能单纯凭这种客观有利的环

境而自然获吉，而必须发挥主观能动性，自觉地遵循"原
筮，元永贞"的道德准则，才能争取到五阴前来亲比，获
吉而无咎。"原筮"考察对人、对己的诚意。同时要保持
仁爱、永久、坚守正道。总之，九五以阳刚而居君位，作
为权力的中心，吸引着五阴前来亲比，但是九五却不可凭
借至尊的权力，妄自尊大，颐指气使，以暴虐专横的态度
对待群阴，要求群阴片面绝对地服从，而必须仁爱宽厚，
坦诚真挚，主动地与群阴结成一种亲密团结的关系，并且
坚持不懈，始终如一。这就是所谓刚而得中。刚是九五本
有的素质，中是九五所应当遵循的规范。刚而不中容易发
生暴虐专横的偏差，把双向互动的亲比变成单向片面的服
从，只有自觉地用中道来抑制过刚的行为，才能赢得群阴
心悦诚服的亲比。对于群阴来说，在亲比之时，也要把握
时机，遵循合理的行为规范。"'不宁方来'，上下应也"，
是说群阴未与九五之阳刚亲比，感到"不宁"，缺乏安全
感，因而主动前来与九五亲比，结成阴阳相应的关系，是
出于内在的需求。"'后夫凶'，其道穷也"，"后夫"专指
上六，是说上六的主动性表现得不够，错过了亲比的时机，
走到穷途末路，导致凶险的后果。

《象》曰：地上有水，比。先王以建万国，亲
诸侯。

[点评]

《比》卦坤下坎上，坤为地，坎为水，地上有水，是

《比》卦的象征。先王观此卦象，发扬大地"厚德载物"的精神，封建万国，亲比诸侯。"先王"指的是九五。在《比》卦的卦爻结构中，五阴应一阳，作为阴类的势力纷纷前来与九五亲比，但是九五也必须采取主动的姿态去与五阴亲比。因为所谓亲比本质上是双向互动的行为，如果只要求对方与己亲比，而自己却不主动去与人亲比，这就是单向的片面的服从，而不是双向互动的亲比。为了实现相互亲比的组织目标，九五居于阳刚至尊的君位，应该刚而得中，含容宽厚，柔顺谦和，主动地去亲比诸侯，以结成一种精诚团结的关系。

初六，有孚[1]，比之无咎[2]。有孚盈缶[3]，终来有它吉[4]。

《象》曰：比之初六，有它吉也。

[注释]

[1] 有孚：怀有诚意。　[2] 比之无咎：前去与九五亲比，没有咎害。之，指九五。　[3] 有孚盈缶（fǒu）：诚意有如美酒充满瓦罐。缶，瓦罐。　[4] 它吉：并非意在必得而终于得到的吉祥。

[点评]

初六为《比》卦的初爻，在亲比之时，亲比的对象唯有九五，但是按照爻位的制度规定，初六与九五不能结成阴阳相应的关系。虽然客观的处境不利，初六仍然"有孚盈缶"，内心充满了寻求亲比的诚意，终于感动了

李光地《周易折中》引郑汝谐曰："缶，素器也。居下而位卑，扩吾之信以充之，虽远而非其应，终必应而'有它吉'矣。'有它吉'者，非期于必得而得之也。"

九五，越过制度上的障碍前来与之亲比，从而得到意想不到的吉祥。这是强调，相比之道，以诚信为本，特别是在开始阶段，应该胸怀至诚。因为诚者物之终始，不诚无物，是故君子以诚为贵。如果不以至诚为基础，是根本不可能建立一种真正的亲比关系的。

六二，比之自内，贞吉。

《象》曰："比之自内"，不自失也。

[点评]

六二以柔爻而居中位，是为柔中，与九五之刚中相应。二为臣位，五为君位，这也是君臣相应。在亲比之时，阴求阳，阳求阴，君求臣，臣求君，此二者皆能以中正之道结成正应的关系，客观外在的形势当然有利，但是对于六二来说，却必须贞而不自失才能获吉。"不自失"是说不失去自己的人格操守，"贞"是守持正道。守持正道是本于自己内在的本性，尊重自己独立的人格，虽然前去与九五亲比，却是"比之自内"而不是比之自外。如果为外在的目的所驱使，或者急于用世，或者追逐名利，依附于九五的权威地位汲汲以求比，这就是不贞而自失，违反了自己中正的本性，丧失了自己独立的人格，降志辱身，非君子自重之道。

六三，比之匪人[1]。

《象》曰："比之匪人"，不亦伤乎。

[**注释**]

[1]匪：假借为"非"，表示否定。

[**点评**]

六三在亲比之时，"比之匪人"，找不到可亲比的对象，这是极为悲伤的。从爻位结构来看，六三以阴爻而居阳位，失正不中，与上六之阴爻结不成阴阳相应的关系，其左右之邻居，六二与九五正应，六四与九五外比，在这种情况下，六三就成了孤家寡人，谁也不来与之亲比，近不相得，远则无应，所以说是"比之匪人"。

六四，外比之，贞吉。

《象》曰：外比于贤，以从上也。

[**点评**]

六四以阴爻而居阴位，当位得正，与在下之初六不相应，而与在上之九五结成外比的关系，九五是中正贤明之君，外比于贤，顺从尊上，当然是贞正而得吉。

九五，显比[1]。王用三驱[2]，失前禽，邑人不诫[3]，吉。

《象》曰：显比之吉，位正中也。舍逆取顺，失前禽也[4]。邑人不诫，上使中也。

［注释］

[1] 显比：显明昭示亲比之道。　 [2] 王用三驱，失前禽：君王田猎时从三面驱赶野兽，任由跑在前面的禽兽逃掉。　 [3] 邑人不诫：居住在庄园的邑人也不来报告逃跑禽兽的踪迹。　 [4] 舍逆取顺，失前禽也：君王打猎网开一面，舍弃迎面冲撞而来的禽兽，只收编顺从的，听任前面的禽兽逃掉。

［点评］

九五以一阳而居君位，刚而得中，内在地具有正中之德，像磁体一样吸引着五阴前来与之亲比。这种亲比本质上是以德服人，而不是以力服人，所以九五虽然居于权力的中心，却不能凭借自己的权力强迫人们片面地服从，而必须显明昭示自己的正中之德来赢得人们心悦诚服的亲比。由于这种亲比是建立在自觉自愿基础上的双向互动的行为，如果自觉自愿的程度不够，亲比的条件尚未成熟，在这种情况下，九五还必须显明昭示自己豁达大度的心态，宽容仁厚的胸怀，开诚相见，耐心等待。这种显比之道可以用古代"王用三驱"的狩猎之礼来作形象的比喻。凡是顺向进入三面包围圈的禽兽，可以取之，逆向而从前面逃跑的禽兽，舍弃不去追赶，这就是"舍逆取顺"。由此而失去了"前禽"，居住在庄园的邑人也不来报告逃跑禽兽的踪迹，因为这是天子本于仁厚爱物之心主动舍弃的。"邑人不诫，上使中也"，由于邑人全都了解"王用三驱"的狩猎之礼是为了显示其仁厚爱物之心，所以即令掌握了逃跑禽兽的踪迹也不来报告。用这个生动具体的形象来比喻九五的亲比之道，

古代天子狩猎，不采用四面合围、一网打尽的办法，而是网开一面，只在左面、右面、后面形成一个包围圈，给前面的禽兽留下一条逃跑的出路，不赶尽杀绝，这叫作"王用三驱"。

是非常恰当的。从《比》卦的卦爻结构看，九五的下面共有四阴，总体上都表现了与九五亲比的态势，九五尊重四阴自觉自愿的选择，奉行来者不拒的原则，顺则取之，并且以正中之德调整自己的行为，主动与四阴亲比。唯有上六，居《比》卦之终，九五之上，不识时机，逆向而行，在亲比之时背离亲比之道，但是九五根据所显示的亲比之道，谨守正中之德，不采用以力服人的方式对上六进行强迫威逼，而是像古代天子狩猎那样，"王用三驱，失前禽"，豁达大度，宽容仁厚，耐心等待上六吸取"后夫凶"的教训，在自觉自愿的基础上建立相互亲比的关系。

上六，比之无首[1]，凶。

《象》曰："比之无首"，无所终也。

[注释]

[1]首：即首领，指亲比的对象。

[点评]

上六在亲比之时"比之无首"，找不到可亲比的对象，这一点与六三"比之匪人"是相似的，但是六三却只感到孤独悲伤而未导致凶险，上六则是直接导致了凶险的后果。这是因为六三顺应以阴从阳的大潮，并未与九五形成对抗的关系，其所陷入的困境最终将会解脱，而上六则是背离了九五逆向而行，走到了穷极之地，错过了亲比的时机，这完全是咎由自取，导致"后夫凶"的后果也就是无可避免了。

小畜卦第九

䷈（乾下巽上）

小畜[1]，亨。密云不雨，自我西郊[2]。

《彖》曰：小畜，柔得位而上下应之，曰小畜。健而巽，刚中而志行，乃亨。"密云不雨"，尚往也。"自我西郊"，施未行也。

[注释]

[1] 小畜：卦名。《小畜》卦由乾（☰）下巽（☴）上组成。《小畜》的卦义是小有蓄积，所蓄不大，如同西郊升起密云，但所蓄的水汽不大，尚未降落地面而成雨，表示事物的发展处于酝酿聚集阶段，没有壮大成熟。　[2] 密云不雨，自我西郊：浓云密布却还没有下来雨，云在西郊聚积。

[点评]

《小畜》的总体形势是亨通的，因为全卦由乾下巽上组合而成，乾为健，巽为顺，乾健的势力由下而上向前进取，没有遇到对抗性的阻力，而为巽顺的势力自上而下承受蓄积，这就在一定程度上结成了一种刚柔并济、阴阳协

李光地《周易折中》引邱富国曰："凡云自东而西则雨，自西而东则不雨，阴先倡也。小畜以柔为主，不能固阳而止之，故云虽密而不雨。"

调的关系。

　　再就卦中的五阳而言，九二与九五刚而得中，具有刚中的品德，虽然本质刚健雄强，但能以中道来调整自己的行为，其志在于顾全大局，服从小畜之时的总体需要，协助六四实现以柔蓄刚的组织目标。六四以一阴处于五阳之间，本身当位得正，又得到九五与九二的有力的协助，从客观的发展形势看，是五阳应一阴，从主观的行为运作看，则是一柔蓄五刚。

　　虽然如此，《小畜》的态势毕竟是以柔蓄刚，以弱制强，阴阳双方的力量对比很不均衡，没有达到协调并济的完美的结合，所以说，"'密云不雨'，尚往也。自我西郊，施未行也"。这是用形象来比喻，西郊的密云仍然按照其阳气的本性向上飞升，但阴气的力量微弱，不能进行有效的蓄积，使之广施甘霖，降为时雨，说明形势虽然总体上看来是向亨通的方向发展，但在现阶段却是处于酝酿集聚的过程之中，不可盲目乐观、错误估计了形势；而应该清醒务实，全面衡量，积极准备条件，作出正确的决策。

　　从卦爻结构看，《小畜》卦六四爻为阴，阴居阴位，当位得正，其他五爻都是阳，形成了五阳应一阴的态势。但由于阴爻柔弱，阳爻刚强，以柔弱之力难以完全蓄积刚强，只能小有蓄积。

　　《象》曰：风行天上，小畜。君子以懿文德[1]。

[注释]

[1] 懿（yì）：美好（多指德行），此处用作动词，修美。

[点评]

《小畜》卦由巽上乾下组成，巽为风，乾为天，风在天上运行，尚未吹向地面，是《小畜》的象征。君子观此卦象，应该从事自我内在文德的修养蓄积。孔子曾说："君子之德风，小人之德草。草上之风，必偃。"(《论语·颜渊》)"风"即象征风化，也就是道德教化，道德教化必行于民间，才能产生社会效益。从《小畜》"风行天上"的象征看，道德教化只在社会的上层运行，蓄积不够丰满，尚未普及到下层民间，作为关怀世俗民风的君子，虽不能以一人之力转移整个社会的风气，但要反身修德，从自我做起，蓄积自己的文德，提高自己的修养，力求尽善尽美，优游从容，静待时变。

初九，复自道[1]，何其咎？吉。

《象》曰："复自道"，其义吉也。

[注释]

[1] 复自道：回归复返于自己所应走的正道。

[点评]

就初九来说，其所应走的正道包含两层意思：一是以刚居阳当位得正的自我的本性，二是小畜之时客观外在环境的总体要求。初九是下卦乾体的初爻，与上卦巽体的六四结为正应，乾为健，巽为顺，初九以阳刚之才健动不已向前迈进，受到六四顺从的接纳，没有停止前进的脚步而改变自我的本性，这是"复自道"的第一层含义。另一方面，初九也以清醒自觉的理性，明确认

小畜之时是一种暂时趋于稳定的状态，阴阳双方都必须随时调整自己的行为来维持相对的平衡，初九位于全卦的最下方，能够自觉地遵循正道的行为准则，既不失自我的本性，又顾全了大局，所以《小象》赞扬说："'复自道'，其义吉也。"

识到自己之所以健动不已，向前迈进，目的在于追求与六四结为正应，既然目的已经达到，就应该适可而止，顾全大局，接受六四以阴柔之质对自己的蓄积和制约。

九二，牵复[1]，吉。

《象》曰：牵复在中，亦不自失也。

[注释]

[1] 牵复：受到外在环境的牵制而回复，带有勉强的意味，不是出于主动而是出于被动。牵，牵制。

[点评]

"牵复在中，亦不自失也"，是说九二因受到外在环境的牵制而勉强复归于中道，也算是没有失去自我的本性。拿九二来与初九相比，初九的"复自道"是一种主动的行为，而九二的"牵复"则是一种被动的行为。其所以如此，是因为二者所处的爻位不同。

初九的爻位与六四结为正应，就其自然的本性而言，阳求阴，阴求阳，配合默契，用不着丝毫的勉强。但是按照《周易》体例的规定，九二的爻位是不能与六四相应的，而在上之九五属于刚体，两刚相遇，是为"敌应"，也不能与之结成阴阳的相应关系。因此，九二所处的爻位找不到相应的对象，受到很大的限制，只能勉强而为，探索"牵复"之道了。这种"牵复"之道也就是中道。由于九二以阳爻而位于下卦之中，刚而得中，本身具有九二本质阳刚，在小畜之时，为了维持阴阳相对的平衡，作为处于强势地位的阳刚的一方，切忌健动不已，盲目冒进，而必须以中道来抑制自己过刚的行为。

刚中之德，所以"牵复在中"，并没有违反自己的本性，虽然多少有些勉强，不像初九那样自然，也能获吉而无咎。

九三，舆说辐，夫妻反目[1]。

《象》曰："夫妻反目"，不能正室也[2]。

[注释]

[1]舆说辐，夫妻反目：车轮辐条脱落而解体，夫妻反目成仇而离异。这两个具体形象都是比喻阴阳两类势力不能协调并济而相互冲突，彼此伤害。说，通"脱"。　[2]不能正室也：不能把家室关系摆正。

[点评]

九三所处的爻位，刚而不中，与九二相比，最大的问题是不能以中道来抑制自己过刚的行为，在处于上位的六四正以阴柔蓄积其前进势头的情况下，仍然健动不已，盲目冒进，这就与六四产生了矛盾。九三本身为刚，上九也是刚体，当其继续前进，遇到的不是刚柔相应而是刚与刚之间的敌应，从而形成了对立。有了矛盾对立，而又缺乏理性的自觉，不能按照中道的原则进行自我调整，其最后的结果就是破坏了系统的稳定，危害了整体的和谐。《小象》谴责这种行为说："'夫妻反目'，不能正室也。"这是强调，造成夫妻反目的后果，责任不在六四，而在九三，因为九三的行为偏离了中道，不愿接受六四的蓄止，以致夫妻失和，反目成仇。

六四，有孚[1]，血去惕出[2]，无咎。

《象》曰：有孚惕出[3]，上合志也[4]。

［注释］

[1]孚：诚信。　[2]血：流血，或读为"恤"，忧伤。《释文》引马融曰："当作恤，忧也。"　[3]惕：恐惧。　[4]上：指九五。

［点评］

六四以诚信感人，与九五志同道合，避免了流血冲突，摆脱了恐惧，没有咎害。六四是《小畜》卦的主爻，对于支撑维持一柔蓄五刚的总体形势发挥了关键的作用，但是本质阴柔，力量单薄，面对着五刚咄咄逼人的强劲的势头，常有力不从心之感。特别是处于下位的九三，强欲上进，不听劝阻，以致夫妻反目，随时都会发生流血冲突。在这种情况下，六四唯有凭借一片至诚，以诚信感人，尽可能地化解矛盾，避免冲突。处于上位的九五，刚而得中，负有维护大局的责任，与六四志同道合，协助六四渡过了难关。所以说"有孚惕出，上合志也"。

九五，有孚挛如[1]，富以其邻。

《象》曰："有孚挛如"，不独富也。

［注释］

[1]挛如：牵连不断的样子。

［点评］

　　九五与六四同样"有孚"，以诚信感人，而且牵连不断，把左右四阳的邻居都团结起来，走上共同富裕的道路。为了营建一个和谐有序的组织系统，"富以其邻"是这个系统共同的目标，"有孚挛如"则是达到这个目标的必要的手段。"有孚"是开诚布公，以显示"富以其邻"的目标，别无私心杂念。"挛如"是使这个目标广为人知，得到衷心的认同，做到同心同德，精诚团结。

　　就《小畜》卦的总体形势看，一方面是五阳应一阴，另一方面则是一柔蓄五刚，阳大而阴小，刚强而柔弱，六四为了顾全大局，业已胸怀至诚，竭尽全力蓄止了下面三阳前进的势头，九五也以自己所掌握的至尊之位的权力，大公无私，胸怀至诚，协助六四来实现共同的目标，这就使得阴阳两大势力达到了一定程度上的稳定平衡，取得了"富以其邻"的实效。

　　上九，既雨既处[1]，尚德载[2]。妇贞厉[3]。月几望[4]，君子征凶[5]。

　　《象》曰："既雨既处"，德积载也。"君子征凶"，有所疑也。

　　如果一个系统既无明确的目标，又缺乏有效的运作手段，那就是一群乌合之众，只能是各行其是，彼此伤害，而难以凝聚为一个有机的整体。

[注释]

[1]既雨既处：密云已经降下雨来，对阳刚的蓄止已经完成。　[2]尚德载：（下雨的原因在于）崇尚阴柔之德而积蓄满载。德，指阴柔之德。载，积蓄满载。　[3]妇贞厉：阴柔势力，以阴制阳，以柔蓄刚，虽然贞固守正，也可能导致危厉。妇，指阴柔势力。　[4]月几望：月亮将要接近十五满圆之时。几，指接近。望，是每月十五月圆之时。　[5]君子征凶：阳刚势力向前迈进会有凶险。君子，指阳刚势力。征，迈步前进。

[点评]

上九是全卦的终结，酝酿集聚的过程顺利完成，由"密云不雨"发展为"既雨既处"，这是由于六四以阴柔之德蓄止了上下五阳前进的势头，使得阴阳和洽，降为时雨。但是，这种阴阳和洽的局面是不稳定的，如果阴柔势力过分抑制阳刚，或者阳刚势力逞强冒进，超过了必要的限度，和洽的局面随时都会破坏，产生凶险危厉的后果。因此，阴阳双方都应该加强理性的自觉，知所警戒。

履卦第十

☰（兑下乾上）

〔履〕[1]，履虎尾，不咥人[2]，亨。

《彖》曰：履，柔履刚也。说而应乎乾[3]，

李光地《周易折中》引王应麟曰："《小畜·上九》'月几望'则'凶'，阴疑阳也。《归妹·六五》'月几望'则'吉'，阴应阳也。《中孚·六四》'月几望'则'无咎'，阴从阳也。"引杨时曰："月溯日以为明者也，望则与日敌。故几望则不可过。君子至此而犹征焉，则凶之道也。小畜以阴畜阳为主，其极必疑阳，故戒之如此。"

《四部丛刊》本原文无此"履"字，今据通行本补之，以使卦名与卦辞完整、分明，后文有卦名加括号者同此。

是以"履虎尾，不咥人，亨"。刚中正，履帝位而不疚[4]，光明也。

《履》卦是《小畜》卦的反对卦，这两卦的卦爻结构都是一阴对五阳，但是《小畜》卦的六四以阴居阴，当位得正，柔顺利贞，能够蓄止阳刚势力前进的势头。而《履》卦的六三以阴居阳，本身也带有一定的刚性，由此而形成的态势就不是如同《小畜》卦那样的以柔蓄刚，而是以刚遇刚了。《小畜》卦的卦义是静态的蓄止。《履》卦的卦义是动态的履行，由于一阴的势力单弱，五阳的势力强大，当一阴由静而动，从蓄止转而为履行，遇到"履虎尾"的困境也就是必然的了。

[注释]

[1]履：卦名。《履》卦由兑（☱）下乾（☰）上组成。履，践履，履行。　[2]履虎尾，不咥（dié）人：人在行走之时踩着了老虎尾巴。老虎没有咬人。履虎尾，象征人间世的艰难险恶，人生在世，随时随地都会遇到咬人的老虎，面临生命的危险。咥，咬。不咥人，比喻化险为夷，虽然经历危险，却能平安无事。　[3]说：即"悦"，愉快喜悦。　[4]刚中正，履帝位而不疚，光明也：阳刚中正者，履于君位而没有灾殃，说明他德行光明。帝位，指君位。疚，灾殃，此指九五。

[点评]

"履虎尾"是客观的处境，"不咥人"是主观的智慧。如何凭借主观的智慧使得本来咬人的老虎不咬人，从而履险如夷，达到预期的亨通光明的目标，这是《履》卦所讨论的主题。就客观的处境而言，之所以形成"履虎尾"的局面，是因为"柔履刚"。柔指六三，是《履》卦的唯一的柔爻，其所处的爻位，以阴居阳，不中不正，因其居于阳位，不能静以守正，因其本质阴柔，力量极为单弱，履行于上下五刚之间，就像踩着老虎的尾巴一样，十分危险。

虽然如此，人们遇到"履虎尾"的困境并不是无能为力的，如果能够运用《周易》阴阳哲学的原理全面分析客观形势，发挥主观智慧的能动作用，作出合理的对策，采取正确的行动，是完全可以处困而不失其宜，化险为夷，把"履虎尾"的困境转化为"不咥人"的亨通。实际上，"履虎尾"的困境不单是柔爻的遭遇，也是刚爻共同的遭遇，"不咥人"的亨通不单是柔爻的需求，也是刚爻共同的需求，特别是负有最高责任的九五之刚，为了"履帝位而不疚"，更是把"不咥人"的亨通当作最大的需求。因此，阴阳刚柔两类势力在《履》卦之时的这种一柔对五刚的形势下，困境相同，需求相同，必须遵循协调并济的原则调整自己的行为，尽量地去向对方寻求互补。就阴柔的势力而言，应该"说而应乎乾"，"说"即悦，愉快喜悦。

《履》卦由兑下乾上组成，兑代表阴柔势力，乾代表阳刚势力，兑为悦，阴柔势力抱着愉快喜悦的心态去对待阳刚势力，这就化干戈为玉帛，从而摆脱了"履虎尾"的困境，实现了"不咥人"的亨通。另一方面，九五作为阳刚势力的代表，刚而得中，能够自觉地以中正之道来抑制自己过刚的行为，不对阴柔势力进行侵犯，而能协调并济，结为一体，所以"履帝位而不疚"，维持了组织系统的稳定和谐。

《象》曰：上天下泽，履。君子以辨上下，定民志。

［点评］

《履》卦上乾下兑，乾为天，兑为泽，天在上，泽居下，《履》卦的这种卦象就象征着社会中君臣上下尊卑贵贱的等级制度。君子看了这种卦象，应该辨别上下之分，确定正当的行为规范，使人民有所遵循。"履"的意思是践履，践履应该遵循礼的规范，所以履也就是礼。

《序卦传》说："物畜然后有礼，故受之以《履》。"礼是秩序性的原理，按照《周易》乾坤并建哲学系统的全面的表述，除此之外，还有和谐性的原理，不可只知其一，不知其二。宇宙自然和人类社会不能只有秩序而无和谐，也不能只有和谐而无秩序，和谐必以秩序为前提，秩序必以和谐为依归。如果片面地强调君臣上下尊卑贵贱的等级制度，用秩序性的原理去否定和谐性的原理，就会像《否》卦的卦象所象征的那样，乾上坤下，形成否结不通的状态，造成"上下不交而天下无邦"的后果，整个社会失去了联系的纽带，分崩离析，陷于解体了。相反，如果片面地强调合同而反对别异，用和谐性的原理去否定秩序性的原理，就会上下不分，贵贱不明，秩序混乱，社会生活也难以正常地运转。此二者的关系从哲学上看，就是阴阳之分与阴阳之合的辩证的统一。

《系辞传》说："天尊地卑，乾坤定矣"。这是阴阳之分，蕴含着秩序性的原理，"天地纲缊，万物化醇"，这是阴阳之合，蕴含着和谐性的原理，正是由于这两个方面的有机结合，双向互动，所以宇宙自然和人类社会才呈现出一种秩序井然而又生生不已的运动过程。从历史文化的角度看，此二者是植根于传统的礼乐文化的土壤所提炼而成的核心价值观。

《礼记·乐记》说："乐者为同，礼者为异。同则相亲，异则相敬。乐胜则流，礼胜则离。合情饰貌者，礼乐之事也。礼义立，则贵贱等矣。乐文同，则上下和矣。""乐者，天地之和也。礼者，天地之序也。和故百物皆化，序故群物皆别。"因此，礼与乐的关系既相互依存，又相互制约，相须为用，不可偏废，维持一种必要的张力和动态的平衡。

在六十四卦中,《履》卦根据"上天下泽"的卦象,把履归结为礼,《豫》卦则是根据"雷出地奋"的卦象,论述"先王以作乐崇德"的道理,把豫归结为乐,合而观之,就可以对阴阳哲学的原理和礼乐文化的本质有一个全面的而不是片面的理解了。

初九,素履往[1],无咎。

《象》曰:素履之往,独行愿也。

[注释]

[1] 素履往:按照自己的本色,不加修饰,待人处世,行其素愿。素,本色,素朴。

[点评]

初九以阳居阳,当位得正,内在具有刚明之德,但是其所处的爻位卑下低微,与九四也不能结成相应的关系。在《履》卦的总体形势人皆有所践履之时,初九孤立无援,唯一的凭借就是自己的人格操守和不为世俗所移的素愿。初九的这种行为,既是一种旷达,也是一种执着。所以《小象》赞扬说:"素履之往,独行愿也。"

《中庸》说:"君子素其位而行,不愿乎其外","君子无入而不自得焉。"

九二,履道坦坦,幽人贞吉[1]。

《象》曰:"幽人贞吉",中不自乱也。

［注释］

[1]幽人：幽静自守、不事外求之人。

［点评］

九二以阳居阴，刚而能柔，位于下卦之中，刚而得中，内在具有刚中之德，中和之美，在参与社会有所履行之时，如同走在康庄平坦的大道，所以说"履道坦坦"。九二与上卦的九五不能结成相应的关系，这一点与初九相同，也是孤立无援，虽然如此，九二"中不自乱"，安贞而得吉，所谓"淡泊以明志，宁静而致远"，其行为模式与初九之"独行愿也"相同，也是值得赞扬的。

六三，眇能视[1]，跛能履[2]，履虎尾，咥人，凶。武人为于大君[3]。

《象》曰："眇能视"，不足以有明也。"跛能履"，不足以与行也。咥人之凶，位不当也[4]。"武人为于大君"，志刚也。

［注释］

[1]眇能视：视力很差却强要看。"眇"有两种解释：小眼斜目，或少了一只眼。　[2]跛能履：脚跛了却强要走。　[3]武人为于大君：武夫要代行统一君主的号令。　[4]咥人之凶，位不当也：遭受老虎咬人的凶险，是因为居位不当。六三以阴爻居阳位，居位不正，指其才德与位置不相当，所以会遭到凶险。

［点评］

在《履》卦中，六三是唯一的柔爻，受客观外在环境的制约，不得不在强大的五刚势力范围内履行，以柔履刚，这就免不了随时会踩着老虎的尾巴，陷入"履虎尾"的困境。如果六三保持理性，遵循正确的行为准则，是完全有可能把"履虎尾"的困境转化为"不咥人"的亨通的，但是对于六三来说，恰恰缺少这两个必要的条件，结果是没有实现有利的转化，终于葬身虎腹，落得了"咥人之凶"的悲剧下场。《小象》说："咥人之凶，位不当也"，指的就是六三因爻位不当而产生的这种质柔而用刚的错误行为。一些刚愎自用的武人，志大才疏，妄图凭借分裂割据的军阀势力来代行君主的号令，这和六三的质柔而用刚的错误行为是类似的，所以说，"'武人为于大君'，志刚也"。

六三是一个毫无自知之明的愚人，本来眼睛视力很差却自以为视力很强，本来脚跛却自以为能够履行，因而自不量力，盲目行动。就六三所处的爻位而言，以阴居阳，不中不正，本质阴柔，力量单薄，而志欲务刚，一味逞强，这就不能依据中道来自觉地调整自己的行为，违反了"说而应乎乾"的整体组织目标。

九四，履虎尾，愬愬[1]，终吉。

《象》曰："愬愬，终吉"，志行也。

［注释］

[1] 愬（sù）愬：恐惧的样子。

［点评］

九四和六三同样面临着"履虎尾"的困境，但是九四不像六三那样自不量力，一味逞强，而是小心谨慎，保持一种临事而惧的心态，所以避免了"咥人之凶"，终于获吉。

这是因为，九四所处的爻位，以阳居阴，本质刚健而能用柔顺之道，其行为模式与六三的质柔而志刚相反，而是虽刚而志柔。这种行为模式表现为戒骄戒躁，以谦为本，柔顺自处，循礼而行。《小象》说："'愬愬，终吉'，志行也。"这是赞扬这种行为模式合理正当，有利于转危为安，实现自己的志愿。

九五，夬履[1]，贞厉[2]。

《象》曰："夬履，贞厉"，位正当也。

[注释]

[1] 夬（guài）履：以刚决果断的手段推行履道。夬，刚决果断。　[2] 贞厉：虽然正当却有危厉。

[点评]

九五居于帝位，掌握了最高的政治权力，承担着维护整体的重大责任，因而保持政权的稳定，做到"履帝位而不疚"，是九五向往追求的目标。但是九五所采用的手段却是"夬履"，即刚决果行，乾纲独断，令行禁止，雷厉风行，毫不顾及客观形势的需要和人们的承受能力。

如果要维护整体，保持稳定，一方面阴柔势力必须"说而应乎乾"，另一方面阳刚势力也必须刚而得中，来争取阴柔势力和悦豫乐的顺从。关于这个道理，《彖传》已经指出："刚中正，履帝位而不疚，光明也。"现在九五在权力的实际运作上采用"夬履"的手段，阳刚

在《履》卦之时，客观形势总的说来是刚胜而柔弱，阳盛而阴衰，之所以呈现"履虎尾"的危机，关键在于阳刚的势力过于强大，对阴柔势力产生威胁。《书》云："心之忧危，若蹈虎尾。"

过头，有失中道，没有全面遵循"刚中正"的行为准则，虽然出于正当的动机，但却造成阴阳之间更为严重的失衡，后果是极为危厉的。

上九，视履考祥[1]，其旋元吉[2]。

《象》曰：元吉在上，大有庆也。

[注释]

[1] 视履：回顾《履》卦自初至终的整个行程。考祥：考究其善恶祸福，总结成功与失败的经验。　[2] 旋：周旋完备。

[点评]

上九处于《履》卦之终，回顾总结整个行程的经验，周旋完备，体会深刻，虽然历经艰难险阻，终于获得元吉，这是值得庆幸的。

泰卦第十一

☷（乾下坤上）

泰[1]，小往大来[2]，吉亨。

《象》曰："泰，小往大来，吉亨"，则是天地交而万物通也，上下交而其志同也。内阳而外阴，内健而外顺，内君子而外小人，君子道长，小人道消也。

[注释]

[1]泰：卦名。《泰》卦由乾（☰）下坤（☷）上组成。泰，通畅、平安的意思，这是《泰》卦总体形势的特征。　[2]小往大来：小，指坤阴。大，指乾阳。往，向外。来，向内。乾之三爻由上而下居于内卦的位置，坤之三爻由下而上居于外卦的位置，乾为健，坤为顺，阳代表君子，阴代表小人，所以说"内阳而外阴，内健而外顺，内君子而外小人"。这种"小往大来"的动态的过程之所以吉祥亨通，是因为总体上呈现出一种"君子道长，小人道消"的发展趋势。

[点评]

《泰》卦紧接着《履》卦发展而来。《序卦传》说："履而泰然后安"，"而"是连词，一方面表示由履而泰是一种前后相因自然而然的生成系列，同时也表示此二者虽然看起来相反而实际上却是互相依赖，互相促成。儒家一贯强调"礼之用，和为贵，先王之道斯为美"。这个命题包含两层意思：一层意思是说，礼之运用，贵在能和，社会人际关系的融洽和谐是循礼而行的宗旨所在和趋向目标。另一层意思是说，美的理想应该是礼与和的有机统一，单有礼的节制而无和的融洽不能叫美；反过来看，单有和的融洽而无礼的节制，也不能叫美。《周易》站在阴阳哲学的高度对儒家的这个理想进行理论上的论证，依据《履》卦的卦象阐明秩序性的原理，依据《泰》卦的卦象阐明和谐性的原理。明确指出，阴阳两类势力由

《履》卦的卦象上天下泽，阳在上，阴在下，象征辨别上下之分的等级秩序，所以说"履者礼也"，《履》卦的总体形势就是遵守这种等级秩序的规定，循礼而行。《泰》卦的卦象与《履》卦恰恰相反，阳在下，阴在上，看起来是颠倒了上下之分的等级秩序，违背了循礼而行的原则，但也正是由于这种表面形式上的颠倒违背，才使得总体形势通畅平安，形成"天地交而万物通""上下交而其志同"的和谐。

秩序发展而为和谐，关键在于此二者结成了一种交通往来的关系，而不是上下隔绝，否塞不通。

从《泰》卦的卦象看，乾为天，坤为地，天本在上而来居于下，地本在下而往居于上，这种天尊地卑位置的互换有利于阴阳二气交通畅达，往来无阻，促使万物生长发育，这是宇宙自然所普遍遵循的规律。社会人事的情形也同样如此，作为统治者的君主高高在上，作为被统治者的臣民卑处于下，如果把这种等级之分的秩序僵化固定起来而不交通往来，就会使二者的关系矛盾对立，相互斗争，永无宁日，整个社会缺乏共同的组织目标，无法形成"上下交而其志同"的和谐整体，所以必须进行位置的互换，君主屈尊就下以体察下情，臣民地位上升以使下情得以上达。这种位置的互换是一个"小往大来"的动态的过程。《泰》卦由"小往大来"而形成的总体形势，具有阳刚之德的君子在内健于行事，秉承阴柔之质的小人在外顺以听命，正是"君子道长，小人道消"的治世，其发展前景吉祥亨通，也就是理所当然了。

从《周易》的阴阳消长之理的角度看，一个社会群体不能只有君子而无小人，也不能只有小人而无君子，此二者作为对立的两极相互依存，相互消长，共同生活于社会的统一体中，乃古今之常道，天理之本然。如果君子道长，小人道消，善的积极因素居于支配地位，则能合理处理二者的关系，促进社会的和谐融洽，此之谓治世。反之，如果小人道长，君子道消，恶的消极因素居于支配地位，就会激化社会的冲突意识，破坏社会的和谐融洽，争夺不已，相互伤害，而成为乱世。

《象》曰：天地交，泰。后以财成天地之道，辅相天地之宜[1]，以左右民[2]。

［注释］

[1] 后以财成天地之道，辅相天地之宜：君主从《泰》卦的卦象中领悟到"天地之道"与"天地之宜"的普遍规律，制定一系

列的政策措施，进行"财成""辅相"的工作。后，指君主。财，即裁。财成，通过裁断决定而使之成就。辅相，辅助参赞。　[2]左右：帮助、辅助。如《诗经·商颂·长发》："实维阿衡，实左右商王。"

[点评]

　　天是最大的阳，地是最大的阴，"天地交"是说阴阳二气交通往来，双向互动，由此而促使万物生长发育，调适畅达，永葆蓬勃的生机，这是宇宙自然所遵循的普遍规律，称之为"天地之道"，"天地之宜"。社会人事活动也应该遵循这种普遍规律，以"天地交泰"作为最高的理想目标，从事"天工人其代之"的努力。君主是最高决策者，正是由于主观的人事努力遵循了客观的自然规律，所以才能作出正确的决策，辅助民生，治理天下。

初九，拔茅茹，以其汇[1]，征吉[2]。

《象》曰：拔茅征吉，志在外也。

[注释]

　　[1]拔茅茹，以其汇：拔茅草时，同根相连的茅草连带拔起。茅，茅草。茹，相连的草根。汇，同类。　[2]征吉：向前征进，吉祥。

[点评]

　　初九是内卦乾之初爻，其志是想与外卦坤之六四相

交。由于《泰》卦的总体形势是"天地交泰"，乾阳之三
爻全都想与坤阴之三爻相交，所以初九的这种价值取向
与九二、九三是属于同类的，当初九开始前往与六四相
交，也带动了九二、九三志同道合的回应，一同前往，
这就像"拔茅茹"的情形一样，必然是顺利畅通，征而
得吉。

九二，包荒[1]，用冯河[2]，不遐遗[3]。朋亡，
得尚于中行[4]。

《象》曰："包荒"，"得尚于中行"，以光大也。

[注释]

[1]包荒：包容荒秽。　[2]冯（píng）河：徒步涉水渡
河。　[3]遐遗：遗弃疏远之人。　[4]尚：主动配合。中行：中道
而行，指居于君位的六五。

[点评]

九二以阳刚之质而居下卦之中位，刚而能柔，遵循
中道，是一个刚毅果断而又温和宽容的大臣形象。在天
地交泰之时，能够兼容并包，度量宏大，又有不畏艰
险、涉水渡河的勇猛，胸怀广阔，坦然大公，不遗弃疏
远以至顽愚之人，也不结交朋党，表现了"包荒""用冯
河""不遐遗""朋亡"的优秀品德。九二作为刚中之大
臣主动与六五柔中之君积极配合，这就是"上下交而其
志同"，君臣上下都以中道原则结成相应的关系而同心同

德，对于实现《泰》卦之时的整体目标，发挥了关键性
的作用。

九三，无平不陂，无往不复[1]，艰贞无咎。
勿恤其孚，于食有福[2]。

《象》曰："无往不复"，天地际也。

[注释]

[1]无平不陂（pō），无往不复：物极必反，事物总是要向反面
转化的，这是天道自然的普遍规律，不以人的意志而转移。陂，倾
斜不平。　[2]勿恤其孚，于食有福：不必患得患失，而应以诚信为
本，诚信是做人的价值准则，以诚信待人，于食禄之道自有福庆。恤，
患得患失的忧虑。孚，诚信。食，食禄，包括俸禄和官职。

[点评]

九三处于天地阴阳的交接之地，即将由乾下坤上转
化而为乾上坤下，这种发展势头不可抗拒，但是却与社
会人事的价值理想产生了尖锐的矛盾。因为乾由尊位下
降到卑位，坤由卑位上升到尊位，刚柔相应，阴阳交配，
这正是《泰》卦的大好形势的本质所在，如果按照"无
平不陂，无往不复"的发展势头，乾由卑位上升到尊位，
坤由尊位下降到卑位，就会产生上下不交，卑不上承，
尊不下施的局面，变成了否道，从社会人事的价值理想
的角度看，这是难以接受的。因此，《泰》卦的九三爻处
于由泰而否的转折关头，面临着艰难的选择，究竟是放

弃价值理想而顺应自然规律，还是坚持价值理想而违抗自然规律，能否找到一个中道的原则来处理此二者的矛盾，做到差强人意，所有这些可能的选择摆在面前，迫使九三作出断然的决定。《周易》提出的解决办法是"艰贞无咎"。"艰"是指处境艰难，要以清明的理性面对艰难的处境，不可掉以轻心。"贞"是坚守正道，所谓正道也就是中道，要同时照顾到自然规律和价值理想两个矛盾的方面，既要做到居不失其正，也要做到动不失其应。"无咎"是指对未来结局的预期，由于处境艰难，应对不易，对结局的预期决不可过高，能够做到无咎，不犯严重的错误，就算是比较满意了。这种处世之道，具体说来，就是"勿恤其孚，于食有福"。

六四，翩翩[1]，不富以其邻[2]，不戒以孚。

《象》曰："翩翩，不富"，皆失实也。"不戒以孚"，中心愿也。

[注释]

[1]翩翩：轻快地飞舞。　[2]不富：指六四。按照《周易》的体例，阳爻为实，阴爻为虚，与此相应，阳爻为富，阴爻是不富，因而居于上卦的坤之三爻皆为"不富""失实"。邻：指与六四相邻的六五、上六。

[点评]

从《泰》卦的卦爻结构和运行趋向看，居于下卦的

李光地《周易折中》引徐直方曰："小人所以胜君子者，非乘其怠，则攻其隙，艰则无怠之可乘，贞则无隙之可攻，如此则可以'无咎'，可以勿忧其孚矣。或曰：阴阳交运，否泰相仍，时势然也。虽'艰贞''勿恤'如之何？曰：平陂往复者，天运之不能无。'艰贞''勿恤'者，人事之所当尽。天人有交胜之理，处其交履其会者，必有变化持守之道，若一诿之天运，以为无预于人事，则圣人之易，可无作矣。"

乾之三爻由下往上，一齐前来与坤之三爻相交，而居于
上卦的坤之三爻由上往下，一齐前去与乾之三爻相交，
这都是出于内在的本性，发自中心的宿愿，势所必然的。
因此，当六四翩翩起舞，开始启动了与乾之初九相交的
行程，也带动了六五、上六两个邻居，"不戒以孚"，用
不着反复劝诫，以诚相许，自觉自愿地跟从。这种情形
就和初九开始启动了与坤之六四相交的行程完全相同，
"拔茅茹，以其汇"，也带动了九二、九三志同道合的回
应，自觉自愿地跟从。但就这两爻的发展前景以及对总
体形势的影响而言，却有着微妙的差别。

初九居于《泰》卦的下位，其发展前景是征而得吉，
每前进一步都对天地交泰的总体形势产生积极的推动作
用，而六四则和九三的处境相同，总体形势业已发展到
乾坤易位的转折关头，面临着艰难的选择，如果"不富
以其邻"，把六五、上六两个阴爻带动起来一齐回到下位，
虽然是大势所趋，中心所愿，却对总体形势产生了逆转
的负面影响，变成了乾上而坤下的否道。从这个角度看，
六四的发展前景不是征而得吉，而是征而得凶了。由于
六四处于下复的初始阶段，这种凶险只是潜伏状态，到
了上六"城复于隍"，就变成了显明的现实了。

六五，帝乙归妹[1]，以祉[2]，元吉。

《象》曰："以祉，元吉"，中以行愿也。

[注释]

[1]帝乙：商代帝王。归妹：嫁女。　[2]祉：福祉。

[点评]

帝王之女地位尊贵，屈尊下嫁与之相配的男子，象征六五柔中之君与九二刚中之臣结成阴阳相应的关系，这种关系可以获得福祉，至为吉祥。就《泰》卦之时所追求的整体目标而言，就是要做到"上下交而其志同"，所谓上下相交，关键就是君臣相交，九二能尽臣道以与上交，六五能尽君道以与下交。但是从卦爻的组合情况看，六五以阴柔居君位，也就是女处尊位，九二以阳刚居臣位，也就是男处卑位，政治关系的君尊臣卑与家庭关系的男尊女卑不相协调，形成了矛盾。

《周易》反复强调，五为君位，二为臣位，这种政治关系的上下尊卑的等级位分虽然是固定的，但是由于阴阳两类势力此消彼长，上下无常，究竟是女处尊位还是男处尊位，却是变动不居，不能固定的。因此，为了合理地处理君臣之间的政治关系，应该奉行乾坤并建的原则，阴顺阳，阳顺阴，刚而能柔，柔而能刚，各自向对方寻求良性互补，协调并济，共同开创和维护整个政治系统的稳定和谐。从这个角度看，九二以刚中之德"得尚于中行"，主动与六五柔中之君积极配合，六五以柔中之德竭诚委任九二刚中之大臣，"中以行愿"，君臣同心，精诚团结，这就造就了一个政通人和的局面，实现了理想。

这种乾坤并建的原则实际上也就是中道原则，刚不必善，柔不必恶，刚柔双方皆以中道调整自己的行为，做到刚中与柔中相应，才是尽善尽美的理想。

上六，城复于隍[1]。勿用师，自邑告命，贞吝。

《象》曰："城复于隍"，其命乱也。

[注释]

[1]城复于隍：城墙崩塌倾覆于城壕之中。复，倾覆。隍，城壕。

[点评]

上六处于《泰》卦的终结，按照乾阳上行、坤阴下行的发展趋势，《泰》卦即将转变为乾上坤下的否道，这也是符合治极必乱、高极必危的自然规律的，如同垒土筑成高耸的城墙却瞬间崩塌倾覆于城壕的情形一样。上六居于《泰》卦的上极，总体特征是上下不交，卑不上承，尊不下施，民心离散，国将不国，社会缺乏精神联系的纽带。在这种情况下，柔居高位的上六只能"勿用师，自邑告命"。孔颖达《周易正义》曰"唯于自己之邑而施告命"，即不可兴师妄动，只能在狭小的城邑之内行使政令。实际上是已经丧失了统率的权力。面对着这种既成的事实，命不可行，乱不可止，上六应沉痛反思，为当前的局面感到羞吝。

王弼《周易注》："居泰上极，各反所应；泰道将灭，上下不交；卑不上承，尊不下施。是故'城复于隍'，卑道崩也。"

否卦第十二

☲（坤下乾上）

〔否〕[1]，否之匪人，不利君子贞[2]，大往小来^[3]。

《彖》曰："否之匪人，不利君子贞，大往小来"，则是天地不交而万物不通也，上下不交而天下无邦也。内阴而外阳，内柔而外刚，内小人而外君子，小人道长，君子道消也。

[注释]

[1]否：卦名。《否》卦由坤（☷）下乾（☰）上组成。否，封闭隔绝，否塞不通。《否》卦是《泰》卦的反对卦，由《泰》卦发展而来。　[2]否之匪人，不利君子贞：在否塞之时，人道无法畅行，对于守持人间正道的君子极为不利。　[3]大往小来：大，指乾阳。小，指坤阴。往，向外。来，向内。乾之三爻居上而向外，坤之三爻居下而向内，上下背道而驰，两不相交。

[点评]

表面上看来，天本在上，地本在下，两两相对，《否》卦的这种卦爻结构反映了宇宙的本然状态，并不是毫无道理。但是，这只是反映了现象层面的外观，而没有反映实质性的内涵，只反映了阴阳之间的对待，而没有反映阴阳之间的流行。因为天与地虽然在外观上看来是尊卑高下，界限分明，其实质性的内涵则是"天地之大德曰生"，二者密切结合为一个有机的整体，双向互动，交通往来，阳与阴合，阴与阳合，絪缊化育，生生不已，表现为一个大化流行的动态的过程。如果像《否》卦那样，片面地凸显天尊地卑的秩序定位，使之僵化凝固，

《序卦传》说："泰者通也，物不可以终通，故受之以《否》。"《否》卦之所以成为否塞之时的象征，关键在于其卦爻结构坤下而乾上，天尊地卑的秩序定位僵化凝固，阻碍了阴阳相互之间的交通往来，因而"天地不交而万物不通，上下不交而天下无邦"，这就与《泰》卦的畅达亨通形成了鲜明的对比。

各自独立，结果就是"天地不交而万物不通"，整个宇宙就会变得死气沉沉，丧失了生机活力，停止了大化流行。

就人类社会而言，为了秩序的需要，必须分阴分阳，建立君臣上下之间的等级从属的关系，有君必有臣，有上必有下，两两相对，在现象层面也就自然形成了君尊臣卑、上贵下贱的秩序定位。但是，这种等级秩序并不是封闭隔绝，矛盾对立，而必须双向互动，交通往来，才能组建成为一个"上下交而其志同"的和谐整体。因而社会的实质性的内涵不在阴阳之分而在阴阳之合。只有在君臣上下之间建立一种相互沟通的协调机制，促使交往行动得以顺利进行，整个社会才能焕发出生机活力，正常地运转。从这个角度看，《否》卦的结构只有阴阳之分的对待而没有阴阳之合的流行，在君臣上下之间只有单向度的控制而没有双向互动的协调，结果就使得整个社会离心离德，造成了"上下不交而天下无邦"的乱世。这种乱世的局面，总体上呈现为一种"小人道长，君子道消"的特征。因为《否》卦的结构，"内阴而外阳，内柔而外刚，内小人而外君子"，象征阴柔小人盘踞于内廷，掌握了权势，阳刚君子被排斥在外，正道无法履行。由于人类社会的历史受阴阳消长之理的支配，遵循物极必反的规律，有治必有乱，有乱必有治，泰极则否来，否极则泰来，《否》卦的这种乱世的局面并不是不可以转化的。因此，小人得势，邪气上升，尽管这种乱世的局面是人们必须面对的现实，但对于守持正道的君子来说，仍然要对历史的未来抱有乐观的信念。在不利的处境下，审时度势，正确地处理出处进退之道，做到居不失其正，动不失其应，致力于形势转化的工作。这就是《否》卦的卦义所探讨的主题。

《象》曰：天地不交，否。君子以俭德辟难，不可荣以禄。

[点评]

天地不交是《否》卦的象征，君子观此卦象，推天道以明人事，认识到生活在这种否塞不通的乱世，应该收敛其德，不形于外，以避小人之难，不可受荣华禄位的诱惑，丧失自己的节操。这种"俭德辟难"并不是脱离社会，去做不问世事的隐士，而是适应"小人道长，君子道消"的乱世的局面，审慎选择的一种合理的生活方式。在这个小人得志的乱世，唯有不失正道，坚持理想，才能拨乱反正，促进形势的转化。只是由于时运不济，受到小人的排斥打击，难以有所作为，履行正道，这就应该审时度势，选择"俭德辟难"的生活方式，立足于人格的操守，"修身见于世"。

初六，拔茅茹，以其汇[1]。贞吉[2]，亨。

《象》曰：拔茅贞吉，志在君也。

[注释]

[1]拔茅茹，以其汇：拔茅草时，同根相连的茅草连带拔起。茅，茅草。茹，相连的草根。汇，同类。　[2]贞吉：安贞守正，

《孟子》曰："古之人，得志，泽加于民；不得志，修身见于世。穷则独善其身，达则兼善天下。"所谓"独善其身"，其准确的含义就是"穷不失义"，做到"富贵不能淫，贫贱不能移"，始终守持正道，不改变自己匡世济民的理想。

吉祥。

[点评]

《否》卦的总体形势是小人道长，阴类的势力处于
上升的势头。初六为内卦坤阴之初爻，当否之时，带动
六二、六三连类而进，如同拔茅草时同根相连的茅草
连带拔起，故有"拔茅茹，以其汇"之象，与《泰》卦
初九的爻象完全相同。但是《泰》卦初九的爻象是象征
君子道长，正气上升，《否》卦初六则是象征小人道长，
邪气上升，就其所表示的总揽全局的客观形势而言，恰
恰相反。因此，作为怀有志在于君的理想以康济天下的
君子，必须根据不同的客观形势来合理地选择自己的主
体行为。如果处于《泰》卦的那种有利的形势，就应该
积极有为，奋发精进，以推动君子道长势头进一步发
展；相反，如果处于《否》卦的这种不利的形势，就应
该安贞守正，静以待时，切切不可趋时媚俗，同流合污，
去助长小人之道的恶性膨胀。

六二，包承，小人吉[1]；大人否，亨。

《象》曰："大人否，亨"，不乱群也[2]。

[注释]

[1] 包承：包容顺承，小人获吉。　[2] "大人否，亨"，不乱
群也：大人不这样做，亨通，不能乱了君子和小人群党之间的界
限。大人，指九五之君。否，否定。

[点评]

就一般情况而言，六二之臣与九五之君结成阴阳相应的关系，象征君臣同心，协调并济，应该是吉利亨通。但在《否》卦的这种特殊情况下，小人道长，君子道消，象征六二代表小人的势力，以谄媚逢迎之态顺承九五，力图争取九五对自己的包容。如果九五被六二的顺承所蛊惑，包容了六二，那就是小人得利了。"'大人否，亨'，不乱群也"，这是说，为了拨乱反正，促使形势朝着亨通的方向转化，九五必须拒绝对六二包承，严格划清君子与小人的界限。

六三，包羞[1]。

《象》曰："包羞"，位不当也。

[注释]

[1]包羞：力争包容，却自取羞辱。

[点评]

六三之位，不中不正，代表阴柔小人的势力，虽竭力争取上九阳刚的包容，但遭到上九的拒绝，结果是自取羞辱。

九四，有命无咎[1]，畴离祉[2]。

《象》曰："有命无咎"，志行也。

［注释］

[1]命：既指天命，也指君命。　[2]畴：俦类。离：附丽。祉：福祉。

［点评］

朱熹《周易本义》曰："否过中矣，将济之时也。九四以阳居阴，不极其刚，故其占为'有命无咎'。而'畴'类三阳，皆获其福也。'命'谓天命。"

上卦乾之三阳，俦类相同，依附团结，连类而进，可获福祉。《否》卦发展到九四，进入以阳刚为主导的乾体，象征小人道长的势头业已终结，君子道长的势头即将开始，符合物极必反、否极泰来的天命规律，故称之为"有命"。从人事的操作层面看，九四为近君的大臣，以阳刚之质而居柔位，刚而能柔，面临着由否而泰的转折关头，既有雄强健动积极进取的才质，又能接受君主的委任信托，顺以听命，辅佐君主完成拨乱反正的大业。这就起到了一种带动的作用，把三阳的势力团结起来，同心同德，实现振兴局面的共同的志愿。所以说，"'有命无咎'，志行也"。

九五，休否[1]，大人吉。其亡其亡，系于苞桑[2]。

《象》曰：大人之吉，位正当也。

［注释］

[1]休否：即休止否道，使小人道长的形势得到根本的扭转。　[2]其亡其亡，系于苞桑：将要灭亡、将要灭亡，要像系着于牢固的桑树根丛那样。

[点评]

实际上，《否》卦发展到九四，就已经启动了休否的过程了，但是只有发展到九五，才能最后完成。这是因为，九五以阳刚中正之德而居于至尊的君位，总揽全局，掌握了最高的权力，对于扭转形势能够发挥决定性的作用，而九四则是居于大臣之位，虽然德才兼备，只能在君主的倡导下发挥辅助参赞的作用，做到"有命无咎"，为休否的过程准备必要的条件。因此，为了担当休否的重任，必须位与德二者集于一人之身，虽有其位苟无其德，不可以休否；虽有其德苟无其位，亦不可以休否，所以《小象》强调指出："大人之吉，位正当也。"虽然《否》卦发展到九五阶段，已经扭转了形势，休止了否道，但是仍有许多遗留的问题，局面并不稳定。应该戒慎恐惧，居安思危，反复告诫自己，"其亡其亡，系于苞桑"。只有怀着忧患意识，念念不忘将会陷入危亡，才能像系着于牢固的桑树根丛那样，保持国家的长治久安。

上九，倾否[1]，先否后喜[2]。

《象》曰：否终则倾，何可长也。

[注释]

[1]倾否：倾覆否闭的局势。　[2]先否后喜：起先否闭不通，最终通泰而喜。

[点评]

《泰》卦上六以"城复于隍"为象，城墙崩塌倾覆于城壕之中，象征泰极则倾，转入否道。《否》卦上九居于穷极之地，遵循物极必反的规律，"否终则倾"，由否塞转而为泰通。事物的发展不到穷极之地不会有根本的转变，所以无论是泰极否来还是否极泰来，都有一个从量变到质变的过程，发展到上爻才最终完成。

就《否》卦而言，下卦坤之三阴连类而进，象征小人道长处于旺盛的势头，这是"先否"。发展到上卦，乾之三阳共同抑制了小人之势，转而为君子道长，九四开始启动，九五休止了否道，上九使否道彻底倾覆，这就是"后喜"了。

　　尽管人类社会的历史受阴阳消长之理的支配，有时会出现乱世的局面，但是这种局面决不会长久保持，只要立足于转化，"先否后喜"的可能性是始终存在的。

同人卦第十三

☰（离下乾上）

〔同人〕[1]，同人于野[2]，亨，利涉大川，利君子贞。

《彖》曰：同人，柔得位得中而应乎乾，曰同人。同人曰："同人于野，亨，利涉大川"，乾行也。文明以健，中正而应，君子正也。唯君子为能通天下之志。

[注释]

[1] 同人：卦名。《同人》卦由离（☲）下乾（☰）上组成。同人，即与人和同，建立相互信任的和谐群体。　[2] 同人于野：在开阔的郊野与人和同。野，郊野旷远之地，象征社会的公共领域。

[点评]

《同人》卦由《否》卦发展而来，《否》卦的特征是上下隔绝，不相交往，以致社会解体，天下无邦。这种局面不可长久保持，所以进一步发展为《同人》，在扩大交往的基础上确立普遍联系的精神纽带和价值准则，把刚柔两类势力团结成为协调并济的和谐群体。

从卦爻结构看，"柔得位得中而应乎乾"，这是一柔应五刚；另一方面，卦唯一阴，众阳所欲同，也是五刚应一柔。刚柔两类势力皆以和顺为本，主动向对方追求，阴求阳，阳求阴，这就自然而然结成了一种相互交往的关系，为通过交往达到与人和同的目的提供了可能。交往首先是从自我出发的，在与人交往的过程中，应该端正自我的心态，不可偏私狭隘，局限于切近的宗族朋党的小圈子的范围，而要胸怀磊落，大公至正，走向公共领域进行广泛的社交活动，所以说"同人于野，亨，利涉大川"。"野"是郊野旷远之地，象征社会的公共领域，只有超越私人范围从事公共领域的交往，才能摆脱否塞不通的状态，为全社会确立普遍联系的精神纽带，做到同心同德，与人和同。再从上下二体的组合看，下卦离为文明，上卦乾为刚健，文明象征具有洞察明照的理以《同人》卦与《否》卦相比，《否》卦的客观形势是"不利君子贞"，《同人》卦则是"利君子贞"，对于守持正道的君子十分有利。虽然如此，由于每一个个体受爻位的限制，具体的处境不同，在有利于扩大交往的形势下，有的顺当，有的艰难，有的履行正道，行为正确，有的偏私狭隘，行为错误，因而六爻吉凶悔吝的后果也很不一样。所有这些都要结合具体情况进行具体分析，通过细致的比较来深入领会《同人》卦所阐明的如何由特殊上升到普遍的交往原理。

性精神，刚健象征具有不屈不挠克服阻力的坚强意志；二五两爻，中正而应，无偏无倚，正而不邪，因而这种组合关系体现了交往过程中所应当履行的价值准则，称之为君子之正道。如果履行正道，按照文明刚健、中正而应这几项价值准则来调整自我的行为，就能沟通整合，发挥凝聚群体的功能，所以说"唯君子为能通天下之志"。

《象》曰：天与火，同人。君子以类族辨物[1]。

[注释]

[1]类族辨物：分析人类群体，辨别事物的差异。

[点评]

《同人》卦由乾、离二体组合而成，乾为天，离为火，这是两个不同类族的事物，但是天体在上，火之性也是炎上，不同类族的事物有相同的一面。君子从这种卦象中得到启示，懂得在交往的过程中，应该以清明的理性分析人类群体，辨别各种不同的类族，存异以求同。人类社会作为一个群体结构和宇宙自然的系统一样，都是由不同的类族组合而成的，从社会分层看，有上下等级以及劳心劳力之分；从禀赋资质看，有智愚贤不肖之别。所谓"物之不齐，物之情也"，个性的差异是普遍存在的，因而与人和同并不是简单的等同，而是"以类族辨物"，在尊重个性、尊重差异的前提下达成理性的共识，把整个社会凝聚为既有分工又有合作的和谐群体。

初九，同人于门[1]，无咎。

《象》曰：出门同人，又谁咎也！

[注释]

[1]同人于门：走出家门与人和同。

[点评]

《同人》卦的六爻在总体形势下都是追求与人和同，进行交往，但是由于所处爻位的不同，行为方式各有不同的表现。初九以刚爻而居阳位，与九四之刚并无相应关系，仍然怀着开放的心态，不畏前途的险阻，秉承勇往直前的“乾行”精神，走出家门去与人和同。这种行为坦然大公，无所偏私，合乎“同人于野”的大义，是值得赞赏而不会有人来责难的。初九胸怀全局，超越自我，尽管与九四无所系应，却是以君子乐与人同之心，毅然走出家门，追求与人和同。结果刚一出门，就不期而遇见了六二与之和同，这种情况表明，只要履行正道进行普遍的交往，“通天下之志”的目的是不难达到的。

所谓“同人于野”，意味着走出家门到郊野旷远之地进行公共领域的交往，目的在于“通天下之志”，会通整合全社会普遍联系的共识。为了满足这种总体要求，在交往的过程中，自我的心态应该有一个超越的提升，由小我之私扩展为大我之公。首先应该超越离群索居的封闭心态，其次应该超越局限于户庭妇子之间的小家的心态，这些偏私狭隘的心态不利于社会的交往整合。

六二，同人于宗[1]，吝。

《象》曰：“同人于宗”，吝道也。

［注释］

[1]同人于宗：与同宗族的人和同。宗，宗族、宗党，是一种以血缘亲情和派系认同为纽带的交往关系。

［点评］

六二缺乏坦然大公的心态，"同人于宗"，只与自己有特殊关系的人交往，这种行为偏私狭隘，对社会的普遍交往带来困难，是一种鄙吝之道。就爻位配置而言，六二之柔中与九五之刚中结成"中正而应"的关系，按照常规，不会有什么鄙吝。但是《同人》卦的总体形势是一柔应五刚，五刚应一柔，所谓"柔得位得中而应乎乾"，这个"乾"不单指九五，也包括其他四个阳爻，如果六二只与九五亲比而排斥其他四阳，这就不合乎天下至公大同之道，而成为鄙吝了。事实上，在六二以私意只与九五亲比的过程中，就引起九三、九四的嫉妒，进而以武力相威胁，为普遍交往带来很大的困难。

九三，伏戎于莽[1]，升其高陵[2]，三岁不兴[3]。

《象》曰："伏戎于莽"，敌刚也。"三岁不兴"，安行也。

［注释］

[1]伏戎于莽：在林莽之中埋伏军队。　[2]升其高陵：登上高岗瞭望。　[3]三岁不兴：三年都没有行动。

[**点评**]

九三以阳求阴，在《同人》卦中，六二是唯一可追求的对象，但是六二之志已私属于九五，不愿与九三和同，而九五也在极力追求六二，与九三形成彼此矛盾冲突的情敌关系。在这种情况下，九三为了达到追求的目的，一方面"伏戎于莽"，在林莽之中埋伏军队，企图以武力阻止六二前去与九五和同；另一方面"升其高陵"，登上高岗瞭望，观察九五的动态。这种两面作战的做法，有违君子之正道，是极端错误的。因为追求与人和同，应当尊重对方的意愿，以和顺为本，不可兵戎相见，强力争夺。九三以阳居阳，刚而不中，是一个质刚而用刚的鲁莽武夫，虽然企图凭借强力争夺达到目的，但却遇到了一个力量更为强大的九五与之为敌，根据力量对比的衡量，认识到自己并非九五的敌手，难以取胜，所以"三岁不兴"，等了三年之久都不敢发动战争。

九四，乘其墉，弗克攻[1]，吉。

《象》曰："乘其墉"，义弗克也。其吉，则困而反则也[2]。

[**注释**]

[1]乘其墉，弗克攻：站在城墙之上观察形势，没有发动进攻。　[2]困而反则：面临着困境通过反思回到正确的行为准则上来。

[点评]

九四和九三同样，也是抱着追求六二的目的而与九五为敌，但是九四以阳居阴，质刚而用柔，懂得一点和顺之道，所以"乘其墉，弗克攻"，只是站在城墙之上观察形势，没有发动进攻。这种做法是吉利的。其所以吉利，关键在于"困而反则"，面临着困境通过反思回到正确的行为准则上来。从现实功利的角度看，九五居至尊之位，掌握了最高的权力，只有放弃进攻的念头不与之为敌，才是明智的选择。从价值取向的角度看，九四与六二本非正应，为了达到自私的目的与九五为敌，这是以邪攻正，违理伤义，师出无名，只有放弃进攻，归于和顺，才能回归正道。

九五，同人，先号咷而后笑，大师克相遇[1]。

《象》曰：同人之先，以中直也。大师相遇，言相克也。

[注释]

[1]先号咷而后笑，大师克相遇：先是号咷大哭，后来破涕为笑，大军克服阻碍而最终得以相遇。

[点评]

九五阳刚中正，尊居君位，本与居于臣位的六二同心相应，但在交往的过程中，受到九三、九四两个刚爻企图以武力相阻隔，不能立即会合结为一体，所以先是

《系辞传》解释九五这条爻辞指出："君子之道，或出或处，或默或语，二人同心，其利断金，同心之言，其臭如兰。"为了建构一个和谐的社会，君臣之间的关系具有决定性的作用。如果君臣彼此隔绝，不能和同，就是一种令人痛心的政治局面。相反，如果君臣同心，融洽无间，则是值得庆幸的。因为"二人同心，其利断金"，君主的政治决策只有取得臣下的共识，受到他们的拥护，才能无坚不摧，无往不胜。

号咷大哭，悲愤不已。后来由于六二忠而不贰，上应于
九五，九五中直而不疑，下应于六二，并且发动大军，终
于克服了九三、九四的阻隔，君臣相遇，情投意合，所
以又欢欣鼓舞，破涕为笑。

上九，同人于郊，无悔。

《象》曰："同人于郊"，志未得也^[1]。

[注释]

[1] 志未得也：取同之志没有得以实现。

[点评]

上九处于卦之终极，作为阳刚之体，虽也同样以
六二作为追求的对象，但是六二已与九五结为正应，求
同之志不能实现。既然无可追求，所以"同人于郊"，远
离斗争是非之地，不像九三、九四那样以兵戎相见，尽
管有些失落，也没有什么悔恨。

大有卦第十四

䷍（乾下离上）

大有^[1]，元亨。

《象》曰：大有，柔得尊位，大中而上下应之，

曰大有。其德刚健而文明，应乎天而时行，是以
元亨。

[注释]

[1]大有：卦名。《大有》卦由乾（☰）下离（☲）上组成。
大有，盛大丰有。

[点评]

《大有》由《同人》发展而来。《序卦传》说："与人
同者，物必归焉，故受之以《大有》。"从卦爻结构看，
这两卦都是由一柔五刚组成。《同人》卦是"柔得位得
中而应乎乾"，柔居下位之中，以一柔而应五刚，主动
争取与五刚和同，《大有》卦则是"柔得尊位，大中而
上下应之"，柔上升到至尊的君位，奉行大中之道，赢
得了上下五刚前来与之相应，从而以一柔而拥有五刚，
所以称之为"大有"。下卦乾为刚健，上卦离为文明，
象征既有刚健有为的坚强意志，又有文明洞察的理性精
神，六五柔中之君与九二刚中之臣密切相应，配合默契，
按照天时的客观规律办事，"应乎天而时行"，所以总体
形势是大为亨通的。这种盛大丰有的大好形势来之不易，
因而六爻在各自的爻位上如何尽伦尽职来共同维护这种
大好形势，就成为《大有》卦所探讨的主题。

《象》曰：火在天上，大有。君子以遏恶扬善，
顺天休命。

［点评］

上卦离为火，下卦乾为天，火在天上，光照万类，无幽不烛。君子观此卦象，发扬文明洞察的理性精神，清醒地看到在大有之世的大好形势下，善与恶的矛盾仍然是普遍存在的，这两类势力此消彼长，不可掉以轻心。如果恶的消极因素得不到有效的抑制，就会激化社会的冲突意识，争夺不已，相互悖害，从而破坏了大好形势。反之，如果善的积极因素居于支配地位，就能合理处理各种人际关系，促进社会的和谐融洽，从而维护了大好形势。因此，"遏恶扬善"是治乱安危的关键，也是君子"顺天休命"应尽的职责。在《周易》的阴阳哲学中，所谓天之休命指的是健动不息的天道。

初九，无交害[1]，匪咎[2]。艰则无咎。

《象》曰：大有初九，无交害也。

［注释］

[1]无交害：无交往之害。交，交往。　[2]匪咎：免遭咎害。

［点评］

初九禀阳刚之质，逢大有之世，但因受爻位的限制，与六五之君不能结成相应的关系，此时应安贞守正，静以待时，不宜有所作为，急于交往。这种处境与《乾》卦初九之"潜龙勿用"相似。作为一个有理想有抱负的君子，生活在盛大丰有的治世，当然希望有所作为，做

《系辞传》说："天地之大德曰生"，"富有之谓大业，日新之谓盛德，生生之谓易"。天道的本质在于化生万物，使万物各得其性命之正，并且成就富有日新的盛德大业。既然君子观察《大有》卦的卦象，体会到应该积极从事"遏恶扬善"的努力以维护大好形势，这就是顺从上天美好的命令了。

出一番事业，但是也要考虑到具体的处境，可行则行，可止则止，正确处理出处进退之道。《乾》卦初九选择了"龙德而隐者"的做法，"不易乎世，不成乎名，遁世无闷，不见是而无闷"，磨炼自己，以成就一个"确乎其不可拔"的坚强的人格。《大有》卦初九的做法则是"艰则无咎"。"艰"是戒骄戒躁，对艰难的处境进行理性的反思，只有通过这种反思，保持一个淡泊名利、宁静致远的心态，才能免遭咎害。

九二，大车以载，有攸往，无咎。

《象》曰："大车以载"，积中不败也。

[点评]

九二刚而履中，上与六五相应，是六五之君所仰赖倚任的大臣，对于维护大好形势承担着重大的责任。这种处境与初九不同，必须奋发精进，有所前往，才能无咎。由于九二以阳居阴，质刚而用柔，奉行中道的原则，所以能够含弘光大，宽厚容纳，就像满载着丰美财物的大车，在长途跋涉的过程中，不会陷入覆败。

朱熹《周易本义》曰："'亨'，《春秋传》作'享'，朝献也。古者亨通之亨，享献之享，烹饪之烹，皆作'亨'字。"

九三，公用亨于天子[1]，小人弗克。

《象》曰："公用亨于天子"，小人害也。

[注释]

[1]公用亨于天子：诸侯王公朝见天子献上丰厚的贡品。公，

诸侯王公。亨，通"享"，指朝献。

[点评]

在《大有》卦中，六五位为天子，谦和柔顺，主持大政，开创了盛大丰有的大好形势，九三作为诸侯王公，其所享有的一切，都应归功于六五之君，切不可居功自傲，贪天功以为己有。这是维护大好形势顾全大局的做法。至于小人，则难以做到这一点，常常是利令智昏，贪得无厌，心存不轨，危害大局。

九四，匪其彭[1]，无咎。

《象》曰："匪其彭，无咎"，明辩晢也。

[注释]

[1]匪其彭：自我克制，不以盛大骄人。彭，盛大的样子。

程颐《周易程氏传》曰："彭，盛多之貌。《诗·载驱》云：'汶水汤汤，行人彭彭。'行人盛多之状。《雅·大明》云：'驷骠彭彭。'言武王戎马之盛也。"

[点评]

九四是近君的大臣，其所掌握的权势自有一种盛大之象，常常会引起君上的猜疑和下属的嫉妒，但是九四以阳居阴，质刚而用柔，能够自我克制，以明辨清晰的理性处理上下级的关系，谦虚谨慎，不以盛大骄人，所以保持了自己的地位，没有招致过咎。

六五，厥孚交如，威如[1]，吉。

《象》曰："厥孚交如"，信以发志也。威如
之吉，易而无备也。

[注释]

[1] 厥孚交如，威如：六五之君的诚信皎洁明亮而又具有令人
心悦诚服的威信。这是对六五之君之所以能开创大有之世的深层
原因的分析揭示。厥，代词，指六五。孚，诚信。交，读为"皎"，
皎洁明亮。威，威望，威信。"厥孚交如，威如"，"孚"是主语，"交
如""威如"是谓语。

[点评]

六五"柔得尊位，大中而上下应之"，把君臣上下的
关系建立在彼此信赖的基础之上，君主以至诚之心对待
臣下，臣下也以至诚之心对待君主，至诚相感，上下交
孚，于是君主就可以广系天下之心，受到臣下衷心的爱
戴，由此自然而然产生出一种以德服人的威信。这种威
信也就是一种权威，作为一个主持大政掌控全局的君主
不能没有权威，但是这种权威并不是那种以力服人的威
慑的强制力量，而是"易而无备"，平易亲和，使人们感
到心悦诚服，毫无戒备之心。六五有效地运用了这种诚
信的力量，建构了一个刚柔并济的和谐群体，开创了一
个政通人和的盛世局面，"应乎天而时行"，其为政的才
能达到了很高的境界，是值得赞赏的。

上九，自天祐之，吉无不利[1]。

《象》曰：大有上吉，自天祐也。

[注释]

[1] 自天祐之，吉无不利：从上天降下祐助，吉祥而无所不利。

[点评]

上九居卦之终极，但是《大有》的总体形势仍然保持了良好的势头，持续发展，吉祥亨通，并未终结，这是因为卦中六爻皆能做到刚柔相应，遵循天道的客观规律，所以"自天祐之，吉无不利"。

谦卦第十五

䷎（艮下坤上）

谦[1]，亨。君子有终[2]。

《彖》曰：谦，亨。天道下济而光明，地道卑而上行。天道亏盈而益谦，地道变盈而流谦，鬼神害盈而福谦，人道恶盈而好谦。谦，尊而光，卑而不可逾，君子之终也。

[注释]

[1] 谦：卦名。《谦》卦由艮（☶）下坤（☷）上组成。谦，

《系辞传》对"自天祐之"的哲学意蕴作了具体的分析："祐者，助也。天之所助者顺也，人之所助者信也。履信思乎顺，又以尚贤也，是以自天祐之，吉无不利也。"天道的本质是一个"顺"字，人道的本质是一个"信"字。"顺"就是阴顺从阳，阳顺从阴，天之所助者在于促成阴阳和顺，归于和谐。"信"就是上以诚信接下，下以诚信事上，人之所助者在于促成上下交孚，和衷共济。天人感应，皆本于一阴一阳之道，这就是"履信思乎顺"。再加上在社会人事中，出以公心，任用贤才，君明臣贤，励精图治，这就自然开创了一个盛大丰有的政治局面，"自天祐之，吉无不利"了。

《序卦传》说："有大者不可以盈，故受之以《谦》。"谦虚而不自满是保持盛大的必要条件，有亨通之道，是君子所应终身奉行的美德。

谦虚，不自满，有德而不自居，有功而不自夸，包容大度，虚怀若谷。　[2]君子有终：君子保持谦德至终。

[点评]

谦虚不仅是人事层面的美德，而且是通贯天、地、人三才之道，体现了自然造化的客观规律，具有普遍的哲学意义，应该提升到宇宙论的层面来加深理解。

就天道而言，其运行的轨迹是"下济而光明"，"亏盈而益谦"，虽高而不自以为高，必下行与地相交以显现其光明，虽盈而不自以为盈，必亏损盈满以补益不足，这就是由谦而亨。

就地道而言，其地气"卑而上行"，虽处卑下而上行以与天气相交，其地势则是"变盈而流谦"，高岸为谷，江河东注，也同样是由谦而亨。就自然造化的客观规律而言，不外乎阴阳二气的往来屈伸，"鬼"是气之往，往者屈也，"神"是气之来，来者伸也，因而有往必有来，有屈必有伸，为了促使这种运动得以有序地进行，保持生态的平衡，所以也表现为损有余以奉不足，"害盈而福谦"。

人道以谦虚为美德，是源于观察天地之道以及鬼神造化之迹所受到的启示，懂得满招损、谦受益的道理，憎恶盈满，爱好谦虚，"恶盈而好谦"。由此看来，"谦，尊而光，卑而不可逾"，尊者有谦而更光明盛大，卑者有谦而内在地蕴含着崇高的人格，不可逾越，所以这种谦虚的美德是君子所应终身奉行的。

《象》曰：地中有山，谦。君子以裒多益寡，称物平施[1]。

［注释］

[1] 裒（póu）多益寡，称物平施：裒取多者，增益寡者，称量财物，权衡轻重，公平施予。裒，裒取。称，称量。平，公平。

［点评］

《谦》卦艮下而坤上，艮为山，坤为地，地体卑下，山之高大而在地中，外卑下而内蕴高大，这是《谦》卦的象征。君子观此卦象，从事社会人事活动，应该"裒多益寡，称物平施"。由于社会成员所处的地位不同，利益分配的差别是普遍存在的，有了差别就有了冲突，但是冲突越过一定的限度，就会对社会共同体带来危害。冲突的极端激化，将最后导致社会秩序的紊乱以至完全崩溃。因此，为了化冲突为和谐，维持社会生活的正常运行，健康发展，应在承认差别的前提下保证利益分配的公平性。如果听任差别恶性扩大固然导致不平，反之，如果人为地强行铲除差别，同样会导致不平。这就是《谦》卦所阐明的"裒多益寡，称物平施"的道理。

"裒多益寡，称物平施"，并不是整齐划一，绝对平均，而是在利益的分配上进行适当的调节，维持相对的平衡，避免多者愈多，寡者愈寡，富者愈富，贫者愈贫，产生两极分化。

初六，谦谦君子[1]，用涉大川，吉。

《象》曰："谦谦君子"，卑以自牧也[2]。

[注释]

[1] 谦谦君子：谦而又谦的君子。　[2] 卑以自牧：以谦卑来进行自我修养。

[点评]

初六本质柔顺，卑以处下，秉承谦虚的美德，自我修养，是一个谦谦君子的形象。由于这种美德笃实敦厚，赢得了人们的亲和友善，同心相助，所以可以克服险阻，渡过难关，吉无不利。

六二，鸣谦[1]，贞吉。

《象》曰："鸣谦，贞吉"，中心得也。

[注释]

[1] 鸣谦：谦虚的美德扬名于外。

[点评]

六二居中履正，谦虚的美德扬名于外，广为人知，自然贞正而得吉。其所以赢得社会的声誉，产生了"鸣谦"的效应，是因为中心纯正，出于至诚，并不是虚伪造作，欺世盗名。

九三，劳谦[1]，君子有终，吉。

《象》曰：劳谦君子，万民服也。

[注释]

[1] 劳谦：有功劳而能奉行谦虚的美德。

[点评]

九三是《谦》卦唯一的阳爻，为众阴所宗，承担了主持大局的重任，建立了卓越的功勋，但能奉行谦虚的美德，有功而不自夸，是一个劳而能谦的大臣的形象。就其所处的爻位而言，当位得正，介于上下二体之间，在处理上下级的关系上，恭以事上，谦以待下，把谦恭守礼当作终身奉行的行为准则，所以能长久保持自己的地位，得到万民的信服。

《系辞传》对这条爻辞的意蕴作了进一步的阐发："劳而不伐，有功而不德，厚之至也，语以其功下人者也。德言盛，礼言恭，谦也者，致恭以存其位者也。"

六四，无不利，撝谦[1]。

《象》曰："无不利，撝谦"，不违则也。

[注释]

[1] 撝（huī）谦：发挥谦道。撝，同"挥"，发挥。

段玉裁《说文解字注》："按撝谦者，溥散其谦。无所往而不用谦。"

[点评]

六四所处的爻位，上承六五至尊之君，下乘九三阳刚有功之臣，关系复杂，不易处理，稍一不慎，动辄得咎，是一个上下无常危险多惧的位次。但是六四以柔爻而居阴位，当位得正，内怀柔顺，外行谦道，能以恭谨敬畏之心奉事至尊之君，又能以卑巽谦让的态度对待有功之臣，这就把各种关系处理得和谐融洽，无所不利了。

六五，不富以其邻[1]，利用侵伐，无不利。

《象》曰："利用侵伐"，征不服也。

[注释]

[1]不富以其邻：不以外在的财富而以内在的品德赢得众人的拥戴。

[点评]

六五居于至尊的君位，柔而得中，奉行谦道，不以外在的财富而以内在的品德赢得众人的拥戴，天下归心，可以动用威武之师出征讨伐，无所不利。表面上看来，这种做法似乎有违谦道，与谦和柔顺的美德相矛盾。但是谦道的本质并非一味退让，姑息养奸，而在于"哀多益寡，称物平施"，维护社会公平的原则。当社会群体产生了严重的两极分化，强势集团桀骜不驯，过度侵犯弱势集团的利益，在这种情况下，必须动用威武加以必要的抑制，如果任其恶性发展，无原则地宽容，就会危害社会的公平，违背了谦道的本质。

上六，鸣谦，利用行师，征邑国。

《象》曰："鸣谦"，志未得也。可用行师，征邑国也。

[点评]

上六之"鸣谦"与六二相同，谦虚的美德扬名于外，广为人知。因其与六五为邻，可以兴兵征服以维护社会公平，但由于阴柔无位，不像六五之君那样掌握了最高权力，所以不能实现平治天下的志愿，只能在自己所管辖的邑国去征服那些桀骜不驯者。

豫卦第十六

䷏（坤下震上）

豫[1]，利建侯行师[2]。

《彖》曰：豫，刚应而志行，顺以动，豫。豫顺以动，故天地如之，而况建侯行师乎！天地以顺动，故日月不过而四时不忒。圣人以顺动，则刑罚清而民服。豫之时义大矣哉！

[注释]

[1]豫：卦名。《豫》卦由坤（☷）下震（☳）上组成。豫，喜乐也。《豫》卦象征安和悦乐的大好形势。 [2]利建侯行师：利于建立诸侯，出师征战。

[点评]

《豫》卦象征安和悦乐的大好形势，其所以如此，是因为它的卦爻结构形成了优化组合。九四是全卦唯一的刚爻，不仅与初六相应，也与其他四阴相应，因而其阳刚奋进的心志得以顺利畅行。下卦坤为顺，上卦震为动，顺应物性之自然节律而动，有条不紊，秩序井然，这就营造了一种安和悦乐的大好形势，利于建立诸侯，出师征战。实际上，"顺以动"是一个通贯天人的普遍性的哲学原理，不只限于人事的运作。

就天地宇宙而言，日月周转与四时更替表现为一个永无止息的运动的过程，但是这个运动的过程却是在有序地进行，从来也没有发生差错，究其原因，关键在于"顺以动"，遵循了一定的章法度数。这种章法度数是天地所固有的本然的秩序，称之为天地之序；顺之而动，"故日月不过而四时不忒"，促使宇宙达成整体性的和谐，称之为天地之和。《象传》指出："豫顺以动，故天地如之，而况建侯行师乎！"这是特别强调应该把"顺以动"提到宇宙论的高度来加深理解，意思是只有根据这种深刻的理解，才能在人事的运作上自觉地遵循这种普遍性的哲学原理。

就人事运作而言，"圣人以顺动，则刑罚清而民服"，政通人和，天下安乐。天地"以顺动"是顺应自然的节律，圣人"以顺动"则是顺应民心的脉动。所谓"圣人无常心，以百姓心为心"，"民之所欲，天必从之"，民心即天心之所在，因而自然的节律和民心的脉动所固有的章法度数在本原的意义上息息相通，顺之而动，不出任何差错，可以促使社会人际的关系能像天地万物那样调适畅达，安和悦乐。这就是《豫》卦所阐明的哲学原理，赞之为"豫之时义大矣哉"！《豫》卦的总体形势安和悦乐，人们的行为背景十分有利，但是初六

天地宇宙作为一个大化流行的运动的过程，内在地蕴含着"顺"与"动"两个不同的方面，正是由于此二者有机结合，相互促进，才能生生不息，相续不已，而成其生化之功。

"时义"也叫"时用"，不是一个抽象的哲学概念，而是与人们的实践行为密切相连的。人们的实践行为不仅要认清总体形势，而且要根据自己具体的处境采取适时之变的对策，有的认识正确，行为得当；有的认识不清，行为失误，其吉凶悔吝的后果也很不一样。

"鸣豫"而凶，六三"盱豫"有悔，六五"贞疾恒不死"，上六"冥豫"不可长，唯有六二、九四两爻选择了正确的行为而得吉。因此，联系到一时之大用来理解《豫》卦的时义，可以使我们从实践理性的层面切实地把握忧乐转化以及居安思危的哲理。

《象》曰：雷出地奋，豫[1]。先王以作乐崇德，殷荐之上帝，以配祖考[2]。

[注释]

[1]雷出地奋，豫：《豫》卦坤下震上，坤为地，震为雷，雷出地上，震而发声，万物萌动，欣欣向荣，生长化育，莫不悦乐，感受到天地阴阳相摩相荡的整体性的和谐，这就是《豫》卦的象征。　[2]先王以作乐崇德，殷荐之上帝，以配祖考：先王观此卦象，创作音乐来表现天地之和，歌颂功德，祭祀上帝祖先，以报本反始。

[点评]

人类社会的礼乐制度是对天地阴阳的忠实的效法和具体的应用，一方面通过制礼着重表现其所蕴含的秩序性的原理，另一方面通过作乐着重表现其所蕴含的和谐性的原理，在实际的操作上使此二者有机结合，不出差错，保持动态的平衡。这既是《豫》卦所阐明的"顺以动"的实质内涵，也是从事社会政治所追求的最高目标。

在古代的政治生活中，制礼作乐是一项国家的盛典。《礼记·乐记》说："王者功成作乐，治定制礼。""大乐与天地同和，大礼与天地同节。""故圣人作乐以应天，制礼以配地。礼乐明备，天地官矣。"

关于六二的中正之道,《系辞传》作了详尽的解释:"知几其神乎! 君子上交不谄,下交不渎,其知几乎! 几者,动之微,吉之先见者也。君子见几而作,不俟终日。《易》曰:'介于石,不终日,贞吉。'介如石焉,宁用终日? 断可识矣! 君子知微知彰,知柔知刚,万夫之望。""几"是变化的苗头,吉凶的先兆,"知几"就是以清醒的理性如实地把握这种苗头先兆,采取适时之变的对策,促使事物朝着有利的方向转化。

初六,鸣豫[1],凶。

《象》曰:"初六,鸣豫",志穷凶也。

[注释]

[1]鸣豫:沉溺于豫乐之中,忘乎所以,自鸣得意。

[点评]

初六以阴柔之质居于下位,其所以豫乐,关键在于与九四相应,得到九四的荫庇,此时应谦虚谨慎,志存高远,充分利用优越的条件,进德修业,以培养自己独立的人格。但是初六却如同一个纨绔子弟,耽于豫乐,不思进取,骄奢淫逸,志穷意满,完全不懂"生于忧患,死于安乐"的道理,这就必然会导致凶险。

六二,介于石[1],不终日[2],贞吉。

《象》曰:"不终日,贞吉",以中正也。

[注释]

[1]介于石:形容人的品行耿介正直,如同磐石那样坚定不移。 [2]不终日:不到一天就懂得了应以中正之道自处。

[点评]

六二处于初六、六三有违正道的两爻之间,上与六五无应,被豫乐的环境包围,很容易耽恋其中而不能已,但是六二耿介如石,其随时自我省察,不会拖延到一天结束。由于六二能以中正之道自处，所以守持正固而得吉。在处理与上级的关系时，虽恭顺而不谄媚，处理与下级的关系，虽平易而不轻慢。处于豫乐之时，懂得豫乐与忧患相互转化的道理，既不像初六那样耽于豫乐而导致凶险，也不像六三那样羡慕豫乐而生悔吝，而是以中正自守，保持自己耿介如石的独立的人格。一个君子若能见几而作、不俟终日，达到这种境界，也就成为众人所仰慕的楷模了。

六三，盱豫[1]，悔，迟有悔。

《象》曰：盱豫有悔，位不当也。

[注释]

[1] 盱（xū）豫：谄媚逢迎，趋炎附势。盱，睁大眼睛朝上看。

[点评]

六三以阴居阳，不中不正，本身并无豫乐的条件，但是上承九四动豫之主，对九四的豫乐羡慕不已，谄媚逢迎，趋炎附势。这种有损人格的错误行为受到人们的鄙视，必有悔恨。如果迟迟不改正错误，仍然执迷不悟，一意孤行，那就悔之莫及了。

九四，由豫[1]，大有得。勿疑，朋盍簪[2]。

《象》曰："由豫，大有得"，志大行也。

[**注释**]

[1] 由豫：由之而豫。 [2] 朋盍簪（zān）：友朋像头发收束于簪子一样聚合相从。朋，友朋。盍，通"合"，聚合。簪，古代用于收束头发的首饰。

[**点评**]

九四是全卦唯一的刚爻，又是上卦震体的主爻，为动豫之主，其阳刚健动的心志得到上下五柔的响应，"刚应而志行"，正是由于九四的这种决定性的作用，才开创了整体豫乐的大好局面，由之而豫，所以称之为"由豫"。但是九四所居大臣之位，危而多惧，上承六五柔弱之君，功高震主，容易受到猜忌，下之三阴又有"鸣豫""盱豫"之类不守正道的小人，能否得到他们的协同配合，也没有可靠的保证，在这种处境下，行动起来不免有所疑虑。实际上，这种疑虑是完全不必要的。就九四本身的素质说，以刚爻而居柔位，刚而能柔，表明作为一个大臣，既有阳刚大有为之志主持全局，担当重任，又能以柔顺之道抑制自己过刚的行为，可以赢得君主的信任，下属的顺从。因此，应该有充分的自信，不必有所疑虑，只要尽其至诚，不违反"顺以动"的行为准则，就能使自己阳刚的志向顺利畅行，把上下五阴团结成为一个整体，就像簪子把头发聚合成束一样。

六五，贞疾[1]，恒不死[2]。

《象》曰："六五，贞疾"，乘刚也。"恒不死"，中未亡也。

［注释］

[1]贞疾：常常生病。贞，常常。 [2]恒不死：长久地不灭亡。

［点评］

六五以柔爻而居君位，常年有病，虽然掌握了最高的君主权力，却不能履行君主的职责，不是一个合格的君主的形象。其所以"贞疾"，常年有病，关键在于"乘刚"，以柔弱之君而凌驾于九四阳刚强臣之上，形格势禁，不能为所欲为地行使权力，在心理上感受到很大的压力，因而这种病不是身体之病，而是心病。由于《豫》卦的总体形势完全依赖于九四的独力支撑，而六五作为柔弱之君，胸无大志，一方面想着利用这种大好形势尽情享受，满足自己的骄侈之欲，另一方面为了顾全大局，又不得不接受九四的合理的谏诤，强行克制自己的私欲，这就使自己的心理常年处于一种不平衡的状态，产生了心病。虽然"贞疾"，却又"恒不死"，仍然安稳地保住了君主的宝座。其所以如此，是因为"中未亡也"，毕竟没有忘掉应以中道来处理与九四的关系。如果沉溺于享乐，一意孤行，拒绝九四对自己的规劝，不仅整个形势被破坏，自己的君位也难保了。

《孟子》曰："入则无法家拂士，出则无敌国外患者，国恒亡。然后知生于忧患，而死于安乐也。"

上六，冥豫，成有渝，无咎[1]。

《象》曰：冥豫在上，何可长也？

[注释]

[1]冥豫，成有渝，无咎：冥顽昏聩，纵情于豫乐，形成的恶习如果能及早有所改变，则无危害。冥，冥顽昏聩。成，形成。渝，改变。

[点评]

上六以阴柔之质而居高位，长期纵情于豫乐，不思进取，以致冥顽不灵，头脑昏聩，形成了一种定型的生活方式，这是很难长久的。但也并非不能改变。如果幡然悔悟，痛改前非，也能免于咎害，得其善终。

随卦第十七

☰（震下兑上）

随[1]，元亨，利贞，无咎。

《彖》曰：随，刚来而下柔，动而说。随，大亨贞，无咎，而天下随时。随时之义大矣哉！

[注释]

[1]随：卦名。《随》卦由震（☳）下兑（☱）上组成。随，随从，随顺，包括为众所随与己随于人，以及临事择所随各个方面，广而言之，也就是在自我与他人、主体与客体之间结成一种平衡互动的关系。

［点评］

从《随》卦的卦爻结构看，震下而兑上，震为刚，兑为柔，震卦一阳居于二阴之下，兑卦一阴居于二阳之上，因而总体上表现了一种"刚来而下柔"的态势。刚主动随从于柔，柔也因感应随从于刚，这就是刚柔相应，双向互动，而成其随从之义。震为动，兑为悦，在这种动态的过程中，刚柔双方都感到喜悦，认为满足了自己的心愿，自我得到了实现。孤立的自我、把自我封闭起来、不与他人交往是不会感到喜悦和满足的，所谓随从，其实质性的含义就是普遍交往，只有通过己随于人与为众所随的相互交往，才能达到"动而说"的境界，使双方的心愿都得到满足。既然心愿得以满足，自我能够实现，所以《随》卦总的说来象征有利的形势，发展的前景大为亨通。但是，在具体的操作上，每一个行为主体面临着这种大好形势，必须守持正道，才能无咎，不犯错误。这是因为，随从之义并不是毫无原则，随波逐流，随风转舵，以致正邪不分，是非混淆，而是在自我与他人的交往中探索一种彼此沟通的共识，既不以己强人，也不以人强己，从而建立一种阴阳协调、刚柔并济的人际关系。这种人际关系合乎理性的原则，称之为正道。因此，"元亨，利贞，无咎"这三个词语是对处随之道的完整的表述，随得其道，使得全天下的人都能喜悦而随从，称之为"天下随时"，这种"随时"所蕴含的意义是非常伟大的。

只有守持正道才能大亨而无咎，如果随而不正，丧失原则，那就必然会破坏这种合理的人际关系，动而有悔了。

《象》曰：泽中有雷，随。君子以向晦入宴息[1]。

[注释]

[1]向晦入宴息：向晚之时入室休息。

[点评]

《随》卦上体是兑，兑为泽，下体是震，震为雷，为泽中有雷之象。《说卦传》说："动万物者莫疾乎雷"，"说万物者莫说乎泽"，故泽中有雷蕴含着"动而说"的哲学意义。从社会人事的角度看，这种"动而说"是太平治世的境界，各种人际关系业已理顺，冲突危机的因素业已消除，正常的秩序业已恢复，有所动作都能得到人们的喜悦随从，无所不通。君子观此卦象，应该懂得随时之义，在策略上作出适当的调整，把无为与有为有机地结合起来。白天自强不息，操持政务，积极有为，到了晚上，就不必再去费心劳神，而应奉行无为，安心地入室休息。所谓"文武之道，一张一弛"，居于随从悦乐之世，按时作息，有劳有逸，有动有静，保持一个安和平常的心态，这才是合理正当的处随之道。

初九，官有渝[1]，贞吉。出门交有功。

《象》曰："官有渝"，从正吉也。"出门交有功"，不失也。

[注释]

[1] 官有渝：思想观念有了改变。官，主管，人的行为受思想观念主管，因此"官"在此处指思想观念。渝，改变。

[点评]

初九居于《随》卦之始，在随从之时，应该出门交往，以己随人，但上与九四无其应，找不到合适的伴侣，难以保证交往成功，因而思想观念产生了矛盾，面临着两难选择。为了稳妥起见，可以停留在家中拒绝交往，避免风险，但这种做法违反了随时之义，并不明智。如果顺应形势，动而随时，毅然决然走出家门与人交往，就得承担风险的代价。经过一番缜密的理性的考量，初九"官有渝"，选择了后者的做法，获得了成功。

六二，系小子[1]，失丈夫[2]。

《象》曰："系小子"，弗兼与也。

[注释]

[1] 小子：指初九。　[2] 丈夫：指九五。

[点评]

六二以柔爻而居阴位，不能独立，必须以己随人，依附于阳刚。就其所处的爻位而言，下比于初九，上应于九五，面对着两个刚爻，只能二者择一，不能同时兼得。在正常的情况下，六二与九五是一种正应的关系，

由于《随》卦的总体形势是"刚来而下柔，动而说"，初九作为刚爻居于六二、六三柔爻之下，并且以震体之动上应于兑体之悦，所以出门交往，以己随人，不失正道，合乎随时之大义，获得成功是理所当然的。

六二与初九则是以阴乘阳，并不正当，加上九五为尊位，初九为卑位，所以唯一正确的选择应该是随从九五。但是六二却作出了错误的选择，不去随从九五而只随从所临近之初九，随此而失彼，得小而失大，这叫作"系小子，失丈夫"，是很不明智的。

六三，系丈夫[1]，失小子[2]。随有求得[3]，利居贞。

《象》曰："系丈夫"，志舍下也。

[注释]

[1] 丈夫：指九四。　[2] 小子：指初九。　[3] 随有求得：随从于人有求必得。

[点评]

六三阴柔，不能独立，介于两个刚爻之间，只能二者择一，面临着与六二同样的选择。但是六三审时度势，根据自己所处爻位的具体情况，决定随从九四而抛弃初九，结果是"随有求得"，作出了正确的选择。照六三看来，初九已为六二所占有，不可能再成为自己所依附的对象，至于居于上位的九四与初九并无相应的关系，处境孤独，如果随从九四，与之亲比，必定会两情相悦，有求必得。这种舍下而从上、舍卑而从高的选择叫作"系丈夫，失小子"，是非常明智的。但是，由于六三与九四并非正应，在随从之世，应该特别注意，必须以正道自处，利于居贞，不可邪谄趋利，枉道媚上。

九四，随有获[1]，贞凶[2]。有孚在道[3]，以明，何咎？

《象》曰："随有获"，其义凶也。"有孚在道"，明功也[4]。

[注释]

[1]随有获：被众人所追随而获得了民心。 [2]贞凶：守持正道以避免凶险。 [3]有孚在道：心怀诚信，合乎正道。 [4]明功：明哲之功。

[点评]

九四以阳刚之才，居大臣之位，下据二阴，六三又前来随己，说明获得了民心。但是九四的这种特殊的处境是很危险的，因为九四居于臣地而竟然超越职权，使人民前来随己，威望凌驾于君主之上，违背了通常的为臣之道。虽然如此，九四的处境也有其有利的一面，如果正确处理，能够使凶转化为无咎。因为九四以阳刚之体而居于兑悦之初，政策行动得到人民的喜悦随从，衷心拥护，完全合乎"动而说"的随时之大义，所以九四的做法虽然有失于臣道，但是只要志在济物，心存公诚，争取到君主和人民的信任，把事业干成功，也不会有什么过错。

九五，孚于嘉[1]，吉。

《象》曰："孚于嘉，吉"，位正中也。

[注释]

[1] 孚于嘉：施孚信于美善者。嘉，美善者。

[点评]

随从之义包括以己随人与人来随己两个方面的有机结合，但是侧重点有所不同，如果说九四是侧重于人来随己，九五则是侧重于以己随人。九五居于至尊之位，掌握了最高权力，为了顺应形势，营造一个"刚来而下柔，动而说"的和谐的政治局面，关键在于能否以至诚之心屈尊就卑，任贤纳谏，从善如流，以己随人。九五中而得正，孚于嘉而获吉，是一个理想的君主形象。嘉，既指六二，也指九四。六二"系小子，失丈夫"，疏远九五而亲近初九，虽有中正之德，却犯了错误，在这种情况下，九五仍然出于至诚，着眼于争取。九四权重，众望所归，九五也毫不猜疑，信任有加。这些做法自然能赢得天下人的喜悦随从。

王弼《周易注》："随之为体，阴顺阳者也；最处上极，不从者也。随道已成，而特不从，故拘系之乃从也。"

上六，拘系之[1]，乃从维之[2]，王用亨于西山[3]。

《象》曰："拘系之"，上穷也。

[注释]

[1]拘：拘留。　[2]维：捆缚。　[3]王：指周文王。亨：亨通。西山：即岐山，是周人的发祥地。

[点评]

《随》卦发展到九五，阴阳刚柔之间的随从已经完成。上六处于随之上极，不肯随从，此时应使用强力的手段，拘留捆缚，使之随从，如同当年文王在岐山对付殷人那样，恩威并施，终于亨通。

蛊卦第十八

☶（巽下艮上）

蛊[1]，元亨[2]。利涉大川。先甲三日，后甲三日[3]。

《彖》曰：蛊，刚上而柔下，巽而止，蛊。"蛊，元亨"，而天下治也。"利涉大川"，往有事也。"先甲三日，后甲三日"，终则有始，天行也。

[注释]

[1]蛊：卦名。《蛊》卦由巽（☴）下艮（☶）上组成。蛊，陈谷所生的虫，比喻事物腐败变质所生的病害，泛指国家政治败坏所生的弊端事故。　[2]元亨：是说在"蛊"中蕴含着治蛊之道，

天干:在中国古代历法中,甲、乙、丙、丁、戊、己、庚、辛、壬、癸被称为"十天干",用以纪日,"甲"是数之首,亦有"终而复始"的涵义。

可以振衰除弊,拨乱反正,达到天下大治,其发展的前景至为亨通。　[3]先甲三日,后甲三日:古人以天干纪日,"先甲三日"指甲日的前三天,即辛日。"后甲三日"指甲日的后三天,即丁日。甲日是政令的正式施行期,要提前三天颁布政令使人民广为知晓,延后三天观察政令所取得的实效,通过实效来检验政令是否正确恰当。这种做法符合事物发展的规律,可以取得成功。

[点评]

关于治蛊之道,从卦爻结构看,"刚上而柔下,巽而止",客观上提供了十分有利的条件。《蛊》卦由巽下艮上组成,艮刚居上,巽柔居下,这就是刚上而柔下;卦之六爻,三个柔爻均居三个刚爻之下,也是刚上而柔下。巽为顺,艮为止,下巽顺而上蓄止,这就是巽而止。这种卦爻结构意味着上刚可以断制,下柔可以施令,上令下行,而又止于柔顺,以柔顺之道治蛊,自然能够理顺各种关系,至为亨通。就人事的操作而言,应该发扬刚健有为的精神,充分利用有利的条件,不畏艰难险阻,奋勇向前,所以说"'利涉大川',往有事也"。至于颁布政令,推行措施,还必须周密计划,审慎考量,做到"先甲三日,后甲三日",遵循事物发展终则有始的自然规律。

《象》曰:山下有风,蛊。君子以振民育德[1]。

[注释]

[1]振民育德:振奋人民的精神,培养人民的道德。

[点评]

《蛊》卦上艮为山，下巽为风，"山下有风"，振动万物，培育生机，虽在蛊坏之时，仍有推陈出新的希望。君子观此卦象，体悟到治蛊之道应该抓纲治本，采取切实有效的措施，振奋人民的精神，培养人民的道德，从根本上扭转整个社会颓废败坏的风气。儒家认为，"君子之德风，小人之德草，草上之风，必偃"。如果说自然界恢复生机依赖于"山下有风"的振动培育，为了使社会恢复蓬勃的生机，也同样依赖于这种"振民育德"的风化。这是治蛊之道的根本，只有从道德教化入手，移风易俗，才能消除弊端，整治腐败，使社会重新回到良性运转的轨道上来。

初六，干父之蛊[1]，有子，考无咎[2]，厉终吉[3]。

《象》曰："干父之蛊"，意承考也。

[注释]

[1] 干父之蛊：整治父亲（泛指上代人）所遗留下来的积弊。干，整治、匡正。　[2] 考：已故的父亲。　[3] 厉：警惕危厉。

[点评]

事物的败坏非一朝一夕之故，是父辈长期积累而成的后果，作为儿子后辈从事有效的整治，可使父辈免受责难。初六居《蛊》卦之始，面临这种既成的事实，继

苏轼《东坡易传》曰："器久不用而虫生之，谓之'蛊'。人久宴溺而疾生之，谓之'蛊'。天下久安无为而弊生之，谓之'蛊'。……蛊之灾，非一日之故也，必世而后见，故爻皆以父子言之。"

承父辈未了的意愿，勇敢地承担起"干父之蛊"的重任，但因自身才质柔弱，加上任务艰巨，积重难返，必须时刻警惕，戒慎恐惧，才能最终得吉。

九二，干母之蛊，不可贞[1]。

《象》曰："干母之蛊"，得中道也。

[注释]

[1]不可贞：不可过于刚直。

[点评]

蛊坏之事由仍然健在身居高位的母亲所造成，整治起来比较困难，因为正之则伤爱，不正则伤义。这种困难在刚阳之臣处理与柔弱之君的关系时是经常会发生的。既不能对君主亲手造成的过失当面指责，强行矫正，以致冒犯顶撞，伤害了君臣关系，也不能文过饰非，迁就附和，听任事态的恶性发展，酿成大祸。

在这种情况下，首先应该考虑君主的承受能力，"不可贞"，即不可过于刚直，流入专断，尽可能避免引发君主的逆反心理，影响大局。其次应该掌握刚柔适中的方法，因势利导，既要进行整治，又不可操之过急。九二以阳居阴，刚而能柔，又处于巽体之中位，得其中道，承担"干母之蛊"的重任，是一个合适的人选。

九三，干父之蛊，小有悔，无大咎。

《象》曰："干父之蛊"，终无咎也。

[点评]

九三以阳居阳，刚而不中，承担"干父之蛊"的重任，常常处理不当而产生小小的悔恨。但因处于巽体之上，当位得正，能够以巽顺之道抑制自己过刚的行为，所以虽"小有悔"，终无大咎。

六四，裕父之蛊[1]，往见吝[2]。

《象》曰："裕父之蛊"，往未得也。

[注释]

[1]裕父之蛊：对于父辈所造成的蛊坏之事采取宽裕的态度，也就是容忍迁就，因循苟且，无所作为。裕，宽裕。　　[2]往见吝：发展下去将会导致鄙吝，出现羞辱。

[点评]

六四以阴居阴，才质柔弱，无力承担整治蛊坏的重任，这种"裕父之蛊"的做法只能养痈遗患，是难以取得成功的。

六五，干父之蛊，用誉[1]。

《象》曰：干父用誉，承以德也。

[注释]

[1]用誉：由此而获得称誉。

[点评]

六五为柔中之君，下应九二刚中之臣，君臣同心，协调并济，从而使"干父之蛊"的事业取得成功，由此而受到人们的称誉。其所以受到称誉，关键在于"承以德也"。这个"德"不是指父之德，而是指九二刚中之德。因为蛊坏之事既然由父辈造成，当然也就无德可言，但是由于整治蛊坏必须刚健有为，只有承接九二刚中之德，竭诚依赖九二刚阳之臣的鼎力相助，才能取得成功而受到称誉。

上九，不事王侯，高尚其事[1]。

《象》曰："不事王侯"，志可则也。

[注释]

[1]不事王侯，高尚其事：不臣事于王侯，以逍遥物外为高尚之事。

[点评]

上九处于蛊之终极，此时整治蛊事已大功告成，可以抱一种超然的态度，不累于世务，不臣事于王侯，逍遥物外，洁身自守。这种高尚的志向合乎随时进退之义，是值得人们效法的。

临卦第十九

䷒（兑下坤上）

临[1]，元亨，利贞。至于八月有凶。

《彖》曰：临，刚浸而长，说而顺，刚中而应，大亨以正，天之道也。"至于八月有凶"，消不久也。

[注释]

[1]临：卦名。《临》卦由兑（☱）下坤（☷）上组成。临，监临，面临，随着所临对象的不同，包含以君临民、以己临事多重含义。如何正确处理自我与他人、主体与客体的关系，是《临》卦所讨论的主题。

[点评]

就《临》卦的总体形势而言，"元亨，利贞"，是十分有利的。从卦爻结构看，"刚浸而长"，初九、九二两个刚爻由下而上，逐渐成长，阳刚的势力呈现上升的势头，君子道长，小人道消。"说而顺"，下兑为悦，上坤为顺，喜悦而顺从，相互之间的关系非常融洽。"刚中而应"，九二居下卦之中是为刚中，与六五之柔中相应，二为臣位，五为君位，表明君臣密切配合，协调并济，共同维护《临》卦的大好形势。这几个方面的优化组合，李光地《周易折中》曰："浸者渐也，圣人之戒深矣。"人在社会政治中，应该保持一种忧患意识，居安思危，清醒地看到事物发展变化存在着盛极而衰的可能，采取有效的措施预先防范，做好应付危机的思想准备。

总的说来"大亨以正"，是符合天道的自然法则的。由于天道的运行遵循物极必反的规律，阳长阴消与阴长阳消循环往复，周而复始，可以预见，"刚浸而长"之势发展到了八月，臻于盛极，不久将会向反面转化，阳消之势逐渐形成，好景不再，带来凶险，这是值得警惕的。

《象》曰：泽上有地，临。君子以教思无穷，容保民无疆[1]。

[注释]

[1] 教思：是说推行伦理教化，使君民关系在文化道德上达到高度的认同。容保民：是说以仁爱之心关怀人民，保护人民，使他们在物质生活上安居乐业。无穷、无疆：是说应该把这种做法定为基本的国策，行之永远，没有止境。

[点评]

《临》卦的卦象"泽上有地"，兑为泽，坤为地，相互临近，兑为悦，坤为顺，喜悦顺从。在这种关系中，无限宽广的大地容纳众多的水泽，以上临下，赢得水泽的喜悦顺从，亲密无间。君子观此卦象，领悟到以君临民的道理，懂得君民之间的关系不能建立在武力强制的基础之上，而应该像大地对待水泽那样，宽厚容纳，做到"教思无穷，容保民无疆"，争取民众的衷心拥戴，喜悦顺从。因为君民关系与"泽上有地"的关系遵循同样的规律，只有效法天道才能在政治的运作上不犯错误，营建一种和谐稳定的政治局面。

初九，咸临[1]，贞吉。

《象》曰："咸临，贞吉"，志行正也。

[注释]

[1]咸临：初九居阳长之时，感动于阴，得到六四的回应，称之为"咸临"，即以内心至诚主动去临近六四，感动六四，从而在阴阳之间自然产生了一种感应的效果。咸，感也，有感必有应，感为主体，应为客体，因而感与应结成一种主体与客体之间的互动关系。

[点评]

初九以阳居阳，当位得正，六四以阴居阴，也是当位得正，这说明二者的感应合乎正道。六四为近君的大臣，初九与之感应，可以结成一种相互信任的关系推行正道，最后获得吉祥也就是理所当然的了。

九二，咸临[1]，吉，无不利。

《象》曰："咸临，吉，无不利"，未顺命也[2]。

[注释]

[1]咸临：九二居阳长而渐盛之时，感动于阴，得到六五的回应，这也与初九的情形相同，称之为"咸临"。　[2]未顺命：未可尽顺君命。

[点评]

二为臣位，五为君位，君臣道合，协调并济，所以政治的运作吉祥而无所不利。但从爻位的配置看，九二以阳居阴，中而不正，六五以阴居阳，也是中而不正，这就说明二者的感应不同于初九之与六四，主要不是建立在正道的基础之上，而是建立在中道的基础之上。作为刚阳之臣辅助柔弱之君，常常会因君主才质柔弱，考虑不周，或者依违两可，缺少决断，发生一些意见上的摩擦矛盾。此时应发扬从道不从君的精神，事必求其当，言必献其可，斟酌事宜，和而不同，未可尽顺君命。由于九二以中道感于六五，六五也以中道应于九二，君臣道合，所以尽管未顺君命，也能把政事处理得妥帖恰当，吉无不利。

六三，甘临[1]，无攸利。既忧之，无咎。

《象》曰："甘临"，位不当也。"既忧之"，咎不长也。

[注释]

[1]甘临：不以至诚而以巧言令色的媚态取悦于人。

[点评]

六三以阴柔之质而居阳刚之位，履非其正，面临着初九、九二"刚浸而长"的势头，违反正道而以巧媚之态去迎合讨好，这是不会有什么利益的。但是六三能以

忧患之心思忧患之故，找到了犯错误的原因，迁善改过，
回到正确的轨道上来，所以咎害也不会长久。

六四，至临[1]，无咎。

《象》曰："至临，无咎"，位当也。

[注释]

[1] 至临：至，包含由此到彼与合乎至极标准两层含义。就第
一层含义说，六四以阴居阴，下至于初九，与之结成阴阳相应
的关系，谓之"至临"。就第二层含义说，六四履得其位，当位
得正，与同样当位得正的初九相应，合乎正道至极的标准，也叫
作"至临"。

[点评]

六四为近君的大臣，以"至临"的方式处理与下属
的关系，守持正道，任用贤人，谦和宽厚，不忌刚长，
自然不会有什么咎害。

六五，知临[1]，大君之宜[2]，吉。

《象》曰："大君之宜"，行中之谓也[3]。

[注释]

[1] 知临：以理性的智慧处理各种人与事的关系，称之为
"知临"。知，聪明睿智，即理性的智慧。　[2] 大君之宜：这
是作为最高决策者的君主所应当具备的品质，称之为"大君之

"正"主要着眼于建立正当的秩序，只要阴居阴位，阳居阳位，当位得正，奉行其所应当奉行的职责，不错位失正，就算是合乎正道的原则。但是由于阴阳变化是一个动态的过程，常常发生错位失正的现象，特别是君臣之间的权力结构，比如六五阴居阳位而为君，九二阳居阴位而为臣，便面临着这种既成的事实。此时，决不可以固守"正"道去强行矫正，而必须以"中"道来调整，使这种错位失正的权力结构得以有效地运转。因而"中"主要着眼于在阴阳双方或过或不及之间寻求一种最佳的结合点，使得权力的运作能够做到阴顺阳，阳顺阴，协调并济，互动互补，这就是一种理性的智慧了。

宜"。 [3]行中之谓：是指奉行中道的原则。这是最高决策者理性智慧的实质内涵。

［点评］

在《临》卦中，六四与初九因奉行正道而获吉，六五与九二则是因奉行中道而获吉。为了正确处理自我与他人、主体与客体的关系，中与正都是应当奉行的行为准则和价值标准。但是比较起来，中比正更为重要，更具有智慧的特征。就《临》卦的六五而言，以柔弱之质而居君位，虽然才力不足以胜任，却能奉行中道，顺应于九二刚中之贤，得到九二的竭诚辅助，君臣道合，共治天下，这种做法得大君之宜，成知临之功，是值得赞赏的。

上六，敦临[1]，吉，无咎。

《象》曰：敦临之吉，志在内也。

［注释］

[1]敦临：以温柔敦厚临之。敦，温柔敦厚。

［点评］

当六五以知临于九二，形成了喜悦而顺从的大好形势，上六又以温柔敦厚临之，自然吉而无咎。由于上六以阴居阴，又是《坤》卦的上爻，体现了"地势坤，君子以厚德载物"的精神，这种温柔敦厚完全是本于至诚，从内心发出的，所以说"志在内也"。

观卦第二十

䷓（坤下巽上）

观[1]，盥而不荐，有孚颙若[2]。

《彖》曰：大观在上，顺而巽，中正以观天下，观。"盥而不荐，有孚颙若"，下观而化也。观天之神道，而四时不忒。圣人以神道设教，而天下服矣！

[注释]

[1] 观：卦名。《观》卦由坤（☷）下巽（☴）上组成。观，包含动词、名词两用，作动词用的"观"是以我为主去观察外在的对象；作名词用的"观"是我成为一个客观的对象为人所观。　[2] 盥而不荐，有孚颙若：这是说君主通过主持祭礼来塑造自己的形象，为下所观，使瞻仰的人受到感化。盥，是将祭而洁手之礼。荐，是祭祀中奉献酒食之礼。在行盥礼时，"有孚颙若"。孚，是虔诚。颙，是肃敬。此时君主亲自主持，使人们感受到自己虔诚肃敬的风貌。盥礼之后，继以荐礼，此时俎豆杂陈，礼仪繁多，君主不再亲自主持，请人代劳，目的是避免影响刚才给人们树立的高大形象。

对于一个居于上位的君主来说，当兼有"观"字的两层含义：一方面要以上观下，观察民风民俗以检验政治的得失。另一方面也要重视自己的仪表品德，塑造一个良好的君主形象为下所观，成为民众瞻仰悦服的对象。对于居于下位的臣民来说，则是侧重于以下观上，根据不同的地位和角度观察君主的政治作为，得出不同的观感。

［点评］

从卦爻结构看，《观》卦是阴长而阳消之卦，下之四阴渐长，上之二阳将消，但是九五仍居于至尊之位，"大观在上"，因而应特别重视树立自己的形象，站在"神道设教"的高度履行政治教化的职能。所谓"神道"既指蕴含在宗教祭神典礼中的人文精神，也指天道运行至为神妙的自然规律。当君主以虔诚肃敬之心主持盟礼，并且以这种心态严格遵循四时循环不出差错的易道规律，设为政教，化民成俗，这就是"神道设教"，可以得到天下人的信服。

《象》曰：风行地上，观。先王以省方观民设教[1]。

［注释］

[1]省方：省视四方。观民：观察民情。设教：设立政教。

［点评］

《观》卦巽上坤下，巽为风，坤为地，有风行地上之象。先王观此卦象，推天道以明人事，体会推行政治教化的道理，"省方观民设教"。为了设立政教以教化民众，首先必须全面了解四方的民情，掌握真实的情况，做好以上观下的准备工作，而不能凭个人的意志主观武断地设立。只有顺应民风民俗的文化传统，针对实际存在的问题，设立政教为下民所观，才能如同风行地上那

样，周及庶物，鼓动化育，取得民心，发挥潜移默化的
作用。

初六，童观[1]，小人无咎，君子吝。

《象》曰：初六童观，小人道也。

[注释]

[1]童观：站在幼稚蒙童的角度观察事物。

[点评]

《观》卦的四个柔爻皆为以下观上，观察九五阳刚
中正之君的政治作为，随着所处地位的不同和观察角度
的差异，所形成的见识观感也很不一样。初六以阴柔之
质而居于最下之位，远离九五，对国家大事懵然无知，
站在这个角度观察政治，只能形成极为幼稚的蒙童之
见，对于地位卑下的小人来说，存有这种蒙童般的见识
并不足怪，也没有什么咎害，对于君子来说，就要受到
鄙视了。

六二，窥观[1]，利女贞。

《象》曰：窥观女贞，亦可丑也。

[注释]

[1]窥观：从小孔或缝隙里观察事物。

[点评]

六二以阴居阴，其地位如同闺门之内的女子，站在这个角度观察国家政治，仅能见其小而不能见其大，形成一种浮泛肤浅的妇人之见。对于女子来说，存有这种见识，利于安贞守正，但对男子来说，则是可羞丑的。

六三，观我生，进退 [1]。

《象》曰："观我生，进退"，未失道也。

就总体形势而言，九五大观在上，设立政教，六三由下而上接近九五，可以获得比初六、六二更为全面的认识，加上六三与上九之阳刚相应，也是一种有利的资源。因此，尽管六三以阴居阳，履非其正，如果能根据这种总体形势反观自我，随时进退，合理地调整自己的行为，也可以免于悔吝，不失正道。

[注释]

[1]观我生，进退：观察自我的行为，根据自我所处的地位审慎地考虑进退之道。

[点评]

六三与初六之"童观"、六二之"窥观"不同，已由仰观于上深入到自观于内的层次。这是因为六三处于上下二体交接之位，上下无常，进退无恒，是一个凶险之地，必须存有一种忧患意识，审慎地反思自我的行为，根据总体形势自我定位，作出正确的抉择。

六四，观国之光，利用宾于王 [1]。

《象》曰："观国之光"，尚宾也。

[注释]

[1] 观国之光，利用宾于王：观仰国家大政的盛德光辉，利于成为君王的上宾。用，用为，成为。

[点评]

　　六四之位近邻九五，具有比以下三个柔爻更为优越的条件，可以亲眼目睹观仰国家大政的盛德光辉，此时利于仕进，成为君王的上宾，效其智力，竭诚辅佐，与君王共治天下。古代士人的出处进退之道根据自己所处的时位有不同的选择。如果说初六、六二之位利退而不利进，六三之位进退未决，六四之位则是利进而不利退，应该积极参与，志在卿相，成为君王以上宾之礼相待的大臣。《观》卦的总体形势洋溢着一种盛世的光辉，九五阳刚中正，大观于上，六四以巽顺之质处近君之位，生逢其时，有幸"观国之光"，亲眼目睹宗庙之美，百官之富，这是一个极为难得的机遇。所以晋身仕途，宾于王朝，以实现自己经世济民的心愿，是最为合理的选择。

　　九五，观我生[1]，君子无咎。

　　《象》曰："观我生"，观民也[2]。

[注释]

[1] 观我生：是目光向内观察自我的行为。　[2] 观民：是目光向外观察民众的反应。对于掌控全局推行政教的君主来说，"观我生"和"观民"是密切结合，内外一体的。

《系辞传》指出，政治的合理运作应当做到"明于天之道，而察于民之故"，"吉凶与民同患"。吉为政治之得，是政治的成功。凶为政治之失，是政治的失败。政治的得失决定于君主是否以民众的吉凶为吉凶，以民众的忧患为忧患，也就是说，应当根据民心的向背来评价政治的得失。如果人民生活痛苦，道德风尚败坏，社会秩序混乱，君主应当反躬自省，引咎自责，纠正错误，使政治运作回到正确的轨道上来。

[点评]

九五居人君之位，一身而系天下之安危，其自我行为具有公共的性质，关系到民众的吉凶祸福，只有根据民众的客观反应，才能检验出自我行为的是非得失。因而"观民"是为了确立一个客观的标准来观察自我，观察自我是为了通过信息反馈随时调整自己的政治行为，不犯错误。这就是九五之君所应当奉行的为君之道。

上九，观其生[1]，君子无咎。

《象》曰："观其生"，志未平也。

[注释]

[1] 观其生：对于上九来说，既指九五的行为，也指本身的行为在人们心目中所形成的外观。其，指示代词。

[点评]

上九以阳刚之德居于卦之上极，与九五之阳刚同为下民瞻仰的对象，虽然高而无位，没有承担具体的政治责任，但仍然关心国家大事，自觉地维护"大观在上""神道设教"的整体形象，一方面观察九五的行为是否失当，同时也观察本身的行为是否得体。这是一种戒慎恐惧、居安思危的心态，是为了国家的长治久安而保持的一种强烈的忧患意识，所以称之为"志未平也"。

噬嗑卦第二十一

䷔（震下离上）

噬嗑[1]，亨。利用狱[2]。

《彖》曰：颐中有物，曰噬嗑。噬嗑而亨，刚柔分，动而明，雷电合而章。柔得中而上行，虽不当位，利用狱也。

［注释］

[1] 噬嗑（shì hé）：卦名。《噬嗑》卦由震（☳）下离（☲）上组成。噬嗑，上下牙齿咬断口中之物使之整合。　[2] 利用狱：利于断案决狱。

［点评］

此卦的外形如同人的口腔，初九、上九两个阳爻为上下唇，六二、六三、六五三个阴爻为齿，九四一阳为横梗在口中之物，必须用力咬断，始能整合，所以说"颐中有物，曰噬嗑"。这是一个象征性的比喻。

在一个社会群体中，由于个性之不同，差异之存在，人与人之间的矛盾冲突是一个普遍的现象，常常梗塞不通，难以整合。

采取宽猛相济的做法，在司法审判刑事案件方面表现得最为典型，"利用狱"，处理包括刑事案件在内

至于如何清除梗塞，使社会达于整合，有不同的做法。一种是以暴制暴，除恶务尽，采用强力镇压的方式。这种做法图一时之快，只能使矛盾冲突更加激化，造成社会分裂，并不能使社会恢复良性的运转，从根本上解决问题。另一种做法则是尽可能地做到公平合理，根据梗塞不通的具体情况，当宽则宽，当猛则猛，既不可过于残暴，也不可容忍姑息，守持中道，务使梗塞不通者以社会的整体利益为重，迁善改过，心悦诚服，来共同营造一个和谐舒畅的社会发展的前景。

的各种矛盾冲突，以达到"噬嗑而亨"的目的。所以，此卦的总体形势是往亨通的方面发展的。从卦爻结构的配置情况看，三个刚爻与三个柔爻上下区分，不相混杂。下卦震为动，为雷；上卦离为明，为电，雷动则有声威，离电则能明察事理，"雷电合而章"象征着声威与明察并用，一切是非曲直莫不彰明显著，因而作出判断不会发生错误，符合求真务实的理性原则。六五上行居于尊位，掌握了决策大权，为全卦之主，虽然以阴居阳，履非其正，但是柔而得中，既不过刚流入残暴，也不过柔流入姑息，能够把各种矛盾冲突处理得平实妥当，有利于断案决狱，所以说"虽不当位，利用狱也"。

《象》曰：雷电，噬嗑。先王以明罚敕法[1]。

[注释]

[1]明罚敕法：严明刑罚，肃正法令。

[点评]

雷电合是《噬嗑》卦的象征。雷动则有声威，离电则能明察事理，先王观此卦象，严明刑罚，肃正法令。这也是《彖传》所说的"动而明，雷电合而章"的意思。

初九，屦校灭趾[1]，无咎。

《象》曰："屦校灭趾"，不行也。

［注释］

[1]屦（jù）校灭趾：套在脚上的刑具遮没了脚趾。屦，鞋子，用作动词，即套在脚上。校，刑具。灭，遮没。

［点评］

在《噬嗑》卦中，初爻与上爻象征受刑之人，中间四爻象征用刑之人。初九处于卦的最下位，初次触犯刑法，罪过尚轻，故不用重刑，仅给予小小的惩罚，使其悔过自新，不再重犯。

《系辞传》解释这条爻辞的义理说："小人不耻不仁，不畏不义，不见利不劝，不威不惩，小惩而大诫，此小人之福也。《易》曰：'屦校灭趾，无咎'，此之谓也。"

　　六二，噬肤，灭鼻[1]，无咎。

　　《象》曰："噬肤，灭鼻"，乘刚也。

［注释］

[1]噬肤，灭鼻：咬进表面的皮肤，进一步伤及鼻子，比喻根据所犯罪行的轻重，掌握分寸，用刑适当。

［点评］

六二柔顺中正，在用刑之时，能够秉承中道，当轻则轻，当重则重，如果遇见过于刚强顽固之人，也要适当地施以重刑，这也是合乎中道的原则，并无咎害。

　　六三，噬腊肉，遇毒[1]，小吝，无咎。

　　《象》曰："遇毒"，位不当也。

［注释］

[1] 噬腊肉，遇毒：咬干腊而坚韧的肉，遇见了腐败恶臭的毒味，比喻用刑不当，犯人不服，遭到犯人的怨毒。

［点评］

六三以阴居阳，处不当位，有失中正之道，其执法用刑难以服人，常常发生一些小小的差错。但是面临着噬嗑之时的总体形势，必须整饬法纪，消除顽梗，来维护社会稳定的秩序，所以虽小有差错，也没有大的咎害。

九四，噬干胏[1]，得金矢[2]，利艰贞，吉。

《象》曰："利艰贞，吉"，未光也。

《周礼·秋官·司寇上》："以两造禁民讼，入束矢于朝，然后听之。以两剂禁民狱，入钧金，三日乃致于朝，然后听之。"钧金是三十斤铜，束矢是一束箭，约一百支，为古代狱讼双方致官之物。金者取其坚，矢者取其直。及断，胜者官司还其金、矢，败者则没入。

［注释］

[1] 干胏（zǐ）：带骨的干肉，难以咬断，象征顽梗不化的罪犯。　[2]金矢：金属箭头，象征审判时的刚直严正。

［点评］

审判如同"干胏"般的罪犯十分艰难，九四刚直严正，守持正固，终于克服艰难而获吉。九四以阳刚之质居阴柔之位，不中不正，执法过程困难重重，很不顺利，除了罪犯本身顽梗不化的客观原因，还有主观上的原因，没有全面掌握中正之道而过于刚直，所以说"'利艰贞，吉'，未光也"。

六五，噬干肉[1]，得黄金[2]，贞厉，无咎。

《象》曰："贞厉，无咎"，得当也。

[注释]

[1]干肉：比干肺稍软，象征比顽梗不化者较易对付的罪犯。　[2]黄金：黄为中色，金为刚物，象征审判时既有刚直的一面，又能掌握分寸，合乎中道。

[点评]

六五居至尊之位，为决狱之主，柔而得中，审判如同"干肉"般并非顽梗不化的罪犯时，秉承中道的原则，量刑适当，公平合理，所以"贞厉"而无咎。"厉"是危险，由于噬嗑之时关键在于"明罚敕法"，惩治罪犯，整饬法纪，稍一不慎，就会激化矛盾冲突，危害社会的整体安全，充满着危险，所以必须坚守贞固的正道，常存戒慎恐惧之心，作出公平合理的审判，才能不犯错误，实现调节矛盾、整合社会的组织目标。

上九，何校灭耳[1]，凶。

《象》曰："何校灭耳"，聪不明也。

[注释]

[1]何校灭耳：套在罪犯脖子上的刑具遮没了耳朵。何，通"荷"，承载。校，刑具。灭，遮没。

[点评]

上九处于卦之终极，与初九相同，象征受刑之人。由于积恶不改，不听劝诫，太不聪明，累次犯罪，所以施以"何校灭耳"的重刑，进行严惩。《系辞传》解释这条爻辞的义理说："善不积不足以成名，恶不积不足以灭身。小人以小善为无益而弗为也，以小恶为无伤而弗去也，故恶积而不可掩，罪大而不可解。《易》曰：'何校灭耳，凶。'"

贲卦第二十二

䷕（离下艮上）

贲[1]，亨。小利有攸往。

《彖》曰：贲，亨。柔来而文刚[2]，故亨。分刚上而文柔[3]，故"小利有攸往"[4]。〔刚柔交错〕，天文也。文明以止，人文也[5]。观乎天文，以察时变。观乎人文，以化成天下[6]。

[注释]

[1] 贲（bì）：卦名。《贲》卦由离（☲）下艮（☶）上组成。贲，文饰。从卦爻结构看，《贲》卦的刚爻与柔爻总体上都象征着文与质密切结合相互文饰的关系。　[2] 柔来而文刚：下体离卦，六二作为柔爻来居于二刚之间，这是"柔来而文刚"。　[3] 分刚上而

文柔：以柔为文，以刚为质，内刚而外柔，所以亨通。上体艮卦，上九作为刚爻往居于二柔之上，这是"分刚上而文柔"。　[4] 小利有攸往：以刚为文，以柔为质，内柔而外刚，由于内在的本质柔弱，不能有大的作为，所以"小利有攸往"。　[5] 刚柔交错，天文也。文明以止，人文也：这种刚与柔相互文饰的关系表现于自然界称之为"天文"，表现于人类社会则具有"文明以止"的特征，因为下体离为文明，上体艮为止，既有光辉灿烂的文明，又有止于至善的价值目标。所谓止于至善，具体说来，就是为人君止于仁，为人臣止于敬，为人子止于孝，为人父止于慈，与国人交止于信。　[6] 观乎天文，以察时变。观乎人文，以化成天下：人类文明的发展不能漫无方向，必须知其所止，有一个自觉追求的终极目标。这个终极目标就是止于至善的核心价值观。只有牢牢把握这种核心价值观，做到"文明以止"，才能"化成天下"，整合社会，建构一个以礼义为本的和谐而有序的文明共同体。

王弼《周易注》："刚柔交错而成文焉，天之文也。"孔颖达《周易正义》："刚柔交错成文，是'天文'也。"郭京《周易举正》："'天文'上脱'刚柔交错'一句。"

[点评]

《贲》卦由《噬嗑》卦发展而来。《噬嗑》通过明罚敕法来整合社会，侧重于以刑狱禁暴，这种整合是建立在强制基础上的勉强的整合，缺少精神文明的联系，所以应该继之以《贲》，用礼乐制度来文饰，进行精神文明的建设。为了维护社会的长治久安，在和谐稳定的秩序轨道上良性运转，礼乐与刑政两个方面都是必需的。但是比较起来，一个社会的文明程度主要是表现在礼乐制度的文饰上，而且这种文饰侧重于加强精神联系的纽带，着眼于人文价值的认同，其所产生的整合社会的功能比之以刑狱禁暴显得更为重要。

《序卦传》说："嗑者合也，物不可以苟合而已，故受之以《贲》，贲者，饰也。"

《礼记·乐记》："礼乐刑政，四达而不悖，则王道备矣。"

　　文饰是与质朴相对而言的，也可说是一体之两面，有文必有质，有质必有文，质是内在的本质，文是外在的形式，此二者密切结合，内外一体，不可分离。

　　就自然界的情形而言，其内在本质的依据是阴阳变化，刚柔交错；其外在的形式则是表现为日月星辰的光明灿烂，四时运行的循环交替，万物种类的繁富盛美，光怪陆离，仪态万千，称之为"天文"。

　　就人类社会的情形而言，其内在本质的依据同样是阴阳刚柔的变化交错所形成的协调并济，其外在的形式则表现为礼乐制度的整齐完备，道德风尚的和善淳美，行为举止的合规中矩，称之为"文明以止，人文也"。

　　由于"天文"是由内在本质自然而然表现于外的形式，没有人为的参与，而"人文"则完全是出于人为的主观的设置，常常出现差错，使得文与质的配合不能恰到好处，或者文饰超过了质朴，华而不实，或者质朴超过了文饰，流入粗野，因此，为了进行人文建设"以化成天下"，必须正确处理此二者的关系，做到文质彬彬，配合恰当，无过无不及。这就是《贲》卦所讨论的主题。

《象》曰：山下有火，贲。君子以明庶政，无敢折狱。

［点评］

　　《贲》卦上艮为山，下离为火，山下有火，明照万物，光辉灿烂，这是自然界的文饰。君子观此卦象，应用于

就"明庶政"与"折狱"二者比较而言，"折狱"只是治标而不治本，并不能从根本上消除矛盾冲突，整合社会，而"明庶政"才是正本清源建设文明社会的关键。

社会人事，懂得了分清主次本末的道理，把重点放在修明庶政、处理各种重大的政治事务之上，而不敢让一些诉讼刑狱的案件来分散自己的精力。这并不是说不要去处理诉讼刑狱，而是表明，为了从事社会的文饰，建设一个文明社会，应该抓住根本，从修明庶政入手。如果政治不能清明，政策措施有失公正，社会的矛盾冲突就会激化，诉讼刑狱的案件也随之层出不穷。反之，如果政治清明，公正的原则得到有效的维护，人际关系就会和谐而有序，诉讼刑狱的案件也随之而减少，甚至能达到无讼的境界。

初九，贲其趾[1]，舍车而徒[2]。

《象》曰："舍车而徒"，义弗乘也。

[注释]

[1] 贲其趾：文饰自己的足趾。　[2] 舍车而徒：舍弃大车而甘于徒步行走。这是比喻具有刚明之德的君子在处于下位的情况下所作出的正当的行为选择。

[点评]

初九是《贲》卦的第一个刚爻，生活在"柔来而文刚"的亨通之世，既可以就近搭便车接受六二之柔的文饰，也可以徒步远行去与六四之柔结成相应的关系，面临着这两种可能，必须作出自己的选择。就方便快速而言，乘车当然要比徒步为好，应该选择六二，但是就行为的正当性而言，初九与六四是正应，与六二却是逆比，搭上六二的便车，于义不合。因此，初九舍弃了搭便车的功利主义的选择，宁愿徒步远行坚持道义的原则，通过"贲其趾"的行为方式以表示自己高洁的志向，所以说"'舍车而徒'，义弗乘也"。

六二，贲其须 [1]。

《象》曰："贲其须"，与上兴也。

[注释]

[1] 贲其须：文饰九三的胡须。其，指九三。须，胡须。

[点评]

六二柔而得中，在《贲》卦的大好形势下，承担着"柔来而文刚"的重大责任，但是置身于二刚之间，下乘初九，上承九三，究竟是去文饰初九还是去文饰九三，同样面临着两种可能的行为选择。就其与初九的关系而言，这是以柔乘刚，即以柔弱之体乘凌于阳刚之上，并不吉利。就其与九三的关系而言，则是以柔承刚，即以柔弱之体顺承阳刚，与阳刚相亲比，是合乎正道，也是很吉利的。经过一番审慎的考虑，六二决定往上去文饰九三，与九三结成以文附质的关系，一起行动，同时兴起，所以说"'贲其须'，与上兴也"。

九三，贲如濡如 [1]，永贞吉。

《象》曰：永贞之吉，终莫之陵也。

[注释]

[1]贲如：形容文饰华丽。濡如：《诗经·小雅·皇皇者华》曰："六辔如濡。"形容新鲜而有光泽。

[点评]

九三以一阳处于二阴之间，得到六二与六四两个柔爻的文饰，显得极为华丽光泽，但也正因为如此，同时显得文饰超过了质朴，形式超过了内容，多少有点华而不实。因此，九三因有六二与六四前来文饰而"贲如濡如"，固然是一件幸事，还必须保持清醒的头脑，不可得意忘形，只注重冠冕堂皇的表面形式而忽略实质性的内容，应当自觉地按照文质彬彬的价值标准来调整自己的行为。只有永久坚守正道，才能最终获得吉祥，不会受到欺凌，所以说"永贞之吉，终莫之陵也"。

关于文与质的关系，孔子曾经指出："质胜文则野，文胜质则史。文质彬彬，然后君子。"

六四，贲如皤如[1]，白马翰如[2]。匪寇，婚媾。

《象》曰：六四当位，疑也。"匪寇，婚媾"，终无尤也。

[注释]

[1]皤(pó)如：皤，白色。如，助词，相当于"然"。　[2]翰：白色。

［点评］

六四柔而居阴，当位得正，全身洁白的装束，骑上一匹全身洁白的骏马，交相辉映，表现出一种素朴之美，这种美与九三的那种华丽之美不同，自然淡雅，不事藻饰，崇尚质素。从爻位的配置看，六四骑上白马是准备有所行动去与初九结成相应的关系，但却遇见九三从中阻隔，误以为遇见了强寇，心中不免产生疑惧，徘徊不敢向前，其实这种疑惧是完全不必要的。因为处于"柔来而文刚"的贲亨之世，在下之二刚都对六四之柔怀有热切的期待，九三既非强寇，初九又是自己最合适的婚配，因此应当打消疑惧，大胆前往，决不会有什么过错。

六五，贲于丘园[1]，束帛戋戋[2]。吝，终吉。

《象》曰：六五之吉，有喜也。

［注释］

[1] 丘园：山丘园圃，家园。　[2] 束帛：一束丝帛。戋（jiān）戋：短少，微薄。

［点评］

六五柔而得中，居于至尊的君位，在建设文明社会以化成天下的事业中发挥主导的作用，也承担着重大的责任，但是文饰自己的家园却只用了一小束微薄的丝帛，表现得极为吝啬，虽然如此，最终必有喜庆，获得吉祥，因为这种朴素无华的做法树立了良好的社会风尚，掌握了治国之道的根本。

为了治理国家，建设文明社会，必须正确处理文与质的关系，质是根本，文是末节，决不能本末倒置，举措失当。如果重文而轻质，热衷于追求表面的形式，使得社会风尚过于文饰，奢侈浮华，这就败坏了质朴自然的本性，背离了"文明以止"的人文价值。孔子曾说："礼，与其奢也宁俭。"六五的这种做法看起来显得吝啬，却是值得赞赏的，所以说"六五之吉，有喜也"。

上九，白贲[1]，无咎。

《象》曰："白贲，无咎"，上得志也。

[注释]

[1] 白贲：素白无华的文饰。

[点评]

《贲》卦从六四开始，总体上表现了一种由华丽复归于质朴的趋向，上九处于《贲》之上极，以"白贲"为美，崇尚质朴，是与这种总体趋向相适应的，所以称之为"上得志也"。"志"即志趣，也就是建设文明社会的总体目标。《贲》卦强调"文明以止"，止于至善，以质朴为本。只有紧紧把握这个总体目标，才能不犯错误，走上正确的轨道。

剥卦第二十三

☶（坤下艮上）

剥[1]，不利有攸往。

《彖》曰：剥，剥也，柔变刚也。"不利有攸往"，小人长也。顺而止之，观象也。君子尚消息盈虚，天行也。

[注释]
[1]剥：卦名。《剥》卦由坤（☷）下艮（☶）上组成。剥，剥落。

[点评]
《剥》卦五阴在下，逐次上升，一阳在上，面临着即将被剥落的危险，阴盛阳衰发展到了极点，象征小人得势，咄咄逼人，迫使君子处于极为不利的地位，"不利有攸往"。在这种形势下，作为以天下为己任的君子，应该懂得"顺而止之"的道理，采取明智的对策，着眼于拨乱反正的转化。

根据对卦象的观察，可以看出，下坤为顺，上艮为止，五阴顺势而长，到了艮之上极，必有所止，这就是小人之势由盛而衰、君子之势一阳来复，各自朝向反面转化的契机。所谓物极必反、否极泰来、剥极必复，都强调一个"极"字，这个"极"就是消息盈虚转化的契

无论是宇宙自然还是社会人事，阴阳两大势力各自朝向反面转化都是不可避免的，有消亡必有生息，有盈满必有空虚，这也就是天道运行的客观规律，称之为"天行"。但是，转化的最佳契机仅仅存在于事物发展的极点，在极点尚未到来之前，其发展的势头是难以抑制的，此时不可贸然行动，盲目冒进与得势的小人发生正面的碰撞，必须顺应客观形势，韬光养晦，善于自处，保全实力，静以待时。

机，而契机的到来有一个发展的过程。因而生活于剥落之世的君子应该有一个正确的处剥之道，一方面要对未来抱有乐观的信念，看到剥落之世不会长久，必有一个尽头；另一方面，也要以清醒的理性细致分析剥落过程的各个不同的阶段，针对不同阶段的具体情况采取适当的对策。

《象》曰：山附于地，剥。上以厚下安宅。

[点评]

《剥》卦上艮为山，下坤为地，山本是高起于地的，由于地面的基础剥落而崩塌下来附着于地，有山附于地之象。居于上位的君主观《剥》之象，用于国家治理，应该采取措施，"厚下安宅"。这是因为，"民惟邦本，本固邦宁"，只有使人民生活安定，国家政权才能巩固，如果人民的生计发生了问题，国家政权也将如同"山附于地"一样随之而崩溃。

初六，剥床以足[1]，蔑贞凶[2]。
《象》曰："剥床以足"，以灭下也。

[注释]

[1]剥床以足：剥落大床先从剥落床脚开始。　[2]蔑贞凶：消灭正道而呈现凶象。蔑，消灭。贞，正。

[点评]

阴柔剥落阳刚是一个由下往上的过程，如同剥床一样，先从剥落床脚开始，消灭下部基础。就国家政治的情况而言，小人得势之初，首先就要排斥迫害居于下位的正人君子，大力促进小人道长、君子道消的发展势头，从而危及国家赖以存在的基础，使得整个政治形势呈现一派凶险之象。

六二，剥床以辨[1]，蔑贞凶。

《象》曰："剥床以辨"，未有与也。

[注释]

[1]剥床以辨：剥落大床由床脚进一步发展到床板。辨，床板，

[点评]

二为大臣之位，就国家政治的情况而言，表明阴柔小人以柔变刚。处于初六阶段，小人羽翼未丰，只是排斥迫害居于下位的君子，发展到六二阶段，则是气焰嚣张，取代了大臣之位，掌控了操纵政局的权力。由于六二与六五同为阴类，沆瀣一气，与上九距离甚远，在没有阳刚势力干涉参与的情况下，肆无忌惮，恶性发展的势头极为强劲，所以说"'剥床以辨'，未有与也"。

六三，剥之无咎。

《象》曰："剥之无咎"，失上下也。

［点评］

六三生活于以柔变刚的剥落之世，置身于上下四阴之间，但是不与阴类势力结为党羽，同流合污，独与上九之阳刚相应，表现了一种避邪趋正的良好的心愿，所以"剥之无咎"。六三本属阴类，但却处于阳位，在剥落之世的这种特定的处境下，阴阳之分同时也就是正邪之分，君子与小人之分，六三不与阴类为伍而独与上九相应，表明在他身上阴中有阳，邪中有正，属于小人群中之君子，其行为模式有利于维系正道，拯弱兴衰，是值得赞赏的。

六四，剥床以肤 [1]，凶。

《象》曰："剥床以肤"，切近灾也。

［注释］

[1] 肤：人身之皮肤。

［点评］

六四代表以阴剥阳、以柔变刚的极盛势力，已由初六之剥落床脚、六二之剥落床板进一步发展为剥落人身之皮肤，切近灾难，形势凶险。六四在爻位的配置上，与上九既不相应，也不亲比，作为阴类势力的代表与阳刚势力只有矛盾斗争的一面，而无双向互动的协调，所以其行为模式既不同于六三，也不同于六五。就国家政治的情况而言，四为近君之位，六四既已升至此位，权高势重，骄横不可一世，进一步的目标就是胁迫六五之君去剥落硕果仅存之上九了。如果这个目标得逞，那就是政治黑暗，国家灭亡，拨乱反正的可能消失殆尽，所以此时的总体形势不是"蔑贞凶"，而是极度的凶险。

六五，贯鱼以宫人宠[1]，无不利。

《象》曰："以宫人宠"，终无尤也。

[注释]

[1]贯鱼：一群连贯而游的鱼。宫人：帝王后宫的一群嫔妃。

[点评]

贯鱼、宫人，此二者皆属阴类，比喻在下之四阴。六五亦属阴类，但是像帝王宠幸宫人一样，把在下之四阴统率起来，"顺而止之"，从而抑制了以柔变刚的发展势头，不进一步去剥落硕果仅存之阳刚，这种行为没有过失，无所不利。六五之所以采取这种正确的行为，关键在于两个因素发挥了作用。一是居于至尊的君位，柔而得中，懂得必须以中道来协调阴阳关系，才能保全大局，也保全自己。二是与上九亲比，得到阳刚势力的支援参与，在履行中道的过程中，不会感到孤立无助。

李鼎祚《周易集解》引何妥曰："夫《剥》之为卦，下比五阴，骈头相次，似'贯鱼'也。鱼为阴物，以喻众阴也。夫'宫人'者，后、夫人、嫔、妾各有次序，不相渎乱，此则贵贱有章，宠御有序。六五既为众阴之主，能有'贯鱼'之次第，故得'无不利'矣。"

上九，硕果不食[1]。君子得舆，小人剥庐。

《象》曰："君子得舆"，民所载也。"小人剥庐"，终不可用也。

[注释]

[1] 硕果不食：上九是剥落之世唯一未被剥落的阳刚，好比树上唯一留存下来的大果子，称之为"硕果不食"，看起来是劫后余生，却是一阳来复、扭转乾坤的决定性的因素。

[点评]

就《剥》卦的爻位配置而言，虽然总体形势是以阴剥阳，以柔变刚，但是上九高居于众阴之上，表明阳类势力是不可能完全被剥落的，这就蕴含着转化的契机，为拨乱反正提供了可能。《剥》卦发展到上九阶段，总体形势的转化是必然的，但是由于君子与小人的价值取向不同，面对着这种必然的趋势表现了不同的态度。包括六三、六五、上九在内的君子欢欣鼓舞，认为是乘上了大车，迎来了剥极必复的良机。小人则是继续从事"剥庐"的工作，妄想把仅存之阳刚也剥落掉，造成一个阴柔小人一统天下的局面，当然这种逆时而动的妄想是不会得逞的。

复卦第二十四

䷗（震下坤上）

复[1]，亨。出入无疾[2]，朋来无咎。反复其道，七日来复[3]。利有攸往。

《彖》曰：复，亨。刚反，动而以顺行，是以"出入无疾，朋来无咎"。"反复其道，七日来复"，天行也。"利有攸往"，刚长也。复，其见天地之心乎！

黄寿祺、张善文《周易译注》曰："我国出土的青铜器铭文中，保留有一种现存的文献失载的周初纪日法，即按月亮盈亏规律，分每月为四期，每期七日（或因大小月有八日者），从月初至月末依序取名为'初吉''既生霸''既望''既死霸'（见王国维《观堂集林》卷一《生霸死霸考》）。据此，'七日'正为日序周期转化之数。'七日来复'，当取此象征'转机迅速'之义，犹今语'一星期之间'。"

[注释]

[1]复：卦名。《复》卦由震（☳）下坤（☷）上组成。《复》卦一阳在下，五阴在上，由《剥》卦发展而来，体现了剥极必复的自然规律。　[2]出入无疾：出入没有疾患。出入，是生长的意思，阳复生于内谓之入，长进于外谓之出。疾，疾患。　[3]反复其道，七日来复：阳刚返转回复的规律有其周期性，"七日来复"象征一个循环的过程，只需要较短的日序周期。

[点评]

《序卦传》说："物不可以终尽，剥穷上反下，故受之以《复》。"《剥》卦在上之一阳不可以终久剥尽，由上返下，称为"刚反"，也叫作一阳来复，成为《复》卦。《复》卦之下体震为动，上体坤为顺，震一阳动而进，坤群阴顺而退，"动而以顺行"，其发展的前景是亨通的，这个过程"出入无疾"，没有疾患。既然阳长阴消的势头业已形成，同类的友朋前来亲附为期不远，指日可待，所以应该抱有乐观的信念，"朋来无咎"，不会感到孤独，也不会有什么咎害。

从天道运行的自然规律看，阴阳两类势力的消息盈虚是一个循环反复、周而复始的过程，阴极则阳生，阳极则阴生，称之为"天行"，"反复其道，七日来复"就是这个循环过程的周期，七日是个大致的约数，说明这个过程的各个阶段不可躐等超越，必须循序渐进，不到这个过程发展到尽头之时，阴阳之间相互转化是不可能发生的，然而这个改变又是必然会产生的。比如《剥》卦的总体形势是阴长而阳消，只有当阴长之势经历了五个阶段发展到上极，才会向反面转化，而这种变化会必然产生。《复》卦由《剥》卦转化而来，其在下之一阳虽然稚嫩微弱，却是新生的力量，体现了"刚长"的强劲势头，蕴含着蓬勃的生机活力，其发展的前途无可限量，"利有攸往"。通过《复》卦，可以见出"天地之心"，所以说"复，其见天地之心乎"！所谓"天地之心"，其外延是指以天地为匡廓的整个世界，其内涵是指这个世界化生万物的功能。功能内在于实体，表现于外则为有形可见的大化流行的过程，也就是造化的本身。这是一个客观的自然的过程，无所主宰，恒然如此，不以人的主观意志和思虑忖度为转移。就这一点来说，天地并不具有如同人那样的心，也可以说天地本无心。但是，就天地以生物为本而言，阴阳交感，运行不息，也确实有一个生物之心，这是客观的规律，自然的功能，也就是宇宙之心。

《系辞传》指出："天地之大德曰生"，"生生之谓易"。因此，"天地之心"就是天地生物之心，是宇宙大化流行的基本原动力，洋溢着活泼的盎然生机，与人道的恻隐爱人之心的仁息息相通，也可以说是一片仁心。《复》卦一阳初生于下，以具象表现了"天地之心"的哲学底蕴，是值得涵泳体察深刻领会的。

《象》曰：雷在地中，复。先王以至日闭关，商旅不行，后不省方[1]。

［注释］

[1] 先王以至日闭关，商旅不行，后不省方：先王规定在冬至之日关上城门，商旅停止活动，君王也不再省察四方。至日，冬至之日。闭关，关上城门。后，即君王。省方，省察四方。

［点评］

《复》卦下震为雷，上坤为地，为雷在地中之象。《复》卦一阳初生，与二十四节气相配，相当于冬至之日，此时雷潜藏于地中，尚未奋起地面，必须经过一定阶段的培养积蓄，才能发展为震惊蛰伏的春雷，促使万物复苏。先王根据这种卦象，制定相应的制度，规定冬至之日为全国例行的假期，关闭城门，停止商业旅游活动，君王也不去省察四方，目的是为了顺应天道，休养生息，恢复元气，安静待时，准备迎接即将到来的春耕生产的繁忙事务。

朱熹《周易本义》曰："祗，抵也。又居事初，失之未远，能复于善，不抵于悔，大善而吉之道也。"程颐《周易程氏传》曰："祗，宜音柢，抵也。《玉篇》云'适也'，义亦同。'无祗悔'，不至于悔也。"

初九，不远复 [1]，无祗悔 [2]，元吉。

《象》曰：不远之复，以修身也。

［注释］

[1] 不远复：偏离正道不远能马上回复。　[2] 无祗悔：不至于后悔。

［点评］

《复》卦一阳来复，就天道层面而言，象征天地生物之心；就人事层面而言，象征社会的生机活力；就修身层面而言，象征人心所固有的善道仁德。卦义、象义和爻义就这三个不同的层面分别进行论述。初九是一个知错能改、善于修身的君子形象。

六二，休复[1]，吉。

《象》曰：休复之吉，以下仁也[2]。

[注释]

[1]休复：美好的回复。休，美好。　[2]仁：指在下之初九。

[点评]

六二柔顺中正，与具有阳刚仁德之初九相亲比，亲仁乐善，虚心以下。孔子说："里仁为美。"初九之阳已回复于仁，六二亲而下之，与初九志同道合，也是回复于仁，这种回复是极为美好的，称为"休复"，所以吉祥。

六三，频复[1]，厉，无咎。

《象》曰：频复之厉，义无咎也。

[注释]

[1]频复：频繁回复。

[点评]

六三以阴居阳，不中不正，又处于震动之上极，性情浮躁，心志不坚，屡次改过，又屡次犯错，不能择善

《系辞传》以颜回为喻解释说："颜氏之子，其殆庶几乎！有不善，未尝不知，知之，未尝复行也。《易》曰：'不远复，无祗悔，元吉。'"

固执，频繁地回复，故称"频复"。这种情况当然是危险的，但就其力图迁善改过复归于正道而言，动机是很好的，合乎复善之义，并无咎害。

六四，中行独复[1]。

《象》曰："中行独复"，以从道也。

[注释]

[1] 中行独复：六四居上下四阴之间，而处其中，不与四阴同行，而是特立独行，与在下初九之一阳相应，故称为"中行独复"。

[点评]

六四之所以"独复"于初九，是因为初九为《复》卦之主，虽然力量微弱，不足以相援，但却是具有善道仁德的君子，这种"独复"完全是出于以道相从的考虑，超越了现实功利的计量，所谓"正其谊不谋其利，明其道不计其功"。六四的这种行为表现了崇高的道德情操，独立的人格风范，是值得赞赏的。

六五，敦复[1]，无悔。

《象》曰："敦复，无悔"，中以自考也。

[注释]

[1] 敦复：敦厚笃实地回复。

[点评]

六五居于至尊的君位，掌握了最高权力，值此阳长复亨、利有攸往的大好时机，承担着拨乱反正的重大责任，但却缺少大的作为，没有从根本上扭转形势，仅能保全自己不犯错误，做到"无悔"而已。其所以如此，主要是因为六五以柔居尊，履非其正，与在下初九之阳刚距离甚远，得不到有力的应援，再加上阳长之势处于发展的初级阶段，总体形势根本转变的时机尚未成熟。但是六五柔而得中，能够秉承中道的原则考察调整自己的行为，敦厚笃实，复归正道，无所悔恨，这也是难能可贵的。

上六，迷复[1]，凶，有灾眚[2]。用行师，终有大败，以其国君凶，至于十年不克征。

《象》曰：迷复之凶，反君道也。

[注释]

[1]迷复：迷惘而不知回复，也就是迷而不复，盲目行动，不知何去何从，迷失了方向。　[2]眚（shěng）：灾难。

[点评]

作为一个掌控全局的国君，如果迷失方向，必将导致灾难凶险，用于行军作战，会一败涂地，用于治理朝政，则会祸及国家，以至于十年之久都不能恢复元气，贻害无穷。就《复》卦的总体形势而言，一阳来复象征着天地生物之心、社会的生机活力以及人间的正道，代表了复归的本原，行动的方向。初九"不远复"，六二"休复"，六三"频复"，六四"独复"，六五"敦复"，情况虽然不同，复归的方向却是没有迷失的，唯有上六"迷复"，当然凶险。

无妄卦第二十五

☴（震下乾上）

无妄[1]，元亨，利贞。其匪正有眚，不利有攸往。

《彖》曰：无妄，刚自外来，而为主于内。动而健，刚中而应，大亨以正，天之命也。"其匪正有眚，不利有攸往"，无妄之往，何之矣？天命不祐，行矣哉？

[注释]

[1]无妄：卦名。《无妄》卦由震（☴）下乾（☰）上组成。"无妄"，真实、正当、合理，与有妄之荒谬、不正当、不合理相对。

[点评]

就客观事实的层面而言，凡是存在的都是合理的，都有其存在的真实性、正当性，因而也都可称之为"无妄"。但是，有些现存的事物常常违反人们的价值理想，不符合人们的主观期望，不愿接受而又无可奈何，显得荒谬、不正当、不合理，称之为有妄。在人们的生活遭遇中经常会遇到这种事实与价值、现实与理想矛盾冲突的情况，比如"无妄之灾""无妄之疾"，就是典型的事例。既然现存的事物都是合理的，都是"无妄"，何以我所遭遇的不是幸运而是灾祸，不是健康而是疾病？对于这些不幸的遭遇，人们固然要当作既成的事实被迫无奈地接受，同时也要立足于阴阳哲学的高度正确地对待，适当地处理，使得此二者的矛盾冲突不过分激化，能够得到较为妥善的解决。这就是《无妄》卦所讨论的主题。

《无妄》卦的总体形势"元亨，利贞"，是极为有利的。从卦爻结构看，震下初九之阳爻为"刚自外来"，统率二阴，成为内卦的主宰，象征柔邪之道的消失。下卦震为动，上卦乾为健，"动而健"，象征刚直之道的通达。九五刚而得中，与六二之柔中相应，"刚中而应"，象征阴阳刚柔协调配合。这种优化的组合，"大亨以正"，如同《乾》卦《象传》所说"乾道变化，各正性命"，万物由此而各得其性命之正，称之为"天之命也"，也就是无妄。"其匪正有眚，不利有攸往。""正"是合乎客观规律的正道，"匪正"是违反客观规律的不正之道，"眚"是灾祸，违反客观规律，不行正道，必然会有灾祸，不利于有所行动。这么说来，"无妄之往，何之矣？天命不祐，行矣哉？"生活于无妄之世，究竟何去何从，能有一个正确的行动方向吗？如果得不到天命的保祐而盲目行动，

所谓"天命"，是支配万物的客观规律，无妄是万物在天命支配下的存在状态，自然而然，本来如此，无思虑，无目的，对人的吉凶祸福漠不关心。但是人却要根据自己所遭遇的吉凶祸福作出价值的评估，并且在行为方式上作出相应的选择，这就产生了天命之本然与人事之当然、事实与价值、现实与理想、必然与自由、无妄与有妄等等一系列的矛盾。

又怎能达到预期的价值目标？因此，关于行为方式的选择，履行正道可以"大亨以正"，不行正道则会带来灾祸，"正"与"匪正"是检验其是否正确的标准。

但是，在某些情况下，尽管履行正道也得不到天命的保祐，反而遭遇到与自己的价值期望严重背离的"无妄之灾""无妄之疾"，这又如何对待呢？应该看到，这些纯属意外的偶然，偶然中自有必然，无法避免，只能沉着冷静地接受，并且进一步探寻明智的对策。由于天命支配一切，必须遵循，不能违反，因而人事之当然应当顺应天命之本然，如果事实与价值、现实与理想发生了矛盾，问题往往不在于客观，而在于主观，即令履行正道不幸遭遇到"无妄之灾""无妄之疾"，也要以清醒的理性坦然面对，保持一个平常的心态。这就是君子处于无妄之世所应当奉行的无妄之道。

《孟子》说："莫非命也，顺受其正。是故知命者，不立乎岩墙之下。尽其道而死者，正命也。桎梏死者，非正命也。"

《象》曰：天下雷行，物与无妄[1]。先王以茂对时[2]，育万物。

[注释]

[1]与：是"皆"的意思。 [2]茂：奋勉。对时：顺合天时。

[点评]

《无妄》卦上体乾为天，下体震为雷，雷行于天下，阴阳交和，万物各得其性命之正，其存在状态全都真实、正当、合理。整个自然界呈现为一派和谐、舒畅、无妄的图景，有"天下雷行，物与无妄"之象。先王观此卦象，推天道以明人事，不敢恣意妄为，而是遵循自然运行的法则，在无妄之世行无妄之道，发扬"天工人其代之"的主观能动性，顺合天时，养育万物。

初九，无妄，往吉。

《象》曰：无妄之往，得志也。

[**点评**]

初九"刚自外来，而为主于内"，是内卦的主宰，体现了阳刚正直的无妄之道，因而其有所前往乃是"无妄之往"，这种行为当然"得志"而获吉。所谓"得志"，是说行为的后果完全符合自己的价值取向，达到了预期的目标。其所以如此，是因为初九妥善地处理了事实与价值、现实与理想的矛盾，不是脱离现实去追求理想，而是根据无妄之世的本然的存在状态来设定自己的价值目标，按照自然运行的客观规律来选择自己的行为方式，这就是无妄之往而得其志了。

六二，不耕获[1]，不菑畬[2]，则利有攸往。

《象》曰："不耕获"，未富也。

[**注释**]

[1]不耕获：没有耕种而得到了收获。　[2]不菑畬（zī yú）：没有垦荒而得到了良田。菑，初耕的荒田，用作动词，指垦荒。畬，

开垦过两年的良田。

［点评］

六二的幸运突如其来，不耕而获，不菑而畲，出乎意料，完全得之于偶然，看起来十分富足，实际上是"未富"。因为真正的富足是一种成功的喜悦，是怀有价值期望付出了艰辛劳动所获得的丰硕成果，而六二却是无所作为，坐享其成，这只能算是侥幸，不能算是真正的富足。

虽然如此，这种侥幸也不是毫无来由的。从爻位的配置看，六二柔而居中，承接初九，初九耕种垦荒，辛勤创业，六二坐享其成，全盘继承，自是顺理成章，加上六二与九五之刚中相应，阴阳协调，刚柔并济，符合《无妄》"大亨以正"的总体形势，因而六二的这种偶然的侥幸由所处爻位的优越条件所造成，与六三所遭遇的"无妄之灾"相对比，可以称之为"无妄之福"，也是事物存在的一种本然状态。就六二来说，并没有因不劳而获就坐享其成，贪图安逸，因为这并非君子所为之正道。君子应该充分利用现有的丰硕成果，有所行动，去创造更大的业绩，做到实至而名归的真正的富足，所以说"不耕获，不菑畲，则利有攸往"。特别强调一个"则"字，是表示激励和警戒的意思。

在人们的生活遭遇中，偶然而得灾与偶然而得福的情形是经常会发生的，问题在于如何正确对待。无论是无妄之灾还是无妄之福，君子均当不失正道以待之。

六三，无妄之灾[1]，或系之牛，行人之得，邑人之灾。

《象》曰：行人得牛，邑人灾也。

[注释]

[1] 无妄之灾：意外的灾祸。

[点评]

有人把耕牛系在村外，被行人顺手牵走，行人得到了耕牛，邑人却遭受到灾祸。这场灾祸纯属偶然，而相关的因果链条连接得环环相扣，又作为一个事实的必然降临到邑人身上。这就是"无妄之灾"，即令不犯错误，也会遭受到意外的灾祸。

九四，可贞，无咎。

《象》曰："可贞，无咎"，固有之也 [1]。

[注释]

[1] 固有之也：就是贞固守之的意思。

[点评]

从爻位的配置看，九四以阳居阴，履非其正，四为近君之位，危惧不安，本当有咎。但从行为方式的取向看，以阳居阴说明秉承了谦顺之德，以谦顺之德奉事君上，合乎为臣的本分，加上与初九不相应与，说明刚而无私，这些都是无妄之世所应当奉行的正道，如果坚持固守，则可以无咎。

九五，无妄之疾，勿药有喜[1]。

《象》曰：无妄之药，不可试也。

［注释］

[1]勿药有喜：不用服药就会痊愈。喜，是可庆贺的事，这里指疾病痊愈。

［点评］

九五处于至尊的君位，居中得正，与在下之六二结成"刚中而应"的关系，这种优化的组合"大亨以正"，称之为"天之命也"，是无妄之所以为无妄的关键所在。但是，健全的机体也会偶感不适，发生"无妄之疾"。在这种情况下，应当发挥机体的自组织功能，清静无为，休养生息，使之自我调节，自行痊愈，如果忧心忡忡，胡乱服药，这就是庸人自扰，破坏了机体所固有的调节机制，变无妄为有妄了，所以说"无妄之药，不可试也"。就社会政治的层面而言，关于这种"无妄之药"的错误，比比皆是。一些掌握大权的君主不尊重客观规律，轻举妄动，恣意妄为，妄图凭个人的主观意志改变事物自然运行的过程，在无妄之世大力推行有妄之道，不懂得"无妄之疾，勿药有喜"的深刻的哲理，这种愚蠢的做法导致灾难性的后果也就是必然的了。

上九，无妄，行有眚，无攸利。

《象》曰：无妄之行，穷之灾也。

[点评]

上九就是这种愚蠢君主的形象。处于《无妄》之上极，不该动而妄动，称之为"无妄之行"，这种妄动走到了穷途末路，带来了极大的灾难，称之为"穷之灾也"。其所以如此，是因为上九履非其正，违反客观规律，以妄想支配行动，好大喜功，盲目冒进，不顾实际存在的本然状态，超越了现实的可能，其所作所为就由无妄转化为有妄，变得荒谬、不正当、不合理了。就《无妄》卦的总体形势而言，"其匪正有眚"，履正而行，必获吉利，不正而妄动，将有灾眚，六爻行为方式的正确与否是可以根据这个标准来衡量的。

大畜卦第二十六

䷙（乾下艮上）

大畜[1]，利贞。不家食[2]，吉。利涉大川。

《彖》曰：大畜，刚健笃实辉光，日新其德。刚上而尚贤[3]，能止健，大正也。"不家食，吉"，养贤也。"利涉大川"，应乎天也[4]。

[注释]

[1]大畜：卦名。《大畜》卦由乾（☰）下艮（☶）上组成。《大畜》的卦义与《小畜》相对，《小畜》是阴爻柔弱，阳爻刚

初九居震动之始，其"无妄之往"是履正而行，所以往而得吉。六二居中得正，安静不动，不耕而获，能够坐享初九创业的成果。六三虽然遭受了"无妄之灾"，但是安时而处顺，保持了平衡的心态。九四贞固守正而无咎。九五勿药而有喜。唯有上九的"无妄之行"，则是"行有眚，无攸利"。

强，以柔弱之力难以完全蓄积刚强，只能小有蓄积，称之为"小畜"。《大畜》则是艮阳在上，以刚蓄健，所蓄至大，故为"大畜"。　[2] 不家食：为了使人才不流失于乡野，自食于家，国家应当奉行养贤的政策，给他们提供优裕的生活条件，享受朝廷的俸禄。　[3] 刚上而尚贤：上九以阳刚之贤高居于六五尊位之上，表现了君主礼贤下士，尊重人才，崇尚贤能。　[4] "利涉大川"，应乎天也：六五柔顺之君下应九二刚明之臣，九二是下卦乾之中爻，乾为天，所行顺应天道运行的规律，自然能够涉越大川，不畏险阻，克服困难。

[点评]

《序卦传》说："有无妄然后可畜，故受之以《大畜》。"无妄与大畜的关系就是创造与蓄积、发展与稳定的关系。既然无妄的总体形势"大亨以正"，创造了丰硕的成果，发展了壮大的力量，就应该适可而止，采取有效的措施，蓄积现有的成果，稳定大好的局面，继之以大畜。如果说无妄之世主要是依赖于"动而健"的驱动作用，大畜之世则是主要依赖于"能止健"的抑制作用。对于一个行为主体来说，无论是从事社会人事活动还是个人品德才学的修养，驱动与抑制构成一种必要的张力，交互为用，缺一不可，作为一个动态的过程，此二者实际上是结为一体的。《大畜》卦所体现的"刚健笃实辉光"三种美德，就是这种密切结合的典范。

黎靖德编《朱子语类》云："'能止健'，都不说健而止，见得是艮来止这乾。"

从卦爻结构看，下卦乾为健，象征刚健有为、积极进取的精神，这是创造与发展的动力之源。上卦艮为止，对健动的势头进行适当的抑制，以便蓄积稳定，充实巩固，象征笃实厚重的美德。刚健与笃实相辅相成，良性互动，行为主体就能永葆旺盛的生机活力，焕发出"日新其德"的光辉。因而艮阳在上，以刚蓄健，并不是止而不为的消极做法，而是遵循"知止而后有定"的哲理，把动力之源整合到一体化的结构之中，合乎大正之道，称之为"能止健，大正也"。

就从事社会政治活动而言，最重要的事务就是奉行尚贤养贤的政策，蓄积人才。

《象》曰：天在山中，大畜。君子以多识前言往行[1]，以畜其德。

[注释]

[1]识（zhì）：学习，记取。

[点评]

上体艮为山，下体乾为天，天为至大而在山之中，象征所蓄至大。君子观此卦象，用于个人品德才学的修养，懂得必须不断蓄积的道理，所谓"不积跬步，无以至千里；不积小流，无以成江海"，因而多方学习记取前圣先贤的言论事迹，以提高自己的才学，增进自己的品德。

初九，有厉[1]，利已[2]。

《象》曰："有厉，利已"，不犯灾也。

［注释］

[1]有厉：有危险。　[2]利已：利于停止不进。

［点评］

《大畜》由乾下艮上组合而成，乾为健，艮为止，以艮止乾，乾之三爻健动的势头都被艮之三爻所阻止。初九为下体乾之初爻，其健动的势头被上体艮之六四所阻止，前进将有危险，停止才会有利。所以应当审时度势，懂得时行则行、时止则止的道理，不要急于用世，冒险犯灾，而要利用这个时机蓄积自己的品德才学，安静以待时。

九二，舆说輹^[1]。

《象》曰："舆说輹"，中无尤也。

［注释］

[1]舆说輹：车身与车轴脱离。说，读为"脱"。

［点评］

九二之健动被六五所阻止，如同车身与车轴脱离，不能前进。由于九二刚而得中，能够自觉地以中道来抑制自己的行为，做到动静不失其时，所以虽然受环境的限制，前进之路被阻，却是毫无怨尤，保持了一个平衡的心态。

九三，良马逐，利艰贞。曰闲舆卫^[1]，利有
攸往。

《象》曰："利有攸往"，上合志也。

[注释]

[1]曰闲舆卫：于是从事战前的训练，培养自身的实力。曰，
语气词，有"于是"的意思。闲，熟习。舆卫，泛指车马防卫之事。

[点评]

九三处于乾之上极，阳刚健动，一心追求与上九之
阳刚合志奋进，如同良马在疾速奔驰追逐。但是上九
的职责在于以刚蓄健，以艮止乾，发挥对九三的抑制
作用，所以九三健动的势头受到了阻止，前途充满了
艰险，此时利于守持正固，完善自我的蓄积。由于上九
对九三的抑制并不是消极地止其不为，而是从积极的方
面促使其由刚健转化为笃实，由浮躁转化为厚重，蓄积
力量，以利于更高阶段的发展，所以九三之健动实质上
与上九志同道合，只要准备工作充分，时机成熟，是"利
有攸往"的。

程颐《周易程
氏传》曰："三以
刚健之才，而在上
者与合志而进，其
进如良马之驰逐，
言其速也。……三，
乾体而居正能贞者
也。当其锐进，故
戒以知难，与不失
其贞也。志既锐
于进，虽刚明，有
时而失，不得不诫
也。"

六四，童牛之牿^[1]，元吉。

《象》曰：六四元吉，有喜也。

[注释]

[1]童牛之牿（gù）：在小牛角上及早绑上横木，可以更好地

驯化野性，使其听从人的指挥。小牛指初九，绑上横木比喻六四
对初九的抑制作用。童牛，小牛。牿，绑在牛角上的横木。

[点评]

用在小牛角上绑横木的做法比喻六四对初九的抑制。
六四的这种做法是很成功的，能够顺应以艮止健的总体
需要，抑制了初九阳刚健动的势头，从而维护了大畜之
世的稳定局面，所以元吉而有喜。

六五，豮豕之牙[1]，吉。

《象》曰：六五之吉，有庆也。

[注释]

[1] 豮（fén）豕之牙：猪牙锋利，猪性躁猛，被阉割后，性
情驯服，虽有牙也不会伤人。猪指九二，阉割比喻六五对九二的
抑制作用。豮，阉割。

[点评]

九二为阳刚之臣，六五为阴柔之君，阳刚上进，不
可力制，若用"豮豕"的方法改变其性情，则能结成阴
阳相应的关系，达到和衷共济的目的，所以说"六五之
吉，有庆也"。

上九，何天之衢[1]，亨。

《象》曰："何天之衢"，道大行也。

[注释]

[1] 何天之衢：天上的道路是何等的畅达。何，感叹词。

[点评]

上九之阳刚与下体乾之三阳实质上志同道合，只是在大畜之世必须发挥抑制的作用，以艮止乾，蓄积实力。到了上九阶段，畜道已成，"刚健笃实辉光"的美德完满实现，实力蓄积得更为深厚，基础建筑得更加牢固，创造发展的道路畅通无阻，这种局面真是值得庆贺，令人赞叹。

颐卦第二十七

䷚（震下艮上）

颐[1]，贞吉。观颐，自求口实。

《彖》曰："颐，贞吉"，养正则吉也。"观颐"，观其所养也。"自求口实"，观其自养也。天地养万物，圣人养贤以及万民。颐之时大矣哉！

[注释]

[1] 颐：卦名。《颐》卦由震（☳）下艮（☶）上组成。颐，颐养。《颐》卦的卦形如同人的口腔，上下两个阳爻像是张开的口唇，中间四个阴爻像是两排牙齿，食物由口中进入，象征颐养之世。

[点评]

颐养是为了满足生存的需要。就自然界的生物而言，颐养是一种纯粹的生理行为，就人类而言，主要是在各种人际关系制约下的社会行为，应当遵循一定的道德行为准则，"养正则吉"，不正则凶。人类社会的颐养包括以己养人与求人养己两个方面。"观颐，观其所养也"，是从以己养人的方面观察其是否合乎正道。"自求口实，观其自养也"，是从求人养己方面观察其是否合乎正道。因而颐养之世的这种社会行为究竟怎样才能合乎正道，就是《颐》卦所讨论的主题。

《颐》卦由震下艮上组成，下卦震之三爻侧重于从求人养己方面观察，结果是初爻"凶"，二爻"征凶"，三爻"无攸利"，皆不吉利；上卦艮之三爻侧重于从以己养人方面观察，结果是四爻"吉"，五爻"居贞吉"，上爻"厉吉"，均获吉利。这种吉凶的对比并不意味着人们在颐养之世不应当求人养己，只应当以己养人而认为养己是自私，养人是为公。

实际上，作为一种社会行为，养人必先养己，养己是为了养人，此二者交相为用，互为前提，都是满足生存需要所不可或缺的两个方面，本身并无高下之分，公私之别。问题在于这种满足必须合理处理各种复杂的人际关系，吉凶的后果决定于是否履行正道。

由于人类离不开自然，个人离不开社会，所以"天地养万物，圣人养贤以及万民"，天地为万物提供了丰富的生存资源，构成了一个全宇宙的颐养系统，圣人为每一个社会成员提供了满足生存需要的机会，构成了一个全社会的颐养系统。只有站在这种哲学的高度，才能深刻理解颐养之世所蕴含的伟大意义。

《象》曰：山下有雷，颐。君子以慎言语，节饮食。

[点评]

上艮为山，下震为雷，雷声在山下震动，山上的草木萌芽生长，象征天地养万物。君子观此卦象，谨慎言语以修养德性，节制饮食以营养身体。

初九，舍尔灵龟，观我朵颐[1]，凶。

《象》曰："观我朵颐"，亦不足贵也。

[注释]

[1] 舍尔灵龟，观我朵颐：舍弃你自身灵龟般的美质，看我鼓起腮帮吃东西，表现出一副垂涎三尺的贪婪模样。尔，指初九。我，指六四。灵龟，能够长久不吃东西维持生存，比喻自身所具有的美质。朵颐，鼓起腮帮吃东西。

[点评]

初九以阳居阳，当位得正，内在具有刚明之德的美质，上与近君之大臣六四相应，幸逢此圣人养贤、君子出仕的颐养之世。究竟是仰仗六四的外力，趋炎附势，求人以养己，还是发扬本身固有的美质，进德修业，立足于自养，面临着两种可能的选择。结果初九选择了前者，而舍弃了后者。这种选择违反了君子出仕之道，是很不明智，不值得尊重的。因为颐养之世，养正则吉，应当把人格的操守、道义的考量置于首位，决不能受功名利禄的诱惑，奉行妾妇之道，卑躬屈节地去求人以养己。

六二，颠颐[1]，拂经[2]，于丘颐[3]，征凶[4]。

《象》曰：六二"征凶"，行失类也。

[注释]

[1] 颠颐：颠倒了位置向下寻求颐养。　[2] 拂经：这种颠颐的错位违背了常理。拂，违背。经，常理。　[3] 于丘颐：于是转而向在上的山丘寻求颐养。　[4] 征凶：前进必有凶险。

[点评]

六二以柔爻居阴位，资质柔弱，不足以自养，必须求人以养己，但是由于缺乏独立的人格精神和坚强的主体意识，常常进退失据，无所适从，找不到正确的方向。开始考虑到与在下初九之阳刚相比，企图通过自上下下、以柔乘刚的方式，求养于初九，这种方式颠倒了颐养的正道而违背常理，难以行通。后来转而企图通过自下上上、以阴从阳的方式，求养于上九，上九虽然位高权重，足以养己，却与六二并无相应的关系，这种方式也不会取得成功。在这种进退失据的情况下，方向不明，找不到朋类，如果猖狂妄行，必将带来凶险，所以说"征凶"。

六三，拂颐[1]，贞凶，十年勿用[2]，无攸利。

《象》曰："十年勿用"，道大悖也。

[注释]

[1] 拂颐：违背了颐养之正道。　[2] 十年勿用：十年之久都

不能成功。

[点评]

六三以阴居阳，不中不正，资质柔弱，而行为躁动，企图凭借与上九的相应关系，以邪佞谄媚之态，求养于上九。这种做法违背了"养正则吉"之正道，结果必然凶险。《颐》卦下体震之三爻，皆为动而求人以养己。从君子如何立身行事、正确处理出处进退的角度看，求人以养己首先必须自养，培养自己的人格精神和道德操守，做到如同《乾》卦初九"潜龙勿用"那样"确乎其不可拔"，如果缺少这种素质的培养，重功利而轻道义，皆非君子之正道。比较起来，初九之灵龟，有潜在的美质而修养不足；六二依违两可，徘徊不定，尚未作出确定的抉择；唯有六三在利欲的驱动下，躁于求养，纯粹属于小人的行为，十年之久都不会成功。所以说"'十年勿用'，道大悖也"。

六四，颠颐[1]，吉。虎视眈眈[2]，其欲逐逐[3]，无咎。

《象》曰：颠颐之吉，上施光也。

[注释]

[1] 颠颐：颠倒位置寻求颐养。　[2] 虎视眈眈：像老虎那样专一注视着初九，威而不猛，不恶而严，一方面使自己保持威严庄重的气度，同时也使初九产生敬畏之心，不敢轻慢亵渎，玩忽

职守。   [3] 其欲逐逐：初九功名利禄的欲望在六四的感召下逐渐消去。

[点评]

六四由"颠颐"而得吉，六二由"颠颐"而征凶。其所以如此，是因为六二与初九本无相应的关系，而违背常理，不合正道，求养于初九；六四却是与初九相应，以贵下贱，虽居上位而下施光明的美德，奉行养贤之义，以己而养人。六四为近君的大臣，权高位重，承担着辅佐六五之君以养天下的重任，但由于资质柔弱，力量单薄，必须礼贤下士，屈尊俯就，主动争取具有阳刚美质而居于下位之初九的协力相助，才能完成重任，所以由"颠颐"而得吉。就六四与初九本身的素质与所处的地位而言，都是不相称的，各有所长，也各有所短，究竟如何处理此二者的关系，达到双向互补的目标，关键在于六四所选择的行为方式是否恰当合理。"虎视眈眈，其欲逐逐"，就是六四经过深思熟虑所选择的对待初九的行为方式。初九"舍尔灵龟，观我朵颐"，个人的欲望是很强烈的，六四并没有否定其欲望的正当性，而是把养贤置于首位，既满足了初九的生存需要，又待以贤士之礼，表现了对其灵龟美质的高度尊重，这就把初九的个人欲望整合到一体化的目标之中而逐渐消去。六四的这种做法是很成功的，所以说"颠颐之吉，上施光也"。

李光地《周易折中》引吴澄曰："自养于内者莫如龟，求养于外者莫如虎，故《颐》之初九六四，取二物为象。四之于初，其下贤求益之心，必如虎之视下求食而后可。"

六五，拂经，居贞吉，不可涉大川。

《象》曰：居贞之吉，顺以从上也[1]。

[**注释**]

[1] 顺以从上：不以君位为重而顺从地听命于上九阳刚之贤。

[**点评**]

六五由"拂经"而得吉，六二由"拂经"而征凶，行为方式相同，却产生了截然不同的后果，这种情况表明，所谓"经"之常理并非僵化固定的教条，关键在于通权达变，采取适时之变的对策，建功立业，成就事业。

《系辞传》指出"功业见乎变"，"变而通之以尽利"，"举而错之天下之民，谓之事业"。从这个角度看，六二"拂经"求养于初九，既违背了道义原则，又违背了功利原则，所以后果是凶。六五以柔弱之质而居君位，虽有经世济民的心愿，但是志大才疏，力不胜任，于是违背常理，采取变通的做法，"顺以从上"，不以君位为重而顺从地听命于上九阳刚之贤。这种表面上看来似乎是"拂经"的做法，不仅合乎颐养之世养贤的大义，在道义上完全正当，而且得到了上九的竭诚辅助，成就了养天下的事业，实现了最大的功利。虽然如此，六五毕竟资质柔弱，权位与才德的矛盾依然存在，在处理各种复杂的人际关系的过程中，必须谨慎从事，守持正道，不可掉以轻心，所以"居贞吉，不可涉大川"。

上九，由颐[1]，厉吉。利涉大川。

《象》曰："由颐，厉吉"，大有庆也。

[注释]

[1]由颐：颐养之世的整体目标由于上九而得以实现。

[点评]

颐养之世的整体目标由于上九而得以实现，称为"由颐"，这是大有福庆的。但是上九毕竟有德而无位，应当守住自己为臣的本分，戒慎恐惧，处理好与六五之君的关系，所以称之为"厉吉"。

大过卦第二十八

䷛（巽下兑上）

大过[1]，栋桡[2]。利有攸往，亨。

《彖》曰：大过，大者过也。"栋桡"，本末弱也。刚过而中，巽而说行，"利有攸往"，乃亨。大过之时大矣哉！

[注释]

[1]大过：卦名。《大过》卦由巽（☴）下兑（☱）上组成。阴阳两类势力的组合在动态的过程中常常发生失衡的现象，阳刚过度强盛而阴柔相对薄弱，叫作"大过"，阴柔过度强盛而阳刚相对薄弱，叫作"小过"。　[2]栋桡：栋梁弯曲。

[点评]

《小过》卦由艮下震上组成，四阴而二阳，《大过》卦则是由巽下兑上组成，四阳而二阴。《大过》卦的卦形像是一座大厦，中间四个阳爻是大厦的栋梁，上下两个阴爻是支撑栋梁的柱子，由于栋梁沉重，支柱薄弱，不堪重负，发生了"栋桡"的现象，也就是栋梁弯曲，整座大厦面临着即将倾覆的危险。

从《大过》整体的卦爻结构看，阳盛而阴衰，而九二与九五两个刚爻"刚过而中"，客观的情境阳刚过度，主观的行为合乎中道，能够以中道来抑制自己，寻求与阴柔相互配合。下体巽为顺，上体兑为悦，"巽而说行"，其发展的态势并非激烈冲突，而是温顺喜悦。根据这种结构分析，可以看出，虽然大过之时的总体形势阳盛而阴衰，危机深重，但也同时存在着有利的条件，蕴含着转化的契机，是利于有所前往，获得亨通的。虽然如此，为了完成这种转化，必须高度发扬主观能动性，积极有为地去从事拨乱反正的工作。这是一个伟大的时代，呼唤着君子立非常之大事，兴百世之大功，成绝俗之大德，所以说"大过之时大矣哉"！

在阳盛阴衰的情况下，究竟怎样才能扭转局面，稳定形势，挽大厦之将倾呢？看来唯一可能的选择就是扶阴抑阳，拯弱兴衰，恢复阴阳之间的平衡，做到一个"中"字。易道贵中和，这是阴阳协调、刚柔并济达成了完美结合的理想状态，如果现实中发生了失衡现象，就要针对具体的情况，按照中和的原则，进行适当的调整。

《象》曰：泽灭木，大过。君子以独立不惧，遁世无闷。

[点评]

《大过》卦上体是兑，兑为泽，下体是巽，巽为木，象征泽灭木。泽水淹没木材，使之下沉，木性上浮，极力反弹，这是作用与反作用两种力量的较量，作用力愈大，反作用力也愈强。生活于大过的危机深重的时代，为了拨乱反正，力挽狂澜，需要有大过人之才，特别是需要有大过人之非凡的精神气魄。君子观此卦象，应当树立确乎其不可拔的人格精神和主体意识，面对着前进道路上的艰难险阻，毫不畏惧，即令自己的行为主张被世人反对，受到排斥打击，隐遁于世，也不感到苦闷烦躁，做到"独立不惧，遁世无闷"。

初六，藉用白茅[1]，无咎。

《象》曰："藉用白茅"，柔在下也。

[注释]

[1]藉（jiè）用白茅：古代祭祀用白茅垫于祭品之下，表示虔诚敬慎。藉，垫在下面。

[点评]

《系辞传》解释这条爻辞的意蕴说："苟错诸地而可矣，藉之用茅，何咎之有？慎之至也。夫茅之为物薄，而用可重也，慎斯术也以往，其无所失矣！"

初六柔而在下，象征君子当大过之时，承担重任，图谋大事，而又力量柔弱，居于下位。此时应当周密考虑，小心翼翼，慎之又慎，不可疏忽大意，如同祭祀之时不把祭品直接放在地上，而要垫一层洁净的白色茅草，表示内心的虔诚敬慎。

九二，枯杨生稊[1]，老夫得其女妻，无不利。

《象》曰：老夫女妻，过以相与也。

[注释]

[1] 稊（tí）：树木新生的嫩芽。

[点评]

　　枯杨树新生出嫩芽，老夫娶了少女为妻，重新焕发生机活力，无所不利，是九二的象征。九二居于阳刚过盛之始，但是"刚过而中"，就其"刚过"而言，如同枯杨、老夫一样，生机活力业已消失；就其能以"中"自处而言，充分利用与初六之柔亲比的条件，谋求阴阳刚柔的协调并济，使自己的生机活力得以恢复，如同枯杨长出新芽，老夫娶得少妻。九二为老夫，初六为少妻，此二者的结合不相匹配，超过了常规，称之为"过以相与"，但在大过之时，这种大过人之举也是势所必然，不得不如此的。

　　九三，栋桡，凶。

　　《象》曰：栋桡之凶，不可以有辅也。

[点评]

　　九三以阳居阳而不得中，与九二不同，阳盛之势发展到极点，其行为模式刚愎自用，独断专行，既不懂得应以中道自我抑制，又得不到阴柔势力的辅助匡正，如同栋梁弯曲，大厦将倾，无可救治，后果十分凶险。

九四，栋隆[1]，吉。有它，吝[2]。

《象》曰：栋隆之吉，不桡乎下也。

[注释]

[1] 栋隆：栋梁隆起。 [2] 有它，吝：有其它的志向，则会有遗憾。它，指初六。

[点评]

九四以阳居阴，与九三之以阳居阳不同，虽然本质阳刚，却是刚而能柔，抑制了刚过的发展趋势，扭转了阴阳失衡的局面，这就使得业已往下弯曲的栋梁重新隆起，恢复平衡，所以吉祥。此时应当发扬勇于担当的精神，奋力支撑，不可另有它志，指望在下之初六来分担自己的重任。由于九四与初六是一种相应的关系，在通常的情况下，指望得到初六的应援，既是必要，又是合理，但在大过之时的特殊情况下，初六已与九二结合为老夫少妻，加上初六本身力量柔弱，不堪重负，如果指望初六分担，只能使隆起的栋梁再度弯曲，带来遗憾，所以说"有它，吝"。

九五，枯杨生华[1]，老妇得其士夫，无咎无誉。

《象》曰："枯杨生华"，何可久也。老妇士夫，亦可丑也。

［注释］

[1] 枯杨生华：枯老的杨树重新开花。

［点评］

九五居于至尊的君位，在大过之世，承担着转化形势的主要责任，与九二同样具有"刚过而中"的品德，懂得以中道自处的道理。但是经过一番努力，仅仅做到"无咎无誉"，既没有过失，也没有称誉，平平庸庸，成效不大，这是由于受特定条件的限制。非不为也，是不能也，无可奈何。

从其所处的具体爻位看，九五是四个阳刚之爻发展的盛极，本身又是阳居阳位，如同一个精力过度旺盛的青年男子（士夫），唯一能找到的以柔济刚的对象是与之相比的上六。但是上六如同一个"老妇"，已经失去了生育能力，这种"老妇士夫"的结合产生不出新的生命，也不可能达到以柔济刚的目的。如果说九二与初六"老夫女妻"的结合不相匹配，但能够以柔济刚，使得"枯杨生稊"，重现生机，无所不利，那么九五与上六的结合则是"枯杨生华"，如同昙花一现，很快消失，不可能长久的。这种情况说明，主观的努力受客观条件的限制，能做到"无咎无誉"，总算是差强人意。

上六，过涉灭顶[1]，凶，无咎。

《象》曰：过涉之凶，不可咎也。

[注释]

[1]过涉灭顶：涉水过深，遭灭顶之灾。

[点评]

大过之世的总体目标是扶阴抑阳，拯弱兴衰，挽救大厦之将倾。但是发展到上六阶段，阳盛之势未能得到有效的抑制，而阴衰则是臻于至极，如同一个"老妇"，涉水过深，陷入灭顶之灾。这种"过涉之凶"有其客观的原因，"不可咎也"。从主观方面看，则是一种勇于担当的"独立不惧"的英雄行为，值得赞赏。因为上六以"老妇"衰弱之身，仍然极力以柔济刚，协助九五之君拨乱反正，挽救时局，毫不顾及个人安危，表现了一种勇者无畏的精神，不可咎也。

坎卦第二十九

䷜（坎下坎上）

习坎 [1]，有孚，维心亨，行有尚 [2]。

《彖》曰：习坎，重险也。水流而不盈，行险而不失其信。"维心亨"，乃以刚中也。"行有尚"，往有功也。天险，不可升也，地险，山川丘陵也，王公设险以守其国。险之时用大矣哉！

[注释]

[1] 习坎：卦名。《坎》卦由下卦、上卦都是坎（☵）的两个经卦组成。习，重叠，指《坎》卦是由上下两个坎卦重叠而成，坎为险，象征重重的艰难险阻，谓之"重险"。　[2] 有孚，维心亨，行有尚：这是应对坎险之道应当遵循的三个行为准则。孚，诚信。有孚，做到如同流水那样"行险而不失其信"，虽然经历了重重险阻，仍然具有克服险阻的顽强的意志，从不丧失信心。维心亨，心理通达，明白事理，处险不惊，诚一而行，沉着应对。行有尚，行动起来可以成功，得到奖赏。

[点评]

坎为水，水的性质流动不停，只有当盈满之时才会停止流动。坎卦以水为象，永远在不停地流动而从不盈满，尽管前进的路上横亘着重重的艰难险阻，仍然毫无顾忌，勇往直前，从不改变自己流水的本性，所以说"水流而不盈，行险而不失其信"。

当客观的环境十分险恶时，人们必须面对无可逃避的现实，那么合理的应对之道，就应当像水那样，"行险而不失其信"，发挥主观能动性，去战胜困难，化险为夷，为自己开拓出一条前进之路。因而正确处理这种主客关系，一方面要对险恶的客观环境有一个清醒的认识，另一方面要对自己的主观行为作出合理的选择，这就是《坎》卦所要讨论的主题。《坎》卦九二、九五两爻刚而得中，既有刚毅果决的精神气魄，又能以中道调整自己的行为，所以始终保持一种维心之亨的心态，泰然自若，根据各种不同的情况采取明智的对策。脱险之

程颐《周易程氏传》曰："阳实在中，为中有孚信。'维心亨'，维其心诚一，故能亨通。至诚可通金石，蹈水火，何险难之不可亨也？"

就坎卦以险为象而言，指的是客观的环境，这种环境是十分险恶的，坎坷不平，步履维艰。就坎卦以水为象而言，指的是克服险阻的主观的精神。

道，重在行动，行动的后果是否能成功地摆脱险境是检验脱险之道是否正确的关键。

《坎》卦六爻，凶多吉少，用"行有尚"的标准来衡量，都没有达到相对满意的水平。由此可见，选择一种正确的脱险之道，最大的困难主要不在理论层面，而在实践层面。虽然如此，站在理论的高度全面认识到险阻的普遍存在，对于实践层面仍然是具有重要的指导意义。比如日月星辰，风云变幻而高不可攀，这是"天险"；山川丘陵，险象丛生而难以逾越，这是"地险"；王公效法天地，设置人为的险阻，以巩固国防，这是利用险阻来达到自己的目的。这些现象说明，无论是自然环境还是社会环境，险阻都是普遍存在的，人们不应当把险阻看成是消极的负面因素，而应当看成是能够激发人们创造力的积极的正面因素，从而正确应对，因时制宜，充分发挥险阻适时之用的功效，所以说"险之时用大矣哉"！

《象》曰：水洊至[1]，习坎。君子以常德行，习教事。

[注释]

[1] 水洊（jiàn）至：水流相继而至。洊，再次。

[点评]

《坎》卦以水为象，象征面临着重重的险阻，永远在不停地流动，相继而至，持续不断，表现出"行险而不失其信"的坚毅品德。君子观此卦象，处于坎险之时，一方面要永远保持自己的德行，不变操守，同时也要熟习政教事务，以提高自己应变的能力。

初六，习坎，入于坎窞[1]，凶。

《象》曰：习坎入坎，失道凶也。

[**注释**]

[1] 坎窞（dàn）：深坑，陷阱。

[**点评**]

初六处于重重坎险的最下方，不仅没有出险，反而"入于坎窞"，陷进了深坑，难以自拔，凶险到了极点。其所以如此，是因为初六本质柔弱，处不当位，行为不正，上无应援，在坎险之时迷失了正道。

九二，坎有险，求小得。

《象》曰：求小得，未出中也。

[**点评**]

九二当坎险之时，陷上下二阴之中，处境是十分险恶的。但是九二阳刚得中，能够沉着应对，动不失宜，其行为方式符合"有孚，维心亨"的处险之道，所以与初六不同，没有陷进深坑，难以自拔，而是小有所得，

毛奇龄《重定周易费氏学》引马其昶曰："二为泉源，因其未出中，故求小得，积而后流，盈科而后进。未出中，未盈科也；求小得，积细流以成大川也。"

保全了自我。就九二的主观理想而言，当然是期望大有
所得，完全克服险难，取得成功，但是，主观的理想
不能脱离客观的现实。既然现实的环境仍在坎险之中，
克服坎险的条件尚未成熟，那么唯一合理的做法就是
降低理想的期望值，或者把理想划分为几个逐步实现
的阶段，"求小得"而不"求大得"，只追求相对的满
意而不去追求一揽子的全面解决。九二正是由于考虑到
客观环境未出坎险之中，所以把追求的目标定位为"求
小得"的水平，这种做法是非常明智的。

　　六三，来之坎坎[1]，险且枕[2]，入于坎窞，
勿用。

　　《象》曰："来之坎坎"，终无功也。

[注释]

[1]来之坎坎：来，下来。之，上往。六三居于下卦坎体的上
方，上卦坎体的下方，无论前进或后退，都不能脱离坎险，所以
说"来之坎坎"。　[2]枕：借为"沈"，深也。

[点评]

　　坎为险，坎坎为重重的坎险，在坎险中更有深的陷
阱，所以说险而且深。既然处境如此险恶，任何行动都
不会成功，只能耐心等待，切不可轻举妄动。

　　六四，樽酒，簋贰，用缶[1]，纳约自牖[2]，

终无咎。

《象》曰："樽酒，簋贰"，刚柔际也。

［注释］

[1] 樽酒，簋（guǐ）贰，用缶：一樽之酒，二簋之食，不以樽、簋盛之，而改用瓦缶之器。樽，盛酒之器。簋，盛饭之器。缶，瓦器。　[2] 纳约自牖（yǒu）：是说把这些简约的酒饭从窗户送入，表示诚意相接。纳，送入。约，简约。牖，窗户。

［点评］

六四以阴处阴，履得其正，又以柔顺上承九五之君，是近君之大臣。当此坎险之时，向君主敬献简约的礼品以表诚意，从而使六四之柔与九五之刚两相交际而相亲，可以和衷共济，克服险难，终于免遭咎害。

九五，坎不盈[1]，祗既平[2]，无咎。

《象》曰："坎不盈"，中未大也。

［注释］

[1] 坎不盈：坎险之处尚未盈满。　[2] 祗既平：小块陆地业已铲平。祗，借为"坻（chí）"，水中的小块陆地。《释文》引郑玄曰："小丘也。"《诗》曰："宛在水中坻。"

［点评］

九五居于君位，刚而得中，下与六四亲比，共度时艰，虽然没有最终摆脱险境，但坎坷之路渐趋平坦，取得了阶段性的成果，必无咎害。其所以未能最终摆脱险境，是因为九五仅与六四亲比而不与九二相应，心胸不够宽广，刚中之德发扬得不够宏大。

上六，系用徽纆[1]，寘于丛棘[2]，三岁不得，凶。

《象》曰：上六失道，凶三岁也。

[注释]

[1] 系用徽纆：用绳索捆绑起来。 [2] 寘（zhì）于丛棘：放置于丛生的荆棘之中。寘，放置。

[点评]

上六以阴柔之质而处于坎之终极，本身既无脱险的条件，又得不到有力的应援，如同被绳索捆绑置于丛棘之中，以至于三年之久都不能解脱，这是由于面临着坎险的环境而迷失了正确的履险之道，所以凶险。

离卦第三十

☲（离下离上）

离[1]，利贞，亨。畜牝牛，吉[2]。

《彖》曰：离，丽也。日月丽乎天，百谷草木丽乎土。重明以丽乎正，乃化成天下。柔丽乎中正，故亨。是以畜牝牛，吉也。

[注释]

[1]离：卦名。《离》卦由下卦、上卦都是离（☲）的两个经卦组成。离，附丽，依附。　[2]畜牝牛，吉：牝牛，即母牛。母牛之性柔顺，离之为体，以柔顺为主，故不可以畜刚猛之物，而吉于畜牝牛。

[点评]

宇宙万物的存在皆有其所依附的对象。比如日月的存在依附于天体，百谷草木的存在依附于大地，人类社会的存在则是依附于中正之道。《离》卦为两离相重，离为明，象征"重明"，光明重叠而附丽于正道，可以化成天下。六二与六五以柔爻附丽于二刚之间，又得上下二体的中正之位，这就是"柔丽乎中正"，所以亨通。

《象》曰：明两作[1]，离。大人以继明照于四方。

[注释]

[1]明两作：光明相继兴起。

《离》卦六爻莫不以相附丽为事，由于本身的素质以及所处爻位的不同，其行为的后果或吉或凶，各不相同。六二、六五两柔皆得吉，九三、九四两刚而致凶，初九、上九则因对自己的行为进行理性的调整而并获无咎，从这些具体情况可以看出，附丽之道在于柔顺而中正。

［点评］

　　光明相重相继，连续不断，这是《离》卦的象征。大人观此卦象，以连续不断的光明照临天下四方。

　　初九，履错然[1]，敬之，无咎。

　　《象》曰：履错之敬，以辟咎也。

［注释］

　　[1]错然：错落有致，恭敬谨慎的样子。

［点评］

　　初九本质阳刚，在《离》卦的开始，求附于六二，以结成以刚附柔的关系。这种关系常常由于依附者过于刚强，对过于柔弱的依附对象轻慢亵渎，不够尊重，产生难以契合的咎害。但是初九履行正道，顾全大局，能够自觉地约束自己过刚的行为，恭敬谨慎，践履得当，对六二表示应有的尊重，正确处理以刚附柔的关系，从而避免了咎害。

　　六二，黄离[1]，元吉。

　　《象》曰："黄离，元吉"，得中道也。

［注释］

　　[1]黄：中色。离：文明。

［点评］

六二以柔处柔，当位居正，履文明之盛而得其中，值此《离》卦相互依附之时，其行为方式符合"柔丽乎中正"的总体要求，所以"元吉"。所谓依附，是一个关系范畴，依附与被依附两个方面都是相对而言的。就初九与六二的关系而言，初九是依附者，六二是被依附的对象，阴不动而阳来附之，故元吉。就六二与初九、九三上下二刚的关系而言，六二是依附者，上下二刚是被依附的对象，六二以柔爻依附于二刚之中，得其中道，所以说"'黄离，元吉'，得中道也"。

九三，日昃之离[1]，不鼓缶而歌，则大耋之嗟[2]，凶。

《象》曰："日昃之离"，何可久也。

［注释］

[1] 日昃之离：九三居下卦离体之终。离为日，离体三爻，初九为日出，六二为日中，九三为日昃，夕阳西下，临近黄昏，称之为"日昃之离"。　[2] 耋（dié）：七八十岁的年纪。

［点评］

这种卦象比喻一个人已走到生命的尽头，日暮途穷，来日无多，进入了"大耋"之年。从自然生命的角度看，一个人到了老年，已经失去了年龄优势，无所依附，不可能有更多的指望。但从社会行为的角度看，却是面临着两种不同的选择。一种是"鼓缶而歌"，安时处顺，心态平和，欢度余生，做到"聊乘化以归尽，乐夫天命复奚疑"。另一种则是"大耋之嗟"，自怨自艾，庸人自扰，徒然悲伤。这后一种行为方式极端错误，非君子之所为，必将导致凶险。

李光地《周易折中》引梁寅曰："其歌也，乐之失常也。其嗟也，哀之失常也。哀乐失常，能无'凶'乎？君子值此之时，则思患之心，与乐天之诚，并行而不悖，是固不暇于歌矣，而亦何至于嗟乎？"

九四，突如其来如，焚如，死如，弃如[1]。

《象》曰："突如其来如"，无所容也。

[注释]

[1]突如其来如，焚如，死如，弃如：从爻象看，九三居下离之终，为日之西沉，九四居上离之始，为旭日东升，此时火红的朝霞喷薄而出，"突如其来"，有烈焰"焚如"之势，但霞光终究不能上附蓝天，瞬息间即消散不存，落得"死如，弃如"的结局。

[点评]

就人事而言，九四为近君之大臣，本质阳刚，急欲上进求附于六五，结成以刚附柔的关系，这种情形与初九之求附于六二是相似的。但是初九能以正道约束自己，对六二表示应有的尊重，行为检点，践履得当，"敬之无咎"。而九四则是履非其正，重刚而不中，刚猛躁动，气焰嚣张，以"突如其来"的"焚如"之势，使六五之君感受到极大的威胁。九四的这种错误行为违反了"重明以丽乎正"的准则，不能妥善处理以刚附柔的关系，以致六五拒而不纳，找不到依附的对象，从而"死如，弃如"，被人们唾弃，为天地所不容。

六五，出涕沱若，戚嗟若[1]，吉。

《象》曰：六五之吉，离王公也。

[注释]

[1]出涕沱若，戚嗟若：流出的泪水滂沱不绝，悲伤嗟叹。若，语气助词。

[点评]

六五以柔弱之质而居君位，下临九四刚猛之臣的胁迫而难以控制，处境危险，忧患深重，流出的泪水滂沱不绝，悲伤嗟叹。但是六五具有柔中的美德，能够妥善处理以柔附刚的关系，凭借着附丽于王公至尊之位的政治权力，一方面明察事理，从容应对九四的胁迫，另一方面又争取到上九之刚明的有力的援助，所以最终获得吉祥。

上九，王用出征，有嘉折首，获匪其丑，无咎[1]。

《象》曰："王用出征"，以正邦也。

[注释]

[1]有嘉折首，获匪其丑，无咎：嘉美之功在于折取其魁首，至于其胁从分子，则只是执获而不必过于追究，这种做法可以争取更多人的依附，无所咎害。首，魁首。丑，胁从分子。

《尚书·夏书·胤征》云："歼厥渠魁，胁从罔治。"

[点评]

　　《离》卦的主旨是讨论附丽之道，虽然总的原则是强调"柔丽乎中正"，"畜牝牛，吉"，以柔中为本，但是不可把这个原则看成僵化凝固一成不变的教条。上九处《离》卦之终，离道大成，有的结成了亲密依附的关系，也有少量抗拒依附的分裂势力。在这种情况下，为了安定国家，治理天下，必须阳刚果断，出师征伐。在征伐之时应该区别首恶与胁从，对首恶当严办，对胁从者当从宽。

下　经

咸卦第三十一

䷞（艮下兑上）

咸[1]，亨，利贞，取女吉。

《彖》曰：咸，感也。柔上而刚下，二气感应以相与，止而说，男下女，是以"亨，利贞，取女吉"也。天地感而万物化生，圣人感人心而天下和平。观其所感，而天地万物之情可见矣！

[注释]

[1] 咸：卦名。《咸》卦由艮（☶）下兑（☱）上组成。咸，感，是主体对客体的一种动作，由此及彼，以己感人，客体对主体之感有所回应，彼此产生感应的作用。因而凡有动皆为感，感则必有应，所应复为感，感复有应，双向互动，交相感应，天地之间

程颐《周易程氏传》："咸，感也。不曰感者，咸有皆义。男女交相感也，物之相感，莫如男女，而少复甚焉。……上下能相感，则上下之志通；以至父子、夫妇、亲戚、朋友，皆情意相感，则和顺而亨通，事物皆然，故咸有亨之理也。"

王夫之《周易内传》："咸，皆也。物之相与（相）皆者，必其相感者也。咸而有心则为感，咸，无心之感也，动于外而即感，非出于有心熟审而不容已之情，故曰咸。"

的事物也就在这个循环不已的动态的过程中结成了普遍联系的统一整体。

[点评]

就易学的基本原理而言，世界上的统一性在于乾坤并建，"二气感应以相与"，独阴不生，孤阳不长，阴阳二气并非彼此隔绝，各自孤立，而是相互感应，相互依存，结为一体，离开了这种感应的过程，也就没有世界。《咸》卦以阴阳交感为主题，联系天道与人事进行了全面的讨论。

从卦爻结构看，上兑阴卦为柔，下艮阳卦为刚，"柔上而刚下"，这种结构有利于交感作用的进行，与《泰》卦坤上而乾下的结构是相似的。这是因为，在阴阳交感的过程中，阳是主动的一方，阴是被动的一方，阳气的走势是由下往上升腾，阴气的走势是由上往下沉降，阳不甘居于下位，主动向居于上位的阴方表示交合的诚意，争取阴方的接纳，交感的过程才能顺利进行，从而产生"天地交而万物通，上下交而其志同"的效应。所谓"咸亨"，是说这种交感自有亨通之理。感而遂通，只有通过交感的过程，阴阳双方才能凝聚为畅达亨通的和谐的整体。所谓"止而说"，是说这种交感应当止于正道，达成两情相悦的目的。《咸》卦下体艮为止，上体兑为悦，艮为少男，兑为少女。少男主动追求少女，既要谦恭居下，表示对女方的尊重，又要止于正道，表示出于至诚的忠贞纯洁的相爱之情，由此而赢得女方悦而相从，把阴阳男女的交感结合建立在"止而说"的坚实的基础之上。这种阴阳交感是易学的普遍性的原理，上达天道，下及人事。

从天道的层面看，"天地感而万物化生"，天地交感促使万物生长发育。

从人事的层面看，"圣人感人心而天下和平"，圣人感化人心促使天下和平融洽。全面观察各种交感现象，深刻领会其中的感通之理，可以见出天地万物的性情。

《象》曰：山上有泽，咸，君子以虚受人[1]。

［注释］

[1] 以虚受人：以虚怀若谷的心量接纳和感应他人。

［点评］

艮为山，兑为泽，《咸》卦艮下而兑上，为山上有泽之象。泽水下润，山气上升，山泽通气，交相感应，象征着感而遂通的哲理。君子观此卦象，应当虚怀若谷，把自己的心量扩大到如同山谷那样深广，上升到包容一切的整体观的层次，不存成见，以虚受人，广泛地与他人感应沟通。

初六，咸其拇。

《象》曰："咸其拇"，志在外也。

［点评］

《咸》卦的卦形如同人的身体。初六像是脚拇指，六二像是小腿肚，九三像是大腿，九四像是心脏，九五像是脊背，上六像是张开的口舌。六爻由下往上，立足于各自不同的爻位向外追求与之交感的对象，就主观动机而言，全都符合交感之世的总体要求，是势所必然的。但就行为的后果而言，却是有的正确，有的错误，有的成功，有的失败，具体情况各有不同。通过对具体情况的具体分析，察明其原因所在，可以对交感之道获得一种深入而切实的理解，提高自己的应变能力。初六"咸其拇"，是说初六处于交感之始，所感尚浅，停留于脚拇指彼此接触的层次，没有进一步的动作。初六为阴，其交感的对象为九四之阳，虽然心志是向外追求，但是缺乏相应的行动，心行而足止，志动而感未深，交感的过程刚刚起步，交感的目的也没有完成。

六二，咸其腓[1]。凶，居吉。

《象》曰：虽凶居吉，顺不害也。

[注释]

[1]腓：小腿肚。

[点评]

六二之动由脚拇指上升到小腿肚，说明动作的幅度更大，交感的过程也更深了。从六二所处的爻位看，其交感的对象是在上之九五。六二为阴，九五为阳，这是男女之间的关系。二为臣位，五为君位，又是君臣之间的关系。面对着这种复杂的关系，六二的行为方式有两种可能的选择。一种是"咸其腓"，不顾自己的身份地位，按照主观的期望理想，抬起小腿肚急躁妄进，主动前去与九五交感。另一种是安居守正，心态平和，顺其自然，以被动的姿态争取九五以礼相待，前来与自己交感。爻辞指出，前一种行为凶险，后一种行为可获吉祥。这是因为，交感之道在于"柔上而刚下"，"止而说"，利于顺守正道，无论是就男女关系或是就君臣关系而言，居于阴位和臣位的六二都应当自尊自重，坚守自己的人格节操，按照自然的节律，循序而进。切切不可心浮意躁，急于求进，主动向对方追求，否则就会引起对方的亵渎轻慢，使得交感的过程偏离正道，流入邪僻。实际上，六二居中得正，与之相应的九五也是中而且正，二者交感合于正道，是不会发生问题的，但是爻辞明确指出其中仍然存在导致凶险的可能，用意在于提示警戒，在交感的过程中，必须上升到理性自觉的高度，作出审慎的选择。

九三，咸其股[1]，执其随[2]，往吝。

《象》曰："咸其股"，亦不处也。志在随人，所执下也。

[注释]

[1] 咸其股：感应到了大腿的位置。　[2] 执其随：盲目执着地追随他人。

来知德《周易集注》："九三刚明，宜乎卓然自立，则所执主者，乃高明自重之事，有何可羞？今乃亦不处，而志在随人，则所执者卑下之甚，不其可羞乎？'亦不处'，惜之之辞，'所执下'，鄙之之辞。"

[点评]

大腿之动,其特点是不由自主,"志在随人"。在下受脚与小腿的制约,脚与小腿先动,则大腿不能不随之而动。在上受身体的制约,上身躯干先动,大腿也不能不随之而动。九三居阳位,本质为动,"亦不处也",不能安静退处。但是九三之动有如人之大腿,并非出于自由意志,独立自主,而是毫无定见,听从他者的支配,盲目追随,所执卑下,这种动而前往,必有悔吝。就九三所处的爻位而言,上六是最为合适的交感的对象,但是既然九三"志在随人",所执卑下,对上六的追求也就不是发自内心的至诚,违反了"止而说"的正道。这种情况表明,在交感的过程中,无论是男方或是女方,都应当本于至诚,止于正道,只有这样,才能两情相悦,融洽无间。

九四,贞吉,悔亡[1]。憧憧往来[2],朋从尔思[3]。

《象》曰:"贞吉,悔亡",未感害也[4]。"憧憧往来",未光大也。

《系辞传》:"《易》曰:'憧憧往来,朋从尔思。'子曰:'天下何思何虑?天下同归而殊途,一致而百虑。天下何思何虑?……往者屈也,来者信也,屈信相感而利生焉。'"

[注释]

[1] 贞吉,悔亡:只有坚守正道,才能消除悔恨,获致吉祥。 [2] 憧憧往来:形容心神不宁,患得患失,辗转反侧,爱慕相思。 [3] 朋从尔思:朋,指初六。尔,指九四。初六被九四的真诚所感动,顺从地接受了九四的思念之情,结成了眷

属。　[4]未感害也：没有因所感不正而受到伤害。

[点评]

　九四之位在股之上，背之下，相当于人的心脏。心是感应的主体，在感应的过程中起着主导的作用，因而九四是《咸》卦的主爻，集中体现了感通之理的意蕴内涵。从卦爻结构看，九四处于艮下兑上二体之交，艮为止，兑为悦，这是符合"止而说"的总体要求的。但是九四以阳居阴，所履不正，在交感之时有可能偏离正道，所以爻辞强调指出，"贞吉悔亡"。意思是，只有坚守正道，才能消除悔恨，获致吉祥，其所以如此，是因为"未感害也"，没有因所感不正而受到伤害。九四之阳与初六之阴是正应关系，其心目中感应的对象专注于初六，由于初六"咸其拇"，停留于交感的初始阶段，对九四的追求尚未作出进一步的回应，所以九四"憧憧往来"，心神不宁，辗转反侧。这种感情专一的追求终究是会得到"朋从尔思"的回报的，初六被九四的真诚所感动，顺从地接受了九四的思念之情，结成了眷属。

　九五，咸其脢[1]，无悔。
　《象》曰："咸其脢"，志末也。

[注释]

[1]脢（méi）：脊背肉，位于心之上，身之后，在全身的部位中，反应最为迟钝，不会有任何主动性的行为，当然也不会有"憧

憧往来"的思虑。

[点评]

九五居于此位，从爻位的配置看，虽与在下之六二有应，但当六二前来与之交感时，却是麻木不仁，无动于衷，不能作出有力的回应。所谓交感，本质上是一种双向互动的行为，感则必有应，所应复为感，如果是感而不应，交感的过程就无法顺利进行。因而九五之"咸其脢"，关键在于不能双向互动，感而不应，缺乏主体的自觉，封闭保守，志向浅末。既然志向浅末，也就不会有什么主动性的行为，可以避免错误，所以也没有什么悔恨。

上六，咸其辅颊舌 [1]。

《象》曰："咸其辅颊舌"，滕口说也 [2]。

王阳明《梁仲用默斋说》："气浮则多言，志轻则多言；气浮者耀于外，志轻者放其中。"

[注释]

[1]辅颊：即面颊，脸腮。　[2]滕：翻腾。

[点评]

上六居《咸》卦之终，兑悦之上，在交感之时，企图翻腾口舌，花言巧语，取悦于人。孔子曾说，"巧言令色，鲜矣仁"。真正的交感应当建立在至诚的基础之上，这种缺乏诚意的行为只会受到人们的鄙弃，绝不能感动人心。

恒卦第三十二

䷟（巽下震上）

恒[1]，亨，无咎，利贞，利有攸往。

《彖》曰：恒，久也。刚上而柔下，雷风相与，巽而动，刚柔皆应，恒。"恒，亨，无咎，利贞"，久于其道也。天地之道，恒久而不已也。"利有攸往"，终则有始也。日月得天而能久照，四时变化而能久成，圣人久于其道而天下化成。观其所恒，而天地万物之情可见矣。

[注释]

[1] 恒：卦名。《恒》卦由巽（☴）下震（☳）上组成。恒，恒久，指事物存在的一种稳定平衡正常的秩序。这种秩序是在阴阳推移变化交相感应的过程中所形成，脱离了变化的过程，不会有正常的秩序，如果没有正常的秩序，变化就处于混乱无序的状态。因而恒与动、常与变结成了一种辩证统一的关系，保持了必要的张力。

[点评]

恒久并非一成不变，而是在变化中趋于稳定平衡，唯有稳定平衡，事物才能恒久不已地持续发展。就《恒》

卦而言，主要表现在四个方面，就是《象传》所说的，"刚上而柔下，雷风相与，巽而动，刚柔皆应"。第一，《恒》卦巽下震上，震为长男阳刚，巽为长女阴柔，"刚上而柔下"。长男长女结为夫妇，组成家庭，当本着稳定平衡的原则，男主外，女主内，建立正常的秩序。然而，秩序乃由和谐而生，交感之情是第一位的，男女之序是第二位的。第二，"雷风相与"，震为雷，巽为风，雷震于天，风行于地，风雷激荡，交相感应。第三，"巽而动"，下巽顺，上震动，这种交相感应的过程，阴顺阳，阳顺阴，动而无违，配合默契，和谐融洽。第四，"刚柔皆应"，《恒》卦六爻，初与四应，二与五应，三与上应，阴阳刚柔全都结成了交相感应的关系，是一种和谐有序的组合。由此看来，如果没有交相感应的和谐，也就没有稳定正常的秩序，所谓恒久之道，其根本精神在于恒久于通，唯有通才能久。正是由于稳定正常以交相感应作为动力之源，在动态的过程中保持平衡，所以"利有攸往"，"终则有始"，"恒久而不已"。《象传》进一步联系到天道与人事阐明这种恒久之道，"日月得天而能久照，四时变化而能久成，圣人久于其道而天下化成"。

《象》曰：雷风，恒。君子以立不易方[1]。

[注释]

[1]立不易方：立身处世不改正道，持守恒久不变的原则。方，方正、规范、原则，也就是必须始终坚持的恒久之道。

[点评]

雷震于天，风行于地，分别看来，变化不定，动而无恒，但是合而观之，"雷风相与"，雷动风随，此感彼应，交相激荡，往来不穷，其中自有一种恒久之道。君子观此卦象，应当从"雷风相与"的双向互动中全面领会恒久之道的底蕴，运用于立身处世，做到"立不易方"。

就总体形势而言，《恒》卦是个吉卦，"恒亨无咎"，"利有攸往"，但是卦中六爻无一爻全吉，后果都不是太好，根本原因是割裂了原则性与灵活性的关系，犯了不同程度的错误。通过对具体情况的具体分析，从错误中汲取教训，可以使我们更加切实地领会"立不易方"的恒久之道，用来指导我们的实际行为。

初六，浚恒[1]，贞凶，无攸利。

《象》曰：浚恒之凶，始求深也。

[注释]

[1]浚恒：浚，深。初六把恒久之道看作僵化凝固的教条，固执拘泥，不知变通，刻意求深，谓之"浚恒"。

[点评]

从爻位的配置情况看，初六与九四结为正应，按照常理，初六追求九四，争取与九四相应，并没有违反正道，也有成功的可能。但是，理有固然，势无必至，如果条件不具备，时机不成熟，尽管阴阳相应为理之所有，

恒久之道并非一成不变、僵化凝固的教条，而是建立在交相感应的基础上，是审时度势、通权达变、正确处理各种复杂矛盾的关系并使之会通整合的指导性原则。因此，恒久之道与变通之道是一种辩证统一的关系，原则性与灵活性应当有机地结合，无论是知常而不知变或是知变而不知常，把二者割裂开来，在实践的具体层面都会导致不利的后果。

也不能转化为现实，反而事与愿违，导致"贞凶"的后果。所谓"贞凶"，是说贞而不变则凶。就初六与九四的关系而言，相交不深，中间横梗着九二、九三两个阳爻，形成了严重的阻力；加上九四震体而阳性，动而上行，对初六的追求尚未理会并及时作出回应。因而初六面临这种客观形势，应当克服阻力，创造条件，顺其自然，循序渐进，不可守常而不度势，胶柱鼓瑟，刻意求深。

九二，悔亡。

《象》曰："九二，悔亡"，能久中也。

[点评]

中是和谐性的原理，正是秩序性的原理，秩序以和谐为前提，和谐以秩序为依归，就社会组织的理想状态而言，只有达成既中且正的境界才是尽善尽美的。

九二以阳居阴，所履不正，按照常理，本当有悔，但是九二刚而得中，能够恒久守持中道合理调整自己的行为，结果使得悔恨消亡。由此看来，恒久之道的本质，关键在于恒久于中，中比正更为重要。正指的是一种正常的秩序，事物各得其所宜，止于其所应处之位，由于这种秩序是通过阴阳交感之和谐统一所形成，如果没有和谐，也就没有秩序，所以为了使不正归于正，唯有立足于和谐，恒久守持中道，才能在实践层面发挥有效的调整功能。因此，恒久之道虽然是中与正的结合，但是中重于正，得中则正。《恒》卦九二虽然处中而不正，却因为能够恒久于中而使悔恨消亡，这是朝着既中且正的目标逐步逼近所取得的阶段性的成果。

九三，不恒其德，或承之羞 [1]，贞吝。

《象》曰："不恒其德"，无所容也。

[注释]

[1] 或承之羞：会受到众人的羞辱。或，虚词。

[点评]

九三以阳居阳，当位得正，但是正而不中，阳刚躁动，急欲上进，求应于上六，不安所处，是个德行无恒之人。由于恒久之道的本质在于恒久于中，中则能恒，不中则不恒，只有始终守持中道调整自己的行为，做到动不失宜，才能把各种人际关系处理得和谐融洽，合乎恒久之道。既然九三不懂得恒久于中的道理，依着自己过于刚强的本性，急躁冒进，"不恒其德"，从而不能妥善处理与群体的关系，这就只能受到众人的羞辱，落得无所容身的下场。

九四，田无禽 [1]。

《象》曰：久非其位，安得禽也。

[注释]

[1] 田无禽：打猎不会得到鸟兽。

[点评]

九四以阳居阴，不得其正，与九二相同，但是九二刚而得中，九四位不及中，二者的行为方式及其后果却有着很大的差异。九二恒久于中，能以中道消除其不正之悔，九四长久处于不中不正的位置，动而无恒，打猎不会得到鸟兽，做任何事情也不会成功。

六五，恒其德，贞。妇人吉，夫子凶。

《象》曰：妇人贞吉，从一而终也[1]。夫子制义[2]，从妇凶也。

[注释]

[1]从一而终：柔中顺从专一而能坚持始终。　[2]夫子制义：男子以义制事。

[点评]

六五之"恒其德"与九三之"不恒其德"形成了鲜明的对比，其所以如此，是因为六五柔而得中，柔顺谦恭，与在下九二之刚中相应，恒久于中。这种品德当然值得赞赏，也合乎恒久之道，但是不可僵化凝固为一成不变的教条，执一而论，而要针对不同的对象，根据不同的处境，灵活运用。对于妇人来说，这种柔中之德是吉利的，对于男子来说，则会导致凶险的后果。因为妇人之柔中，忠贞不二，"从一而终"，有利于维系家庭关系的稳定；男子则要刚决果断，以义制事，如果始终像妇人那样顺从，缺少一股阳刚之气，就很不适宜了。此外，五为君位，如果掌握至尊权力的君主始终以柔顺为恒，顺从听命于在下之强臣，那就更不应该了。

上六，振恒，凶[1]。

《象》曰：振恒在上，大无功也。

[注释]

[1] 振恒，凶：以振动而求恒，这是有凶险的。

李光地《周易折中》引王申子曰："此所谓天下本无事，庸人自扰之，其好功生事之过乎？故圣人折之曰'大无功'，言振扰于守恒之时，决无所成也。"

[点评]

当《恒》卦发展到上极之时，为了保持稳定平衡，应当镇之以静，无为而治，审慎地处理各种关系，巩固现有的成果，上六反其道而行之，躁动不安，无事生非，自然不会取得成功。

遁卦第三十三

䷠（艮下乾上）

遁[1]，亨，小利贞。

《彖》曰："遁，亨"，遁而亨也[2]。刚当位而应，与时行也。"小利贞"，浸而长也[3]。遁之时义大矣哉！

［注释］

[1]遁：卦名。《遁》卦由艮（☶）下乾（☰）上组成。遁，逃避，隐退，这是《遁》卦的总体形势。 [2]遁而亨：包含两层意思，一是指这种总体形势客观上蕴含着亨通之理；二是指在主观的行为上应当采取遁世的态度以全身避害，获致亨通。 [3]浸而长：渐次地盛长。

［点评］

从卦爻结构看，《遁》卦二阴在下，四阳在上，阴柔的势力渐次盛长，阳刚的势力渐次消退，进一步即将变为三阴在下、三阳在上的《否》卦，这种发展的势头不可阻挡，象征进入了小人道长、君子道消的乱世。虽然如此，这种乱世的局面仍然存在着转化的契机，正道并没有完全消失。因为居于君位的九五"刚当位而应"，与居于臣位的六二结成了刚柔相应的关系，能够协调并济，相互配合，在一定程度上抑制小人道长的势头，使社会政治得以保持"小利贞"的状态，由遁而致亨。

所谓"小利贞"，是说利于小有作为，从事局部的修正调整，而不利于大有作为，从根本上改变形势，其所以如此，是由《遁》之"时义"所决定的。这种"时义"是人的行为的背景，决策的依据，顺时而动，必获吉利，逆时而动，将导致灾难。人与时的关系就是主体与客体的关系，行为与环境的关系，主观能动性与客观必然性的关系。既然《遁》卦的"时义"是退避，隐遁，人们一方面必须采取遁世的态度以适应这种总体形势，做到"与时行也"；另一方面又要守持正道，尽可能地做到"小

"时义"即总揽全局的一时之大义，代表阴阳流转变化过程所达到的某一个特定的阶段，象征社会人际关系的状况和势力的消长，从总体上对卦中之六爻起支配作用，除非此卦变为他卦，这种支配作用是不会消失的。

利贞"，使之由遁而致亨。如何以清明的理性妥善处理此二者的关系，就面临着艰难的选择。

实际上，这就是生活在乱世条件下的君子如何选择出处进退的安身立命之道的问题。《遁》卦六爻依据各自所处的爻位作出了不同的选择，有的正确而获吉，有的产生了某种偏差，通过具体的比较分析，可以提到理性自觉的高度更加深刻地领会《遁》之时义，所以说"遁之时义大矣哉"。

《象》曰：天下有山，遁。君子以远小人，不恶而严[1]。

［注释］

[1]不恶而严：恶，憎恶。严，威严，严肃。既不憎恶而又严肃，这就是合乎中道了。

［点评］

上乾为天，下艮为山，天喻君子，山比小人，山不论多高，也不能接近天，小人之势盛长，君子则远而避之，这是《遁》卦的象征。由于君子与小人共同生活于社会的统一体中，鱼龙混杂，不可分离，所谓遁世，并不意味着弃绝小人而离群索居，退隐山林，或者如同伯夷那样逃到首阳山狷介自守，活活饿死，而是指一种如何在乱世正确处理与小人的关系从而明哲保身的行为方式。因此，在小人得势的社会，君子应当采取明智的

孟子曾经对伯夷、伊尹和孔子三人不同的选择进行了细致的比较，认为伯夷选择了"治则进，乱则退"的处世之道；伊尹选择了"治亦进，乱亦进"的处世之道；孔子则是选择了"无可无不可"的处世之道，"可以仕则仕，可以止则止，可以久则久，可以速则速"。孔子这种选择既保持了自己人格的尊严和对正道的坚持，又能不拘一格，适应环境的变化顺时而动，表现了极大的灵活性，正是《象传》所说的"与时行也"的完美典范。

做法避免小人的迫害，但也不必表现出憎恶的态度而断然拒绝与小人交往，只是在不得不进行这种交往的过程中，要保持严肃的态度。一方面是守持正道，不与小人同流合污，同时也可使小人知所警戒，进行正面的引导驱而之善，化消极因素为积极因素。

初六，遁尾[1]，厉，勿用有攸往。

《象》曰：遁尾之厉，不往，何灾也。

[注释]

[1]遁尾：退避不及，落在了后面。

[点评]

《遁》卦的总体形势是退避，逃遁。君子应当退避小人以全身远害，这种退避愈早愈好，如果落后于形势，延误了时机，就会有危险。初六处于遁之下极，当在上之各爻业已把握时机"好遁""嘉遁""肥遁"，自己却是迟疑拖延，尾随在后，这就面临着危险，所以说"遁尾，厉"。由于延误的时机无可挽回，既成的事实难以改变，因此企图有所作为，往前追赶，完全避免小人的纠缠，已经不再可能了，唯一明智的应对之方就是"勿用有攸往"，韬光养晦，静以待时。这种做法既可以消除灾祸；同时又可以维护自己的人格，守持正道。在决策不当犯了错误的情况下，也算是一种补救的选择，所以说"不往，何灾也"。

六二，执之，用黄牛之革[1]，莫之胜说[2]。

《象》曰：执用黄牛，固志也。

[注释]

[1]执之，用黄牛之革：用黄牛的皮革捆绑最为坚固结实。执，捆绑，固结。　[2]莫之胜说：没有人能够解脱。说，通"脱"。

[点评]

《遁》卦六爻，五爻皆遁，唯独六二被九五所执，捆绑固结而不遁。这是因为，九五作为刚中之君，为了稳定形势，创造一个"嘉遁"的局面，以便由遁而致亨，必须依赖六二的支持配合，结成刚柔相应的关系。六二作为柔中之臣，虽然与其他五爻那样有欲遁之志，却应当顾全大局，适应客观的需要，自觉地克制自己的欲遁之志，采取"固志"的做法，以柔顺中正之德去顺应九五。所谓"固志"是说固结其不遁之志，贞定自守，积极配合九五共度时艰。

九三，系遁[1]，有疾厉[2]。畜臣妾，吉。

《象》曰：系遁之厉，有疾惫也。"畜臣妾，吉"，不可大事也。

[注释]

[1]系遁：九三以阳居阳，当位得正，虽有刚明之资，欲遁之

志，但是客观的处境被在下之二阴所系缚，主观的心态又是恋恋不舍，迟疑不决，欲遁而不得遁，谓之"系遁"。系，系恋、系缚。　[2]有疾厉：陷入"系遁"的状态是"有疾厉"的。疾，疲惫。厉，危险。

[点评]

就一般情况而言，阳刚系恋阴柔，本属正常，比如畜养臣妾，亲昵相比，可获吉祥。但在阴长阳消这种特定的环境之下，阳为君子，阴为小人，九三作为刚明之君子，应当采取断然的措施远离小人，与在上之三阳同心协力以实现由遁而亨的总体目标，现在却是置总体目标于不顾，留恋于畜养臣妾之私情，这是难以做成大事的。

九四，好遁 [1]，君子吉，小人否。

《象》曰：君子好遁，小人否也。

[注释]

[1]好遁：虽情有所好而能自我克制，断绝所好，服从大局而遁退。

[点评]

九四与初六结为正应，其情之所好在于初六，如果九四昵于所好，牵于所私，这就如同九三的"系遁"那样，被初六所系缚，欲遁而不得遁。但是九四居于乾体，比于九五，能够克制私情，适应遁之时义的总体需要而"好遁"，这是履行正道的君子的作为，当然吉祥。至于小人则是难以做到的，所以说"君子吉，小人否"。

九五，嘉遁[1]，贞吉。

《象》曰："嘉遁，贞吉"，以正志也。

[注释]

[1]嘉遁：嘉美的退避。嘉，嘉美。

[点评]

从卦爻结构看，九五高居尊位，刚中得正，下应六二之柔中，这种相互协调配合的关系既是维持系统稳定的决定性因素，也是促进形势向亨通转化的关键所在。由于九五与六二之相应是以中而且正作为行为的准则，正当合理，能够适应《遁》之时义，行其所当行，止其所当止，所以既不同于九三之"系遁"，欲遁而不得遁，也不同于九四之"好遁"，必须有意克制而始得遁。这种中正之志是九五与六二结合的基础，应当始终坚持，所以六二应当"固志"，九五应当"正志"。

上九，肥遁[1]，无不利。

《象》曰："肥遁，无不利"，无所疑也。

《乾》卦《文言传》说："亨者，嘉之会也。"嘉美的荟萃就是亨通，因而"嘉遁"意味着完美地实现了由遁而致亨的总体目标，所以贞正而得吉。

［注释］

[1] 肥遁：从容地隐遁。肥，优游从容。

［点评］

抱着这种态度遁世，并不是远走高飞，逃避人世，隐居山林，而是如同《乾》卦《文言传》所说，“遁世无闷，不见是而无闷，乐则行之，忧则违之，确乎其不可拔”，做一个龙德而隐者的君子。上九处于遁之上极，面临着小人道长的形势，应当毫不迟疑地以一种平和的心态遁世无闷，明哲保身，这就无所不利了。

大壮卦第三十四

䷡（乾下震上）

大壮[1]，利贞。

《彖》曰：大壮，大者壮也。刚以动，故壮。“大壮，利贞”，大者正也[2]。正大，而天地之情可见矣。

［注释］

[1] 大壮：卦名。《大壮》卦由乾（☰）下震（☳）上组成。《大壮》卦由《遁》卦上下颠倒而成，阴与阳的组合结构和发展趋势恰恰相反。《遁》卦二阴在下，四阳在上，阴长而阳消；《大壮》

卦则是四阳在下，二阴在上，阳长而阴消。阳为大，阴为小，阳刚的势力壮大，所以命名为"大壮"。 [2]刚以动，故壮。"大壮，利贞"，大者正也：下乾为刚，上震为动，既刚健而又行动，也是壮大的意思。这种壮大利于贞正，以守正为本，只有守持正道，才能保持壮大的发展势头，所以说"大者正也"。

[点评]

从发展的势头看，四阳盛强，二阴微灭，大者胜则小者衰，刚者动则柔者退，强者长则弱者消。但是，这种阳刚壮大之势的发展必须适度，遵循自然之节律，合乎事物之正理，否则就会陷入危机，走向反面。因而大而必正，所谓正就是恰如其分，正当合理的意思。就"天地之情"而言，"天行健"与"地势坤"是相辅相成结为一体的，尽管天之乾阳刚健不息，壮大发展，但其发展的势头却是适应地势之厚重滞碍，恰如其分，呈现为一种阶段性的进展，这就是正，也就是宇宙自然的固有的秩序和规律，所以说"正大，而天地之情可见矣"。把这种"大者正也"的自然规律运用于社会人事，阳为君子，阴为小人，君子道长，小人道消，如何保持这种良好的发展势头，在行为的选择上不犯错误，守持正道，就是一个值得认真探讨的重要问题。《大壮》卦的总体形势是有利的，是个吉卦，但是卦中六爻，凶多吉少，通过对这些具体事例的分析，可以使我们更为切实地领会用壮之道，在大好的形势下少犯错误，作出正确的决策。

《象》曰：雷在天上，大壮。君子以非礼弗履。

［点评］

上震为雷，下乾为天，雷震动于天上，声威甚壮，是为《大壮》。雷本来在天之下，现在转化为天之上，这种对立面的相互转化是自然界的普遍规律，是天之道也。从社会现象来看，这种卦象也象征着以卑乘尊，壮而违礼，君子看了这种卦象，应该戒惧警惕，使自己的行为遵循礼的规范，"非礼弗履"。礼是秩序性的原理，也就是正。《履》卦《象传》说："上天下泽，履。君子以辨上下，定民志。"天在上，泽居下，《履》卦的这种卦象象征着合乎当位得正的本然的秩序，"履者，礼也"，履就是礼。《大壮》卦的卦象"雷在天上"，是这种本性秩序的颠倒，就自然现象而言，表现了阳刚之势的壮大盛长，自有其必然之理。但就社会人事的应然之理而言，应该懂得壮而违礼则凶的道理，尽管君子道长，形势大好，也必须"非礼弗履"，守持正道。

初九，壮于趾[1]，征凶，有孚[2]。

《象》曰："壮于趾"，其孚穷也。

［注释］

[1]壮于趾：脚趾强壮，逞强好胜。　[2]征凶，有孚：向前进必有凶险，这种凶险是确信而必然的。孚，信其必然。

［点评］

初九以阳居阳，刚强自负，勇于前进，有"壮于趾"

之象，即脚趾强壮，逞强好胜。但是前进必然会陷入困境，导致凶险。其所以如此，是因为初九在决策上没有守持正道，犯了两个错误。一是对前进的方向缺乏明确的考虑，在与九四无法结成相应关系的条件下仍然轻举妄动，盲目向前。二是对自身的处境缺乏清醒的认识，在地位卑下羽翼未丰之时而自不量力，急欲用壮。用壮之道，利于贞正，初九不懂得这个道理，以刚在下，恃强凌物，方向不明，一往直前，其行为的后果由穷困而凶险，也就是必然的了。

九二，贞吉。

《象》曰："九二，贞吉"，以中也。

[点评]

九二处于阳刚壮大发展的势头，守正而得吉，谓之"贞吉"。实际上，九二以阳居阴，其位不正，但是刚而履中，能够以中道克制自己过刚的行为，做到不违于正，"非礼弗履"，所以说"'九二，贞吉'，以中也"。在阳刚壮大发展之时，最容易犯的错误就是恃强用壮，头脑发热，不顾主客观实际条件的限度，一味求进，犯分越轨，偏离正道。为了使不正归于正，在具体的操作上应当履行中道进行合理的调整。中是和谐性的原理，其实质的内涵就是阴阳协调，刚柔并济，保持双向互动的平衡。

当大壮之时，阳刚过盛，就绝不可恃强用壮，而必须谦退用柔，自我克制，妥善处理与阴柔势力的互动，达到协调并济的平衡。如果平衡受到破坏，大好的形势就会毁于一旦，正常的秩序也将化于乌有。这就是得中则正的道理，只有履行中道，在大壮之时不用壮而用柔，才能使不正归于正，合乎"大者正也"的总体要求。

九三，小人用壮，君子用罔[1]，贞厉。羝羊触藩，羸其角[2]。

《象》曰："小人用壮"，君子罔也。

[注释]

[1]君子用罔：君子不用壮。罔，不。用罔，即不用壮。　[2]羝羊触藩，羸其角：公羊用角抵触藩篱，角被拘累缠绕。羝羊，公羊。羸，拘累缠绕。

[点评]

九三以阳居阳，处于乾体之上极，刚强健动，在行为方式上面临着两种可能的选择。一种是恃强用壮，另一种是谦退守正，虽强而不用。这两种不同的选择也就是小人与君子之分。小人不明事理，恃强用壮，就像公羊抵触藩篱，角被藩篱缠绕，无法解脱。君子面对这种情况，懂得应当柔和自守以保持大好形势，不用壮而更壮。

九四，贞吉，悔亡。藩决不羸[1]，壮于大舆之輹[2]。

《象》曰："藩决不羸"，尚往也。

[注释]

[1]藩决不羸：冲破藩篱不再被拘累缠绕。　[2]壮于大舆之輹：像大车的轮辐那样坚实强壮。

［点评］

九四以阳刚之质而居阴柔之位，质刚而用柔，合乎"大者正也"的总体要求，能够自觉地运用刚柔并济的正理调整自己的行为，免除失正之悔，所以说"贞吉，悔亡"。这就像公羊决开了藩篱的障碍，羊角没有被拘累缠绕，又像大车的轮辐那样坚实强壮。九四的前方是两个阴爻，既然藩篱决开，道路通畅，这就利于进取前往了，所以说"'藩决不羸'，尚往也"。

六五，丧羊于易^[1]，无悔。

《象》曰："丧羊于易"，位不当也。

［注释］

[1] 丧羊于易：在田畔丧失了羊，是六五的象征。易，通"场"，即田畔。

［点评］

五为阳刚之位，六五以阴柔居之，其位不当。这种爻位表明，六五作为阳长而阴消的分界线，在大壮之时转入阴柔，已经丧失了阳刚盛长的势头而不能用壮，就像公羊在田畔丧失了一样。但也正因为不能用壮，反而保持了谦和柔顺的心态，妥善地接纳四阳的盛长，特别是柔而得中，与九二之刚中结成了相应的关系，所以处理各种关系没有悔恨。

易：王弼《周易注》"丧壮于易，不于险难，故得无悔"，解作难易之易。程颐《周易程氏传》解作"和易"。朱熹《周易本义》："易，容易之易，言忽然不觉其亡也。或作疆场之场，亦通。"《释文》："陆作场，谓疆场也。"来知德《周易集注》："易即场，田畔地也。"综上，"易"或解作容易、和易；或解作疆场、田畔。今取后者。

上六，羝羊触藩，不能退，不能遂[1]，无攸利。艰则吉。

《象》曰："不能退，不能遂"，不详也。"艰则吉"，咎不长也。

[注释]

[1] 不能退，不能遂：不能后退，也不能前进。

[点评]

公羊抵触藩篱，角被藩篱缠绕，既不能退，也不能进，进退两难，这就是上六所陷入的困境。其所以如此，是因为"不详也"，没有详细周密地考虑各种主客观的实际条件。上六处于大壮之终极，客观上已无前进的可能，再加上体柔质弱，主观上不具备前进的实力，但是仍然像公羊那样去抵触藩篱，进退失据就是必然的了。如果在艰难困苦之中谦和守正，并且争取九三的有力应援，也可获得吉祥，使咎害不致于久长，所以说"'艰则吉'，咎不长也"。

晋卦第三十五

䷢（坤下离上）

晋[1]，康侯用锡马蕃庶，昼日三接[2]。

《彖》曰：晋，进也。明出地上。顺而丽乎大明，柔进而上行，是以"康侯用锡马蕃庶，昼日三接"也。

［注释］

[1]晋：卦名。《晋》卦由坤（☷）下离（☲）上组成。晋，上进，前进，在人事上指臣子由下往上提级晋升，是个吉卦。　[2]康侯用锡马蕃庶，昼日三接：以康侯的故事为喻。康侯即周武王之弟，封于康地为诸侯，由于治国有功，晋谒天子，蒙受了众多车马的赏赐，一日之内三次被接见。这种天子礼遇诸侯的关系象征政治清明的大好形势，贤臣幸逢明君，仕途通畅，可以积极进取，有所作为。

［点评］

从卦爻结构看，坤下而离上，坤为地，离为明，光明出现在大地上有"明出地上"之象。坤为顺，离为丽，在下者顺从附丽于在上者之光明，呈现为"顺而丽乎大明"。柔爻由下往上升进，至于六五而居尊位，其发展的态势为"柔进而上行"。这几个方面构成了一幅大地上的万物蒙受阳光的普照而茁壮生长的大自然的图景。用来比喻人事，"明出地上"就是明君在上，"顺而丽乎大明"就是在下之贤臣依附于明君，得到明君的礼遇，"柔进而上行"就是贤臣晋升之路通畅无阻，形势大好。

就《周易》的哲学原理而言，天道与人事既有相似性，又有同构性，在阴阳刚柔推移运动发展到《晋》卦的阶段，推天道以明人事，用康侯的故事来比喻，是非常形象贴切的。

《象》曰：明出地上，晋。君子以自昭明德[1]。

所谓"明德"，包含两重含义，一是指遵循行为规范的道德意识，二是指审时度势的理性精神。前者可以合乎人事的应然之善，后者可以合乎人事的本然之真。合而言之，也就是《周易》哲学所反复强调的中正之德。这既是天地阴阳和谐统一的客观外在的必然之理，也是人的主观内在的禀赋，为人性的本质所固有，称之为"明德"。

[注释]

[1]自昭明德：使自己本身所固有的"明德"昭明显示出来。

[点评]

既然"明出地上"，形势大好，作为自强不息的君子究竟应当怎样利用这种大好形势来实现自我，这就是《晋》卦所要讨论的主题。《象传》认为，关键在于"自昭明德"，即首先使自己本身所固有的"明德"昭明显示出来，发挥主观能动性，才能顺应客观形势实现自我。《晋》卦六爻，有的中而且正，有的正而不中，有的不中不正，在处理道德意识和理性精神的关系上有不同的表现，后果也很不一样。通过具体分析可以使我们对如何"自昭明德"有更为切实的体会。

初六，晋如[1]，摧如[2]，贞吉。罔孚[3]，裕无咎[4]。

《象》曰："晋如，摧如"，独行正也。"裕无咎"，未受命也。

[注释]

[1]晋如：向前进。如，助词，用于语末，相当于"焉"。　[2]摧如：受挫折。　[3]罔孚：不能见信于人。　[4]裕：宽裕。

[点评]

初六以阴居阳，幸逢"柔进而上行"的大好形势，但是前进的道路却遭遇到挫折。这是因为，初六阴柔在下，力量微弱，其前进的方向是企图与九四结为正应，得到九四的应援，而九四不中不正，如同无能而又贪婪的鼫鼠，只知迷恋自己的权势，并不能给初六委以晋升的任命；再加上初六的前方横梗着六二与六三两个阴爻，形成了阻力，这就必然遇到挫折，陷入"罔孚"的困境。"罔"是不，"孚"是信，"罔孚"即不能见信于人。虽然如此，困境仍然是可以摆脱的。从审时度势的角度看，应当停止前进，静以待时，安贞而获吉。从遵循行为规范的角度看，应当履行正道，"独行正也"，保持自己独立的人格。此二者结合起来，就可以做到"裕无咎"。"裕"是宽裕，也就是泰然自若、优游从容、平和宁静的心态。如果能够以这种心态应对面临的困境，就不会有什么咎害。

六二，晋如，愁如，贞吉。受兹介福，于其王母[1]。

《象》曰："受兹介福"，以中正也。

[注释]

[1]受兹介福，于其王母：受到这样大的福佑，是从王母那里得来。王母，即祖母，指六五。介，大。

[点评]

六二前进的道路并不平坦，有"愁如"之象，主要是因为前方之六五也是阴柔之质，无法结成阴阳相应的关系，贸然前进，方向不明朗，后果难确定，不能不心怀忧虑，满面愁容。但是六二居中得正，能够"自昭明德"，正当而合理地处理与六五的关系，终于"受兹介福"，得到了来自"王母"的福佑。六五柔而履中，居于至尊的天子之位，作为全卦之主，承担着维护大好形势的重大责任，是一个慈祥祖母的形象。六二既然具有中正的美德，必定会受到六五柔中之君的礼遇倚重，如同康侯晋谒天子蒙受赏赐，"昼日三接"那样，所以说"'受兹介福'，以中正也"。

六三，众允[1]，悔亡。

《象》曰：众允之，志上行也。

[注释]

[1] 众允：得到众人的信从和认可。允，信从，认可。

[点评]

六三以阴居阳，其位不正，本当有悔，前进的道路也不平坦，但是由于得到众人的信从和认可，道路畅通，悔吝消亡。从总体形势看，《晋》卦表现为"柔进而上行"，"顺而丽乎大明"，六三以柔顺之质居于下体坤之上极，其上行之志合乎形势的需要，而且与在下之二阴志同道合，达成共识，相互信赖，彼此支援，这就一定会实现晋升的目的，上通于大明之君。

九四，晋如鼫鼠[1]，贞厉。

《象》曰："鼫鼠，贞厉"，位不当也。

[注释]

[1] 鼫（shí）鼠：是一种贪婪无能而危害人类的大鼠。

《说文》："鼫，五技鼠也。能飞，不能过屋；能缘，不能穷木；能游，不能渡谷；能穴，不能掩身；能走，不能先人。"

[点评]

九四以阳居阴，不中不正，晋升高位，贪恋权势，嫉妒贤才，就是这种鼫鼠的形象。从爻位关系看，四为近君大臣之位，九四以鼫鼠之质而居此位，一方面嫉贤妒能，极力阻挡在下三阴的晋升之路；另一方面阳刚失正，威逼在上六五大明之君，其行为的后果是非常危险的。

六五，悔亡，失得勿恤[1]。往吉，无不利。

《象》曰："失得勿恤"，往有庆也。

[注释]

[1] 失得勿恤：不必忧虑得失。

[点评]

六五以阴居阳，本有失正之悔，其所以"悔亡"，关键在于柔而得中，作为柔中之君，适应了"柔进而上行"的总体形势，满足了在下之三阴"顺而丽乎大明"的晋升意愿，特别是妥善地处理了与六二柔中之臣的关系，孔子曾说:"无为而治者,其舜也与! 夫何为哉? 恭己正南面而已矣!"(《论语·卫灵公》)六五本质柔顺,胸怀至诚,委贤任能,设官分职,所有具体事务,无论得失,自有专人负责治理,这就可以像舜一样不必亲劳其事,"失得勿恤",恭恭敬敬端正自己,守持中道,垂拱而天下治。

自觉地以柔中之道调整自己的行为,君臣同心,协调配合,因而"失得勿恤,往吉,无不利"。所谓"失得勿恤",是说各种关系安排得井井有条,处于自相治理的最佳状态,用不着费心劳神忧虑其得失。这是无为而治的理想,是政治运作所追求的最高境界。

上九,晋其角[1],维用伐邑[2],厉吉,无咎。贞吝。

《象》曰:"维用伐邑",道未光也。

[注释]

[1]晋其角:晋升到兽角的尖端。　[2]维用伐邑:凭借其刚强之势征伐邑国。维,助词,用于句首,无义。用,介词,凭。

[点评]

上九以刚爻居于晋之上极,如同晋升至兽角的尖端,象征"柔进而上行"之势业已终结,转向刚进而上行。在这种情况下,可凭借其刚强之势征伐邑国,虽然危险,结果吉祥。但是,这种以力服人的霸道的行为与《晋》卦执谦守柔的总体要求相背离,将会带来羞吝,晋长之道不够光明正大,所以说"'维用伐邑',道未光也"。

明夷卦第三十六

䷣（离下坤上）

明夷[1]，利艰贞。

《彖》曰：明入地中，明夷。内文明而外柔顺，以蒙大难，文王以之。"利艰贞"，晦其明也。内难而能正其志，箕子以之。

[注释]

[1] 明夷：卦名。《明夷》卦由离（☲）下坤（☷）上组成。离为明，坤为地，光明沉没于大地之中，大地一片黑暗，光明受到创伤，有"明入地中"之象，与《晋》卦"明出地上"之象正相反对。就社会人事而言，《晋》卦象征政治清明的治世，《明夷》卦则是象征政治黑暗的乱世。

[点评]

在古代的历史上，殷纣王的时代是一个政治黑暗的乱世，一个明夷之世，文王和箕子生活在那个时代，作出了合理的行为选择，为后世树立了学习的榜样。当时文王被纣王囚禁于羑里，蒙受大难，但是文王"内文明而外柔顺"，一方面臣服事殷，同时在羑里的牢狱中推演《周易》，终于渡过了危难。箕子是纣王的叔父，也被纣王囚禁，但是箕子"内难而能正其志"，一方面披发佯

自古以来，治乱相循，受客观必然性的支配，作为一种总揽全局的形势构成人所遭逢的时运，是必须承受而不能自由选择的，但是人作为行为的主体，却可以根据不同的时运自由地选择合理的出处进退之道。如果有幸欣逢治世，应当选择积极进取，晋升仕途，实现自我。相反，如果不幸遭逢乱世，就应当选择内敛自守，韬光养晦，明哲保身。

狂，同时守正不移，后来接受武王的访问，传授了《洪范》大法。这两人在明夷之世选择了"利艰贞"的处世之道，能够在艰难的环境下维护正道，是非常明智的做法。

《象》曰：明入地中，明夷。君子以莅众，用晦而明 [1]。

[注释]

[1]用晦而明：用韬晦之道把自己的明德隐藏起来，以保全明德不受伤害。

[点评]

《晋》卦的卦象"明出地上"，象征政治清明的治世，君子应当"自昭明德"，使自己内在的明德昭明显示出来，表现于外。《明夷》卦的卦象"明入地中"，象征政治黑暗的乱世，君子则要反其道而行之，应当"用晦而明"，即用韬晦之道把自己的明德隐藏起来，收敛自守，不露锋芒。就君子内在的明德而言，包含道德意识与理性精神两个方面，本来是一以贯之，完整统一的，但是由于客观环境有治世与乱世的不同，为了审时度势，通权达变，在外在的行为方式上就应当有不同的选择。如果说"自昭明德"是在顺境中实现自我的行为方式，"用晦而明"则是在逆境中实现自我的最佳选择。因而"用晦而明"并不是使自己的明德泯灭消亡，随波逐流，丧失自我，而是身处逆境退而自保的一种变通的做法，因为只有"用晦"才能保全自己的明德不受伤害，并且进一步待人处事，更好地承担维护正道的责任，这就是《明夷》卦所讨论的主题。

初九，明夷于飞，垂其翼[1]。君子于行，三日不食[2]。有攸往，主人有言[3]。

《象》曰："君子于行"，义不食也。

[注释]

[1] 明夷于飞，垂其翼：在光明被伤害之初就飞走，低垂着翅膀悄悄离开。　[2] 君子于行，三日不食：君子在行程中，三天吃不上食物。　[3] 主人有言：主人出言责怪。

[点评]

初九是一位内怀明德的君子，在明夷之世的初始阶段，就预见到邪恶即将残害正义，政治黑暗即将来临，故如同小鸟那样，低垂着翼翅，飞离险境，逃避远遁。这是一种"见几而作"的明智的做法。"几"是事态发展趋势的征兆，吉凶祸福的苗头，君子一旦发现了这种征兆苗头，就应当赶紧抓住，立即行动，不要等到明天。既然如此，在逃避远遁的过程中，必定会遇到艰难险阻，忍饥挨饿，三天都吃不上食物，沿途投宿的主人也难以理解这种行为，出言责怪。实际上，这是为了韬光养晦，退而自保，从理性的角度看，是十分明智的，所以说"'君子于行'，义不食也"。

《系辞传》说："几者，动之微，吉之先见者也。君子见几而作，不俟终日。"

六二，明夷，夷于左股[1]，用拯马壮[2]，吉。

《象》曰：六二之吉，顺以则也。

[注释]

[1]夷于左股：左面的大腿负伤。　[2]用拯马壮：有强壮的马匹前来拯救。

[点评]

六二处于明夷之世的发展阶段，业已受到邪恶势力的残害，左面的大腿负伤，但是有强壮的马匹前来拯救，终于获得吉祥。六二不像初九那样逃避远遁，而是坚守岗位，维护大局，在可能的范围内与邪恶势力进行较量。就主观条件而言，六二柔而当位，居于下体离卦之中，离为文明，这就是正而且中，内文明而外柔顺，具有承受危难而又能从容应对的优良品质。就客观条件而言，在当时的社会群体中，正义的力量虽然微弱，但并未完全消失，六二既然以中正之德坚定地承担维护大局的责任，这就必然会成为一个凝聚的中心，得到正义的力量的应援。六二审慎考虑了各种主客观的条件，采取了力能救则救之的行为方式，尽管左股负伤而终于获吉，是符合理性的法则的，所以说"六二之吉，顺以则也"。

九三，明夷于南狩[1]，得其大首[2]。不可疾，贞[3]。

《象》曰：南狩之志，乃大得也。

[注释]

[1]明夷于南狩：明夷之世，出兵南狩征讨。　[2]大首：元凶祸首。　[3]不可疾，贞：不可以急于求成，当贞守正固。

[点评]

九三本质阳刚雄强，居于离之上极，内怀文明之德，在明夷之世，面对着以上六为代表的昏君暗主，进行正义势力与邪恶势力的较量，出兵南狩征讨，擒获了元凶祸首，实现了南狩之志，大有所得。在这个过程中，仍然要奉行"用晦而明"的原则，应当周密筹划，谨慎从事，不可操之过急。

六四，入于左腹[1]，获明夷之心[2]，于出门庭[3]。

《象》曰："入于左腹"，获心意也。

[注释]

[1]左腹：左边的腹部。左，有顺从、退避之义。腹，指内部。　[2]获明夷之心：了解了明夷之世的根本原因。　[3]于出门庭：于是出门庭而远走。

[点评]

《明夷》卦在下之离体为至明之德，在上之坤体为至暗之地，六四由离体进到坤体，"入于左腹"，掌握了大量内部的信息，对于邪恶势力的卑鄙的心意有了

孔颖达《周易正义》："凡右为用事也，从其左不从其右，是卑顺不逆也。"

深入的了解，"获明夷之心"，于是毅然走出门庭，逃避远遁。

六五，箕子之明夷，利贞[1]。

《象》曰：箕子之贞，明不可息也[2]。

[注释]

[1]箕子之明夷，利贞：箕子的光明受到伤害，利于守正。　[2]息：通"熄"。

[点评]

六五所居之位比六四更为黑暗，因为比近于上六之昏君暗主，正之则势不敌，救之则力不能，去之则义不可，如同生活在殷纣王时代的箕子的处境，动辄得咎，艰难万分。但是箕子"内难而能正其志"，佯狂为奴，韬光养晦，终于消灾免祸，保全了自己，说明尽管在明夷之世，邪恶也不能压制正义，光明也不会熄灭。

上六，不明晦[1]，初登于天，后入于地。

《象》曰："初登于天"，照四国也。"后入于地"，失则也。

[注释]

[1]不明晦：不发出光明反而带来昏暗。

［点评］

上六不明而晦，是黑暗势力的代表，开始凭借霸道权势，显赫一时，如同登临上天，后来却是跌入地下，身败名裂，落得悲惨的下场，关键在于违背正确的法则。

家人卦第三十七

☲（离下巽上）

家人[1]，利女贞。

《彖》曰：家人，女正位乎内，男正位乎外，男女正，天地之大义也。家人有严君焉，父母之谓也。父父，子子，兄兄，弟弟，夫夫，妇妇，而家道正，正家而天下定矣。

［注释］

[1] 家人：卦名。《家人》卦由离（☲）下巽（☴）上组成。《家人》卦集中讨论家庭伦理。

［点评］

儒家一贯主张，天下之本在国，国之本在家，家齐而后国治，国治而后天下平，家庭伦理是社会伦理与政治伦理的基础。在一家之内，父母是尊严的家长，如同国之严君一样。父为男，男性刚而动，宜于主持外事，

王夫之《周易内传》："此则纣之象也。'不明晦'者，君昏而天下皆为之暗也。'初登于天'，谓先王之克配上帝。'后入于地'，殷后王之丧师也。五，君位，而上为明夷之主者，天位已去，寄居天位之上，将消亡之象。"

宽与严、爱与敬是相互矛盾的，如果过分强调严的一面，往往产生尊而不亲的偏向，患在寡恩。反之，如果过分重视宽的一面，往往产生亲而不尊的偏向，患在寡威。由父母共同配合所组成的家人之严君则可以通过相辅相成的作用把这两个矛盾的方面有机地统一起来，使之无过无不及，母性的慈爱与宽容可以制约父性的威严而不致流入寡恩，父性的威严又可以制约母性的宽柔而不致流入寡威。这种宽与严、爱与敬的矛盾的统一，可以妥善地处理家庭内部的父子、兄弟、夫妇的人际关系，是一种既合情又合理的正家之道。

故"男正位乎外"。母为女，女性柔而静，宜于主持内事，故"女正位乎内"。

父母的职责尽管不同，却是相互配合，刚柔并济的，因而家人之严君既不单单是父也不单单是母，而是共同配合的父母。这是因为，家庭内部的各种人际关系是一个矛盾的统一体，一方面不能不辨明上下尊卑之序，否则就无从树立家长的权威而使家庭成员失去统率，因而必须强调阴阳之分的原则，治家要严，以敬为主；另一方面，又不能不维护家庭内部感情上的团结，做到和睦融洽，交相爱乐，因而必须重视阴阳之合的原则，治家宜宽，以爱为本。

由于家庭伦理是社会伦理与政治伦理的基础，所以说"正家而天下定矣"。《周易》把儒家的这个主张提到阴阳哲学的高度来论证，认为"男女正，天地之大义也"。所谓"天地之大义"，也就是乾坤并建之义，阴阳协调、刚柔并济之义。就宇宙天地之全体而言，由乾元与坤元两大对立的势力所组成，独阴不生，孤阳不长，不能有乾而无坤，也不能有坤而无乾，乾刚坤柔，相互依存，协调并济，作为一种内在的动力之源，洋溢着蓬勃的生机活力。因而乾称父，坤称母，乾坤六子，宇宙天地如同一个和谐而有序的大家庭。人类社会的家庭也遵循着同样的原理，家人之严君由父母共同组成，不能有父而无母，也不能有母而无父，父母各正其位履行不同的职责，但又相互配合发挥一体化的功能，这就把正伦理与笃恩义两个矛盾的方面有机地结合起来而不致流于一偏。

实际上，这条原理就是《周易》哲学所一贯强调的中道。从《家人》卦的卦爻结构看，"女正位乎内"指的是六二，"男正位乎外"指的是九五。六二阴爻居阴，当位得正，在内卦之中位，是为柔中。九五阳爻居阳，当位得正，在外卦之中位，是为刚中。六二与九五是《家人》卦的主爻，一方面各正其位，同时又结成柔中与刚中密切相应的关系，阴顺阳，阳顺阴，遵循中道的原理调整自己的行为，共同维护家庭的秩序与和谐，所以说"家人有严君焉，父母之谓也"。

《象》曰：风自火出，家人。君子以言有物而行有恒[1]。

[注释]

[1] 言有物而行有恒：说话有事实的根据，切合情理。做事遵循一定的规范，恒久不变。

[点评]

外卦巽为风，内卦离为火，大凡火烈则风盛，风自火出，象征一家之风化，自内而出。君子观此卦象，懂得了物有本末、事有终始的道理，齐家以修身为本，修身以言行为先，因而作为一家之长，首先应该做到"言有物而行有恒"。如果家长以身作则，严于律己，树立了榜样，这就自然而然产生一种风化的作用，使得家庭成员受到感染，普遍效法，抓住了正家之道的根本。

初九，闲有家[1]，悔亡。

《象》曰："闲有家"，志未变也。

［注释］

[1]闲有家：有所防卫才能保有其家。闲，防止，守卫。

［点评］

治家之道，在于首先制定一套行为规范，树立家规家法，使家庭成员有所遵循，防止邪僻，守卫正道，营造一种和谐而有序的精神氛围，这也是所谓家教。初九以刚明之才，处家人之初，为家人之始，承担着治家的重任。如果早在家庭成员没有受到社会上不正之风的影响而志意未变之时，首先推行这种家教，一方面防微杜渐，同时进行正面的引导，就可以保持良好的家风，不至于产生悔恨。

六二，无攸遂[1]，在中馈[2]，贞吉。

《象》曰：六二之吉，顺以巽也。

［注释］

[1]无攸遂：无所作为。　[2]在中馈：在家中主持饮食之事。

［点评］

六二"女正位乎内"，主持内务，虽然对外务无所作为，但是与"男正位乎外"的九五配合默契，秉承内在的柔顺谦和之德，相夫教子，恪守贤妻良母的本职，使得家庭成员交相爱乐，所以说"六二之吉，顺以巽也"。

九三，家人嗃嗃[1]，悔厉，吉。妇子嘻嘻[2]，终吝。

《象》曰："家人嗃嗃"，未失也。"妇子嘻嘻"，失家节也。

[注释]

[1]嗃(hè)嗃：严肃拘谨。　[2]嘻嘻：嬉皮笑脸，毫无检束。

[点评]

治家之道，理想的境界应该是宽与严的有机的结合，合乎中道的原则，做到严肃而不伤和气，宽容而不失家节，但在具体的操作过程中，往往因各种原因而流于一偏。九三以阳居阳，刚而不中，治家过严，使得家庭成员受到很大的约束，循规蹈矩，谨小慎微，缺少一种交相爱乐的融洽气氛，产生"悔厉"的偏差。不过比较起来，这种过严的做法比起过宽仍然稍胜一筹，因为过于宽容，不加节制，使得家人成天嘻嘻哈哈，放荡不羁，恣情适欲，最终必将违反家庭伦理以至社会伦理的规范，带来羞辱。从这个角度看，治家之道，宁可过严，不能过宽，既然在具体操作中很难达到宽与严有机结合的完美境界，那就只能退而求其次，权衡过严与过宽的利弊得失，以明智理性的态度选择一种相对的合理性。

六四，富家[1]，大吉。

《象》曰："富家，大吉"，顺在位也。

[注释]

[1]富家：使家道殷实富裕。

[点评]

六四以柔居阴，当位得正，秉承巽顺谦和的美德，把家庭成员的各种人际关系处理得和睦融洽。家和则万事兴，因而理财有方，家道殷实，发家致富，所以说"'富家，大吉'，顺在位也"。

九五，王假有家[1]，勿恤，吉[2]。

《象》曰："王假有家"，交相爱也。

[注释]

[1]王假有家：达到了治家之道的完美境界。假，至。　[2]勿恤，吉：无须忧虑而自然获得吉祥。

[点评]

九五"男正位乎外"，刚而得中，与六二之柔中结成密切相应的关系，阴阳协调，刚柔并济，作为家人之严君，把整个家庭凝聚为一个"交相爱"的和谐的统一体。由于九五居至尊之位，也是天下人之严君，能够把这种王者的治家之道推广运用于全天下，产生感化和表率的作用，使得人人亲其亲而长其长，交相爱乐，这就营造出一种太平盛世，达到政治的最高理想了。

上九，有孚，威如[1]，终吉。

《象》曰：威如之吉，反身之谓也[2]。

[注释]

[1] 有孚，威如：孚，诚信。威，威严。"有孚，威如"是诚信与威严的结合，称之为威信。如果只有威严而无诚信，可以使人敬畏而不能使人悦服，反之，如果只有诚信而无威严，则不能严明法度。因而由此二者结合所形成的威信，就是一种使人心悦诚服的力量。　[2] 反身：反求诸己。

[点评]

上九刚严于上，正心诚意以率下，作为一家之长，在家人中享有崇高的威信，治家有方，所以终获吉祥。就这种威信形成的原因而言，关键在于"反身"，即反求诸己，做到反身而诚。《大学》指出，"所谓诚其意者，毋自欺也"。反身而诚的要旨就是不要自我欺骗，一言一行，发自内心，既不矫揉造作，也不乔装伪饰，表里如一，如同水晶一样透明。诚于中则形于外，这就自然赢得人们的信任，衷心悦服，从而形成了威信。所以说"威如之吉，反身之谓也"。

睽卦第三十八

《孟子·滕文公》曰："物之不齐，物之情也。"就事物的本性而言，这种乖异、背离、对立的情形是普遍存在的。但是另一方面，异中必有同，离中必有合，宇宙万物正是由于这种同异离合相互依存的关系结成了对立的统一。因而站在哲学的高度正确认识事物间的这种对立统一的关系，懂得如何在异中求同、离中求合的道理，可以使我们避免决策上的失误，采取有效的措施来化解乖异、背离，不致激化成为对抗性的冲突，破坏和谐稳定的大局。这就是《睽》卦所讨论的主题。

䷥（兑下离上）

睽[1]，小事吉[2]。

《彖》曰：睽，火动而上，泽动而下，二女同居，其志不同行。说而丽乎明，柔进而上行，得中而应乎刚，是以"小事吉"。天地睽而其事同也，男女睽而其志通也，万物睽而其事类也。睽之时用大矣哉！

[注释]

[1]睽：卦名。《睽》卦由兑（☱）下离（☲）上组成。睽，乖异、背离、对立的意思。　[2]小事吉：做小事吉祥。

[点评]

从卦爻结构看，《睽》卦由兑下离上组成，上卦离为火，火性炎上，下卦兑为泽，泽性润下，此二者动作的态势相互背离，也就是背道而驰。兑为少女，离为中女，二女同居一室，待字闺中，心有所属的男子却是互不相同，"其志不同行"，这就是乖异。虽然如此，《睽》卦的卦爻结构同时也蕴含着化解的契机。因为下卦之兑象征和悦，上卦之离象征光明，上下二体结成了一种"说而丽乎明"的关系，以和悦的姿态附丽于光明，说明在乖异背离之中仍有相互沟通合同的一面。此外，"柔进而上行，得中而应乎刚"，柔爻上行居于六五之尊位，秉承柔中之德以与九二刚中之臣相应，君臣同心协力，遵循中道的原则调整自己的行为，配合默契，这也是化解乖异背离的有利因素。如果善于把握这些有利于化解的因素，小心从事，循序渐进，虽不能成就大事，也可以做到"小事吉"，在一些具体问题的处理上获得相对满意的效果。

因此，对客观事物的认识，应该有一个全面的观点，不可只知其一，不知其二，两个看起来是相反的事物，实际上是互相依赖，互相促成的。比如"天地睽而其事同也"，天高地下，看似相反，但是天地交泰，共同完成生养万物的事功；"男女睽而其志通也"，男女生理有别，性情相反，但是彼此追求，相互感通；"万物睽而其事类也"，万物的形体特性互不相同，睽异乖离，但是同受阴阳变化规律的支配，共生共存，统一于仪态万千的宇宙整体。所有这些事例，说的就是一个相反相成的道理。这是一个具有普遍意义的哲学道理，把这个道理运用于实际，针对具体情况去化解具体存在的对立使之达于统一，称之为合睽之道，也叫作睽之时用。这种合睽之道是一种十分卓越的决策思想，既伟大又高明，所以说"睽之时用大矣哉"。

《象》曰：上火下泽，睽。君子以同而异。

所谓"以同而异"，说的就是一个"和"字。"和"必包含同与异两个对立的方面，而以异为前提，排斥异的同是简单的等同，并不是和。"和"与"同"的区别，在于"和"是容忍差异，尊重差异，"同"则是反对差异，消灭差异。

[点评]

《睽》卦的卦象上火下泽，看似相反，实则相成，君子观此卦象，懂得了"以同而异"的道理，一方面于异中求同，另一方面又于同中保存其所异，使事物的同异关系相反相成，维持动态的平衡。同与异是相对而言的，由于个性的差异是事物的根本，异比同更重要。如果人们只知简单的等同，不顾事物的根本，好同而恶异，去和而取同，追求无个性的共性，必然引起乖违，造成天下睽而不合、动乱冲突的恶果。反之，如果尊重个性，尊重差异，知睽之足以有为，懂得合睽之道，在事物彼此差异之间寻求一种平衡的结合点，使之相反相成，并存于一体，这就是和，达到了"和而不同"的理想境界。这既是一个认识的过程，也是一种行为方式的自由的选择，吉凶得失由此而生。《睽》卦六爻，通过具体生动的事例，立足于操作经验的感受，阐发了这种"君子以同而异"的合睽之道。

初九，悔亡。丧马，勿逐自复[1]。见恶人，无咎。

《象》曰："见恶人"，以辟咎也[2]。

[注释]

[1]丧马，勿逐自复：丢失了马匹，不用追逐，它会自己回来。 [2]辟咎：避免咎害。辟，通"避"。

[点评]

初九之悔在于与九四结成了一种敌应而行的关系。所谓敌应是说此二爻相互敌对而不彼此配合。初九以刚爻居阳位，处于睽乖离散之世的初始，刚而好动，力求有所作为，扭转局势，但是上体作为同位爻的九四也是阳刚之性，两刚相遇，同性相斥，不但缺乏有利的应援，反而形成极大的阻力。因而初九步履维艰，动而有悔，如同在前进的道路上丧失了马匹，又遇见了恶人。面对这种困境，究竟应该怎样运用合睽之道来进行化解呢？首先要保持宽舒从容的心态，等待时机，不可鲁莽轻率，急于从事，因为丢失的马匹，愈逐愈远，不用追逐，是会自动回来的。其次，对于作为对立面的恶人，要有一个全面的观点，做到异中求同，不可褊狭固执，采取排斥拒绝的态度，而要主动接纳，扩大交往，因为只有通过交往的过程，才能捐弃前嫌，达到谅解，避免因矛盾激化而产生的咎害，所以说"'见恶人'，以辟咎也"。

九二，遇主于巷[1]，无咎。

《象》曰："遇主于巷"，未失道也。

[注释]

[1]遇主于巷：在小巷不期而遇见了主人。主，指六五。

[点评]

六五为君，九二为臣，君臣相遇不在宫廷正殿而在里中小巷，这是在睽乖之世的一种非正常的情况。虽然如此，这种君臣相遇并未违失合睽之道。因为化解睽乖的有利因素，关键在于"柔进而上行，得中而应乎刚"，六五以柔爻上行居柔中之君的尊位，必须与九二刚中之臣结成相应的关系，才能稳定大局，而九二也必须积极主动与六五配合，共度时艰，才能发挥应有的作用。但在睽乖之世，人心离散，君臣道隔，只是本着各自内在的需求，相互追寻，终于不在宫廷正殿而在里中小巷不期而遇，这种遇合看似偶然，实则必然，有利于化解睽乖，合乎正道。

六三，见舆曳，其牛掣，其人天且劓[1]。无初有终[2]。

《象》曰："见舆曳"，位不当也。"无初有终"，遇刚也。

[注释]

[1] 见舆曳（yè），其牛掣（chè），其人天且劓（yì）：一辆车停在路上，有人往后拖，牛在往前拉，既不能前进，也不能后退，进退两难，而驾车的人也受了重创，如同受了髡（kūn）刑和劓刑的刑徒。曳，往后拖。掣，往前拉。天，剃去头发的髡刑。劓，割掉鼻子的劓刑。　[2] 无初有终：开始艰难，最终顺利。

[点评]

六三的困境通过大车在路上进退失据的形象作了生

天：一种说法是，《释文》引马融曰："剠凿其额曰'天'。"《集解》引虞翻曰："黥额为'天'。"这种说法是指在罪人的额头上刺字以罚其罪。另一种说法是，《周易口义》曰："'天'当作'而'字，古文相类，后人传写之误也。然谓'而'者，在汉法，有罪髡其鬓发曰'而'。"两种说法都是指古代的某种刑罚，一或为额头刺字的黥刑，一或为剃去头发的髡刑，今取后者。

动的比喻。从爻位配置的角度看，六三本质阴柔而居阳刚之位，力量单薄，在前进的路上又受到上下二刚的牵制，九四阻于前，九二牵于后，进退维谷，陷入困境，其所以如此，关键在于"位不当也"。但是另一方面，摆脱困境的有利因素仍然是存在的，因为六三与上九结成阴阳相应的关系，必然会得到上九的援助消除障碍，克服阻力；加上六三居于兑体之上，具有和悦柔顺之德，能够妥善处理与九二、九四的关系，不致鲁莽灭裂，激化矛盾，所以"无初有终"，开始艰难，最终顺利。

九四，睽孤[1]，遇元夫[2]，交孚[3]，厉无咎。
《象》曰：交孚无咎，志行也。

[注释]

[1]睽孤：睽乖孤独。　[2]遇元夫：遇到秉承阳刚之德的丈夫。　[3]交孚：相交以信。

[点评]

九四以阳居阴，其位不正，前后又被二阴围困，睽乖孤独，处境是危厉的。但是遇见了"元夫"，一个秉承阳刚之德的丈夫，两人相遇以诚，相交以信，终于渡过了难关，免遭咎害。"元夫"指初九，初九与九四本为敌应关系，开始也曾把九四看作"恶人"，但是初九善于运用合睽之道化解，以宽舒从容的心态主动接见，交往沟通，力求达成共识，化敌为友，因而当九四处于睽乖孤独穷困危厉之时，遇见了初九，得到有力的应援，就如同遇见了"元夫"。两人皆以合睽之道交相孚信，共同致力于匡时救弊，所以说"交孚无咎，志行也"。

六五，悔亡。厥宗噬肤[1]，往何咎？

《象》曰："厥宗噬肤"，往有庆也。

[注释]

[1]厥宗噬肤：其宗族同党遇合相应，克服阻碍就像咬噬皮肤一样地顺利容易。厥，代词"其"。噬，用牙咬。肤，皮肤。骨头坚硬，皮肤柔脆，用牙咬皮肤，噬而嗑之，当然顺利。

[点评]

六五以阴柔居于至尊的君位，掌握了最高权力，承担着稳定大局化解睽乖的重任，由于力量单薄，不堪重任，有悔是必然的，但是终于使得悔恨消亡，获得福庆。其所以如此，关键在于《象传》所指出的，"得中而应乎刚"，即履行中道的原则与九二刚中之臣结成了阴阳相应的关系。"厥宗噬肤"说的就是九二的情况。从六五的角度看，九二作为刚中之臣，是自己的宗族同党，本质上相亲相辅，称之为"厥宗"。九二在谋求与六五遇合相应的过程中，面临着六三从中作梗，形成了障碍，但是这个障碍是容易克服的，如同"噬肤"一样。因此，六五应当主动前往争取九二的辅佐，来营造一种君臣共治的良好的政治局面。这种做法不仅毫无咎害，而且大有喜庆，所以说"'厥宗噬肤'，往有庆也"。

上九，睽孤，见豕负涂，载鬼一车[1]。先张之弧，后说之弧[2]。匪寇，婚媾。往遇雨则吉。

《象》曰：遇雨之吉，群疑亡也。

[注释]

[1]睽孤，见豕负涂，载鬼一车：睽乖孤独，看见涂满了污泥的猪，还有装满了一车的鬼怪。　[2]先张之弧，后说之弧：先张开弓箭要射，后又放下弓箭。说，通"脱"。

[点评]

上九之"睽孤"与九四之"睽孤"相同，都是睽乖背离，孤独无依，陷入困境。但是九四之"睽孤"是由客观的原因即所处的爻位不当所造成，而上九之"睽孤"却是由主观的原因即不正常的猜疑心理所造成。就爻位配置的情况而言，上九与六三客观上存在着一种阴阳相应的关系，彼此遇合照说不会有问题。但是当六三克服重重阻力驾着牛车主动前来与上九遇合，上九却不明事理，胡乱猜疑，无中生有，产生种种病态的幻觉，把驾车的牛看作背上涂满了污泥的猪（见豕负涂），把驾车的人看作装满一车的鬼怪（载鬼一车），于是胸怀敌意，张弓用箭来射。后来经过一番仔细观察，才明白了真相，原来六三并非敌寇，而是前来婚媾的对象，这就消除了猜疑心理，放下了弓箭。由此可以看出，主观心理上的胡乱猜疑也是促使人际关系睽乖背离的重要原因。正是由于上九消除了这种病态心理，才能与六三结成正应，如同阴阳和合而产生甘雨，

李光地《周易折中》引耿南仲曰："凡物之情，信然后合。合则愈信，疑然后睽，睽则愈疑。"

李光地《周易折中》引《朱子语类》云："《小畜》之上九曰'既雨既处'，《睽》之上九曰'往遇雨则吉'者，畜极则通，睽极则和也。"

终于获得吉祥。

蹇卦第三十九

䷦（艮下坎上）

蹇[1]，利西南，不利东北。利见大人，贞吉。

《彖》曰：蹇，难也，险在前也。见险而能止，知矣哉！"蹇利西南"，往得中也。"不利东北"，其道穷也。"利见大人"，往有功也。当位"贞吉"，以正邦也。蹇之时用大矣哉！

[注释]

[1] 蹇：卦名。《蹇》卦由艮（☶）下坎（☵）上组成。《蹇》卦的卦义是艰难险阻，但是《蹇》卦的主题则是"蹇之时用"，即如何审时度势，采取明智正确的决策以克服艰难险阻的功用。

[点评]

从卦爻结构看，上坎为险，艰难险阻横亘在前，这就是《蹇》卦总体形势的象征。下艮为止，面对着艰难险阻，"见险而能止"，这就是一种清醒理性的明智态度。所谓"止"，并不是意志消沉，畏惧退缩，无所作为，而是指停下来"反身修德"，从主观和客观两个方面进行冷静的反思，审慎地估量，谋求应对之方。只有通过这种反思估量，才能避免轻举妄动的错误，作出正确的决策，当行则行，当止则止。

就客观环境而言，西南属阴，为坤卦所在的方位，象征平坦的大地；东北属阳，为艮卦所在的方位，象征险峻的高山。处于蹇难之时，对于客观环境和行进方位的选择，当然是避难就易，有利于平坦而不利于险峻，所以说"'蹇利西南'，往得中也。'不利东北'，其道穷也"。

再就爻位配置的情况而言，九五位居君位，刚而得中，作为全卦的主爻，掌控全局，以大中至正之道拯济蹇难，是一个"大人"的形象，紧密团结在"大人"的周围，必能拨乱反正，建立功业，所以说"'利见大人'，往有功也"。其他各爻，除初六外，皆能阴居阴位，阳居阳位，爻皆当位，各履其正，特别是六二、九五，既中且正，相互应和，这就为正邦治国准备了有利的条件，所以说"当位'贞吉'，以正邦也"。

总起来说，人们处于蹇难之世，面对着重重的艰难险阻，既不可张皇失措，急躁冒进，也不可悲观消极，不图进取；必须保持审慎冷静的心态，对现实的处境进行清醒的理性分析，以忧患之心，思忧患之故，谋求克服艰难险阻的切实可行的对策，所以说"蹇之时用大矣哉"。

《象》曰：山上有水，蹇。君子以反身修德[1]。

[注释]

[1]反身修德：反回来提高自身的品德修养。

[点评]

上坎为水，下艮为山，山势险峻，曲折坎坷，水流受到阻碍，不能一往直前，象征行进过程中的蹇难。关于这种蹇难，固然由多种客观的原因所造成，但从谋求应对之方的角度看，应当"反身修德"，着重于提高主体自身的品德修养和决策水平。所谓"反身"即反求诸己，从客观回到主观，反过来追问自己对客观环境的认识是否正确，在行为的选择上是否恰当，也就是从主观上找原因，自我检讨，谋求进一步的调整充实，去克服蹇难。

初六，往蹇，来誉[1]。

《象》曰："往蹇，来誉"，宜待也。

[注释]

[1]往蹇，来誉：往前走会遇到蹇难，回来会得到称誉。往，前往上进。来，回来复归原位。

[点评]

初六以阴居阳，才质柔弱而有躁动之心，处于蹇难之世的初始，在行为方式上面临着两种可能的选择，一种是前往，一种是回来。但是，就其可预见的后果而言，前往必将陷入蹇难而不能自拔，回来复归原位则会带来称誉。

这是因为，初六与六四并无正应，而六四又在坎险之地，冒险前进，入于坎险，必然是愈陷愈深，不能自拔。在这种情况下，明智的做法就是"见险而能止"，抑制自己躁动的心态，止于原位，静以待时，所以说"'往蹇，来誉'，宜待也"。

六二，王臣蹇蹇，匪躬之故[1]。

《象》曰："王臣蹇蹇"，终无尤也。

［注释］

[1] 王臣蹇蹇，匪躬之故：王臣承担着重重蹇难，不是为了自身的缘故。

［点评］

六二的处境也是蹇难之世，但却没有选择"见险而能止"的行为方式，而是不顾个人的安危，奋勇前进，结果使得自己的处境蹇而又蹇，难上加难，尽管如此，仍然心安理得，毫无怨尤。六二的这种做法在于履行崇高的道德责任，表现了大公无私、志匡王室的忠臣风范。从爻位配置的情况看，六二柔而得中，居于臣位，与九五刚中之君结为正应，面临蹇难之世，为了顾全大局，维护整体利益，君臣应当患难与共，同心协力，承担拯济蹇难的重任，因而"王臣蹇蹇，匪躬之故"，非为一身之计，而是勤王之难，甘冒重险，履行自己义不容辞的道德责任。六二的这种行为选择是值得赞赏的。

九三，往蹇，来反[1]。

《象》曰："往蹇，来反"，内喜之也。

[注释]

[1]往蹇，来反：往前上进会遇到艰难，应反过来复归其所。

[点评]

　　九三阳刚健动，处于内外两卦交接之地，如果前往上进，就会入于外卦坎险，前途艰难。反之，如果回来复归于艮止，就会使得内卦的两个阴爻感到喜悦，本身也安宁。从爻位配置的情况看，九三与上六本为正应，但是上六居于坎体之上，才质柔弱不能给以有力的应援，因而这种正应关系只会使自己陷入坎险，是不必主动前往去追求的。而九三本身居于内卦艮体之上，集中体现了"见险而能止"的处蹇之道，性格刚毅，决策果断，止而不前，回归原位，自然为下面的两个阴爻做出了榜样，使他们感到有所依赖，有所效法，安心喜悦，所以说"'往蹇，来反'，内喜之也"。

毛奇龄《重定周易费氏学》："济蹇之术亦多矣，九三之来而复反，盖欲先安其内也。"

六四，往蹇，来连[1]。

《象》曰："往蹇，来连"，当位实也。

[注释]

[1]往蹇，来连：前往必有蹇难，归来也是祸患连连，进退维谷。

［点评］

《蹇》卦六爻，唯有六四的处境最为困难。这是因为，六四升至坎体，已经入于坎险之地，再往前进，只能愈陷愈深，难以自拔；回归又面临着凌驾于九三之上的困境，这是以柔乘刚，很不吉利。因而前进和后退都失去了依据，进退两难。在这种由客观的爻位所决定而无可奈何的困境中，六四应当如何自处，作出合理的应对呢？《小象》指出，明智的做法就是"当位实也"。所谓"当位"是指六四阴居阴位，当位得正，应当固守自己的本位，既不必进，也不必退。由于固守本位，自然心态平实，宠辱不惊，面对着重重的艰难险阻，处之泰然，保持一个"淡泊以明志，宁静而致远"的独立坚强的人格。

天道循环，蹇难之世只是暂时的现象，等到大的环境有了改变，自身所遭遇的困境也将随之而消除，所以六四"当位实也"的应对之道，是一种最为明智的选择。

九五，大蹇，朋来[1]。

《象》曰："大蹇，朋来"，以中节也。

［注释］

[1] 大蹇，朋来：承受大的蹇难，友朋前来相助。

［点评］

九五之蹇不是小蹇，而是"大蹇"，其所以如此，是因为九五所承受的内外双重压力，比其他各爻更为沉重。就外部压力而言，九五陷入坎体的正中，坎险发展到极盛阶段，面临的客观形势是非常艰难的。从主观方面说，九五居于至尊的君位，掌握全局，一身系天下之安危。

尽管环境不利，也不能推卸责任，独善其身，而必须勉为其难，苦心经营，励精图治，承受超出常人的压力。但是九五之"大蹇"却生发出"朋来"的良好效应，因为九五秉承刚中之德，与六二柔中之臣配合默契，和衷共济，保持阳刚中正的气节，举措得当，从而赢得了众多志同道合的友朋前来鼎力相助。

孔颖达《周易正义》："得位居中，不易其节。"

上六，往蹇，来硕[1]。吉，利见大人。

《象》曰："往蹇，来硕"，志在内也。"利见大人"，以从贵也。

[注释]

[1]往蹇，来硕：前往必有蹇难，回归可获得硕果。

[点评]

上六前往必有蹇难，回归则可获硕果，如意吉祥，这是由其所处的爻位境遇所决定的。因为上六处于蹇之上极，到了蹇难之世的尽头，快要走出蹇难了，前方已无路可走，再往前进，只会重新陷入蹇难；至于回归于内，则可以与九三结成阴阳相应的关系，又能亲比于九五刚中之"大人"，得到有力的支撑，形势是十分有利的，所以说"往蹇，来硕"。为了适应这种形势，上六应当调整自己的心态，由外向转为内向，把重点放在争取内部力量的援助上，此外还要以柔顺之德服从居于尊贵之君位的九五。如果在心态上做到了"志在内也""以从

贵也"这两条，使主观符合于客观，这就必定能够化险
为夷，获得吉祥的硕果。

解卦第四十

䷧（坎下震上）

解[1]，利西南。无所往，其来复吉。有攸往，
夙吉。

《彖》曰：解，险以动，动而免乎险，解。"解，
利西南"，往得众也。"其来复吉"，乃得中也。"有
攸往，夙吉"，往有功也。天地解而雷雨作，雷
雨作而百果草木皆甲坼[2]。解之时大矣哉！

［注释］

[1]解：卦名。《解》卦由坎（☵）下震（☳）上组成。《解》
卦继《蹇》卦发展而来，象征蹇难得到暂时的缓解。　[2]甲坼
（chè）：指草木百果的种子萌发新芽时外皮裂开。坼，《说文》：
"裂也。"

［点评］

从卦爻结构看，下坎为险，上震为动，《解》卦之
所以象征解缓之世，是因为震动乎坎险之外。如果遇险
不动，则无由解难；动在险中，亦未能免咎。现在《解》

卦取象于动乎险外，"险以动，动而免乎险"，正是意味着险难的形势得到了缓解。虽然如此，这种缓解只是暂时的现象，险难并未完全消除。究竟总体形势是朝着大治的方向顺利发展还是逆转而为乱世，关键在于决策是否合理，行为是否正确，特别是在宏观战略上是否能适应环境的变化，处理好有为与无为的关系。"解，利西南，无所往，其来复吉"，这说的是在解缓之世的初始阶段，应当实行无为的战略，而不可有为。西南为坤卦所在的方位，象征平坦的大地，险难已解，可以休养生息，恢复元气，此时应秉承《坤》卦"厚德载物"的精神，宽厚平易，清静无为，以柔道治天下。

经历了长期的动乱冲突进入解缓之世，如同由崇山峻岭来到广阔的平原，人们迫切需要安定，因而清静无为是可以大得民众之心的，所谓"无所往"就是无所为的意思。《老子》曰："我无为而民自化，我好静而民自正，我无事而民自富。"这种无为的战略合乎事物之所宜，称之为"得中"，所以说"'其来复吉'，乃得中也"。另一方面，虽然总体形势朝着好的方向发展，但是动乱冲突的因素仍然存在，加上纪纲未立，法度未明，此时应在宏观的战略上作一番调整，转向正面的建设，积极有为，不可苟且偷安，要力求早日修复治道，取得实效，所以说"'有攸往，夙吉'，往有功也"。"夙"是早的意思，"夙吉"即早日得吉。这种无为与有为灵活运用的处解之道，源于对天地宇宙自然规律的深刻认识。就天地阴阳二气而言，有时也会否结不通，睽乖背离，只有当矛盾得到缓解，阴阳和合，交相感应，才能形成雷雨，于是百果

由于社会系统的运作具有内在的自我调节的功能，动乱与稳定、冲突与和谐是一个往返来复的过程，当动乱冲突的因素得到缓解，稳定和谐的秩序正在恢复，切不可急躁冒进、有为不止，去干扰破坏这种自我调节的功能。

草木的种子在雷雨的滋润震动下绽开外壳，生根发芽，从而使整个宇宙展现蓬勃的生机。由此可见，缓解之时的功效是十分伟大的。

《象》曰：雷雨作，解。君子以赦过宥罪[1]。

［注释］

[1]赦过宥罪：赦免过失，宽宥罪恶。

［点评］

《解》卦上震为雷，下坎为雨，雷雨兴作，百果草木绽开外壳，萌发了生机。这种生机处于初始阶段，幼稚嫩弱，来之不易，应当细心呵护培育，切忌拔苗助长，横加干涉，戕害扼杀。君子观此卦象，用于治理人事，应当推行宽大简易的政策，"赦过宥罪"，赦免过失，宽宥罪恶，来维护社会的生机。因为大难过后，人心思定，动乱冲突的因素业已缓解，恢复了正常的和平安定的生活，这正是社会生机之所在。此时应效法自然，采取适当的措施缓解矛盾而不可激化矛盾。如果在解缓之世不务从宽简，企图行术用明以察奸伪，严刑峻法以除恶止邪，这就重新激化了矛盾，干扰了社会自组织的过程，破坏了来之不易的大好形势，是一种极不明智的错误做法。

初六，无咎。

《象》曰：刚柔之际，义无咎也。

[点评]

初六以柔爻而居阳位，在蹇难未解之时，柔弱者不能无咎，处蹇难始解之初，总的形势是赦过宥罪，平息险难，缓解宽松。初六正是遭逢到这种好的形势，加上其爻位在于"刚柔之际"，比于九二，应于九四，与两刚爻相交接，随刚而动，所以虽以柔弱处无位之地，不能有解难而济厄的大作为，但就其本身而言，是不会有什么过咎的。

王弼《周易注》："黄，理中之称也；矢，直也。田而获三狐，得乎理中之道，不失枉直之实。能全其正者也。故曰'田获三狐，得黄矢，贞吉'也。"

九二，田获三狐[1]，得黄矢[2]，贞吉。

《象》曰：九二贞吉，得中道也。

[注释]

[1] 田获三狐：田猎获得了多只狐狸。三狐，比喻隐患，也就是解缓之世产生险难的症结所在。　[2] 黄矢：比喻刚直中正的行为准则。

[点评]

九二以刚居中，上应于六五，得到六五之君的信任，而且动于险中，对险情了解得很清楚，所以最适宜于担负排难解险的重任，秉承这种刚直中正的美德去消除隐患，是必定可以贞正而获吉的。

六三，负且乘，致寇至[1]，贞吝。

《象》曰："负且乘"，亦可丑也。自我致戎，又谁咎也。

[注释]

[1]负且乘，致寇至：背负重物而乘坐大车，招致盗寇抢劫。

[点评]

六三以阴处阳，以柔乘刚，而又攀附于九四，是一种柔邪谄媚窃居高位的小人，这就如同一个人负物而乘车，招摇过市，必然会引来盗寇来抢劫。小人窃居高位，炫耀自己的不义之财，招引盗寇来夺取，这是咎由自取，不能怪罪别人的。

《系辞传》解释这条爻辞说："作《易》者其知盗乎！《易》曰：'负且乘，致寇至。'负也者，小人之事也。乘也者，君子之器也，小人而乘君子之器，盗思夺之矣。"

九四，解而拇[1]，朋至斯孚[2]。

《象》曰："解而拇"，未当位也。

[注释]

[1]解而拇：舒解脚拇指的隐患，摆脱六三的纠缠。解，舒解。而，即汝，指九四。拇，指六三。　[2]朋至斯孚：初六这位友朋自然就会前来以诚信之心结成阴阳相应的关系。朋，指初六。

[点评]

九四以阳居阴，其位不正，虽与初六有着正应关系，但是受到六三的阻碍，不能诚心相感。六三是一位柔邪谄媚的小人，极力攀缘依附于九四，如同生了隐患的脚拇指，使得九四步履维艰，不良于行。在这种情况下，九四应当采取断然的措施，摆脱六三的纠缠。如果九四不再亲比于"未当位"的六三，且消除了与初六交往的阻碍，初六这位友朋就会怀着诚信之心前来。

六五，君子维有解[1]，吉。有孚于小人[2]。

《象》曰：君子有解，小人退也。

[注释]

[1]君子维有解：君子能够解除险难。君子，指六五。维，语气助词。　[2]有孚：怀有诚信。

[点评]

险难之所以解除，在于君子道长，小人道消，正面的势力上升。六五居尊而有君主的权力，履中而有中和的美德，下与九二之刚相应，得到有力的辅助，以这种君子之道去解难释险，必获吉祥。"有孚于小人"，可以取信于小人，使得他们心悦诚服而无怨尤，所以说"君子有解，小人退也"。

上六，公用射隼于高墉之上[1]，获之，无不利。

《象》曰："公用射隼"，以解悖也[2]。

[注释]

[1]公用射隼（sǔn）于高墉之上：王公发箭射击据于高墙之上的恶鸟。上六居于大臣之位，称之为"公"。隼，是一种恶鸟，

指六三。高墉，高的土墙，指六三所窃居的高位。　[2]解悖：解除悖乱。

[点评]

六三窃居高位，凶恶贪残，作为小人势力的代表，是破坏大好形势的祸根隐患。上六采取断然措施，如同射隼一样，将其射落，这就从根本上解除了悖乱的祸根，维护了大好形势，所以说"'公用射隼'，以解悖也"。

损卦第四十一

☶（兑下艮上）

损[1]，有孚，元吉，无咎，可贞，利有攸往。曷之用？二簋可用享。

《彖》曰：损，损下益上，其道上行。损而有孚，"元吉，无咎，可贞，利有攸往。曷之用？二簋可用享"。二簋应有时，损刚益柔有时，损益盈虚，与时偕行。

[注释]

[1]损：卦名。《损》卦由兑（☱）下艮（☶）上组成。损，减损。《损》卦的卦义是"损下益上"，"损刚益柔"，这是因为《损》

卦的卦体由《泰》卦变化而来。《泰》卦乾下坤上,减损下卦乾体的九三去增益上卦坤体的上六,九三由刚变柔,上六由柔变刚,于是《泰》卦就变成了《损》卦。

[点评]

损是减损,益是增益。由于阴阳刚柔两大对立的势力经常出现过于盈满或者过于亏欠的现象,不能保持稳定的平衡,所以"损益盈虚,与时偕行",随时进行自我调节,使之复归于平衡。就天道自然的领域而言,无心而成化,本身就是一个自我调节的机制,能够自发地"损有余而补不足",促使各种对立的因素相互制约,达到相对稳定的生态平衡。

但就社会人事的领域而言,由于受到认识的偏差、决策的失误以及利益的驱动种种人为的干扰,常常反其道而行之,"损不足以奉有余"。这种错误的做法只能促使贫富强弱的两极分化愈演愈烈,把相互依存的对立面激化成不可调和的斗争,从根本上破坏了平衡。因此,如何顺应天道自然的规律来指导社会人事的运作,能够做到"有余以奉天下",关系到政治的成败,民心的向背。《损》卦和《益》卦分别从"损下益上"和"损上益下"两个不同的角度讨论这个主题,总的目的是以稳定平衡为依归,为人们确立一个适应客观形势变化的"与时偕行"的决策思想。这种损益呈现为一种"其道上行"的发展势头,但同时也是"损而有孚","与时偕行",合乎自然的节律,适应平衡的需要,不可躐等冒进,超越应有的限度。如果损之又损,三阳皆升,三阴皆降,就会

《老子》曰:"天之道,其犹张弓与?高者抑之,下者举之,有余者损之,不足者补之。天之道,损有余而补不足;人之道则不然,损不足以奉有余。孰能有余以奉天下?唯有道者。"

变为《否》卦，总体平衡将随之而破坏。

从社会人事运作的角度看，所谓"损而有孚"指的是本于诚信，顺应民心，公平正义，遵循中道的原则。比如损有余以补不足，损文而用实，损奢而从俭，损人欲以归天理，这些做法平衡了社会的矛盾，维护了公平正义，赢得了民心，虽损而实益，因而"元吉，无咎，可贞，利有攸往"，取得了良好的实效。

究竟应当怎样来运用这种减损之道呢？"曷之用？二簋可用享。"拿祭祀之时所行的奉献之礼来说明，内心的诚敬是根本，居于首位，外在的文饰是末节，居于次位，只要心存诚敬，用两簋简约的祭品来奉献，也是可行的。这种诚敬之心兼顾到内容与形式、文饰与实质两个方面，只是在特定的情况下，损文以就实，文虽损而诚愈存，末虽损而本不丧，是一种变通趣时的灵活的做法，所以说"二簋应有时，损刚益柔有时"。

总起来说，"损益盈虚，与时偕行"，从事社会人事的运作，应当审时度势，当损则损，当益则益，适应阴阳刚柔推移变化或盈或虚的具体形势，作出正确的决策进行调节，来建构一个稳定协调而又焕发生机活力的局面。

《象》曰：山下有泽，损。君子以惩忿窒欲 [1]。

[**注释**]

[1] 惩忿窒欲：惩治自我的忿躁之心，窒息自我的贪婪之欲。

[点评]

《损》卦下兑为泽，上艮为山，有山下有泽之象，泽卑山高，象征泽体自我减损以增益山体之崇高。君子观此卦象，惩治自我的忿躁之心，窒息自我的贪婪之欲，从调节自我的心态入手，来奉行损有余而补不足的处损之道。从宇宙整体的角度看，天道与人事遵循着相同的规律，社会系统与自然系统同样具有自我调节的功能，而社会系统的平衡之所以常常受到破坏，关键在于以忿躁之心与贪婪之欲进行人为的干扰，违反正道，恣意妄为，损不足以奉有余，从而扼杀了社会的生机，阻碍了其本身固有的调节功能。因此，必须"惩忿窒欲"，自我减损，损之又损，恢复自然无为的状态，才能正确地奉行损道，"损而有孚"，取得"元吉，无咎，可贞，利有攸往"的良好实效。

初九，已事遄往[1]，无咎，酌损之。

《象》曰："已事遄往"，尚合志也。

[注释]

[1]已事遄（chuán）往：办完自己的事，迅速前往。已，完成。遄，快速，疾速。

[点评]

初九居于《损》卦的下位，与居于上位的六四相互依存，结为正应。初九为刚，盈满有余，六四为柔，亏欠不足。所以当初九办完自己的事，不可独善其身，应当迅速前往去援助六四，以适应一体化的要求，与上合志。初九的这种做法，也就是损下益上，损刚以益柔，损有余以补不足；同时也是损己以益人，在道德上完全是正当的。但也必须酌量情势，合理地进行，既不可自不量力，过度减损自己，也不要强加于人，引起对方的反感。只有经过再三斟酌，反复考量，做到正当而合理，才能志同道合，满足一体化的要求。

九二，利贞，征凶。弗损，益之。

《象》曰："九二，利贞"，中以为志也。

[点评]

九二以刚阳之贤而佐六五阴柔之君，按照常理而言，应该是"其道上行"，"损下益上"，"损刚益柔"。但在特定的处境下，九二则是利于贞正，坚守本位，不自损其刚，而使六五之君得益，如果迅速前往，将有凶险。因为六五之君本质阴柔，其所需要的佐命大臣不是曲意顺从而是刚毅严正，九二守正不阿，保持了自己刚阳之贤的本质，正是适应了六五之君的这种内在的需要，所以不自我减损而使之得益。九二的这种做法实际上是"中以为志"，奉行了中道的原则。就九二所处的爻位而言，以阳居阴，刚而得中，阴阳刚柔配合的比例达到了适度的平衡，得其中道，因而处理损益的关系，当损则损，不当损则不损，能够灵活变通，适应客观形势的需要，"与时偕行"。从这个角度看，既然六五之君需要的是以刚济柔，如果采取损刚益柔的做法，就是背逆形势，有失中道，只有"中以为志"，坚守本位，不自损其刚，才是适应形势的明智的做法。

六三，三人行，则损一人。一人行，则得其友。
《象》曰："一人行"，三则疑也。

《系辞传》对这条爻辞解释说："天地絪缊，万物化醇。男女构精，万物化生。《易》曰：'三人行，则损一人。一人行，则得其友。'言致一也。"所谓"致一"指的是阴阳刚柔双向互动的平衡，也就是对立的统一。这种平衡与统一是宇宙间的生机活力之所在，但在推移变化的过程中，有时会出现阳刚有余而阴柔不足的情况，这就要根据具体情况进行适当的调节。

[点评]

《损》卦是由《泰》卦的九三与上六两爻相互交换其刚柔之位而成，《损》卦的六三即《泰》卦的九三，《损》卦的上九即《泰》卦的上六，因而《损》卦的成卦之义关键在于六三与上九两爻，集中体现了"损下益上""损刚益柔"的损道精神，总的目标是促使阴阳刚柔协调并济，形成相对的平衡。就《泰》卦而言，下体三阳，刚健雄强，皆欲上行，势必取代上体之三阴而变为《否》卦，这就从根本上破坏了平衡，达不到预期的目标，所以"三人行，则损一人"，只有让九三上行，去承担"损刚益柔"的任务。当九三上行与上六交换位置，九三变成六三，上六变成上九，这才结成相应关系，情投意合，找到了朋友，所以说"一人行，则得其友"。六三"损刚益柔"以应于上九，一人独行，是最为明智的做法，如果三人同行，一齐去应于上九，这就使得上九穷于应对，无所适从，增加了疑虑，所以说"'一人行'，三则疑也"。

六四，损其疾^[1]，使遄有喜^[2]，无咎。

《象》曰："损其疾"，亦可喜也。

[注释]

[1]疾：疾病，缺陷。　[2]遄：迅速。

[点评]

六四以阴柔居上，阴柔有余而阳刚不足，存在着缺陷，但与初九之阳刚相应。当初九"已事遄往"，损刚益柔，迅速前来，与之合志，如果六四能够抓住这个大好时机，迅速接纳，这就减损了自身阳刚不足的疾病，弥补了缺陷，从而阴阳相会，同志斯来，获得有益的喜庆。所以说"'损其疾'，亦可喜也"。

六五，或益之十朋之龟^[1]，弗克违，元吉。

《象》曰：六五元吉，自上祐也。

[注释]

[1]朋：古代的货币单位，双贝为朋。

[点评]

有人送来十朋之龟的贵重礼物，不能辞谢，实际上这是理有固然，势所必至，如同上天所赐的福祐，大吉大利。这是因为，《损》卦的总体形势是损下益上，损刚益柔，六五以柔居尊，正是得益之主，加上六五作为柔中之君与九二刚中之臣配合默契，能够惩忿窒欲，虚中自损以顺从在下之贤，表现了谦柔宽厚、海纳百川的美德，这就自然赢得众人前来增益，如同来自上天的福祐。

上九，弗损，益之，无咎，贞吉，利有攸往，得臣无家[1]。

《象》曰："弗损，益之"，大得志也。

[注释]

[1]得臣：得到人心归服。无家：没有内外远近的差别。

[点评]

上九与六三是《损》卦的成卦之主，当六三前来与上九会合，结为正应，此时上九无须自我减损而自然得益，因为总体形势业已处于稳定平衡的状态，能够以己之刚济六三之柔，施惠于人，得志于天下。

益卦第四十二

䷩（震下巽上）

益[1]，利有攸往，利涉大川。

《象》曰：益，损上益下，民说无疆；自上下

下，其道大光。"利有攸往"，中正有庆；"利涉
大川"，木道乃行。益，动而巽，日进无疆；天
施地生，其益无方。凡益之道，与时偕行。

[注释]

[1] 益：卦名。《益》卦由震（☳）下巽（☴）上组成。《益》
卦的卦义是"损上益下"，《损》卦的卦义是"损下益上"，两相
反对，这是因为《损》卦的卦体由《泰》卦变化而来，而《益》
卦的卦体则是由《否》卦变化而来。

[点评]

《否》卦坤下乾上，减损上卦乾体的九四去增益下卦
坤体的初六，九四由刚变柔，初六由柔变刚，于是《否》
卦就变成了《益》卦。这种变化实际上也是"损刚益柔"，
即损乾之刚以益坤之柔，但却表现为一种"自上下下"
的其道下行的发展趋势。由于这种发展趋势扬弃了《否》
卦的天地不交的否结状态，重新恢复了宇宙固有的"天
施地生"的生机活力，从而"其益无方"，使得损益过程
中的各个方面普遍受益，所以称之为益道。

就《益》卦之所以成卦的根据而言，关键在于初九
与六四两爻是由《否》卦的初六与九四两爻互换刚柔之
位而来。《否》卦的九四本为乾体之阳，下而施于坤阴变
为《益》卦的初九，这是"天施"之象，象征天施阳气
于地。《否》卦的初六本为坤体之阴，上交于乾变为《益》
卦的六四，这是"地生"之象，象征地气上升而化生万物。

因而"自上下下，其道大光"，在总体形势上造就了一种阴阳刚柔双向互动协调并济的大好局面，不仅在下之柔者受益，在上之刚者也同样受益。

再从卦体的组合结构看，下震为动，上巽为木，木之动犹如舟行水上，所以说"'利涉大川'，木道乃行"。又巽为顺，顺从正理而行动，必然每日都有增益，所以说"益，动而巽，日进无疆"。拿《损》卦与《益》卦相比较，《损》卦是"损益盈虚，与时偕行"，《益》卦则是"凡益之道，与时偕行"，无论是减损或是增益，其共同之处都是"与时偕行"，适应一定的时间、地点、条件，当损则损，当益则益。在宇宙自然的领域，正是由于不断地进行这种"与时偕行"的自我调节，所以阴阳刚柔两大势力在总体上始终得以保持动态的平衡，从而生生不已，变化日新。

就社会人事的领域而言，应当效法自然，变通趣时，发挥主观能动性，正确处理君民与君臣之间的相互依存关系，进行自觉的调节，使之趋向于稳定平衡。《彖传》分别从这两个方面作了重要的提示。"损上益下，民说无疆"，这是说处理君民关系应当以民为本。因为"民惟邦本，本固邦宁"，只有关怀民生疾苦，使民众得到现实的利益，喜悦欢欣，政权才能巩固。"'利有攸往'，中正有庆"，这是说处理君臣关系应当遵循中正的行为准则和价值标准，如果君主能以中正严格要求自己，与臣下协力同心，其所推行的政策就会自然获得吉庆。从爻位的配置看，九五阳居君位，刚而得中，与六二柔中之臣结成了密切的相应关系，是一种优化的组合，完全符合"中

《益》卦是个吉卦，总的形势是十分有利的。但是由于各爻所处的爻位不同，其所选择的行为方式不同，有的自损而得益，有的自益而反损，后果并不一样，需要结合具体情况进行具体分析。

正有庆"的要求。

《象》曰：风雷，益。君子以见善则迁，有过则改。

[点评]

《益》卦上巽为风，下震为雷，雷得风则声益彰，风得雷则气益振，相互激荡，鼓动万物，而成发生之功，象征增益之世的总体形势。虽然如此，人们从事社会政治活动，必须认清形势，随时调整自己的行为，正确处理主观与客观的关系、行为与环境的关系。如果认识不清，行为不当，尽管形势有利，也会产生失误，带来不利的后果。

《益》卦强调"迁善改过"，《损》卦强调"惩忿窒欲"，此二者是有机结合，相互发明的，总的目的在于提示人们应当自我警惕，自我克制，损不善以益至善，提高理性认识的能力，加强道德品质的修养，及时改正错误，使自己的主体行为合理正当，以适应客观形势的要求。

初九，利用为大作[1]，元吉，无咎[2]。
《象》曰："元吉，无咎"，下不厚事也。

[注释]

[1] 利用为大作：利于大有作为，建立非常之功。　[2] 元吉，无咎：只有做成了大事，取得"元吉"的实效，才能免于咎害。

孔子曾说："加我数年，五十以学《易》，可以无大过矣。"（《论语·述而》）这是认为，任何人都不能保证自己一贯正确，谁都避免不了犯错误，应当通过学习《周易》，使自己在与客观因素打交道时，不犯大的错误。因此，君子观益之象，自觉地迁善改过，说的就是这个道理。

[点评]

从卦爻变化的角度看，初九之刚是由与六四互换了刚柔之位而来，成为"损上益下"的最大受益者，居于下体震动的初始，本质阳刚，又与六四结为正应，受到近君大臣的委任，因而"利有攸往"，宜于担当重任，建立大功。但是另一方面，由于地位卑下，职权低微，有其才而无其位，得其时而无其处，担当这种重任存在着很多困难，也免不了带来咎害。在这种情况下，不必消极退缩，而要迎难而上，勇于承担，尽管"下不厚事"，兴作大事并非居于下位者的职权本分，仍要顺应形势的需要，超越职权的范围，奋勇精进，积极有为。如果真正做成了大事，建立了非常之功，从而得到世人的公认，就会自然而然免于咎害。所谓"元吉，无咎"，就是必元吉然后得无咎的意思。

六二，或益之十朋之龟，弗克违，永贞吉。王用享于帝，吉[1]。

《象》曰："或益之"，自外来也。

[注释]

[1] 王用享于帝，吉：君王用来献祭天帝祈求福祐，可获吉祥。

[点评]

《益》卦之六二与《损》卦之六五相似，都是"十朋之龟"的受益者。但是《损》卦之六五位居君位，其所

孔颖达《周易正义》："帝，天也。王用此时，以享祭于帝，明灵降福，故曰'王用享于帝，吉'也。"

受之益来自下方，是"损下益上"的受益者；《益》卦之六二位居臣位，其所受之益来自上方，是"损上益下"的受益者。无论是来自下方或是来自上方，此二爻所受的"十朋之龟"的贵重礼物都是自外而来，并非自己主动争取，只能被动接受，无法拒绝。

实际上，这是损益双方所进行的一种自然的调节，有余者必须自损，不足者从中受益。在有余与不足相互背离而丧失平衡的情况下，只有通过这种自然的调节重新恢复平衡，才能使损益双方普遍受益，因而不足者所受之益不招而自来，是一种合乎规律的现象。虽然如此，不足者的这种不招而自来的受益也并非无缘无故，必有其内在的根据。就《益》卦之六二而言，以柔爻而居阴位，履行中道，作为秉承柔中之德的臣下与九五刚中之君本来就存在着刚柔相应的关系，当九五从事"王用享于帝"的国事活动之时，六二就是最合适的辅佐，所以"损上益下"，主动争取，而六二也就以被动的姿态从中受益。

由此看来，六二之得吉在于"永贞"二字，即永久保持自身的柔中之德，这是与九五刚中之君结为正应的根据，只要守持正固，就可以促使刚柔双方在动态的过程中趋向于平衡，从而共同受益。

六三，益之用凶事，无咎 [1]。有孚中行 [2]，告公用圭 [3]。

《象》曰：益用凶事，固有之也。

[注释]

[1] 益之用凶事,无咎:凶事,危难凶险之事。遇到这种非常情况,毅然决然,勇于承担,务求平息危难,挽救凶险,有益于总体形势的平衡稳定,这种做法并无咎害。 [2] 有孚中行:心存诚信,奉行中道,使自己的行为正当合理,做到有理、有利、有节。 [3] 告公用圭:在事成之后,手执玉圭向王公上级谦恭地报告事情的缘由经过。圭,古玉器名,中国古代贵族朝聘、祭祀、丧葬时作为礼器。依其大小,以别尊卑。又作"珪"。

[点评]

六三以阴居阳,处下体震动之上,柔中有刚,刚而能柔。这种不避凶险、奋不顾身、奉行中道、志在救难的行为,既是本身的职责所在,也是其固有素质的自然表现,所以说"益用凶事,固有之也"。

六四,中行告公从[1],利用为依迁国[2]。

《象》曰:"告公从",以益志也[3]。

[注释]

[1] 中行告公从:由于行为适应形势的要求,合乎"中行"的正道,王公上级必能言听计从。 [2] 利用为依迁国:利于依附君主迁国益民。为依,是说不敢自专而依附于君主。迁国,是说迁徙国都有益于民,顺下而动。 [3] "告公从",以益志也:对王公晓以大义,告之以益天下之志。

［点评］

在《益》卦中，六四与初九两爻是成卦之主，六四本为《否》卦的九四，初九本为《否》卦的初六，当客观形势发展到由否而变益的阶段，要求改变《否》卦的那种上下不交的否结状态。六四能够主动地与初九互换刚柔之位，损刚益柔，损上益下，这种增益下方的心志值得赞赏，其行为也是正当合理的。但是六四居于臣位，没有掌握决断大事的权力，加上本质柔弱，也缺乏阳刚特行之才，所以举行这种大事应当首先向王公上级报告请示，得到批准。

九五，有孚惠心[1]，勿问，元吉。有孚惠我德[2]。

《象》曰："有孚惠心"，勿问之矣。"惠我德"，大得志也。

［注释］

[1]有孚惠心：有诚信施惠于民的心。　[2]有孚惠我德：君主出于至诚施惠于天下而取得了人民的信赖和支持。

［点评］

九五以阳刚中正之德尊居君位，推行"损上益下"的惠民政治，时时想到施惠于下，争取民心，把权力当作满足人民愿望的工具。"有孚惠心"，这种惠心发于至诚，君主以至诚之心对待人民，人民也会以至诚之心对待君主，至诚相感，上下交孚，于是君主就可以受到人民的衷心爱戴，从而使君民之间以诚信为纽带结成了一种互惠的关系，这是政治的最大的成功，不待问而元吉。所谓"'惠我德'，大得志也"，是说君主出于至诚施惠于天下而取得了人民的信赖和支持，能够克服一切困难，动而无违，得志于天下。

上九，莫益之，或击之^[1]。立心勿恒^[2]，凶。

《象》曰："莫益之"，偏辞也^[3]。"或击之"，自外来也。

[注释]

[1]莫益之，或击之：没有人前来增益，反而引起众人的愤怒攻击，带来了凶险。 [2]立心：存心、居心。 [3]偏辞：片面地要求损人以益己。

[点评]

上九以阳刚而居于益之上极，无自上下下之心，无损上益下之志，片面地要求在下者损不足以奉有余，只看中利益，"立心勿恒"，居心没有恒常之守，贪得无厌，结果割裂了损益之间的相互依存关系，片面地要求损人以益己，结果反而受损于人，带来凶险。这是"自外来也"，合乎外在的客观规律，自有其必然性。

关于损益之间的关系，本质上是有余者损之，不足者补之，损有余而补不足，在二者之间保持一种动态的平衡，从而促使损益双方从中得益。如果反其道而行之，像《益》卦上九那样，贪得无厌，求益无已，这就更加激化了有余与不足之间的矛盾，破坏了平衡，从根本上违反了自然的规律，必将受到自然规律的惩罚。

夬卦第四十三

䷪（乾下兑上）

夬[1]，扬于王庭，孚号有厉。告自邑，不利即戎；利有攸往。

《彖》曰：夬，决也，刚决柔也。健而说，决而和。"扬于王庭"，柔乘五刚也。"孚号有厉"，其危乃光也。"告自邑，不利即戎"，所尚乃穷也。"利有攸往"，刚长乃终也。

[注释]

[1] 夬（guài）：卦名。《夬》卦由乾（☰）下兑（☱）上组成。夬，决断、制裁。

[点评]

从卦形看，与《剥》卦相反。《剥》卦是五阴在下，逐次上升，一阳在上，面临着即将被剥落的危险，象征小人得势，咄咄逼人，迫使君子处于极为不利的地位。《夬》卦则是五阳在下，一阴在上，以五阳而决去一阴，象征君子道长，小人道消，以五君子而决去一小人，总体形势是十分有利的。虽然如此，在具体的操作上，必须戒慎警惕，周密策划，遵循正道，不可掉以轻心，鲁莽从事。《夬》卦乾下兑上，乾为健，兑为悦，"健而说，决而和"，以刚健而又和悦的态度对小人决断制裁，可以使小人心悦诚服，乐于接受，归于和解，这就是应当遵循的决断之道。

由于小人作为邪恶势力的代表，冒天下之大不韪，以一柔而乘五刚，首先应当"扬于王庭"，在王庭之上公布小人所犯的罪行，使众人明辨是非，掌握道义的主动权。其次应当进行组织动员，"孚号有厉"，"孚"是诚信，"号"是号召，"厉"是危险，以诚信号召群众起来与小人斗争，并且向群众指出会有危险，要知所戒备，"其危乃光也"，这种危险是可以顺利克服，取得胜利，走向光明之境的。最后，在行动的部署安排上，"告自邑，不利即戎"，即把行动计划告知自己的邑人，以取得正义势力的广泛支持，但是不可崇尚武力，兴兵征伐。因为"所尚乃穷也"，如果崇尚武力，就会把小人逼得狗急跳墙，走投无路，而自己也将陷入穷境。

总起来看，《夬》卦五阳在下，逐次上升，刚长的势头不可阻挡，正义的力量必将战胜邪恶的力量，使凌驾于君子之上的小人受到应有的制裁，所以说"'利有攸往'，刚长乃终也"。

《象》曰：泽上于天，夬。君子以施禄及下，居德则忌。

[点评]

《夬》卦上兑为泽，下乾为天，泽水盈满，上居于天至高之处，其势必往下倾泻流注沾溉万物，这是《夬》卦另一层的象征意义。君子观此卦象，应当顺应这种自然的理势，将恩泽利禄施惠于下属，如果自居于有德而不施，小气吝啬，就会受到众人的怨恨憎恶，带来灾祸。

初九，壮于前趾 [1]，往不胜，为咎。

《象》曰：不胜而往，咎也。

[**注释**]

[1]壮于前趾：前面的脚趾健壮。

[**点评**]

初九本质阳刚，处于《夬》卦的初始，以刚决柔，强行前进，有"壮于前趾"之象，即前面的脚趾健壮。但是，初九对客观形势缺乏清醒的认识，对自己的行动没有作出周密的策划，仅仅凭着一股务欲制裁小人的主观动机强行前往，轻举妄动，力不从心，其失败是必然的，所以说"不胜而往，咎也"。从爻位配置的角度看，初九处于以刚决柔的初始阶段，本身力量微弱，与九四未能结为正应，得不到外力的支援，加上地位卑下，与作为斗争对象的上六距离甚远。所有这些，说明初九虽有欲胜之心，并无必胜之理，理不能胜而强行前往，鲁莽从事，主观与客观严重背离，这就是招致咎害的根本原因。

九二，惕号[1]，莫夜有戎[2]，勿恤。

《象》曰："有戎，勿恤"，得中道也。

[注释]

[1] 惕号：时刻警惕号呼，以自戒备。 [2] 莫夜有戎，勿恤：即令深夜有战事，也有所防范，不必担心失败。莫，即"暮"。恤，忧虑担心。

[点评]

九二处于刚长之势的发展阶段，以刚阳之才，当夬决之时，得大臣之位，能够团结组织四个阳爻的正义势力与邪恶的小人斗争。特别是以阳居阴，处得其中，刚而能柔，按照中道的原则调整自己的行为，避免了初九的那种鲁莽躁动过于刚强的偏差。所以一方面抱有刚毅果决的必胜的信心，另一方面又以清醒务实的态度时刻警惕，周密策划，做好充分的准备，防范邪恶小人随时可能发生的袭击，这就可以从容应对，胜券在握，无须忧虑了。

九三，壮于頄[1]，有凶。君子夬夬独行[2]，遇雨若濡[3]，有愠无咎[4]。

《象》曰："君子夬夬"，终无咎也。

[注释]

[1] 壮于頄（qiú）：内心的愤怒在脸上显露出来，怒形于色。頄，颧骨，指面颊。 [2] 夬夬：刚毅果决的样子。 [3] 遇雨若濡：

遇见下雨，衣裳被淋湿。　　[4] 有愠无咎：受人愠怒，终无咎害。

[**点评**]

九三阳居阳位，刚而不中，在与小人作斗争之时，锋芒毕露，怒形于色，这是会有凶险的。就九三所处的爻位而言，与上六存在着相应的关系，而九三是正义的君子，上六是邪恶的小人，本质上是相互敌对，势不两立的。当九三"夬夬独行"，以刚毅果决的态度独自前行去与上六进行斗争之时，这种行为受到人们的误解，以为是丧失君子的立场，对小人妥协，从而引起了许多猜疑、责备和愠怒，如同出门遇雨，洁净的衣裳被淋湿沾污一样。由于"君子夬夬独行"毕竟是一种正义的行为，这种误解终究是会消除的，等到真相大白，事实澄清，也就没有什么咎害。

九四，臀无肤[1]，其行次且[2]。牵羊悔亡[3]，闻言不信[4]。

《象》曰："其行次且"，位不当也。"闻言不信"，聪不明也。

王弼《周易注》："羊者，抵狠难移之物，谓五也。五为《夬》主，非下所侵，若牵于五，则可得'悔亡'而已；刚亢不能纳言，自任所处，'闻言不信'，以斯而行，凶可知矣。"

[**注释**]

[1] 臀无肤：臀部皮开肉绽。　　[2] 其行次且：行走困难，趑趄（zī jū）不前。次且，读为"趑趄"，进退迟疑的样子。　　[3] 牵羊悔亡：如果牵系依附于羊一样的阳刚九五一同前往，悔恨可以消亡。　　[4] 闻言不信：对于这种忠告不能信从。这就是九四所

陷入的困境。其所以如此，原因在于"位不当也"，"聪不明也"，客观上所处的爻位不当，主观上愚昧笨拙，不明事理。

[点评]

九四以阳居阴，缺少一种刚毅果决的气质，当下之三阳适应形势的需要以刚决柔齐头并进之时，九四却是犹豫畏缩，趑趄不前，这就自然会受到伤害。在这种情况下，唯一明智的选择就是加入到代表正义的阳性势力的行列，"牵羊悔亡"，如同牵引依附于羊群那样，义无反顾，勇往直前。但是由于九四本质柔弱而又刚愎自用，"闻言不信"，加上处于近君大臣之位，贪恋权势，利令智昏，不能作出明智的选择，这就只能陷入困境而无法自拔了。

王夫之《周易内传》："九四以刚居柔而为退爻，不能敏于夬者也，故为赢弱不能行之象。"

九五，苋陆夬夬[1]，中行无咎。

《象》曰："中行无咎"，中未光也。

[注释]

[1]苋陆：一种植物，即马齿苋，易折易断，但再生力极强，难以根绝，比喻小人的势力。

[点评]

九五本质阳刚，居于君位，借助于众阳的齐心协力，以刚毅果决之势决断小人，是轻而易举的，但是必须遵循中道的原则，才能避免咎害。因为《象传》指出，处夬之道的总的要求是"健而说，决而和"，对小人的决断制裁，目的在于使之心悦诚服，改恶从善，复归于社会整体的和谐，而不是除恶务尽，毫不宽容，造就一种完全弃绝小人的纯之又纯的君子国。如果过于刚强而无和柔之善，做不到"健而说，决而和"，即令合五阳之力轻而易举地战胜了小人，但用中道的标准来衡量，也不够光明正大。这种做法只能扩大矛盾对立，激化冲突意识，从根本上破坏社会整体的和谐。由于中道并非静态的结构，而是动态的过程，所以对于掌控全局的九五之君来说，应当提醒告诫，把发扬中道当作始终追求的目标。"'中行无咎'，中未光也"，这是站在哲学理论的高度强调中道是一个永无止境的不断探索的过程，不可能一蹴而就，达到尽善尽美的境界，应当求真务实，随时随地自我克制，调整自己的行为，少犯错误，也就可以相对满意了。

上六，无号[1]，终有凶。

《象》曰：无号之凶，终不可长也。

[注释]
[1]无号：不必号咷痛哭。

[点评]
上六作为邪恶小人势力的代表，处于《夬》卦终极之地，面临在下之五阳以刚决柔、以正义战胜邪恶的强大势力，失败是必然的，所以不必号咷痛哭，终究难免

凶险。这种"无号之凶"有其自然之理势，合乎君子道长、小人道消的发展规律。当《夬》卦的总体形势是以五阳而决去一阴，以五君子而决去一小人，尽管上六得势于上，以一柔而凌驾于五刚之上，这只是暂时的现象，在自然理势的作用下，终究是落得失败的下场，不能维持长久的。

姤卦第四十四

☰（巽下乾上）

姤^[1]，女壮，勿用取女。

《彖》曰：姤，遇也，柔遇刚也。"勿用取女"，不可与长也。天地相遇，品物咸章也。刚遇中正，天下大行也。姤之时义大矣哉！

［注释］

[1]姤（gòu）：卦名。《姤》卦由巽（☴）下乾（☰）上组成。姤，同"遘"，相遇的意思，一阴始生于下，与五阳相遇，这就是"柔遇刚也"，也象征着"天地相遇"。

［点评］

阴极则阳生，阳极则阴生，阴阳消长，刚柔相易，是一个周而复始的循环过程。宇宙自然的发展，不能有

阴而无阳，也不能有阳而无阴，正是由于阴阳两大对立
势力的互动互补，乾坤并建，才构成了内在的动力之源。
阴阳不相交遇，则万物不生。天地相遇，则生育庶类，
品物咸章，万物章明，因而姤之时义是非常伟大的。

　　从社会人事的角度看，《姤》卦的结构也象征着君子
与小人的关系，男女婚娶的关系，如何正确处理这种关
系，就是《姤》卦各爻所讨论的主题。在一个社会群体中，
不能有君子而无小人，也不能有男而无女，此二者作为
对立的两极相互依存，相互消长，共同生活于社会的统
一体中，问题在于如何适应不同的发展趋势而正确应对，
妥善处理男女婚娶及政治运作的关系。《姤》卦以一阴而
遇五阳，象征一个女人周旋于五个男人中间，而且"女
壮"，处于强盛发展的势头，这种女人不可娶为妻子，因
为不能长相厮守，所以说"'勿用取女'，不可与长也"。
《姤》卦一阴生下，也象征小人与君子相遇，既然是相
遇，这就结成了双向互动、难解难分的关系，产生了君
子如何对待小人以及小人如何对待君子的问题。

　　《姤》卦虽然是以一柔而遇五刚，但是九五居于至尊
的君位，刚而得中，以刚中之君掌控全局而遇于天下，
也可以说是"刚遇中正"，这就有可能使天下的人伦教化
大为畅通，"天下大行"，总体形势是十分有利的。

阳不必善，阴
不必恶，这种阴阳
相互对待的正确与
否并不决定于阴阳
之分，而是决定于
行为方式的选择是
否合乎正道，是否
有利于维护社会整
体的稳定平衡，因
而《姤》卦六爻吉
凶悔吝的后果互不
相同，需要具体分
析。

　　《象》曰：天下有风，姤。后以施命诰四方[1]。

[注释]

[1]后：是后王，即继位的天子，指《姤》卦的九五。

[点评]

《姤》卦上乾为天，下巽为风，风行天下，鼓动万物，无物不遇，称之为姤。天子观此卦象，发布命令，通告四方，这是秉承"刚遇中正，天下大行"的精神，取君民相遇之意，推行伦理教化，使之风行于天下，从事政治的运作。

初六，系于金柅[1]，贞吉。有攸往，见凶，羸豕孚蹢躅[2]。

《象》曰："系于金柅"，柔道牵也。

[注释]

[1] 系于金柅（nǐ）：柅，是车辆的制动器，即刹车闸。拴上金属的车闸，坚固牢靠，可以控制车辆的运行，不致偏离正道，贞正而得吉。反之，如果不加控制而有所前往，就会偏离正道，出现凶险。 [2] 羸豕孚蹢躅（zhí zhú）：羸豕，即瘦弱的母猪。孚，读为"浮"，浮躁。蹢躅，同"踯躅"，徘徊。

[点评]

初六作为独立自由的行为主体，以一柔而遇五刚，面临着这种势所必然的一吉一凶的行为后果，必须作出自己的选择。从爻位的配置看，初六亲比于九二，在以柔遇刚之时，最先遇到的就是九二之刚，如果依附于九二，结为伴侣，这就如同"系于金柅"，可以贞正而得吉。但是另一方面，初六与九四存在着正应的关系，如果抛开九二执意追求与九四结为正应，急于前往，这就促进了以柔变刚、阴长阳消的发展势头，起了负面的作用，将带来凶险。就初六的本性而言，选择这种做法是有可能的。因为初六以阴居阳，躁动不安，本身就呈现出"羸豕孚蹢躅"之象。一头母猪受本性驱使，浮躁徘徊，不能安静，在这种情况下，必须进行正面的引导，使其接受阳刚的牵制，以刚牵柔，才能归于正道，所以说"'系于金柅'，柔道牵也"。

九二，包有鱼^[1]，无咎，不利宾^[2]。

《象》曰："包有鱼"，义不及宾也。

[注释]

[1]包：以外裹内曰包；另有一种解释，通"庖"，厨房。今取前者。鱼：是水中的生物，属阴，指初六。　[2]不利宾：不利于分享给宾客。

[点评]

九二本质阳刚，刚而得中，正当初六处于以阴求阳、以柔遇刚之时，九二凭借与之亲比的有利形势，近水楼台先得月，及时接纳拥有，故有"包有鱼"之象。这种结局对于九二来说，当然无咎，对于九四来说，则为不利，因为初六之鱼已为九二抢先接纳拥有，九四既然错失良机，只能望洋兴叹，包中无鱼。在姤遇之时的特定条件下，一方面是以一柔而遇五刚，另一方面也是以五刚而遇一柔，刚柔配合的比例不相对等，严重失调。这就出现了五刚并起争相追求与一柔遇合的局面，先至者得之，后来者失之，得之者为主，失之者为宾。由于九二抢在九四之先接纳拥有了初六，宾主已分，这种既得利益合情合理，不容他人分享，所以说"'包有鱼'，义不及宾也"。

九三，臀无肤，其行次且^[1]，厉，无大咎。

《象》曰："其行次且"，行未牵也。

［注释］

[1] 臀无肤，其行次且：爻辞与《夬》卦九四爻同（参阅该爻注释）。《姤》卦九三之爻象与《夬》卦九四相同，《姤》卦是《夬》卦的反对卦，《姤》之九三即《夬》之九四，其所以同样有"臀无肤，其行次且"之象，是因为在如何处理阴与阳的关系上发生了同样的困难。

［点评］

就《姤》卦而言，初六一阴在下，五阳在上，因而初六就成为五阳志在必得共同争取的唯一的对象。但是初六已为九二所得，九三居九二之后而必争，争则必伤，伤则欲进而不能进，这就陷入臀部受伤行走不便的困难。虽然《姤》之九三与《夬》之九四面临着同样的困境，但二者应对困境的行为方式却有所不同。《夬》之九四以阳居阴，其位不当，加上不明事理，不听忠告，表现得犹豫畏缩，趑趄不前，陷入困境而无法自拔。《姤》之九三则是以阳居阳，刚而能决，坦然接受无鱼可得也无可改变的既成事实，止而不行，自我克制，不为外物所牵引，虽处危厉，并无大的咎害。所以说"'其行次且'，行未牵也"。

九四，包无鱼，起凶[1]。

《象》曰：无鱼之凶，远民也。

[注释]

[1] 起凶：兴起必有凶险。

[点评]

九四"包无鱼"，与九二之"包有鱼"形成鲜明的反差。这是因为，九二亲比于初六，本身又具有刚中之德，近水楼台，抢先接纳拥有了初六，合乎理势之必然，形成了"包有鱼"的客观现实。九四与初六虽然相应，却不亲比，中间有九二、九三的阻隔，远而不相及，加上本身以阳处阴，无中正之德，在一柔遇五刚的姤遇之时，初六选择九二而拒绝九四，九四也就自然包中无鱼了。"鱼"作为阴性事物，象征的意义是多重的，在本爻中取其象征民众的意义。九四居于近君大臣之位，包中无鱼意味着远离民众，失去民心，这当然凶险。如果不自我检讨，反身修德，而是起兵举事，奋力争夺，这就只能导致更大的凶险。所以说"包无鱼，起凶"。

九五，以杞包瓜[1]，含章。有陨自天[2]。

《象》曰：九五含章，中正也。"有陨自天"，志不舍命也。

程颐《周易程氏传》："九五尊居君位，而下求贤才，以至高而求至下，犹以杞叶而包瓜，能自降屈如此。又其内蕴中正之德，充实章美，人君如是，则无有不遇所求者也。"

[注释]

[1]以杞包瓜：用杞柳编织成筐包装瓜果，外面柔软坚韧，内装甜美的瓜果，象征九五所具有的中正之德。杞，是杞柳。　[2]有陨自天：胜利之果自天而降，如同天赐一样。

[点评]

就姤遇之卦的时义而言，一方面是以柔遇刚，阴长阳消呈现逐次上升的发展势头；另一方面则是"刚遇中正，天下大行"，可以通过妥善处理君臣相遇以及君民相遇的各种关系，抑制这种发展势头，化消极为积极，变不利为有利，从而造就一种人伦教化大行于天下的良好的政治局面。九五居于至尊之位，内含中正之德，掌控全局，与九二刚中之臣密切配合，屈尊就下，顺应民心。特别是"志不舍命"，立志不违背天命，严格按照客观规律办事。正是由于九五之君秉承中正之德、按照客观规律从事政治运作，所以自然"有陨自天"，取得了丰硕的胜利果实。

上九，姤其角[1]，吝，无咎。

《象》曰："姤其角"，上穷吝也。

[**注释**]

[1] 姤其角：遇见了一个兽角，与自己相抵触。

[**点评**]

上九在姤遇之时，居于卦之上极，一无所遇，只是遇见了一个兽角，与自己相抵触，这当然令人憾惜，但也并无咎害。因为既然一无所遇，也就可以置身事外，避免相互争夺所带来的伤害。何况这种处境是由客观的形势所造成，在初六已为九二所遇、九二又为九五所遇的情况下，上九处于穷极之地，一无所遇是势所必然的，应当安之若命，无怨无悔，也不必有所归咎。

萃卦第四十五

☷ （坤下兑上）

萃[1]，亨。王假有庙[2]，利见大人，亨，利贞。用大牲吉，利有攸往。

《彖》曰：萃，聚也，顺以说，刚中而应，故聚也。王假有庙，致孝享也。"利见大人，亨"，聚以正也。"用大牲吉，利有攸往"，顺天命也。观其所聚，而天地万物之情可见矣！

［注释］

[1]萃：卦名。《萃》卦由坤（☷）下兑（☱）上组成。萃，聚集。这种聚集不是杂乱凑合，毫无章法，而是按照一定的原则建构而成的秩序井然的整体。   [2]假：至。

［点评］

《萃》卦下体是坤，坤为顺，上体是兑，兑为悦，象征愉悦的顺从。九五位居尊位，刚而得中，掌控全局，作为组织的核心，与居于柔中之位的六二结成密切相应的关系，协调并济，发挥聚集的功能，所以说"顺以说，刚中而应，故聚也"。九五居于尊位，也就是国之君王。"王假有庙，致孝享也"，君王来到宗庙举行祭祀，表达对祖先神灵的虔诚的孝心，这是强调以孝治天下，用孝道把整个社会聚集为一个精神文化的共同体。"'利见大人，亨'，聚以正也"，居于下位的臣民在君王的感召下，心悦诚服，相聚以正，这就形成了一种良好的政治局面，从事各种事业都能顺利亨通。"'用大牲吉，利有攸往'，顺天命也"，"大牲"指隆重的祭礼，用牛祭祀，表达孝心，凸显全社会的精神认同，可获吉祥，利于有所前往，说明这种履行正道的聚集顺应了"天命"的自然规律。

从阴阳变化的自然规律看，有散必有聚，有分必有合，因而离散与聚集构成了宇宙自然的必要的张力，正是由于这种张力的作用，所以宇宙自然表现为生生不已大化流行的动态的过程，这也就是所谓"天地万物之情"。

《萃》卦是由《姤》卦发展而来。《序卦传》说："物相遇而后聚，故受之以《萃》。萃者，聚也。"物与物相遇就是阴阳刚柔之相遇，这种相遇必须遵循一定的原则，才能结成双向互动的有机整体，从而焕发旺盛的生机活力。《萃》卦把这种原则归结为"顺以说，刚中而应"的萃聚之道，所以说"观其所聚，而天地万物之情可见矣"。

《象》曰：泽上于地，萃。君子以除戎器[1]，戒不虞[2]。

[注释]

[1]除戎器：修整武器。除，修治、修整。　[2]戒不虞：防止意外的灾祸。

[点评]

《萃》卦上兑为泽，下坤为地，泽上于地，即泽水聚集于地上。君子观此卦象，整治修理武器，提高警惕，防止意外的灾祸。因为众聚则有争，物聚则有夺，事先有准备，有备无患，才是万全之策。

初六，有孚不终[1]，乃乱乃萃[2]。若号，一握为笑[3]。勿恤，往无咎[4]。

《象》曰："乃乱乃萃"，其志乱也。

[注释]

[1]有孚不终：心中的诚信不能保持至终。　[2]乃乱乃萃：心志疑惑迷乱，弄不清谁是自己本应与之萃聚的对象。　[3]若号，一握为笑：如果大声呼号求援，本应萃聚的对象就会前来握手欢笑，相聚一堂。　[4]勿恤，往无咎：无须忧虑，果敢前往，必无咎害。

［点评］

萃聚之道的要义在于阴阳刚柔相聚以正的优化组合，阴顺阳，阳顺阴，两情相悦，协调并济。就初六所处的爻位而言，本与九四存有正应关系，但是初六对此认识不清，以为九四已与六三亲比，加上中间又有六二的阻隔，于是"乃乱乃萃"，疑惑迷乱，意志动摇，找不到萃聚的对象。实际上，九四萃聚的对象既不是六三，也不是六二，对初六却是情有独钟，因为六二之正应是九五，六三"萃如嗟如"，无人与之相应，唯有初六才是九四的正应。在这种情况下，如果初六大声呼号，"嘤其鸣矣，求其友声"（《诗经·小雅·伐木》），九四必能应声而至，前来援助，握手言欢的。由此可以看出，当萃聚之时，应当认清形势，随时调整自己的心态，坚定执着，不可三心二意，"有孚不终"。

六二，引吉，无咎。孚乃利用禴[1]。

《象》曰："引吉，无咎"，中未变也。

［注释］

[1] 孚乃利用禴（yuè）：只要心存诚信，即令用简朴的禴祭，也能感通神灵。禴，是一种简朴的祭礼。

［点评］

在《萃》卦中，九五"刚中而应"，是成卦之主，六二以阴居阴，柔而得中，是九五主动争取牵引相聚的对象。五为君位，二为臣位，这种相聚也就是君臣相聚，共治天下。如果君臣皆能本于诚信，履行中道，结成刚柔相应的关系，就能密切配合，共同维持政治局面的稳定平衡，因而六二对于九五的辅佐作用是不可缺少的。但是六二毕竟居于臣位，不可文饰装扮博取宠信以求自进，必待君主礼贤下士牵引而后进，所以应当始终固守自己中正的美德和独立的人格，自持不变，牵引而吉，始能无咎。

六三，萃如嗟如，无攸利。往无咎，小吝。

《象》曰："往无咎"，上巽也。

[点评]

六三本质阴柔，与同为阴柔之上六无法结成相应关系，当萃聚之时，找不到萃聚的对象，因而"萃如嗟如"，嗟叹不已，处境是极为不利的。但是可以前往亲比于九四，使这种不利的处境暂时缓解，因为九四为阳，亲比于九四合乎"上巽"之道，即以阴顺阳。由于九四以初六为正应，六三的这种做法只是迫于无奈的权宜之计，所以虽无咎害，却小有憾惜。

九四，大吉，无咎。

《象》曰："大吉，无咎"，位不当也。

［点评］

九四是《萃》卦中除九五之外的阳爻，与在下之三个阴爻亲比，成为三个阴爻争相亲比萃聚的对象，但是九四以阳居阴，其位不当。特别是作为近君之大臣，无尊位而得众心，有僭越本分威逼至尊的嫌疑，所以只有建立大功，用实际行动证明自己是在维护整体利益，有利于长治久安，才能被人谅解，免遭咎害。所谓"大吉，无咎"，就是必大吉而后可以无咎的意思。

九五，萃有位^[1]，无咎。匪孚^[2]，元永贞^[3]，悔亡。

《象》曰："萃有位"，志未光也。

［注释］

[1] 萃有位：九五阳刚中正，居于至尊的君位，是天下萃聚的中心，与不当君位的九四不同，称之为"萃有位"。　[2] 匪孚：未能广泛取信于众。　[3] 元：即众善之长的仁德，也就是为君之道的根本。永：永久。贞：守持正固。

［点评］

九五得其位，是天下萃聚的中心，当然并无咎害。但是，当大多数人萃聚于君主的周围，总有少数的游离分子，因此未能广泛取信于众，尚存在着"匪孚"的情况。尽管总体形势良好，也有不尽如人意的地方，其"志未光"。因此，作为掌控全局的九五之君，应当戒慎恐惧，居安思危，时刻牢记"元永贞"的告诫，恪守君道，使得悔恨消亡。只有始终保持仁民爱物之心，奉行以德服人的原则，真正做到"元永贞"三个字，才能赢得众人的衷心爱戴，天下归心，无思不服。

上六，赍咨涕洟[1]，无咎。

《象》曰："赍咨涕洟"，未安上也。

[注释]

[1]赍（jī）咨：悲伤叹息。涕洟：痛哭流涕。

[点评]

上六处于卦之上极，向下既与六三无应，往上又无处可比，当萃聚之时，找不到一个可以与之萃聚的对象，孤独无依，因而悲伤叹息，痛哭流涕。这种处境使得上六不敢自安，以忧患之心思忧患之故，深自反省，及时补过，也可以免除咎害。

升卦第四十六

䷭（巽下坤上）

升[1]，元亨[2]。用见大人[3]，勿恤。南征吉[4]。

《象》曰：柔以时升，巽而顺，刚中而应，

是以大亨。"用见大人，勿恤"，有庆也。"南征吉"，志行也。

[注释]

[1]升：卦名。《升》卦由巽（☴）下坤（☷）上组成。《升》卦象征由下往上的升进，由小到大的生长。　[2]元亨：《升》卦所表现的升进和生长的趋势不可阻挡，至为亨通，称之为"元亨"。　[3]用见大人：宜于去见大人。　[4]南征吉：向南征进吉祥。

[点评]

《象传》从三个方面分析了升进亨通的原因。首先是"柔以时升"，《升》卦上下二体皆为阴柔之卦，初六以柔居下，逐次上升，经过阶段性的积累，升为六五，以柔而居于尊位，此二爻为《升》卦的成卦之主，从总体上表现为阴柔的势力与时俱升，称之为"柔以时升"。其次是"巽而顺"，就卦德而言，下体巽为顺，上体坤也是顺，顺应自然，循序渐进，符合客观的规律，上升的势头也就畅通无阻。第三是"刚中而应"，由于宇宙的动力机制在于刚与柔的协调并济，互动互补，纯柔则不能自升，刚亢则物不从，所以"柔以时升"必须争取到刚的应援。九二阳刚居中，与六五之柔中结成相应的关系，六五之所以能顺利升至尊位，得力于九二之"刚中而应"。

综合这几个方面的原因，可见《升》卦之所以"元亨"，是理有固然，势所必至，完全可以理解的。联系到社会人事的层面看，凡是居于下位者，都有一颗上进之心，谋求晋升之阶，这种晋升必须得到居于上位者的提拔赏识，去"见大人"。"见大人"必有其道。"用见大人"，即用"柔以时升""巽而顺""刚中而应"这几个原则去见大人。这几个原则既合理，又正当，无须忧虑，必有福庆，所以说"'用见大人，勿恤'，有庆也"。南方象征光明，居于上位，是大人所在之地，往南方去见大人，可使上升的心志如愿畅行，所以说"'南征吉'，志行也"。

《象》曰：地中生木，升。君子以顺德，积小以高大。

[点评]

《升》卦上体坤为地，下体巽为木，地中生木，由小到大，由低到高，顺应自然的长势，不断地累积，不停地生长。君子观此卦象，用于修养自己的德行，要特别重视"积小以高大"的道理。所谓积土而成山，积水而成渊，积善而成德，说的就是这个道理。因而不积跬步，无以至千里，不积小流，无以成江海，只有通过一点一滴的辛勤累积，才能使自己的才学品德一步一步提升到高大的境界。

程颐《周易程氏传》："万物之进，皆以顺道也。善不积不足以成名，学业之充实，道德之崇高，皆由积累而至。"

初六，允升[1]，大吉。

《象》曰："允升，大吉"，上合志也。

[注释]

[1] 允升：允当地升进。允，允当。

[点评]

初六以柔居下，如同树木之根，顺应"柔以时升"的大好形势，与时俱升，至为允当，称之为"允升"。但是，由于纯柔不能自升，必须得到阳刚之力的援助，初六凭借自己所处爻位的有利条件，与在上之九二、九三两个阳爻志同道合，紧紧追随二阳之后，与上合志，一同升进，这就可以获得吉祥，所以说"'允升，大吉'，上合志也"。

九二，孚乃利用禴[1]，无咎。

《象》曰：九二之孚，有喜也。

[注释]

[1] 孚乃利用禴（yuè）：《升》卦九二的爻辞与《萃》卦六二的爻辞相同，都是"孚乃利用禴"，即只要心存诚信，即令用简朴的禴祭，也能感通神灵，总的精神是强调处理君臣之间的互动关系，应当本于诚信。

[点评]

就爻位而言，《萃》卦六二是作为柔中之臣与九五刚中之君相应，《升》卦九二则是作为刚中之臣与六五柔中之君相应，刚中为主，柔中为从，因而《萃》卦六二处于从属的地位,《升》卦九二虽为臣位却发挥主导的作用。由于《萃》卦之"刚中而应"是以君为主,以臣为从,君主以礼贤下士的姿态主动争取臣下的辅佐,这种君臣关系比较容易处理,不会有太大的困难;而《升》卦之"刚中而应"则是以臣为主,以君为从,因而《升》卦之九二在处理君臣关系时,常常会遇到猜疑、嫉妒、不被信任种种困难,这也是政治权力运作中的普遍现象,发生的可能性是确实存在的。

虽然如此,君臣关系毕竟应当建立在发于至诚的互信的基础之上,只有这样,才能造就一种君臣交孚的局面,共同维护政治系统的平衡稳定。因而九二本于诚信,不尚虚文,顾全大局,以刚强之臣而事柔弱之君,时时刻刻履行中道,以诚意相交。这种做法不仅可以使自身免遭咎害,而且可以行刚中之道,泽及天下,给整个国家带来喜庆,所以说"九二之孚,有喜也"。

九三,升虚邑[1]。

《象》曰:"升虚邑",无所疑也。

[注释]

[1] 虚邑:无人之境。

[点评]

九三本质阳刚,即将升入上体,上体为坤,坤之三阴,上六与九三有相应关系,六四与六五也都虚邑以相

迎，没有任何阻碍，如同入于无人之境；加上九三处于
巽之上极，巽为顺，上体之坤也为顺，既巽且顺，往上
升进，畅通无阻，不必有所迟疑，所以说"'升虚邑'，
无所疑也"。

六四，王用亨于岐山^[1]，吉，无咎。
《象》曰："王用亨于岐山"，顺事也。

[注释]

[1] 王用亨于岐山：王，指周文王。岐山，是周人的根据地。
当年殷纣王无道，居天子之位，文王虽然三分天下有其二，得到
大多数人的归心拥戴，仍然以臣下的身份服事于殷，所以只在岐
山举行诸侯祭山川之礼，不敢僭越天子之位去祭天地。这种做法
一来是为了顺应客观的形势，二来是谨守为臣之道，自处谦顺，
所以称之为"顺事"，吉而无咎。这是以史证易，用具体的历史
故事来阐明易理。

[点评]

就六四所处的爻位而言，为近君大臣之位，其所以
能升至高位，是因为"柔以时升"，循序渐进，顺应了客
观形势；加上本身的素质是以阴居柔，履得其位，处于
上下二体之交，既巽且顺，能以柔顺谦恭之德妥善处理
各种人际关系。这种柔顺谦恭之德本于至诚，发自内心，
随着形势的发展，必将赢得天下归心，由诸侯之位晋升
至天子之位。

六五，贞吉，升阶[1]。

《象》曰："贞吉，升阶"，大得志也。

[注释]

[1] 升阶：晋升的阶梯。

[点评]

晋升必须沿着阶梯逐步上升，循序渐进，不沿阶梯一步登天的事是不可能发生的。六五之所以能晋升到至尊的君位，关键在于"刚中而应"，得到九二刚中之臣的大力辅佐，因而九二也就是六五必不可少的晋升之阶。反过来看，就六五本身而言，既然贵为天子，身居高位，就可以利用掌控全局的政治权力，委贤任能，励精图治，为天下人谋求利益，成为天下人必不可少的晋升之阶。因而君臣与君民之间结成了一种互为阶梯的关系，这也就是《周易》哲学反复强调的阴阳协调、刚柔并济的关系。只有在政治运作中始终保持这种关系，贞正固守，双向互动，才能政通人和，大得志于天下，所以说"'贞吉，升阶'，大得志也"。

上六，冥升[1]，利于不息之贞。

《象》曰：冥升在上，消不富也。

[注释]

[1] 冥升：即昏冥愚昧不明事理之升。

[点评]

　　上六本质阴柔，处于卦之上极，"柔以时升"的发展势头业已终结，无可再升，但是昧于形势，知进而不知止，仍然继续上升，这就是不明事理的"冥升"了。这种"冥升"使得大好形势消亡，无复增益，其所导致的后果必然是消而不富。如果把这种向外求升之心用于反身修德，自强不息，以巩固自身的贞正之德，则是有利的，所以说"冥升，利于不息之贞"。

困卦第四十七

　　䷮（坎下兑上）

　　困[1]，亨，贞大人吉，无咎，有言不信。

　　《彖》曰：困，刚掩也[2]。险以说[3]，困而不失其所亨，其唯君子乎！"贞大人吉"，以刚中也。"有言不信"，尚口乃穷也。

[注释]

　　[1]困：卦名。《困》卦由坎（☵）下兑（☱）上组成。困，困厄，象征处境艰难窘迫。　　[2]刚掩也：阳刚被阴柔所掩盖，失去了平衡。从卦的组合结构看，九二被初六、六三所围困，九四、九五又被六三、上六所围困，与《大过》卦之阳刚过头相反，这是由于阴柔太甚而陷入困境，穷而不能自振。　　[3]险以说：《困》卦

下体坎为险，上体兑为悦，"险以说"，象征在险境中蕴含着光明愉悦的前景，困难虽然存在，并不是不可克服，应当保持乐观的信念，处之泰然，从容应对，这就是君子的处困之道。

[点评]

孔子曾说："君子固穷，小人穷斯滥矣。"（《论语·卫灵公》）这就是"困而不失其所亨，其唯君子乎"。虽处困穷也不失亨通的前景，大概只有君子才能做到这样吧。这种君子的处困之道就是《困》卦所讨论的主题。

就产生困境的原因而言，既然关键在于"刚掩"，特别是九二与九五被柔所掩盖，但同时应当看到，转困为亨的可能性不在别处，恰恰存在于九二与九五这两个刚爻身上。因为九五为君，九二为臣，作为成卦之主，掌控全局，称之为"大人"，对于维持系统的稳定平衡，能够发挥举足轻重的作用。如果君臣二人结成刚中而应的关系，精诚团结，配合默契，就可以共度时艰，克服困难，转困为亨了，所以说"'贞大人吉'，以刚中也"。"贞"是守正不失的意思，在刚为柔掩的困境中，只有固守刚中之德，始终坚持，毫不动摇，才能贞正而得吉。虽然如此，这种正当合理的处困之道不一定能得到人们的普遍信从，而且这是一个涉及方方面面的非常复杂的操作过程，光凭口说，无补实际，只会使自己陷入更大的穷困，并不能摆脱困境，所以说"'有言不信'，尚口乃穷也"。《困》卦六爻，尽管面临着同样的困境，其吉凶悔吝的后果各不相同，正是由于在实际操作的过程中有的正确，有的产生了失误，应当结合具体情况进行具体分析。

穷则思变，困则谋通，困境并不可怕，转困为亨的可能性是存在的，因而不必悲观失望，也不能消极无为，必须以清醒的理性正视现实的困境，作出合理的对策，采取正确的行动，把这种可能性转化为现实性。

《象》曰：泽无水，困。君子以致命遂志[1]。

[注释]

[1] 致命遂志：命，指人的使命，这是作为一个人所必须承担而不能推卸的道德责任和社会责任，人生活于社会之中，应当具有这种自觉的使命感，对于民生疾苦感同身受，若以一种麻木不仁、漠然视之的态度来对待，是君子所耻而不为的。致命，致力于完成自己的使命，勇敢地承担自己所应负的责任。遂志，实现自己的志愿。在困境之中抱有转困为亨的志愿，这是普遍性的追求，为天下人所共同的，以天下人共同的志愿作为自己的志愿，奋力去追求实现，这就是一个道德高尚的君子人格的终极关怀。

[点评]

《困》卦上体兑为泽，下体坎为水，水在泽之下，泽中无水，业已干涸，象征穷困。君子观此卦象，不能坐以待毙，应当"致命遂志"，发挥主观能动性，尽心竭力去改变这种穷困的处境。

初六，臀困于株木[1]，入于幽谷[2]，三岁不觌[3]。

《象》曰："入于幽谷"，幽不明也。

王弼《周易注》："最处底下，沉滞卑困，居无所安，故曰'臀困于株木'也。"

[注释]

[1] 臀困于株木：臀部困于树桩之上。株木，树桩。　[2] 入于幽谷：陷入幽深的山谷。　[3] 三岁不觌（dí）：三年之久无人发现，

不见天日。这是形容初六陷入困境之深，难以自拔。觌，见面。

　　[点评]

　　初六本质阴柔，一方面以柔掩刚，使刚受困，另一方面，既然刚为柔掩，柔也失其所附，反过来使自己受困，这就破坏了刚柔协调互补的依存关系，使双方都受到损伤，造成一种共同受困的局面。从初六所处的爻位看，亲比于九二，上应于九四，客观上本来存在着以柔附刚的有利条件，可以借助二刚之力使自己摆脱困境，但是初六以阴居阳，质柔用刚，昧于形势，盲目躁动，不去以柔附刚，反而与六三联合起来以柔掩刚，这种不明事理的愚蠢做法只能使自己在困境中愈陷愈深，所以说"'入于幽谷'，幽不明也"。

　　九二，困于酒食[1]，朱绂方来[2]，利用享祀。征凶，无咎。

　　《象》曰："困于酒食"，中有庆也。

　　[注释]

　　[1]困于酒食：因酒食匮乏而受困。　[2]朱绂方来：天子的赐命即将到来，可以摆脱困境。朱绂，朱红色的系印章的丝绳，指天子的赐命。

　　[点评]

　　九二被初六、六三所围困，陷入困境，但是九二刚而得中，以阳刚之质而甘居于阴柔之地，具有谦逊的品德，处事合乎中道，心地坦诚大公，无所偏私，与处于同样困境的九五刚中之君道同德合，可以协调并济，共同支撑大局。这就必然会使得九五前来主动相求，委以重任，赏赐荣禄，从而"朱绂方来"，完全摆脱酒食匮乏的困境。所谓"利用享祀"，是说这种君臣关系有利于建立在至诚相感的基础之上，如同主持宗庙祭祀要以虔诚之心感通神灵一样。

虽然如此，由于九二与九五毕竟是一种君臣之间的从属关系，正确的做法应当是君来求臣，而不可臣去求君。如果九二不以至诚安处以俟命，主动追求"朱绂方来"的荣禄，就会有谄媚逢迎、屈道从君的嫌疑，有损刚中之德，给自己带来"征凶"之险。总起来说，九二奉行中道的原则妥善处理各种关系，是摆脱困境、获得福庆的关键所在，所以说"'困于酒食'，中有庆也"。

六三，困于石[1]，据于蒺藜[2]，入于其宫，不见其妻[3]，凶。

《象》曰："据于蒺藜"，乘刚也。"入于其宫，不见其妻"，不祥也。

[注释]

[1] 困于石：前进被巨石挡道。　[2] 据于蒺藜：后退为蒺藜刺伤，无可依据。　[3] 入于其宫，不见其妻：走进宫室，见不到妻子。这是形容六三所陷入的困境，进退失据，前途凶险。

[点评]

六三以阴柔之质而居阳刚之位，不中不正，错误估计形势，也不能正确对待自己，积极参与以柔掩刚的行动，其所陷入的困境，完全是咎由自取。当六三企图往上去围困九四,九四之刚如同巨石挡道，坚不可动，这就使自己陷入"困于石"的困境。当其企图凭借"乘刚"之势朝下去围困九二,九二之阳尖锐有如蒺藜，会刺得他遍体鳞伤，这就使自己陷入"据于蒺藜"的困境。就其所处的爻位而言，与上六结不成相应的关系，既然上六不应六三，即令回家也见不到妻子。因而六三的这种错误行为不仅使自己左右碰壁，狼狈不堪，而且死期将至，陷入丧身亡家的极端困境。

《系辞传》对这条爻辞解释说："非所困而困焉，名必辱；非所据而据焉，身必危。既辱且危，死期将至，妻其可得见邪?"

九四，来徐徐[1]，困于金车[2]。吝，有终。

《象》曰："来徐徐"，志在下也，虽不当位，有与也。

[注释]

[1]来徐徐：行动迟疑缓慢。　[2]困于金车：前面因金车挡道而受困。金车，指九二。

[点评]

九四是刚爻，前后被六三与上六两个柔爻所掩，受到围困，陷入困境，因而急欲摆脱困境。就九四所处的爻位而言，与初六存在着刚柔相应的关系，如果下定决心，

脱困之道，关键在于改变阴阳刚柔之间的矛盾冲突的关系，使之转化为互动互补，协调平衡。

立志往下求合于初六，结为同志，相互支援，和衷共济，就能摆脱这种困境。这也是九四唯一明智的选择。但是九四以阳居阴，履不当位，本身不具有刚中之德，力量薄弱。加上初六亲比于九二，九二力量强大，就像一辆金车挡住了自己的前进之路，形成了阻力。初六是否放弃与九二亲比而与自己结成相应关系，不得而知，于是不能刚毅果断，痛下决心，行动也是迟疑缓慢，欲行还止。这种做法并非阳刚君子之所为，是令人憾惜的。但是，从脱困之道的内在的必然要求看，无论是九四还是初六，都应当排除一切干扰结为正应。尽管九四履不当位，初六亲比九二，这些不利因素最终都能克服，转困为亨的，所以说九四吝而有终，"虽不当位，有与也"。

九五，劓刖[1]，困于赤绂[2]，乃徐有说[3]，利用祭祀[4]。

《象》曰："劓刖"，志未得也。"乃徐有说"，以中直也。"利用祭祀"，受福也。

[注释]

[1] 劓刖（yì yuè）：指施用割鼻砍脚的酷刑治理众人。劓，割掉鼻子的酷刑。刖，砍掉脚的酷刑。　[2] 困于赤绂：因处于至尊的君位而受困。赤绂，即九二所说的"朱绂"，比喻君主的至尊之位。　[3] 乃徐有说：于是改而推行徐缓宽松的政策使困境逐渐摆脱。说，读为"脱"。　[4] 利用祭祀：有利于举行祭祀感通神灵而享受福泽。

［点评］

九五是一个知错能改、善于根据客观形势调整主体行为的君主的形象。九五处于尊位，掌握了最高权力，对于政治全局的稳定负有重大责任，但是以阳居阳，用其刚壮，与九二不同，缺乏质刚而用柔的谦逊的品德。在困穷之时，如果不能谦逊柔顺，人民就不会来归附。如果对这种不来归附的现象感到愤怒，而继续用其刚壮，猛行其威刑，采取高压的手段，这就必然事与愿违，适得其反，促使众叛亲离的形势愈来愈严重。九二以谦逊取得民心，九五以刚壮失去民心，二者形成了鲜明的对照，所以九五有"'劓刖'，志未得也"之象。但是九五毕竟是刚而得中，秉性正直，犯了错误，能够汲取教训，不是执迷不悟，顽固到底，认识到不能使用暴力强迫人民前来归附，而必须采取一种徐缓宽松的政策，所以又有"'乃徐有说'，以中直也"之象。正是由于九五困而能改，根据形势调整了自己的行为，这才摆脱了困境，奉行祭礼而享受福泽，所以最终有"'利用祭祀'，受福也"之象。

上六，困于葛藟[1]，于臲卼[2]，曰动悔有悔[3]，征吉。

《象》曰："困于葛藟"，未当也。"动悔有悔"，吉行也。

［注释］

[1]困于葛藟（lěi）：被葛藟缠绕而受困。　[2]臲卼（niè

wù）：惶恐不安的样子。　[3]动悔有悔：既然动辄有悔就要赶快悔悟。曰，发语词。

[点评]

上六居于困之上位，乘凌二刚，前无通路，后无退路，行则缠绕，居不获安，处境已经到了穷困的极点。但是，如果进行反思，为什么自己动辄有悔，怎样才能找到一条摆脱困境的出路，这就可以由悔而生悟，选择合理的对策，采取正确的行动，从而转困为亨。

井卦第四十八

䷯（巽下坎上）

井[1]，改邑不改井[2]，无丧无得，往来井井[3]。汔至，亦未繘井[4]，羸其瓶[5]，凶。

《彖》曰：巽乎水而上水，井。井养而不穷也。"改邑不改井"，乃以刚中也。"汔至，亦未繘井"，未有功也。"羸其瓶"，是以凶也。

[注释]

[1]井：卦名。《井》卦由巽（☴）下坎（☵）上组成。井，水井，以物取象，象征君子的品德。　[2]改邑不改井：井在人们的生活中占有非常重要的地位，聚居在村邑的人都要到井边汲

水，村邑可以搬迁，井却是始终固定在原地，并不随着村邑的搬迁而改变地点。　[3]无丧无得，往来井井：井为人们提供不可缺少的水资源，发挥永无穷尽的滋养的功能，而本身的源头活水，取之而不竭，存之而不盈，"无丧无得"，恒常不变，因而人们每天都来用瓶罐汲水，来来往往，井井有条，赖以为生。　[4]汔至，亦未繘井：到井边汲水，绳子只是接近水面，没有汲上水。汔，接近。繘，汲水用的绳子。　[5]羸其瓶：由于操作不当，把汲水用的瓶子碰破。

［点评］

井作为具体的物象，兼有体与用两个方面，其"无丧无得"的源头活水就是井的恒常不变的本体，其"养而不穷"的滋养功能就是井的永无穷尽的作用。此二者虽然是相互联结，不可分割，但是其"无丧无得"的本体是一个客观的存在，为井本身所固有；其"养而不穷"的功能则有待于人去自觉地发现，正确地利用，离开了人的主观能动性，也就谈不上有什么功能。

联系到社会人事层面，君子的品德与井相似，同样兼有体与用两个方面。《井》卦的九二、九五两爻，阳刚居中，这种刚中之德就是君子内在固有的德行本体，无论穷达贵贱，恒常不变，"改邑不改井"；另一方面，这种刚中之德蕴含着经世致用的功能，可以治理世事，造福人群，如同井水一样，"养而不穷"。为了保持井的完好，使之体用兼备，必须经常修理整治，对于君子来说，也应当恪守刚中之德，严于律己，辨明道义，去深刻领会"井，德之地也"（《系辞传》）以及"井以辨义"的

正是由于刚中之德体用兼备，所以具有刚中之德的君子也就成为国家所不可缺少的人才资源。但是，这种人才资源有待于居于上位的主政者去自觉地发现，正确地利用。如果不能发现利用，人才的功能得不到正常的发挥，白白浪费，叫作弃才，这就如同不能汲水的井，叫作弃井。

象征意义。这就是《井》卦所讨论的主题。

《象》曰：木上有水，井。君子以劳民劝相[1]。

[注释]

[1] 劳民劝相：为民事操劳，劝勉民众协作相助。

[点评]

《井》卦下体巽为木，上体坎为水，水在木上，象征用木桶从井底把水汲上来供人饮用，也象征树木上端的水分皆由树木的根系从地底汲取出来。君子观此卦象，效法井以养人的精神，成己成物，为民事操劳，劝勉民众互相协作，共同发展生产，改善生活。

初六，井泥不食[1]，旧井无禽[2]。

《象》曰："井泥不食"，下也。"旧井无禽"，时舍也。

[注释]

[1] 井泥不食：井底只有污泥，不可食用。　[2] 旧井无禽：弃而不用的旧井，连鸟儿都不来光顾。

[点评]

初六以阴居阳，不中不正，处于《井》卦的下位，与在上之六四缺乏相应关系，不能汲引而上。从具体的物象来说，如同一口弃而不用的旧井，井底只有污泥，没有可供饮用的水，连禽鸟都不来光顾。从引申的含义看，象征无德而见弃之人，本身不具有刚中之德，既无君子之体，也无君子之用，这就只能穷居于社会的底层，被时代所舍弃，如同一口年久失修的旧井，被人弃而不用。

九二，井谷射鲋，瓮敝漏[1]。

《象》曰："井谷射鲋"，无与也。

[**注释**]

[1]井谷射鲋，瓮敝漏：井中之水不能往上汲出井口，而是往下喷射，滋养小鱼，原因不在井中无水，而是由于汲水之瓮破损，所汲之水全部漏光。井谷，井口。射，喷射。鲋，小鱼。

[**点评**]

九二刚而得中，与初六不同，本身是一个具有刚中之德的体用兼备的君子，但与九五之君没有相应关系，缺乏提拔委任的机遇，不能往上晋升发挥应有的功能，迫于无奈，只能往下去亲比于初六，因而有"井谷射鲋，瓮敝漏"之象。这种物不能尽其用、人不能尽其才的现象是资源的极大浪费，非国家之福，作为居于上位者应当引以为戒，特别在用人方面，应当知人善任，尚贤养贤，善于识别人才，任用人才。对于居于下位的君子来说，则要始终保持刚中之德，"改邑不改井"，遁世无闷，静以待时。

九三，井渫不食[1]，为我心恻[2]。可用汲，王明，并受其福。

《象》曰："井渫不食"，行恻也。求王明，受福也。

[注释]

[1]井渫（xiè）不食：井中的泥沙已经除尽，涌现出清澈洁净之水，但是没有开发汲取，不能饮用。渫，除去、淘去污泥。　[2]心恻：内心感到惋惜。

[点评]

九三以阳居阳，当位得正，也是一位体用兼备的君子，虽与上六相应，但是上六以阴居阴，资质柔弱，无力援助，也与九二同样，缺乏提拔委任的机遇，不能发挥固有的才能，成了无用之才，因而有"井渫不食"之象。这种现象"为我心恻"，连行人都感到惋惜。实际上，井水是可以汲取上来的，人才也是可以及时发现使用的，关键在于居于上位的君王是否明智，做到求贤若渴。如果君王明智，懂得"井养而不穷"的道理，善于发掘利用人才资源，就能使天下人共同受福。

六四，井甃[1]，无咎。

《象》曰："井甃，无咎"，修井也。

［注释］

[1] 甃（zhòu）：对井壁进行整治维修。

［点评］

六四的爻象是"井甃"，与初六的"井泥"之象不同。这是因为，虽然此二者同为阴爻，但是初六以阴居阳，履不当位，而处于井的底部，象征一口旧井，只有污泥，并无清水。六四则是以阴居阴，履位得正，处于井的中部，已有清水可供饮用，只是需要整治维修，保持完好。六四的这种爻象对于君子来说，是有启发意义的。因为君子的品德也要不断地进行整治维修，才能保持完好，这也就是所谓修身。就六四所处的爻位而言，本质阴柔，缺少阳刚济世之才，居于近君大臣之位，承担重任而力不胜任，难以免咎，应当有自知之明，认识到本身所存在的不足，反身修德，充实自己，如同整治维修井壁那样，从事修身的工作，做到不犯错误，避免咎害。

《大学》指出："自天子以至于庶人，壹是皆以修身为本。"无论是做人做事，以至齐家、治国、平天下，修身是根本。

九五，井洌，寒泉食[1]。

《象》曰：寒泉之食，中正也。

［注释］

[1] 井洌，寒泉食：井水洁净清凉，其味甘美，可以供人饮用，这是九五的爻象。洌，洁净。寒，清凉。

［点评］

就井本身的物象而言，通过"井渫"（清除泥沙）、

"井甃"（修理井壁）几个阶段的积累，发展到九五，已经达到了尽善尽美的境界，体用兼备，既有"无丧无得"恒常不变的本体，又有"养而不穷"供人饮用的功能。就其人事的象征意义而言，则是有体有用的中正之德。九五以阳居阳，得位履正，刚而得中，这是德行本体的最佳结构。因为中则不过，正则不邪，行为正直而不流入邪僻，遵行中道而归结为和顺，作为一种普遍适用的行为准则和价值标准，是恒常不变的德行本体。五为君位，九五居于至尊之位，掌握了最高的政治权力，以其中正之德广施于天下，为民造福，这就是由体以及用，发挥出经世致用的功能。因此，这种中正之德如同供人饮用的洁净清凉的井水，与井以养人的卦义是完全吻合的。

上六，井收，勿幕[1]。有孚，元吉。

《象》曰：元吉在上，大成也。

［注释］

[1] 井收，勿幕：从井中汲上水来，不要盖上井盖，任其敞开，供公众使用，充分发挥井以养人的功能。收，汲取。幕，覆盖。

［点评］

上六处于井之上极，井道大成，取之不尽，用之不竭，所以元吉，但是必须"有孚"。所谓"有孚"，就是有常而不变的意思。就井本身而言，要始终保持"无得无丧"的本体，使井水洁净清凉，对君子的修身来说，要始终保持中正之德，全心全意为公众谋取利益。

革卦第四十九

䷰（离下兑上）

革[1]，已日乃孚[2]，元亨，利贞，悔亡。

《彖》曰：革，水火相息，二女同居，其志不相得，曰革。"已日乃孚"，革而信之。文明以说，大亨以正，革而当，其悔乃亡。天地革而四时成，汤武革命，顺乎天而应乎人，革之时大矣哉！

[注释]

[1]革：卦名。《革》卦由离（☲）下兑（☱）上组成。《革》卦继《井》卦发展而来。围绕着变革的主题展开讨论。　[2]已日：指变革已经完成之日。

[点评]

从《革》卦的卦象看，上兑为泽，泽中有水，下离为火，水居于火之上而企图使火熄灭，火居于水之下而企图把水烧干，这是"水火相息"之象。离为中女，兑

《序卦传》说："井道不可不革，故受之以《革》。"井道强调"改邑不改井"，着眼于系统的稳定，但是过于稳定常常使得系统的结构僵化凝固，丧失活力，滋生腐败。如同水井一样，年久失修，泥土淤积，井水秽浊不可食，这就要进行适当的变革。此外，由于阴阳两大势力既对立，又统一，不可能在动态的过程中长期处于平衡状态，当对立的一面上升到主导地位，相互斗争，激烈冲突，彼此伤害，也只有进行适当的变革，重建新的平衡，才能维持系统的稳定。因此，《革》卦继《井》卦之后，围绕着变革的主题展开讨论。

为少女，二女同居一室，志向各异，如同水火一样不能相容，这是"二女同居，其志不相得"之象。在这种情况下，矛盾激化，协调并济的平衡彻底破坏，为了重新把相互之间的依存关系导向正轨，必须进行变革。

变革的前途存在着两种可能，一是"革而当"，取得成功，一是"革不当"，遭到失败。因而如何避免失败而争取成功，就成为变革的首要问题。由于变革关系到民众的切身利益，所以能否得到民众的信任和支持，是决定变革成败的关键，也是判断变革是否成功的唯一标准。"已日乃孚，革而信之"，这是说，民众有一种旧的习惯势力，难以适应新的变革，所以在变革之初，不能立即得到他们的信任理解，只有在变革完成之后，才能为他们所愉快接受。如果已日不孚，革而不信，变革完成而仍然得不到他们的信任理解，说明变革不得当，政策有错误，矛盾激化的形势尚未消除。因此，顺乎人心，取信于民，是一个极为重要的问题。"文明以说，大亨以正，革而当，其悔乃亡。"这就是使变革取得成功所应当遵循的指导性的原则。

《革》卦离下兑上，离为文明，兑为愉悦，象征"文明以悦"，涉及主体和客体两个方面。就推行变革的主体而言，应当对形势的发展明若观火，了解得细致周详，能够适应民众的接受程度逐步推行变革，既不急躁盲动，也不坐失良机。对于客体的民众，要做到"革而信之"，使他们普遍感到获得了利益，满足了心愿，受到了实惠，欣然接受，符合"愉悦"的要求。这种变革必然是"大亨以正"，顺利亨通，正当合理，能够取得圆满的成功，从而消除悔恨。

　　由于天人相通，天道的运行与人事的变化遵循同样的规律，而且"民之所欲，天必从之"，人心即天心之所在，所以顺乎人心同时也就是顺乎天心。就天道的运行而言，阴阳推移，四时循环，通过不断的变革促使万物生长发育，人类社会也是同样如此，"汤武革命，顺乎天而应乎人"，由此可以看出，《革》卦的时义是非常伟大的，值得认真领会。

《象》曰：泽中有火，革。君子以治历明时[1]。

［注释］

[1]治历明时：研究天文历法知识，明晓四时代谢的规律。

［点评］

　　《革》卦上兑为泽，下离为火，泽中有火，水火交战，象征变革的形势已经到来。君子观此卦象，"治历明时"，研究天文历法知识，明晓四时代谢的规律，认真领会"天地革而四时成"的道理，推天道以明人事，使得社会的变革有所遵循，不致产生失误，违反客观规律。

　　初九，巩用黄牛之革[1]。

　　《象》曰："巩用黄牛"，不可以有为也。

［注释］

[1]巩用黄牛之革：黄牛之革坚韧，被黄牛的皮革紧紧捆住，

　　《革》卦六爻，初爻为变革之始，上爻为变革之终，中间四爻，表示变革渐次进展的不同阶段。由于变革的形势不同，所以也各有相应的对策，应当结合具体情况进行具体分析。

坚韧巩固，难以动摇，象征阻碍变革的保守势力仍然强大，变革的时机尚不成熟。巩，巩固。

[点评]

初九处于变革的初始阶段，客观上面对着强大的保守势力，主观上地位卑下，力量薄弱，不具备发动变革的条件。此时应该耐心等待，暂时维持现状，不可轻举妄动，有所作为，急于变革。

六二，已日乃革之，征吉，无咎。

《象》曰：已日革之，行有嘉也。

[点评]

六二为阴，每事顺从，不能为发动变革之主，而可以在变革业已发动之时顺从赞助。就六二的处境而言，虽与上卦之九五水火殊体，但是二者均居于中位，而且阴阳相应，象征柔顺中正之臣得遇于阳刚中正之君。九五发动变革，六二前往赞助，志同道合，吉而无咎，变革的时机已经成熟。

九三，征凶，贞厉。革言三就[1]，有孚。

《象》曰："革言三就"，又何之矣？

[注释]

[1]革言：是指关于变革的言论和纲领，包括维护民众利益的

意图以及各种切实可行的具体措施。三就：是指经过再三的宣传讨论，得到广大民众的赞成拥护。

[点评]

九三以阳居阳，刚而不中，又处于离火之上极，性格躁动，行为莽撞，虽然变革的时机已经成熟，但是这种行为方式只能导致凶险。为了使变革的事业取得成功，必须自我克制，改变这种行为方式，争取民众的信任理解，取信于民，做到"革言三就"。既然九三不再急躁冒进，而是"革言三就"，尊重民众的意愿，取信于民，这就把变革事业引向正轨，走上了一条成功之路。由于能否取信于民是决定变革成败的关键，除了"革言三就"之外，不会有其他的成功之路，所以说"'革言三就'，又何之矣"。

九四，悔亡，有孚，改命吉。

《象》曰：改命之吉，信志也。

[点评]

九四的处境与初九不同，初九处于下卦之下，革道未成，不可以有为，九四则处上卦之下，正是推行变革的大好时机。其所以如此，是因为九四与初九无应，说明有悔，存在着矛盾，而九四又处于离火兑水二体交接之处，说明矛盾已发展到不可调和，变革的要求十分强烈。九四能够顺应下卦三爻变革的要求，大力推行变革，加上本身以阳爻而居阴位，质刚而用柔，能够顺应民意，举措得宜，这就完全具备了主客观的条件。时机既把握得准确，政策又得到人民的信服，所以变革成功，悔恨消亡。九四的这种处境，最宜于开始宣布变革的命令，所以说"改命之吉，信志也"。

九五，大人虎变[1]，未占有孚[2]。

《象》曰："大人虎变"，其文炳也。

[注释]

[1]大人虎变：九五以阳刚之才，中正之德，居于至尊之位，称之为"大人"，也就是主持变革事业的最高领导人。在九五之君的领导下，变革所取得的成功已经炳然昭著，有如虎之文采，光泽耀目，称之为"虎变"。　[2]未占有孚：变革的成功世所公认，不用占卜，无可置疑。

[点评]

九五所推行的变革，"顺乎天而应乎人"，合乎"已日乃孚，革而信之""文明以说，大亨以正"的要求，特别是合乎蕴积在人民心头的普遍的要求和愿望。

就《革》卦的前四爻而言，初九革道未成，不可以有为，六二形势好转，可以征吉而无咎，九三急躁冒进，在行为方式上面临艰难的选择，九四悔亡有孚，改命而获吉，把变革事业推进到一个新的阶段。形势发展到了九五阶段，政策措施"未占有孚"，使广大的民众普遍感到获得了利益，满足了心愿，得到了实惠，这种变革的

在变革的客观形势下，人民当然是普遍地要求变革，但是这种要求时而强烈，时而微弱，随着形势发展的各个阶段而有各种不同的表现。因此，推行变革，必须审时度势，因时制宜，使主观的政策措施符合于客观的时心时愿，以争取人民的信任支持。这是决定变革能否取得成功的关键。

成功也就是理所固然，势所必至了。

上六，君子豹变[1]，小人革面[2]。征凶，居贞吉。

《象》曰："君子豹变"，其文蔚也。"小人革面"，顺以从君也。

[注释]

[1]君子豹变：上六居于变革的终结阶段，革道已成，社会人际关系复归于和谐，君子润色鸿业，如豹文之华美。　[2]小人革面：小人改变了原来的消极观望态度，心悦诚服地拥护变革。

[点评]

在这种大功告成的形势下，应该在策略思想上有一个根本性的转变，强调安定团结，着眼于维护社会的稳定，充分发挥和谐的社会系统内部所固有的自我调节功能。如果不进行这种转变，而仍然沿袭变革时期的一套有为的做法，征而不已，无事生非，这就只能产生骚扰干涉的负面作用，破坏社会的安宁。因此，上六的行为方式存在着两种可能的选择，一种是征而不已，另一种是清静无为，安居守正。就行为的后果而言，征而不已必致凶险，安居守正可获吉祥。至于上六究竟作出何种选择，就要看上六是否具有"文明以说，大亨以正"的智慧了。

鼎卦第五十

䷱（巽下离上）

鼎[1]，元吉，亨。

《彖》曰：鼎，象也。以木巽火，亨饪也。圣人亨以享上帝，而大亨以养圣贤。巽而耳目聪明，柔进而上行，得中而应乎刚，是以元亨。

[注释]

[1]鼎：卦名。《鼎》卦由巽（☴）下离（☲）上组成。《鼎》卦的卦形与《革》卦互相颠倒，上下反易，卦义也相反。《杂卦传》说："革，去故也。鼎，取新也。"《革》着重于推翻旧秩序，《鼎》着重于创建新秩序。

[点评]

《鼎》卦以物取象，就像一座烹饪食物用的大鼎，初六阴爻像鼎足，九二、九三、九四中间三根阳爻像鼎腹，六五阴爻像鼎耳，上九阳爻像横贯鼎耳的铉。《鼎》卦下巽为木，上离为火，"以木巽火"，把木柴放进火中燃烧，烹饪食物，为烹饪之象。烹饪的作用在于养人，圣王取其文化的象征意义，用于祭祀上帝，供养圣贤，所以说"圣人亨以享上帝，而大亨以养圣贤"。《鼎》卦的总体形势是吉利亨通的。

旧秩序之所以必须推翻，是因为阴阳两大势力矛盾激化，不可调和，社会的自我调节机制受到严重破坏。但是，变革的目的不在于推翻旧秩序，而在于创建新秩序，所以《鼎》卦继《革》卦之后，构成事物发展过程中的两个密切联系、前后相承的环节，合起来说，称之为"革故鼎新"。

从卦爻结构看，下巽为顺，上离为明，这是象征居于尊位的君主具备"巽而耳目聪明"的美德，既能以柔顺谦逊的态度礼贤下士，又能聪明睿智，知人善任，合理地使用人才。六五"柔进而上行"，秉承这种美德进而上行，升至君位，遵循中道的原则行使君主的权力，与居于下位的九二刚中之臣结成相应的关系，"得中而应乎刚"。君主委贤任能，信任臣下，臣下尽力辅助，志匡王室，在创建新秩序的过程中，这是一种最为理想的政治结构，有利于励精图治，大展宏图，所谓"二人同心，其利断金"，其发展的前途是至为亨通的。

《象》曰：木上有火，鼎。君子以正位凝命[1]。

[注释]

[1]正位：就是明尊卑之序，把阴阳两大势力固定在各自所应处的位置上，当位得正，按照社会分层的名分来确立一种新的等级秩序。凝命：就是成教命之严，用一套严整的伦理规范实行教化，振民育德，从而形成一种精神的凝聚力，以巩固这种新建立的等级秩序。

[点评]

实际上，"正位"和"凝命"是同一个问题的两个方面，紧密关联，不可分割的。"正位"着眼于阴阳之分，"凝命"着眼于阴阳之合。对于一个理想的社会结构来说，一方面必须在制度上进行合理的安排，使得每个成员各得其所，各安其位，形成一种层次分明而井然有序的状

《鼎》卦关于创建新秩序的这种总体构想，本于《周易》哲学的根本原理，《乾》卦《象传》曾经指出，"乾道变化，各正性命，保合太和，乃利贞"。所谓"正位"就是"各正性命"的意思，所谓"凝命"就是"保合太和"的意思，应当把这些不同的表述结合起来，相互参照，深入理解。

态；另一方面又必须加强精神的凝聚力，借助于共同的价值观念，共同的文化传统，把全社会整合成为和谐融洽的统一体。此二者相辅相成，缺一不可，单有"正位"而无"凝命"，就会离心离德，影响社会群体的凝聚；反过来看，单有"凝命"而无"正位"，就会上下不分，贵贱不明，秩序混乱，影响社会生活的正常运转。

就具体的物象而言，鼎是"木上有火"的烹饪之器，由于形态端庄稳重，用于祭祀神灵，作为传国之宝，在鼎上铸刻神圣的图案或法律条文。引申开来，进一步象征国家的政治，君主的权威，所以改朝换代叫作"鼎革"，建立新王朝叫作"定鼎"。君子观此卦象，领会了《鼎》卦的象征意义，对于创建新秩序形成了明确的概念和总体的构想，从"正位"和"凝命"两个方面进行不懈的努力。

初六，鼎颠趾，利出否[1]。得妾以其子，无咎[2]。

《象》曰："鼎颠趾"，未悖也。"利出否"，以从贵也。

[注释]

[1]鼎颠趾，利出否：初六为鼎足，上应于九四，足趾朝上，使鼎身倾倒颠覆，有"鼎颠趾"之象。这种行为看起来有悖于常理，但是"利出否"，有利于清除陈旧腐败之物，以便接纳新鲜事物，合乎除旧布新的原理，实际上是"未悖"。 [2]得妾以其子，

无咎：如同娶妾生子，扶为正室，看起来有悖于尊卑之序，实际上是母以子贵，正当合理，并无咎害。

[**点评**]

《鼎》卦六爻在创建新秩序的过程中，所起的作用各不相同，既有客观的原因，也有主观的原因，所有这些，都是通过隐喻的形式表现，要从具体的物象来把握其中深层次的含义。

九二，鼎有实[1]，我仇有疾，不我能即[2]，吉。

《象》曰："鼎有实"，慎所之也。"我仇有疾"，终无尤也。

[**注释**]

[1]鼎有实：鼎腹装满了新鲜的食物。　[2]我仇有疾，不我能即：我的仇敌有严重的疾病，不能对我造成损害。我，指九二。仇，指九四。

[**点评**]

九二为鼎腹，经过初六之"颠趾"，清除了污秽，鼎腹装满了新鲜的食物，有"鼎有实"之象。九二阳刚，居于下卦巽体之中位，作为刚中之臣，与六五柔中之君结为正应，如果得到六五的信任，前往辅助，协同配合，对于创建新秩序是十分有利的，但在这个过程中，却遇到了一个忌而仇之的对象横加阻梗，这就是九四。九四

比附于六五，是一个近君的大臣，企图以其位高权重之
势争夺六五的宠信，掌控全局，与九二形成了竞争对手
的仇敌关系。但是九四本身的素质存在着严重的疾病，
只能破坏大局，导致"鼎折足"的凶险，根本无法与
九二竞争，也不可能对九二造成任何损害，所以说"我
仇有疾，不我能即"，就九二的发展前景而言，是吉而无
咎的。在这种情况下，九二必须谨慎小心，牢牢把握前
进的方向，坚守自己的刚中之德，因为只有以自己的刚
中去与六五之柔中相应，君臣配合，和衷共济，才能使
创建新秩序的事业取得成功。

九三，鼎耳革，其行塞，雉膏不食[1]。方雨
亏悔，终吉。

《象》曰："鼎耳革"，失其义也。

[注释]

[1] 鼎耳革，其行塞，雉膏不食：九三居于鼎腹的上部，盛满
了雉膏，即野鸡肉羹一类的美食，但是不能食用。其所以如此，
是因为"鼎耳革，其行塞"。鼎耳，指六五，六五与九三不相应，
形格势禁，如同鼎耳产生了变异，打不开鼎盖，加上九四横梗在
前，使得九三的前进之路受到堵塞。

[点评]

九三以阳居阳，当位得正，本身是一位具有阳刚美
德的君子，但却陷入"雉膏不食"的困境。原因不在主

观方面，而在客观方面，也就是在爻位的配置上与六五结不成相应的关系，有失其应处之宜，所以说"'鼎耳革'，失其义也"。因而九三不必悲观失望，自怨自艾，应当对自己怀才不遇、仕途受阻的客观处境有一个清醒的认识。由于六五是一位明君，柔而得中，奉行养贤尚贤之义，终究是会克服各种客观方面的阻力，使九三得到重用，这就像阴阳和合而成雨一样，促使悔恨消亡，终获吉祥。

九四，鼎折足，覆公𫗧[1]，凶。
《象》曰："覆公𫗧"，信如何也？

[注释]

[1]鼎折足，覆公𫗧（sù），其形渥（wò）：𫗧，鼎中的食物。渥，沾濡的样子。九四以阳居阴，不中不正，上承于六五，为近君之大臣，才能薄弱而地位尊贵，下应于初六，依赖本质阴柔的初六承担重任，用人不当，力不胜任，以致鼎足折断，有"鼎折足"之象。初六之颠趾，已使鼎身倾倒颠覆，出秽而纳新，到了九四，鼎中所盛，全是洁净美食，现在鼎足折断，美食颠覆，把鼎器沾濡得一塌糊涂，这就象征着大好的形势全被破坏，变革的成果付之东流。

[点评]

在创建新秩序的过程中，九四成事不足，败事有余，是一个受到谴责的负面形象。九四"鼎折足，覆公𫗧"的行为难以完成革故鼎新的大业，必然会导致凶灾，是

《系辞传》对九四失败的原因作了深刻的分析，强调应当引以为戒："子曰：德薄而位尊，知小而谋大，力小而任重，鲜不及矣。《易》曰：'鼎折足，覆公𫗧，其形渥，凶。'言不胜其任也。"

不值得信任的，所以说"'覆公悚'，信如何也"。

六五，鼎黄耳，金铉^[1]，利贞。

《象》曰："鼎黄耳"，中以为实也^[2]。

[注释]

[1] 鼎黄耳，金铉（xuàn）：铉，举鼎的器具。六五以柔居中，下应九二之刚中，"柔进而上行，得中而应乎刚"，象征柔中之君虚心接纳刚中之臣，君臣相得，刚柔相济，因而政策措施通情达理，得其中道，真实不妄，能够承担创建新秩序的重任。这就如同黄色的鼎耳接纳金质的鼎铉，能够托举重鼎，使之发挥烹饪成新之用一样。 [2] 中以为实也：以中道为实。实，实力。中道本身就是一种着眼于亲和性的凝聚力，也就是软实力。

[点评]

在一个政治共同体中，尽管君居尊位，臣处卑位，君为主导，臣为从属，作为权力结构的两端；但在履行权力的过程中，必须遵循中道的原则，结成一种刚柔相济、阴阳协调的关系，才能产生实效，形成实力，使权力的运作取得成功。六五行使君主的权力符合这个要求，所以说"'鼎黄耳'，中以为实也"。

上九，鼎玉铉^[1]，大吉，无不利。

《象》曰：玉铉在上，刚柔节也。

[注释]

[1]鼎玉铉：上九以阳居阴，体刚履柔，得夫刚柔之节，有温润玉铉之象，足以担当重任，这就如同质刚而德柔的玉铉居于鼎上，能够把整个鼎器托举起来。

[点评]

上九处于《鼎》卦的终结阶段，创建新秩序的任务业已完成，整个形势是一派太平鼎盛的景象。这种新秩序，其特点是刚柔相济，阴阳协调，上九的行为完全符合新秩序的要求，所以举措得宜，大吉无不利。

震卦第五十一

䷲（震下震上）

震[1]，亨。震来虩虩，笑言哑哑。震惊百里，不丧匕鬯。

《彖》曰：震，亨。"震来虩虩"，恐致福也[2]。"笑言哑哑"，后有则也[3]。"震惊百里"，惊远而惧迩也。〔"不丧匕鬯"〕[4]，出可以守宗庙社稷，以为祭主也。

［注释］

[1]震：卦名。《震》卦是由下卦、上卦都是震（☳）的两个经卦组成。《震》卦继《鼎》卦发展而来。《序卦传》说："主器者莫若长子，故受之以《震》。震者，动也。"鼎是祭器，象征国家政权，定鼎之后，建立了新的政权，由长子代表国家主持宗庙社稷的祭祀，行使权力，故受之以《震》。　[2]"震来虩（xì）虩"，恐致福也：震为雷，虩虩是听到雷声而感到恐惧的样子，这种恐惧并非坏事，可以使人知所警惕，谨慎小心，反躬自省，周密策划，以理性务实的态度妥善地处理事变，由恐惧而导致幸福。　[3]"笑言哑（è）哑"，后有则也：哑哑，是笑声。笑言哑哑就是克服了恐惧心理以后所达到的境界，谈笑自若，处变不惊，从容应对，举措得宜，实际上也就是大无畏的心理境界。　[4]匕：古代祭祀时用以盛"鼎实"的勺、匙之类盛食物的器具。鬯（chàng）：祭祀时用的香酒。

［点评］

《说卦传》说："震一索而得男，故谓之长男"。因此，"震"有"长子"之象。《震》卦象征长子代表国家主持宗庙社稷的祭祀，身居高位，行使权力，常常会遇到一些突然的事变，如同震惊百里的雷声，令人恐惧。这就需要培养一种沉着镇定的心理素质和坚强的承受能力，能够在突然的事变面前，头脑冷静，应对有方，谈笑风生，指挥若定。是否具备这种心理素质和承受能力，对于一个肩负重任的人来说，至关重要，这也就是《震》卦所讨论的主题。

"震来虩虩，笑言哑哑"是指面对突发情况能够知所警惕、谨慎小心，克服恐惧心理以后能够谈笑自若、处变不惊、从容应对。由此看来，恐惧和无畏这两种心理是相互依存，相互转化的。所谓无畏，其实质性的含义，就是对恐惧的克服和扬弃，只有经过恐惧的磨炼，激发人的意志，考验人的承受和应变的能力，才能达到真正的无畏境界。因此，当长子主持宗庙社稷的祭礼，突然听到震惊百里的雷声，仍然沉着镇定，"不丧匕鬯"，心怀诚敬，行礼如仪，这就表现了一种临危不惧的心理素质，可以担当国家的重任，值得信托了。

《象》曰：洊雷 [1]，震。君子以恐惧修省。

[注释]

[1] 洊（jiàn）雷：洊，再次。《震》卦上下皆震，象征雷声隆隆，接连不断。

[点评]

君子观此卦象，对于突然的事变，恐惧存于心，修省见于事，通过恐惧修省，可以建功立业，这也就是"功业见乎变"的道理。恐惧修省是一个前后相承的过程。由于事变接连不断而来，所以君子首先必须保持一种临事而惧的态度。这种恐惧之心不是张皇失措，六神无主，而是极端重视，严肃对待，以忧患之心思忧患之故。通过一番冷静理性的分析，找到了引起事变的主客观原因之后，就要进一步探索处理事变的方法措施。如果事变是由主观的原因引起，不要文过饰非，而要反躬自省，改正错误，这就是修省的工夫了。这种修省的工夫落到实处，就可以转祸为福，移惧为喜，笑言哑哑，而见乎功业。

初九，震来虩虩，后笑言哑哑，吉。

《象》曰："震来虩虩"，恐致福也。"笑言哑哑"，后有则也。

［点评］

初九爻辞与《象传》相同，不是重复，而是强调。初九处于震动之始，为成卦之主，必也临事而惧，然后才能好谋以成，获得吉祥。这也就是生于忧患，死于安乐的道理，具有普遍的意义。

六二，震来厉[1]，亿丧贝[2]，跻于九陵[3]。勿逐，七日得[4]。

《象》曰："震来厉"，乘刚也。

［注释］

[1]震来厉：六二所处的爻位以柔乘刚，凌驾于初九之上，突然遭遇到如同霹雳惊雷的事变。　[2]亿丧贝：丧失了大量的财物。亿，同"噎"，表示惊异。贝，货币。　[3]跻于九陵：急忙登上高高的山陵，暂时躲避，也便于观察。　[4]七日：象征一个回复的过程，只需要较短的日序周期。

[点评]

《震》卦六爻，由于所处爻位和本身素质互不相同，对突然事变的反应也各有特点。六二爻"亿丧贝，跻于九陵"这种反应是正常的，合乎人之常情，下一步就是通过恐惧修省，谋求应对之方，究竟是回头去追逐失去的财物，还是安心等待，不去追逐呢？就六二本身的素质而言，柔而得中，能够自觉地调整心理，克服心浮意躁的偏颇，选择了后一种行为方式，相信过不了几天失去的财物必将失而复得。这种选择没有做出不恰当的过度反应，表现了理性务实的中道精神，是值得赞许的。

六三，震苏苏[1]，震行无眚。

《象》曰："震苏苏"，位不当也。

[注释]

[1]苏苏：恐惧不安的样子。

[点评]

六三以阴柔之质而居阳刚之位，不中不正，其位不当，而且处于上下二震之交，惊雷接连而至，面临这种突然的事变，恐惧不安，这也是正常的反应。但是，如果陷入恐惧而不能自拔，以致张皇失措，不知应对，这也不是正确的处震之道。既然六三之所以"震苏苏"，关键在于"位不当也"，由所处的爻位不甚妥当所引起，如果震而行之，以果决的态度主动离开这个爻位，改变自己的处境，这就可以明哲保身，避难远祸，从而摆脱恐惧不安的心理。从六三本身的素质看，质柔而用刚，有可能采取这种果决的态度，作出危而能安的选择，所以说"震苏苏，震行无眚"。

李光地《周易折中》引赵光大曰："天下不患有忧惧之时，而患无修省之功。若能因此惧心而行，则持身无妄动，应事有成规，又何眚之有？"

九四，震遂泥[1]。

《象》曰："震遂泥"，未光也。

[注释]

[1]震遂泥：雷动之时受到震惊坠落于泥潭，也就是陷入恐惧而不能自拔。遂，读为"坠"。

[点评]

九四虽为刚爻，却居于柔位，本身的素质不中不正，处柔失刚健之道，居四无中正之德，陷溺于上下四阴之间，面临着接连而至的惊雷，不能奋发振作，勇于应对，而是困顿萎靡，畏葸不前，故有"震遂泥"之象。《震》卦由上下二震重叠而成，初九与九四同为震之初爻，但是初九阳居阳位，具有阳刚的素质，能够承受"震来虩虩"的考验，克服恐惧，获得福泽，九四却是以阳居阴，履不当位，缺乏这种阳刚的素质，因而陷入恐惧而不能自拔。由此可以看出，能否克服恐惧，关键在于是否具有刚毅果决的阳刚之德，九四之所以"震遂泥"，则是由于阳刚之德未能发扬光大。

六五，震往来厉[1]，亿无丧有事[2]。

《象》曰："震往来厉"，危行也。其事在中，大无丧也。

[注释]

[1]震往来厉：六二是"震来厉"，六五则是"震往来厉"，往来皆厉，面临着双重危险，这是因为，六二居于下震之上，六五则是居于重震之上。　[2]亿无丧有事：虽然危险，并无丧失，可以继续去做所应做的事。亿，叹词，表示惊异。

[点评]

六五的这种反应沉着镇定，泰然自若，真正做到了如同《象传》所说的闻惊雷而"不丧匕鬯"，可以出为君主，托付国家的重任。其所以如此，是因为六五虽无阳刚之资，却有柔中之德，能够秉承中道的理性精神处理各种事务，调整自己的心态，所以说"其事在中，大无丧也"。

上六，震索索[1]，视矍矍[2]，征凶。震不于其躬，于其邻，无咎。婚媾有言。

《象》曰："震索索"，中未得也。虽凶无咎，畏邻戒也。

[注释]

[1]索索：哆嗦颤抖的样子。　[2]矍矍：目光闪烁不定。

[点评]

上六处于《震》之上极，遭遇突然的事变，张皇失措，中心无主，贸然前进，必有凶险。但是震动之灾尚未及于自身，而是降临于邻居身上，并无咎害，只是"婚媾有言"，听到亲戚的一些言语的责难。如果汲取邻居的教训，知所警戒，也能"虽凶无咎"。

艮卦第五十二

䷳（艮下艮上）

〔艮〕[1]，艮其背，不获其身；行其庭，不见其人[2]。无咎。

《彖》曰：艮，止也。时止则止，时行则行，动静不失其时，其道光明。艮其止，止其所也。上下敌应，不相与也，是以"不获其身，行其庭，不见其人，无咎"也。

[注释]

[1]艮：卦名。《艮》卦是由下卦、上卦都是艮（☶）的两个经卦组成。艮为山，山体稳重，象征静止。《艮》卦由《震》卦发展而来。《序卦传》说："物不可以终动，止之，故受之以《艮》。艮者，止也。"震为动，艮为止，在事物发展变化的过程中，有

时表现为运动的状态，有时则表现为静止的状态，动极而静，静极复动，一动一静，互为其根，因而运动与静止构成了一种既对立又统一的关系。　[2]艮其背，不获其身；行其庭，不见其人：这是用人的身体来比喻。人的身体有前身，有后背，前身与后背彼此隔绝，停止于后背，始终不能看见前身，所以说"艮其背，不获其身"。行走于庭院之中，由于是以背倒行，两两相背，也不能见到别人，所以说"行其庭，不见其人"。

［点评］

就人事的行为操作的层面而言，应当根据客观事物所处的不同状态，采取适当的对策，"时止则止，时行则行，动静不失其时，其道光明"。当动而不动，谓之失时，当静而妄动，也叫作失时，适时则吉，失时则凶。人与时的关系就是主体与客体的关系，主观能动性与客观必然性的关系，行为与环境的关系，所谓"动静不失其时"，就是强调人的主体行为必须适应客观事物的存在状态。

从卦爻结构看，《艮》卦象征客观事物业已处于静止的存在状态。首先，一阳处于二阴的上极，本身停止了运动，同时又对在下之二阴产生抑止的作用，使其不再运动，于是各爻皆止于其所，所以说"艮其止，止其所也"。其次，上下二体的爻位形成了一种"敌应"的关系，初六与六四、六二与六五、九三与上九，都是刚与刚对立或柔与柔对立，相互敌对，不能相应，因而各自孤立，彼此隔绝，互不交往，所以说"上下敌应，不相与也"。既然这是客观事物的存在状态，就应当像"艮其背"那样，做到"时止则止"，才能免于咎害。所谓"知止而后

易道的精髓在于"变通趣时"，《周易》多次提及"与时偕行"，反复赞叹"时大矣哉"。在《周易》中，时是一个极为重要的概念，能否做到"动静不失其时"，对于事业的成败具有决定性的意义。

有定，定而后能静，静而后能安，安而后能虑，虑而后能得"，如果知有所止，客观上适应环境的变化，主观上坚持道义的原则，这就是止得其所，顺理而合义，自然不会有什么咎害了。

《象》曰：兼山，艮。君子以思不出其位[1]。

[注释]

[1] 思不出其位：所思所虑，都不超越自己的本位。

[点评]

《艮》卦上下皆山，两山对峙，止于其位，为兼山之象。君子观此卦象，谨守本分，安于所止，"思不出其位"，所思所虑，都不超越自己的本位。

初六，艮其趾，无咎，利永贞。

《象》曰："艮其趾"，未失正也。

[点评]

《艮》卦的整体形象是"艮其背"，即如同人的身体，背面而立，止于其背。

由于客观环境有时呈现为动态，有时呈现为静态，所以人作为能动性的行为主体，必须采取适时之变的应对之方，当动则动，当静则静，做到"动静不失其时"，既顺乎实理，也合乎道义，实际上就是"止于至善"的

《中庸》指出："君子素其位而行，不愿乎其外。素富贵，行乎富贵；素贫贱，行乎贫贱；素夷狄，行乎夷狄；素患难，行乎患难；君子无入而不自得焉。"这也就是在艮止之时发扬独立挺拔的主体精神的处艮之道。

意思。从这个角度看，"时止则止"固然是止，"时行则行"也同样是止。

《咸》《艮》两卦分别阐明的交感之理与艮止之理在"止于至善"这个总的原理下获得了有机的统一，应当合而观之，相互印证，彼此发明。《咸》卦强调"止而说"，在交感之时应当止于正道，卦中六爻，依其是否遵循这个准则，其吉凶悔吝的后果各有不同。《艮》卦六爻情形，也是同样的道理。就艮之初六而言，"艮其趾"，在艮止之时，当静则静，首先控制自己的脚拇指，停止前进，这是"未失正也"，没有违反正道，可以免除咎害。坚守正道，持之以恒，不可有始无终，半途而废，所以说"利永贞"。

六二，艮其腓，不拯其随，其心不快[1]。

《象》曰："不拯其随"，未退听也。

[注释]

[1]艮其腓，不拯其随，其心不快：控制自己的小腿肚，却不能拯救所随从的人，心中很不愉快。腓，小腿肚。拯，拯救。随，小腿肚所随从的腰部，也就是九三。

[点评]

六二柔居中位，如同人体的小腿肚，在艮止之时，"艮其腓"，控制自己的小腿肚，企图停止前进，这是合乎正道的。但是其所处的爻位比邻于九三，九三为阳，六二为阴，九三为腰，六二为小腿，阳唱则阴必和，腰

六爻由下往上，按照这个整体形象以身体的各个不同的部位来比喻，初六像是脚拇指，六二像是小腿肚，九三像是腰部，六四像是脊背，六五像是面颊，上九像是肩膊。《艮》卦的这种取象与《咸》卦是相似的，但是咸为感，感为动，重点在于从动态的角度阐明交感之理，展示的是人体的正面形象；艮为止，止为静，重点在于从静态的角度阐明艮止之理，展示的是人体的背面形象。其实无论是正面或背面，皆为人之一身，结为一体，交感之理与艮止之理也是贯通依存，不可割裂的，因而"时止则止，时行则行，动静不失其时"是《咸》《艮》两卦共同遵循的原则。

动则腿必随。因而九三为主导，六二为从属，当九三违反艮止之道而妄动，六二却是无力拯救，勉强跟随，这种被迫无奈的做法使得内心苦闷烦恼，很不愉快。究其原因，不在主观方面，而在客观方面，非不为也，是不能也，六二之所以"不拯其随"，关键在于九三刚愎自用，不能退而听从六二的忠告。由此可以看出，真正做到时止则止，止得其所，并非易事，如果单有主观的愿望而无客观的条件，也是会事与愿违的。

九三，艮其限，列其夤，厉熏心[1]。

《象》曰："艮其限"，危熏心也。

[注释]

[1] 艮其限，列其夤（yín），厉熏心：九三以阳居阳，刚而不中，在艮止之时，强力控制自己的腰部。艮其限，使其停止运动，实际上是有违正道的妄动。这种粗暴的做法造成了"列其夤"的严重后果，使得脊背断裂，伤及全身，因而危厉如同烈火一样熏灼其心。限，人体上下分隔的界限，即腰部。列，分裂。夤，脊背的肉。

[点评]

艮止之道，关键在于止得其所，止于至善。腰部是人体的中间部位，作为连接上身与下身的枢纽，屈伸俯仰，当静则静，当动则动，时行则行，时止则止，这才是正当合理的处艮之道。如果强力控制，使其处于绝对停止的状态，导致危厉的后果就是必然的了。

六四，艮其身[1]，无咎。

《象》曰："艮其身"，止诸躬也。

[注释]

[1]艮其身：六四以阴居阴，当位得正，止得其所，以人体为喻，相当于腰以上的脊背。艮其身，就是"艮其背"的意思。

[点评]

既然脊背停止了运动，也对身体其他部位的运动起到了控制的作用，使之止于其所，这是合乎艮止之道的，必无咎害。所谓"止诸躬也"，是说六四之止是止于自身，能够自我约束，自我控制，做到了时止则止。止于正道，只有首先从自我做起，知有所止，严于律己，才能影响他人，六四的这种做法抓住了艮止之道的关键，是值得赞赏的。

六五，艮其辅[1]，言有序，悔亡。

《象》曰："艮其辅"，以中正也。

[注释]

[1]艮其辅：辅是口舌所在的面颊，止于面颊，也就是管住了口舌，止得其所。

[点评]

六五居于至尊的君位，掌握发号施令的大权，可以一言而兴邦，也可以一言而丧邦，对于国家大局具有决定性的影响，因而必须管住自己的口舌，不能胡言乱语。由于六五以柔履中，秉承了中正之德，懂得止于至善的道理，所以言语谨慎，合规中矩，井然有序，这就使得悔恨消亡。

上九，敦艮[1]，吉。

《象》曰：敦艮之吉，以厚终也。

[注释]

[1]敦艮：厚重笃实的艮止。敦，厚重。

[点评]

上九是《艮》卦的主爻，两山相重为艮，上九居于艮之上极，有如泰山乔岳之巅，高大厚重，刚健笃实，称之为"敦艮"。这种"敦艮之吉"，能够把厚重的品质保持至终，达到了止于至善的最高境界，岿然而不动，坚定而不移，原因在于"以厚终也"。

程颐《周易程氏传》曰："天下之事，唯终守之为难。能敦于止，有终者也；上之吉，以其能厚于终也。"

渐卦第五十三

䷴（艮下巽上）

渐[1]，女归吉[2]，利贞。

《象》曰：渐之进也，女归吉也，进得位，往有功也。进以正，可以正邦也。其位，刚得中也。止而巽，动不穷也。

［注释］

[1]渐：卦名。《渐》卦由艮（☶）下巽（☴）上组成。渐，逐渐、渐进。渐之进也，即循序渐进。　　[2]女归吉：女子出嫁，归入夫家，是两姓家族间的一件大事，婚礼要按照纳采、问名、纳吉、纳征、请期、亲迎六个步骤有序地进行，只有循序渐进，才能合乎正道而获吉。

［点评］

天下万事，莫不有渐，渐是客观事物的一种存在状态，介于运动与静止之间。当事物从运动的状态过渡到静止，或者从静止的状态过渡到运动，必然要经历一个循序渐进的阶段，这就是渐。

就人事运作的应对之方而言，必须适应客观事物的存在状态，当动则动，当止则止，当渐则渐，适时则吉，失时则凶。《序卦传》说："艮者止也。物不可以终止，故受之以《渐》。渐者，进也。"《渐》卦之进不是躐等冒进，而是按照一定的步骤循序渐进，这个过程可以用女子出嫁必须遵循一定的礼仪程序来比喻，称之为"女归吉"。以此类推，其他各种事情都有同样的道理，比如臣之进于君，人之进于事，学者之进于学，君子之进于德，都是一个循序渐进的过程，企图躐等冒进，一蹴而就，

震为动，艮为止，渐为"渐之进也"，这三卦分别讨论事物存在的三种不同的状态，前后相承，从而构成事物发展变化的完整序列。

必然会导致失败，所以说"进得位，往有功也。进以正，可以正邦也"。"得位"即得其正位，合乎贞正之道，也就是主体行为合乎客观事物所处的不可逾越的阶段。"进以正"即适应阶段性的需要，遵循正道而渐进。如果主体行为能够适应客观事物的存在状态，得其正位，循序渐进，就可以开创功业，从而取得端正国家的政治效应。

从卦爻结构看，"其位，刚得中也"，这是指九五以刚居中，循序渐进而得天下之正位，固守贞正之道。卦之二体，艮下巽上，艮为止，巽为顺，艮止于内则不妄进，巽以行之则不骤进，由艮的静止转向运动，有步骤有次序地前进，这种行动自然不会困穷，所以说"止而巽，动不穷也"。全卦六爻，以鸿雁的飞行为喻，顺次逐渐通过了水岸、磐石、陆地、树木、山陵、云天几个阶段，对这种循序渐进的哲理作了生动形象的描绘。

《象》曰：山上有木，渐。君子以居贤德善俗。

[点评]

《渐》卦下艮为山，上巽为木，乃山上有木之象，象征山上的树木是渐渐成长高大的。君子观此卦象，推天道以明人事，无论是从事个人的道德修养或是改善社会的风俗，都要按照循序渐进的规律有步骤分阶段进行，不可拔苗助长，急于求成。

初六，鸿渐于干[1]，小子厉，有言，无咎。

《象》曰：小子之厉，义无咎也。

[注释]

[1]鸿渐于干：干，水岸。鸿雁飞行，首先是离开水面，来到水岸，这是危厉之地，立足不稳，步履蹒跚，未能振翅高飞，但却是一个循序渐进的必经的阶段，不可逾越。

[点评]

以此鸿雁飞到水岸来比喻人事，初六才质阴柔，地位卑下，如同初出茅庐的小子处于危厉之地，这就免不了要受到一些人的言语的讥讽和嘲笑。但是初六不为所动，仍然坚持循序渐进的原则，少安毋躁，量力而行，把这种危厉看作是磨炼自己成才的一个必经的阶段，不去躐等冒进。这是不会有什么咎害的，所以说"小子之厉，义无咎也"。

六二，鸿渐于磐 [1]，饮食衎衎 [2]，吉。

《象》曰："饮食衎衎"，不素饱也 [3]。

[注释]

[1]磐：磐石。 [2]衎（kàn）衎：快乐的样子。 [3]不素饱也：意思是并非不做事而白吃饭，也就是并非尸位素餐。

[点评]

鸿雁由水岸渐进于磐石之上，快乐饮食，安稳栖息，吉祥如意，象征六二的处境。六二当位得正，履行中道，由初六之"小子"进于大臣之位，与九五刚中之君结为正应，合乎《象传》所说"进得位""进以正"之义，因而安稳舒泰，"饮食衎衎"。虽然如此，六二并非无功受禄，尸位素餐，而是以中正之道辅佐君主，尽心协力，对于稳定政局，正邦治国，发挥了关键性的作用，立下了汗马功劳。

九三，鸿渐于陆[1]。夫征不复，妇孕不育[2]，凶。利御寇。

《象》曰："夫征不复"，离群丑也[3]，"妇孕不育"，失其道也。利用御寇，顺相保也。

[注释]

[1]鸿渐于陆：鸿雁飞到了陆地上。　[2]夫征不复，妇孕不育：丈夫出征，一去不回。妇女孕而不能生育。　[3]群丑：即群体。丑，是类的意思。

[点评]

鸿雁本为水鸟，陆地非其所安，现在离开水岸、磐石飞到陆地，表现得过于躁动，不合渐进之义，象征九三的处境。九三以阳居阳，刚而不中，不安其位，急于上进，如同丈夫出征，一去不回，有"夫征不复"之象。又如同一只孤雁，脱离了雁群独自远飞，有"离群丑也"之象。

从爻位关系看，九三居艮体之上，本应以刚止柔；与在下之初六、六二结为一体，循序渐进。九三却不顾群体而独自上行，这是有违正道的。此外，九三与上九都是刚爻，两刚相遇，不能结为正应，所以九三只能与邻近之六四亲比。由于六四的爻位凌驾于九三之上，这是以柔乘刚，以阴乘阳，因而九三与六四亲比，并非正配，而是邪配，用夫妇的关系来比喻，这种"夫征不复"而乐于邪配的行为，同样是有违正道的，即令怀孕也不能合法生育子女。虽然如此，九三毕竟是以阳居阳，当位得正，如果善于运用"止而巽"的道理来调整自己的行为，艮止于内，巽顺于外，不再急于上进，安于所处，也可以做到上下相保，利于防御敌寇的侵袭，所以说"利用御寇，顺相保也"。

六四，鸿渐于木，或得其桷[1]**，无咎。**

《象》曰："或得其桷"，顺以巽也。

[**注释**]

[1] 桷（jué）：如同方形椽子的树枝。

[**点评**]

鸿雁为水居之鸟，像鸭子一样，足趾相连，不能握枝，不适合在树上栖息，现在离开陆地飞到树上，只是作为一个暂时的过渡，并不安稳，如果找到宽大平直的树枝，也可以安稳栖息，免除咎害，这种情形就象征着六四的处境。六四本质阴柔，介于二阳之间，下乘九三之刚，上承九五之阳，处境是危厉不安的，但是六四以阴居阴，当位得正，而且由下体之艮渐进于上体之巽，能够以"顺以巽"的美德安于其处，妥善处理与二阳的关系，特别是作为近君大臣，谦逊顺承，竭力辅佐，这就如同鸿雁"或得其桷"一样，找到了一块安稳的栖息之地，可以免除咎害。

九五，鸿渐于陵[1]，妇三岁不孕，终莫之胜，吉。

《象》曰："终莫之胜，吉"，得所愿也。

[注释]

[1]鸿渐于陵：鸿雁飞离树木进于丘陵最高之地，象征九五进于至尊的君位。

[点评]

九五之进，是"进得位""进以正""其位刚得中也"，既合理又正当。作为刚明中正之君，掌握了最高权力，本来是可以开创功业，大展鸿图，实现正邦治国的愿望的。但是这个过程进展得不太顺利，遇到了各种阻力，有"妇三岁不孕"之象，结婚三年，妇人都没有怀孕育子。这是因为，九五为了实现自己的愿望，必须争取到六二柔顺中正之臣的辅佐，与之结成刚中与柔中密切相应的关系，但是从爻位关系看，在九五与六二之间，遇到六四、九三两爻从中作梗，形成了阻力。虽然如此，九三并不是九五的竞争对手，六四也不是六二的竞争对手，这两爻所形成的阻力最终是能够克服的。就夫妇关系而言，只要情投意合，忠贞不二，暂时的分离并不影响最终的团聚。就君臣关系而言，刚中之君与柔中之臣协调并济是本于各自内在的需求，合乎理势之必然，这是任何势力所不能阻挡的，所以说"'终莫之胜，吉'，得所愿也"。

上九，鸿渐于陆[1]，其羽可用为仪，吉。

《象》曰："其羽可用为仪，吉"，不可乱也。

［注释］

[1] 陆：当作"逵"，指天上的云路。

［点评］

鸿雁经历了由下往上的几个阶段，振翅高飞于天上的云路，通达无阻，其羽毛光彩夺目，可以用来作为仪饰，象征上九循序渐进，达到了最高理想的境界。由此可以看出，上九之所以获吉，是因为遵循了循序渐进的规律。事物的发展都是积渐而成，如果不通过阶段性的积累和进展，是不可能一步登天的。

朱熹《周易本义》："陆当作逵，谓云路也。今以韵读之，良是。仪，羽旄旌纛之饰也。上九至高，出乎人位之外，而其羽毛可用以为仪饰，盖虽极高，而不为无用之象。"

归妹卦第五十四

䷵（兑下震上）

归妹[1]，征凶，无攸利。

《彖》曰：归妹，天地之大义也。天地不交，而万物不兴。归妹，人之终始也。说以动，所归妹也。"征凶"，位不当也。"无攸利"，柔乘刚也。

[注释]

[1]归妹：卦名。《归妹》卦由兑（☱）下震（☳）上组成。归妹，指女子出嫁归入夫家结为婚姻。

[点评]

从宇宙的角度看，这是"天地之大义"，因为天地相交，阴阳和合，是宇宙自然的普遍规律。如果天地不交，万物就不能繁殖兴旺。

从社会的角度看，归妹使得人类得以终而复始地绵延生息。天地为万物之本，夫妇为人伦之始，宇宙自然和人类社会都是通过阴阳交通成和而结为一体，遵循着同样的规律，可以从婚姻关系见出"天地之大义"，也可以根据"天地之大义"来规范婚姻行为的准则。这既是人们的婚姻关系所必须遵循的准则，也是衡量婚姻行为是否正当合理的标准，顺之则吉，逆之则凶。

所谓"天地之大义"是由两个不同的方面共同构成的，一方面是阴阳之分，另一方面是阴阳之合，二者缺一不可。就阴阳之分而言，天尊地卑，两两相对，各正其位，在结构上表现为一种有层次等级的正常秩序。就阴阳之合而言，天与地相互感应，化育万物，生机盎然，在功能上表现为融洽无间结为一体的和谐。这种秩序与和谐的有机统一也就是易学所反复强调的中正之道。人类社会的婚姻关系作为宇宙自然的从属部分，同样遵循这种中正之道，从中可以见出"天地之大义"。

由此看来，尽管女子出嫁结为婚姻的事件本身是"天地之大义""人之终始"，但是《归妹》卦的总体形势却是"征凶，无攸利"，很不吉利，这主要是着眼于人们的行为层面进行衡量，不合标准，违反了中正之道，特别是违反了正的原则。《归妹》卦由兑下震上组成，兑为少女，震为长男，兑为悦，震为动，象征少女"说以动"，以喜悦之情主动追求长男，急于出嫁，这是有违女子贞正之道的。而且年龄差距太大，也不相配。比如《咸》卦是少男与少女相配，《恒》卦是长男与长女相配，都是正常的情况，《归妹》卦以少女与长男相配，就不太正常了。从爻位的配置看，中间四爻皆不当位，六五凌驾于九四之上，六三凌驾于九二之上，这是以柔乘刚，违反了"男女正，天下之大义"的原则，所以说"'征凶'，位不当也。'无攸利'，柔乘刚也"。

《象》曰：泽上有雷，归妹。君子以永终知敝[1]。

[注释]

[1] 永终知敝：自始至终永久地保持夫妇之道而考虑不去弊害此道。

[点评]

《归妹》卦下体兑为泽，上体震为雷，泽上有雷，泽中的水随着震动，象征少女"说以动"，受喜悦之情的驱动急于出嫁，与长男结为夫妇。究竟这种不经过理性的选择而且不合正道的婚姻关系能否自始至终地永久保持，中途是否会发生变故离异，是值得认真考虑的。君子观此卦象，从中体会到"永终知敝"的具有普遍意义的哲学道理。做任何事情，都要考虑到事情发展的全过程，慎始而谋终，所谓一着不慎，满盘皆输，如果开始处理不当，结果就会导致整个失败，不仅男女婚姻之事如此，其他各种事情也都同样如此。

初九，归妹以娣[1]，跛能履[2]，征吉[3]。

《象》曰："归妹以娣"，以恒也。跛能履，吉，相承也。

[注释]

[1] 归妹以娣（dì）：按照古代婚姻制度的规定，妹随姊同嫁一夫称"娣"，姊居正室为妻，妹处偏房为妾，"归妹以娣"是说少女以娣的身份出嫁。　[2] 跛能履：娣由于不能位居正室，如同跛脚之人，不太正常，但是毕竟能出嫁到夫家，如同跛脚之人也能走路，所以"跛能履"。　[3] 征吉：往前行进，可获吉祥。

[点评]

就《归妹》卦的总体形势而言，是"征凶，无攸利"，很不吉利，而初九却不受总体形势的影响，获得了"征吉"的结果，这主要是因为初九在行为的选择上能以正道相承，合乎恒久之义。从爻位关系看，初为下位，九为阳德，当归妹之时，初九居于此位，象征具有贤贞之德，但是与在上之九四不能结为正应，象征只能以娣的身份出嫁而不能位居正室。虽然如此，初九随姊出嫁，安于偏房之位，并且以贤贞之德顺以相承，这种行为合乎正道，因而可以避免凶险而获吉。

九二，眇能视[1]，利幽人之贞[2]。

《象》曰："利幽人之贞"，未变常也。

[注释]

[1]眇能视：九二的爻象与初九相同，都是"归妹以娣"，以娣的身份随姊出嫁，不能位居正室。但是初九"跛能履"，九二"眇能视"，尽管足跛目眇，形体有偏，仍有走路视物的正常功能，这是象征此二爻的处境都是偏而有正，可以征而获吉。 [2]幽人：幽雅文静的淑女。

[点评]

从爻位关系来参照比较，初九与九四无应而当位履正，这是正而不中；九二与六五有应而以阳居阴，处不当位，这是中而不正。用"天地之大义"的中正之道来衡量，这两爻都有所偏失，不够完整。但是，初九以正道安于其位，顺以相承，九二以中道自我调整，守其"幽人之贞"，这种行为也能补偏救弊，获得"跛能履""眇能视"的良好效果。就中与正二者的关系而言，实质上是互动互补，彼此贯通的，守正可以得中，得中亦可以守正。所谓"'利幽人之贞'，未变常也"，说的就是九二由得中而不改变其恒常之道的意思。

六三，归妹以须[1]，反归以娣[2]。

《象》曰："归妹以须"，未当也。

[注释]

[1]归妹以须：少女嫁出希望成为正室元配，一直在等待。须，等待。 [2]反归以娣：少女嫁出希望成为正室元配的愿望未能实现，于是反归于家中，重新以娣的身份出嫁。其所以如此，是因为主观的愿望不合乎客观的实际，很不恰当。

[点评]

从爻位关系看，六三以阴居阳，以柔乘刚，无论本身的处境或是行为的方式，都违反了正道。加上与上六并无正应关系，执意前往，必遭拒绝，这就决定了六三的愿望落空，只能白白地等待。在这种情况下，如果六三能够调整心态，不作非分之想，立足于现实，重新为自己做出合理的定位，如同少女不以正室而以娣的身份出嫁那样，仍然是可以有所作为，找到前进的方向。

九四，归妹愆期[1]，迟归有时[2]。

《象》曰：愆期之志[3]，有待而行也。

[注释]

[1]归妹愆（qiān）期：少女推迟出嫁的日期。愆，超过，延

误。　[2]迟归有时：推迟出嫁，等待时机。　[3]愆期之志：是说这种推迟出于少女本人的意愿，目的是等待合适的机遇。

[**点评**]

表面上看来，九四与六三都是在等待，但是六三的等待出于被迫，九四的等待出于主动，六三主要是因行为不当而等待，九四则主要是由于时机的不成熟而等待。九四以阳居阴，质刚而用柔，当归妹之时，象征少女具有贤贞之德，能够安于其位，与六三的那种质柔而用刚的躁动行为判然有别。但是九四与在下之初九并无正应关系，找不到合适的配偶，这就只能"迟归有时"，耐心等待。由于九四才德兼备，高自期许，不愿降格以求，轻易从人，只要时机成熟，这种等待终究是会取得成功的。

六五，帝乙归妹[1]，其君之袂[2]，不如其娣之袂良，月几望[3]，吉。

《象》曰："帝乙归妹"，"不如其娣之袂良"也，其位在中，以贵行也。

[**注释**]

[1]帝乙：商代帝王。归妹：嫁女。　[2]其君之袂（mèi）：指所嫁之女立为元妃，谓之女君。袂，衣袖，泛指服饰。　[3]月几望：是月亮接近于盈满，月盈则亏，接近而未达到盈满才是吉祥。望，每月十五月亮盈满之日。

程颐《周易程氏传》："月望，阴之盈也，盈则敌阳矣；几望，未至于盈也。五之贵高，常不至于盈极，则不亢其夫，乃为吉也。女之处尊贵之道也。"

［点评］

帝王之女地位尊贵，屈尊下嫁与之相配的男子，身为元妃女君，穿戴的服饰不尚华丽，反而比不上随从陪嫁之娣的衣着。这是因为"其位在中，以贵行也"，本身具有柔中的美德和高贵的气质，奉行婚礼，内在的品德气质比外在的服饰更为重要。同时另一方面，根据满招损、谦受益的道理，以这种做法表示谦虚而不过分追求盈满的美德，有"月几望，吉"之象。

上六，女承筐，无实；士刲羊，无血[1]。无攸利。

《象》曰：上六无实，承虚筐也。

［注释］

[1]女承筐，无实；士刲（kuī）羊，无血：女子手捧竹筐，里面却是空的；男子宰羊，没有出血。古代婚礼规定，男女须到宗庙祭祀祖先，女子手捧竹筐，盛满祭品，男子宰羊，取血献祭，这种礼仪表示禀告祖先，得到认可，确立婚姻的合法性。但是上六却有"女承筐，无实；士刲羊，无血"之象，女子的筐内空无一物，男子宰羊没有出血，这就意味着祭祀之礼不能顺利进行，婚姻关系也不具有合法性。

［点评］

上六才质柔弱，阴虚不实，居卦之上极，下与六三无应，当归妹之时，进退失据，找不到归宿，处境是很不吉利的。

丰卦第五十五

䷶（离下震上）

丰[1]，亨，王假之[2]，勿忧，宜日中[3]。

《彖》曰：丰，大也，明以动，故丰。"王假之"，尚大也。"勿忧，宜日中"，宜照天下也。日中则昃，月盈则食，天地盈虚，与时消息，而况于人乎！况于鬼神乎！

[注释]

[1] 丰：卦名。《丰》卦由离（☲）下震（☳）上组成。丰，盛大丰满。《丰》卦下体离为明，上体震为动，"明以动，故丰"，盛大丰满，自有亨通之理。　[2] 王假之：君王从事政治事务，应当崇尚大局意识，追求达到这种理想境界。假，至。　[3] 勿忧，宜日中：是说这种理想境界关键是一个"中"字，如同太阳正居中天，以其盛大丰满的光芒普照天下，只有达到了这种境界，才能无须忧虑。这是一个理想境界。

[点评]

"日中则昃，月盈则食，天地盈虚，与时消息"，这是天道运行的自然规律，称之为"天行"，《剥》卦《象传》

指出："君子尚消息盈虚，天行也。"事物的发展，有盛必有衰，有盈必有亏，当政治局面盛大丰满发展到如日中天之时，也就开始向衰败亏损的方向转化，这是不以人的意志为转移的，鬼神对此也无可奈何。因此，"勿忧，宜日中"只是一个理想境界。

处"丰"之时，要居安思危，必须以"明以动"作为行为的准则，防止物极则反的转变。就人事运作的层面而言，"明"指的是一种清醒务实的理性，对事物的发展明若观火，无幽不烛。与明相对的是暗，暗是愚昧而不明事理。认识与行动密切相连，明以动可以无咎而获吉，暗以动必将有悔而致凶，这是十分自然的。由于人们的社会地位以及素质教养各不相同，理性的光辉常常受到蒙蔽，暗而不明，表现出"日中见斗""日中见沫"之类的极不正常的现象。因而为了同心协力来造就一种盛大丰满的政治局面，必须发扬理性的光辉，或者去蔽而明，或者虚心接受他人的帮助，虽暗而求明，这就是《丰》卦所讨论的主题。

所谓"勿忧，宜日中"，只是作为一个理想境界，表示事物发展的最佳状态，如同一条抛物线的极点。在未达到此极点以前，应当朝着理想境界奋力追求；如果即将接近于此极点，造就了一种盛大丰满的政治局面，也不可掉以轻心，而应当居安思危，持盈保泰，防止向反面转化，这就是"明以动，故丰"的深刻的哲学含义。

《象》曰：雷电皆至，丰。君子以折狱致刑[1]。

[注释]

[1] 折狱致刑：断决狱讼，执行刑罚。

[点评]

《丰》卦上体震为雷，下体离为电，有"雷电皆至"之象。震雷之动，声威甚壮，离电之闪，光明照耀，这也象征着文明以动，不失情理。君子观此卦象，用于“折狱致刑”。断决狱讼应当像离电那样，明察真相，不明察真相，就不能做到公正持平。执行刑罚应当像震雷那样，震惊百里，否则就不能惩治罪恶，维护法律的威严。

初九，遇其配主[1]，虽旬无咎[2]，往有尚。

《象》曰：“虽旬无咎”，过旬灾也。

[注释]

[1]配主：匹配之主。初九所遇之配主指九四。　[2]旬：均等。

[点评]

初九与九四都是阳爻，在一般情况下，此二爻并无正应，不能匹配，而是结为一种同性相斥的敌应关系。但在《丰》卦的这种特殊处境下，为了造就盛大丰满的总体形势，必须明动相资，彼此配合，才能适应形势的需要。初九与九四是同位爻，初九处于下体离卦的下位，体现了离明之德，九四处于上体震卦的下位，具有震动之性，相互之间配合默契，协调并济，正好适应了《象传》所说“明以动，故丰”的形势的需要。所以初九把九四看作“配主”，九四也把初九看作“夷主”，夷是等夷之夷，也是配主的意思。由于明动相资必须合乎中道的原则，初九之刚代表明，九四之刚代表动，此二爻之刚只有相互均等，无过无不及，才能形成匹配，产生功能性的协调。如果超过了“旬”的分寸限度，彼此不相等，或者过明而少动，或者过动而少明，就破坏了平衡，从而导致灾患，所以说"'虽旬无咎'，过旬灾也"。

六二，丰其蔀，日中见斗^[1]，往得疑疾^[2]。有孚发若^[3]，吉。

《象》曰："有孚发若"，信以发志也。

[注释]

[1] 丰其蔀（bù），日中见斗：加大草席，完全遮蔽了阳光，一片昏暗，正当日中之时，见不到太阳，只能看到北斗星。蔀，遮蔽太阳的草席。斗，北斗星。　[2] 往得疑疾：前往而得了猜疑之疾。　[3] 有孚发若：把内在的诚信发挥出来。若，语气词。

[点评]

就自身的素质而言，六二居于下体离卦之中位，内怀离明之德。从客观的需要看，六二应前往与上体震卦的六五协调配合，结成明动相资的关系共谋大局。由于六五阴居尊位，在震体之中，动而不明，六二诚心前往却遭受到猜疑，故有"日中见斗"之象。虽然如此，这种猜疑之疾毕竟是暂时的现象，终究是会消除的。因为明动相资是六二与六五共同的需要，因此六二当以大局为重，以中道自处，胸怀孚诚，发挥自己光明诚信的本性，恪守身负重任的大臣之职，尽心辅佐六五之君，焕发六五持盈保丰之志，君臣中道相应，共承大业，就能消除遮蔽，重见光明，所以说"'有孚发若'，信以发志也"。

九三，丰其沛，日中见沫[1]。折其右肱[2]，无咎。

《象》曰："丰其沛"，不可大事也。"折其右肱"，终不可用也。

[注释]

[1] 丰其沛，日中见沫：加大帷幔，遮蔽了阳光，正当日中之时，看到天上的小星。沛，意为"斾"，泛指旌旗帷幔。沫，小星。　[2] 折其右肱：折断右臂。象征受到大的伤害。

[点评]

九三阳刚得正，居于离体之上，本身是具有离明之德的。但其应爻上六居于震体之终，业已丧失了震动的功能，加上本质阴柔，不思振作，这就无法结成明动相资的关系，只能"日中见沫"。因而九三往应于上六是以明趋暗，其所受到的遮蔽主要是由上六所造成的。在这种情况下，九三切不可轻举妄动，力图成就大事，否则就会"折其右肱"，给自己带来大的伤害，作为明德见废之臣，既然时运不济，也就只得葆光自隐，不能施展才用。

九四，丰其蔀，日中见斗。遇其夷主[1]，吉。

《象》曰："丰其蔀"，位不当也。"日中见斗"，幽不明也。"遇其夷主"，吉行也。

[注释]

[1] 夷主：夷，平。能够与九四形成平衡互补关系的人，称作"夷主"。从爻位关系看，这个"夷主"就是初九。在形势要求的驱动下，初九以九四为"配主"寻求互补，九四则以初九为"夷主"寻求互补，此二爻的寻求都如其所愿，达到了目的，所以初九是"遇其配主"而"往有尚"，九四则是"'遇其夷主'，吉行也"。

[点评]

九四作为上体震卦的主爻，具有震动之性而无离明之德，以阳居阴，处不当位，因而九四的遮蔽是爻位不当和幽而不明的本身素质的问题。由于《丰》卦的总体形势要求明动相资，"明以动，故丰"，非明无以照，非动无以行，此二者必须密切配合，而不能彼此隔绝，所以九四为了适应这种形势的要求，克服自身有动而无明的缺陷，应当主动去寻求一个具有离明之德的"夷主"与之相配，形成互补性的结构，此为"吉行也"。

六五，来章，有庆誉[1]，吉。

《象》曰：六五之吉，有庆也。

[注释]

[1] 章：章美。有庆誉：获得吉庆美誉。

［点评］

六五居震动之中，有动而无明；六二居离体之中，有明而无动。若二者互为补充，则为"明以动"之佳构。六二以光明诚信之德前来辅助六五，主动地来章美六五之政。六五居于震体，善动却少明，初始时对六二不信任，有所猜疑，但六二尽显光明至诚之意，诚心辅佐六五。六五有柔中之德且善于付诸行动，有察纳雅言、从善如流的雅量，经过一番波折，终于与六二中道相应，明动相资。这是六五之吉，双方亦因此获得吉庆美誉。

上六，丰其屋，蔀其家，窥其户，阒其无人[1]，三岁不觌[2]，凶。

《象》曰："丰其屋"，天际翔也。"窥其户，阒其无人"，自藏也。

［注释］

[1]阒（qù）其无人：空荡荡没有一个人。阒，空寂。　[2]觌（dí）：见面。

［点评］

上六之凶在于自我封闭，把自己封闭在一所不见阳光的暗屋之中。从爻位关系看，上六处于震体之上极，如同"天际翔也"，前进无路，往天际飞翔，而且以阴居阴，远离离体，昏暗至极，这就表明上六既无震动之性，又无离明之德。生活在这种暗屋之中，自绝于人，所以"窥其户，阒其无人"。

旅卦第五十六

䷅（艮下离上）

旅[1]，小亨，旅贞吉。

《彖》曰：旅，小亨，柔得中乎外而顺乎刚，止而丽乎明，是以"小亨，旅贞吉"也。旅之时义大矣哉！

[注释]

[1]旅：卦名。《旅》卦由艮（☶）下离（☲）上组成。旅，羁旅、行旅。《旅》卦继《丰》卦发展而来。《序卦传》说："丰者大也，穷大者必失其居，故受之以《旅》。"一个人离开熟悉安定的故居，出外远行，作客异乡，举目无亲，奔波劳碌，会遇到许多意想不到的艰难挫折，因而如何正确对待，保持旅途顺利亨通，安贞而获吉，就是《旅》卦所讨论的主题。

[点评]

所谓"旅之时义大矣哉"，是强调应当由具体上升到抽象，把行旅之旅提高到人生之旅的层次，来深入体会其中所蕴含的普遍的哲学意义。所谓"旅贞吉"，是说无论行旅之旅还是人生之旅，都必须合乎正道，贞正而获

《旅》卦具有更为深刻的哲学含义，作为一个隐喻，象征着整个的人生。古人诗云："人生天地间，忽如远行客。"人生的历程如同远行的客人踏上漫长的旅途，匆匆往来，永无停息，只有死亡才是旅途的终点。在这个历程中，关于人与客观环境的关系，关于自我与他人的关系，各种各样意想不到的艰难挫折纷至沓来，迫使人不得不去应对处理，做到心有所安，这就涉及一个如何立身处世的人生哲学的问题了。

吉。正与中是密切相连的，这也是表明，只有遵循中正之道的行为准则才能保持旅途顺利亨通。

从卦爻结构看，"柔得中乎外而顺乎刚"，这是指六五以柔爻居外卦离体之中，顺从亲比于九三、九四之二刚。"止而丽乎明"，下艮为止，上离为明，既能恬静安止又能附丽光明。这是就总体形势阐明羁旅之世所体现的中正之道，因为柔得中则不取辱，顺乎刚则不招祸，能安止则不妄动，能明智则识时宜，面对着旅途中的种种艰难挫折，如果能够按照这几个方面的要求调整自己的行为，虽不能大亨，也可以取得"小亨"的相对满意的效果。全卦六爻，有的过柔因卑而取辱，有的过刚因高而招祸，唯有六二与六五两爻的行为合乎这种形势的要求，小有亨通，应当结合具体情况具体分析，更为切实地体会处旅之道。

《象》曰：山上有火，旅。君子以明慎用刑，而不留狱[1]。

[注释]

[1] 明慎用刑，而不留狱：在使用刑罚时，明察谨慎，不滞留狱讼。

[点评]

《旅》卦艮下离上，艮为山，离为火，火象征光明察照，山象征慎其所止，因而"山上有火"蕴含着"止而丽乎明"的行旅之义。这种行旅之义与刑狱之理就普遍性的原理而言，实际上是相通的。君子观此卦象，在使用刑罚时，明察谨慎，不滞留狱讼。

初六，旅琐琐[1]，斯其所取灾。

《象》曰："旅琐琐"，志穷灾也。

[注释]

[1] 琐琐：委委琐琐、庸俗鄙陋的样子。

[点评]

初六阴居阳位，是一个处不当位的失正之爻，虽与九四有应，但是本身素质柔弱，志意穷困，面对着羁旅之世的艰难挫折，不能振作精神，而是自暴自弃，无所作为，只会关心一些蝇营狗苟的细小之事，这不是正当的处旅之道，必然会给自己带来灾患。"旅琐琐，斯其所取灾"，是说这种灾患完全是咎由自取，即令有人存心援助，也无能为力。

王夫之《周易内传》："'琐琐'，细小貌。初六卑柔无远志，而随阳为旅，则鄙屑而为裹粮结屦之谋，灾之至，若出意外，而不知务小忘大，正其所自取也。'穷'者，自窘于微细之中也。"

六二，旅即次[1]，怀其资[2]，得童仆贞[3]。

《象》曰："得童仆贞"，终无尤也。

[注释]

[1] 旅即次：旅客住进了客舍。次，客居之所。　[2] 怀其资：带着财物。资，财物。　[3] 得童仆贞：有忠实的童仆服侍。

[点评]

旅客住进了客舍，带着财物，有忠实的童仆服侍，可以舒解旅途的劳累，安心休息，不会有什么过失。六二当羁旅之世，以此为象，得其所安，是因为本身具有柔顺中正之德。柔顺是一种亲和性的品德，既能与环境亲和，又能与他人亲和，柔而履中则不过柔，柔而得正则处不失当，以中正之道来规范调整这种亲和性的品德，自然可以正确处理旅途中的各种关系，免除咎害。出门在外，举目无亲，人际关系的亲和性是最为重要的，如果能有忠实的童仆不离不弃，随从服侍，旅途的平安顺利就有了保证，所以说"'得童仆贞'，终无尤也"。

九三，旅焚其次，丧其童仆[1]，贞厉。

《象》曰："旅焚其次"，亦以伤矣。以旅与下，其义丧也[2]。

[注释]

[1] 旅焚其次，丧其童仆：旅居的住所失火焚烧，随从的童仆逃亡离走。　[2] 以旅与下，其义丧也：作为行旅之人却以刚躁对待下人，丧失了行旅和顺之义。

[点评]

九三的爻象与六二完全相反，旅居的住所失火，童仆逃亡，自身受到了伤害，处境十分危险。这主要是因为，九三以阳居阳，刚而不中，不能适应形势的要求抑制自己过于刚强的性格，刚愎自用，高傲凌物，从根本上违反了处旅之道。无论就行旅之旅还是人生之旅而言，只有柔顺中正才能妥善处理各种关系，特别是人际关系。良好的人际关系，贵在和顺，阴顺阳，阳顺阴，相亲相辅，协同配合，因而阴阳双方都应当奉行中道的原则。现在九三在旅途中"以旅与下"，以刚躁高傲的态度对待下人，颐指气使，作威作福，把相亲相辅的关系变成统治与服从的关系，这就丧失了和顺之义，造成离心离德的后果，"丧其童仆"，众叛亲离，是势所必然的。

九四，旅于处 [1]，得其资斧 [2]，我心不快。

《象》曰："旅于处"，未得位也。"得其资斧"，心未快也。

[注释]

[1]处：居留的处所。　[2]资斧：钱财。斧，铸为斧形的钱币。

[点评]

九四以阳居阴，刚而能柔，与初六有应，旅途中的情况比九三顺利，有了暂时栖身之处，也得到了充当旅费的钱财，但是心情并不愉快。这是因为，阳居阴位，未得其正，所旅之处，短暂停留，并非长期安居的归宿，在这种羁旅异乡的处境中，自己作为一个来去匆匆的过客，心情很不安定，当然也不会愉快。

六五，射雉[1]，一矢亡[2]，终以誉命[3]。

《象》曰："终以誉命"，上逮也。

［注释］

[1] 雉：山鸡。　[2] 一矢亡：是说没有射中山鸡，丢失了一支箭。　[3] 终以誉命：是说终于射中山鸡，得到了善射的美誉。这是象征六五在旅途中开始遇到挫折，最终顺利克服而获吉。

［点评］

六五是全卦的主爻，"柔得中乎外而顺乎刚"，从总体上体现了羁旅之世的形势要求。就其以柔爻居于至尊的君位而言，与居于臣位的六二之柔没有正应关系，相互之间的配合并不顺利，小有挫折，故有"一矢亡"之象。但是六五居外卦离体之中，离为文明，作为一位文明之主，秉承中道，既能顺从亲比于九三、九四之二刚，又能自觉主动与六二相配合，这就形成了一种亲和性的凝聚力，取得在下各爻的衷心爱戴，为众望之所归，所以说"'终以誉命'，上逮也"。逮是到达，在下各爻往上附丽于文明之主，"止而丽乎明"，就是"上逮"的意思。

上九，鸟焚其巢，旅人先笑后号咷，丧牛于易[1]，凶。

《象》曰：以旅在上，其义焚也。"丧牛于易"，终莫之闻也。

[注释]

[1]丧牛于易：在田畔丢失了牛。牛，象征柔顺之德。易，田畔。

[点评]

上九位居卦之上极，如同居于高枝上的鸟巢中，自以为得其所安，笑容满面，但却不懂得高而招祸的道理，态度傲慢，暴躁倔强，造成人际关系的紧张冲突，违反了处旅之道的大义，因而鸟巢被焚，失其所安，号咷大哭。"丧牛于易"，牛象征柔顺之德，这是说，处旅之道以柔顺谦下为本，既然因失去这种品德而导致凶险，也是咎由自取，最终是不会有人去过问的。

李光地《周易折中》引范仲淹曰："夫旅人之志，卑则自辱，高则见疾，能执其中，可谓智矣。故初'琐琐'，卑以自辱者也。三焚'次'而上焚'巢'，高而见疾者也。二怀'资'而五'誉命'，柔而不失其中者也。"

巽卦第五十七

☴（巽下巽上）

巽[1]，小亨，利有攸往，利见大人。

《彖》曰：重巽以申命[2]，刚巽乎中正而志行，柔皆顺乎刚，是以"小亨，利有攸往，利见大人"。

[注释]

[1]巽：卦名。《巽》卦由下卦、上卦都是巽（☴）的两个经

卦组成。因由上下两个巽卦重叠而成，谓之"重巽"。　[2]申命：叮咛，反复申说号令。风是天之号令，命是人君之号令，君主施政，发布号令，应当像风一样，鼓动万物，使之深入人心。为了使号令能够深入人心，转化为人民群众的行动纲领，在上之号令必须下顺民心，只有赢得民心的赞同响应，下民行事才能顺从上令，因而巽顺之德沟通君民上下的关系，是政治运作成功的保证，应当"重巽以申命"。

[点评]

从卦爻结构看，"刚巽乎中正而志行"，"柔皆顺乎刚"，就是一种以刚顺柔、以柔顺刚的优化组合，从而结成为双向互动的沟通关系。"刚巽乎中正"是指九五，九五阳刚，当位得正，君于巽体之中，以刚而能用巽，合乎中正之道，其所发布的号令，顺应民众的需要，所以志向能行之于天下。"柔皆顺乎刚"是指初六与六四。初六居下巽的两刚之下，六四居上巽的两刚之下，全都以柔顺刚，顺从号令。因而《巽》卦的总体形势是刚柔互动，上下皆顺，政通人和，小有亨通。其所以只能"小亨"而不能大亨，主要是因为在实际的政治运作中，这种刚柔相互之间的巽顺很难做到恰如其分，合乎中道，常常发生或过或不及的偏差，必须审时度势，不断进行适当的调整。比如在下之柔巽顺于在上之刚，如果过于巽顺，就会变成趋炎附势，谄媚逢迎，丧失独立的人格。在上之刚巽顺于在下之柔，如果过于巽顺，就会变成随波逐流，心无定主，丧失主导者的功能。全卦六爻，其吉凶的后果各有不同，说明以巽顺妥善处理刚

风是巽的本象，一阵风吹过，又一阵风随之而来，所以又谓之"随风"。风在大地上吹拂，无孔不入，引申出第一层义理是"入"，《序卦传》说，"巽者，入也"，入就是进入的意思。入必有顺，只有顺风才能进入，由此引申出第二层义理是"顺"，象征巽顺之德。《系辞传》指出："巽，德之制也"，"巽以行权"。这是说，巽顺之德既是制约道德行为的规范，也是权衡道德行为是否合理正当的准绳。《巽》卦把这种巽顺之德用于政治的运作，以"重巽以申命"作为主题进行讨论。

柔之间的关系，不是一件容易的事。

《象》曰：随风，巽。君子以申命行事[1]。

[注释]

[1]申命行事：发布命令，推行政事。

[点评]

巽为风，两风相随，谓之随风。君子观此卦象，应当像和煦的微风那样，发布命令，推行政事。孔子曾说："君子之德风，小人之德草，草上之风，必偃。"（《论语·颜渊》）这种政治蕴含着伦理教化的因素，是一种德治。德治所设想的政治秩序不是建立在强制性的统治与服从的基础之上，而是以全社会所普遍认同的道德价值作为团结的纽带，上行下效，化民成俗，这就是沟通上下关系的巽顺之德了。

初六，进退[1]，利武人之贞。

《象》曰："进退"，志疑也。"利武人之贞"，志治也。

[注释]

[1]进退：进退维谷、犹豫不决、优柔寡断的样子，这是初六所陷入的困境。

［点评］

初六以阴爻居重巽之始，地位卑下，性格柔弱，当在上之大人申命行事、总体形势要求以柔顺刚之时，却因本身过于柔弱自卑，患得患失，多疑善惧，不能适应形势的要求，转化为刚毅果决的积极行动。为了摆脱困境，应当用"武人之贞"来矫治自己的志气，做到柔而能刚，合乎中道。因而初六面临着两种可能的选择，一种是"志疑"，一种是"志治"。如果不思振作，自暴自弃，陷入"志疑"的困境而不能自拔，就会落后于形势，导致凶险。反之，如果以"武人之贞"来勉励自己，矫治缺点，变化气质，按照形势的要求，刚毅果决，以柔顺刚，就能化险为夷，得到吉利。究竟初六作出何种选择不能确定，但是判断其选择的正确与失误的标准却是十分确定的。

九二，巽在床下[1]，用史巫纷若[2]，吉，无咎。

《象》曰：纷若之吉，得中也。

［注释］

[1] 巽在床下：以卑顺的姿态屈伏于床下。　[2] 用史巫纷若：祝史司祭，巫以降神。纷若，形容祭神的盛大纷杂的场面。

［点评］

九二处巽下体，本身业已卑顺，又加上以阳居阴，这就过于卑顺了，所以有屈伏于床下之象。这种卑顺有失于正道，是不可取的。但是九二毕竟是居于中位，尚不失于中道。如果以这种卑顺用之于向神祇祈福，而不是因恐惧谄媚而屈从于威势，则可以获吉而无咎过。九二的这种处境，与初六同样面临两种可能的选择，但是初六的选择因其本身性格的犹豫不决而难以确定，九二却是刚而得中，自觉地选择以中道来调整自己过于卑顺的行为，终于获吉，所以说"纷若之吉，得中也"。

九三，频巽[1]，吝。

《象》曰：频巽之吝，志穷也。

[注释]

[1]频巽：皱着眉头表示顺从，非常勉强，很不情愿。频，同"颦"。

[点评]

九三以阳处刚，不得其中，又在上下皆巽的二体之交，以刚亢之质而居巽顺之时，迫于形势，不得不表示顺从。但是这种顺从并非心甘情愿，出于至诚，称之为"志穷"，所以必然给自己带来羞吝的后果。巽顺之道，贵在至诚，至诚就是自然而然，表里如一，既不自欺，也不欺人，无论是以柔顺刚还是以刚顺柔，只有出于至诚，取信于对方，才能双向互动，沟通相互之间的关系。就九三本身的素质而言，阳居阳位，当位得正，是一位正直的君子，而不是自欺欺人的虚伪小人，但是仍然陷入"志穷"的困境，关键在于正而不中，不能像九五那样"刚巽乎中正而志行"。九三与九五的素质都是阳居阳位，当位得正，其行为的后果却是判然有别，一个是"志穷"，一个是"志行"，由此可以看出，当巽顺之时，中道比正道更为重要。

六四，悔亡，田获三品[1]。

《象》曰："田获三品"，有功也。

[注释]

[1] 田获三品：打猎获取了多种品类的猎物。三，极言其多，不是确数。

[点评]

从爻位关系看，六四本当有悔，因为下乘九三，上承九五，介于二刚之间，而又居于近君大臣之位，这是多惧之地，各种各样复杂的关系是很难处理的。但是六四以柔处柔，以顺重顺，作为上卦巽体之主爻，秉承巽顺之德，以柔顺刚，特别是顺乎九五阳刚中正之君，"利有攸往"，"利见大人"，这就不仅"悔亡"，而且"有功"了。

九五，贞吉，悔亡，无不利。无初有终。先庚三日，后庚三日[1]，吉。

《象》曰：九五之吉，位正中也。

所谓诚于中者形于外，中道与至诚之心是密切相连的。九五本于至诚，履行中道，以刚顺柔，这就自然而然沟通了刚柔之间的关系，其志大行。九三之"频巽"与之相反，虽然迫于形势表示顺从，骨子里却是刚愎自用，固执己见，根本不情愿去以刚顺柔。勉而为之，既非至诚，也不合中道，由此而造成本身性格与客观形势的矛盾冲突，不相适应，动辄得咎，痛苦不安，其所感到的"志穷"主要不是一个存心作伪的道德问题，而是一个性格的悲剧问题。

［注释］

[1] 先庚三日，后庚三日：古时以十干计日，"先庚三日"即庚日前的三天，"后庚三日"即庚日后的三天，这是说从发布号令到接受号令要经历一个过程，不可急躁而应耐心等待。

［点评］

九五是全卦的主爻，处至尊之位，掌握了最高权力，承担着"申命行事"的重任，但是在实际的政治运作中，开始并不顺利，后来才得以畅行，经历了一个"无初有终"的过程。这是因为，九五以刚健有为之质驾驭全局，开始对谦和巽顺之道缺乏切身的体会，发布号令犯有急躁的毛病，臣下一时难以接受，所以有悔。后来以中正之道来调整自己的行为，以刚顺柔，根据臣下的接受程度，"重巽以申命"，反复叮咛，耐心说服，终于赢得了臣下的赞同响应，所以"贞吉，悔亡，无不利"。

上九，巽在床下，丧其资斧[1]，贞凶。

《象》曰："巽在床下"，上穷也。"丧其资斧"，正乎凶也。

［注释］

[1] 资斧：钱财。

［点评］

上九与九二同有"巽在床下"之象，这是因为以阳居阴，过于卑顺。但是九二因其"得中"而有"纷若之吉"，上九却因处于上体穷极之地，不能以中道自我调整，所以有"丧其资斧"之凶。

兑卦第五十八

☱（兑下兑上）

兑[1]，亨，利贞。

《彖》曰：兑，说也。刚中而柔外，说以利贞，是以顺乎天而应乎人。说以先民，民忘其劳；说以犯难，民忘其死。说之大，民劝矣哉！

[注释]

[1] 兑：卦名。《兑》卦由下卦、上卦都是兑（☱）的两个经卦组成。兑，喜悦。《兑》卦继《巽》卦发展而来。《序卦传》说："巽者，入也，入而后说之，故受之以《兑》。"兑的本象是泽。《说卦传》说："说万物者莫说乎泽。"泽中的水，可以滋润万物，使万物喜悦，喜悦的义理是从本象之泽中自然引申出来的。《兑》卦的总体形势是亨通的。

[点评]

从卦爻结构看，"刚中而柔外"，九二、九五阳刚居中，六三、上六阴柔处外，是一种外柔而内刚的优化组

喜悦之道，关键在于正确处理主客内外的关系，使之双向互动，和谐融洽。如果只有内在的刚直而无外在的柔顺，心目中没有客体的地位，独断专行，把自己的意志强加于人，这种刚直就转化为粗暴，不会给人带来真正的喜悦。反之，如果只有外在的柔顺而无内在的刚直，心中无主，不辨是非，巧言令色，讨好逢迎，这种柔顺就转化为谄媚，也不会给人带来真正的喜悦。

合，由此而形成的喜悦是一种真正的喜悦，合乎正道的喜悦。

所谓"说以利贞"，是说真正的喜悦应当"利"而且"贞"，利是指刚柔双方共同感受到利益，称心如意，贞是指各自的行为守持正道，刚而不暴，柔而不邪。因而真正的喜悦沟通了主客内外的关系，达到了高度的和谐。这种和谐的理念上顺天理，下应人心，"顺乎天而应乎人"，由和谐而自然产生的喜悦之情也就成为人事运作所追求的理想境界，特别是政治运作。

关于政治运作，《革》卦曾经强调"汤武革命，顺乎天而应乎人"，其所以如此，是因为"文明以说，大亨以正"。这是就革命的时期而言，指出只有使人民群众普遍获得了利益，满足了心愿，感受到喜悦，革命才算成功。《兑》卦所强调的"顺乎天而应乎人"，则是就和平的时期而言。在和平时期，政治的理想境界是把君民凝聚为共同感到喜悦的整体，为了达到这种境界，掌握最高权力的君主应当刚中以正己，柔外以悦民，刚中则无情欲偏倚之私，柔外则无暴戾粗浮之气。如果君主能够奉行"说以利贞"的原则，把权力当作满足人民愿望的工具，身先百姓，不辞劳苦，有事而与民趋之，人民就会像跟随大禹治水那样劳而忘劳。遇到外敌侵犯，国家有难，人民就会像跟随商汤征伐那样舍生忘死。从这个角度看，喜悦之情是一种精神的力量，可以激励劝勉人民同心同德克服各种各样的困难，意义是十分宏大的。

《象》曰：丽泽，兑。君子以朋友讲习。

［点评］

《兑》卦由上下两个兑卦重叠而成，兑为泽，两泽并连，互相交流滋润，谓之"丽泽"，象征喜悦。君子观此卦象，与志同道合的朋友讲习学问，交流心得，彼此都感到喜悦快乐。孔子曾说："学而时习之，不亦说乎！有朋自远方来，不亦乐乎！"（《论语·学而》）在各种人际关系中，君民、君臣之间的关系有上下尊卑之分，是一种等级关系，互相交往要达到真正喜悦的境界并不容易，唯有朋友之间的关系才是平等关系，两个独立的人格平等交往，坦诚相见，"刚中而柔外"，由此而产生的喜悦是真正的喜悦。

实际上，一个理想的社会，君民、君臣之间的等级从属关系应当像朋友那样结成人格平等的关系，只有通过平等的交往，才能体现《兑》卦所说的喜悦之道的真谛。

初九，和兑[1]，吉。

《象》曰：和兑之吉，行未疑也。

［注释］

[1] 和兑：由心态平和所产生的喜悦。

［点评］

初九以阳刚之质居兑之初，地位卑下，上无应援，不相亲比，人际间的交往受到很大的局限。但却始终保持一种平和的心态，不亢不卑，待人接物，既不谄媚逢迎，取悦于人，也不暴戾粗浮，妄求进取，由此而产生的喜悦，谓之"和兑"。喜悦之情是一种心理的感受，这种感受因主体内在的素质与客观外在处境之不同而有不同的表现。就初九本身的素质而言，当位得正，是一个阳刚正直的君子，面对着不利的交往处境，唯一正确的选择就是"刚中而柔外"，一方面要坚守自己中立而不倚的人格，同时也要谦以处世，柔以待人，做到和而不流。如果按照这个原则来处理主客内外的关系，使之恰如其分，本身就会恬淡宁静，安于所处，油然而产生一种平和的心态，其不亢不卑的行为方式也不会受到人们的怀疑，所以说"和兑之吉，行未疑也"。

九二，孚兑[1]，吉，悔亡。

《象》曰：孚兑之吉，信志也。

[注释]

[1] 孚兑：以诚信待人所产生的喜悦。

[点评]

九二以阳居阴，其位不正，亲比于不中不正之六三，且与九五无应，处境是不利的，本当有悔，但是刚而得中，志存诚信，在处理主客内外的关系时，能够自守不失，和而不同，所以虽然履不当位，仍然得吉而悔亡。拿九二与初九相比，初九之吉在于正，九二之吉在于中，实际上，中与正是可以贯通的。初九当位履正，直道而行，不亢不卑，无可疑忌，这就是由正而中。九二内怀刚中之德，待人接物，本于至诚，始终坚持，毫不动摇，这就是由中而正了。

六三，来兑，凶[1]。

《象》曰：来兑之凶，位不当也。

[注释]

[1]来兑：以谄媚逢迎的方式求来的喜悦，这种喜悦并非正道，而是邪佞，只会带来凶险。

[点评]

六三阴居阳位，不中不正，居两兑之间，处四刚之际，左右逢迎，四面讨好，企图取悦于人，有柔外之态而无刚中之德，称之为"来兑"。真正的喜悦应当是使人喜悦，自己也喜悦。这种"来兑"由于心术不正，动机不纯，缺乏诚信，只会受人鄙弃，不会使人喜悦。对自身而言，由于丧失了人格道德的操守，见利忘义，看风行事，患得患失，内心经常处于不安的状态，也不会感到喜悦。初九由"和兑"而得吉，九二由"孚兑"而得吉，六三却因"来兑"而致凶，说明这种"来兑"并不是真正的喜悦。

九四，商兑未宁，介疾有喜[1]。

《象》曰：九四之喜，有庆也。

[注释]

[1] 商兑未宁, 介疾有喜: 商兑, 是由商量决定所产生的喜悦。这种喜悦, 理性的成分大于感性的成分, 主要不是从主观出发, 由于心态平和或者本于诚信, 而是立足于客观, 对现实的处境分析考量, 再三斟酌, 穷尽事物之理, 然后作出明智的决定, 所以"商兑"的喜悦不能一蹴而就, 必须经历一个过程。这个过程以"未宁""介疾""有喜"为标志, 区分为三个阶段。未宁, 是指尚未作出决定以前的斟酌考量阶段, 心绪不宁。介疾, 是指作出决定以后采取行动克服困难的阶段, 介是中介的意思, 处理主客内外的关系是以实际的行动为中介的, 疾是疾病, 象征摆在面前的各种困难。有喜, 是指最后的结局阶段, 困难顺利克服而有喜, 自然就产生一种喜悦之情了。这整个的过程就是九四的爻象。

李光地《周易折中》案:"《论语》曰:'君子易事而难说也, 说之不以道, 不说也。'其'商兑'之谓乎?"

[点评]

从九四所处的爻位关系看, 上承九五刚中之君, 下比六三邪佞之小人, 本身又是刚而居柔, 失位不正, 值此"说以利贞"之时, 究竟是往上与九五相悦, 还是往下为六三所悦, 不能不经历一番慎重的斟酌考量。这就是"未宁"的阶段。当九四以大局为重, 决定顺承九五, 协力辅佐, 中途有六三的干扰, 遇到了困难。这就是"介疾"的阶段。最后九四采取断然的行动, 拒绝了六三的干扰, 克服了困难, 终于有了喜庆的结局。由此看来, 九四之喜适应了兑悦之时的客观需要, 是一种以理性的原则为主导所产生的喜悦。

九五, 孚于剥[1], 有厉。

《象》曰："孚于剥"，位正当也。

[注释]

[1]孚于剥：宠信于小人。剥，是以阴剥阳，指上六邪佞之小人。

[点评]

九五阳刚中正，居于至尊的君位，本应与在下之阳刚大臣结成相悦的关系，励精图治，但却去亲比上六，宠信小人，接受谄媚，这种行为既不合正道，也严重失职，当然危险。"'孚于剥'，位正当也"，是提出警告，表示谴责。

上六，引兑。

《象》曰："上六，引兑"，未光也。

[点评]

上六之"引兑"即六三之"来兑"，这种以谄媚取悦于人的行为，不是光明正大的。

涣卦第五十九

䷺（坎下巽上）

涣[1]，亨。王假有庙，利涉大川，利贞。

《彖》曰：涣，亨，刚来而不穷，柔得位乎外而上同。"王假有庙"，王乃在中也。"利涉大川"，乘木有功也。

[注释]

[1]涣：卦名。《涣》卦由坎（☵）下巽（☴）上组成。涣，涣散。涣散之世，社会的离心离德的倾向增长，如同一盘散沙，各行其是，没有章法。但是涣散之中蕴含着凝聚的可能，只要采取有效的措施，克服离心离德的倾向，就可以把社会重新建构成为同心同德的和谐整体，由涣而致亨。这就是《涣》卦所讨论的主题。

[点评]

社会的凝聚整合，关键在于处理阴阳刚柔之间的关系，使之协调配合。从卦爻结构看，"刚来而不穷，柔得位乎外而上同"，相互之间就是一种协调配合的关系，总体形势有利于转化，自有亨通之理，称之为"涣亨"，意味着虽涣而能亨。"刚"指九二，"柔"指六四。九二之刚居于下卦坎体之内，以一刚而主导二柔，交往畅通，配合默契，不感到穷困，这就是"刚来而不穷"。六四以柔居柔，得位乎巽外，秉承巽顺之德上同于九五，结成协调配合的关系，这就是"柔得位乎外而上同"。既然刚而得畅，柔而无违，虽然总的形势为涣散之世，但是只要刚柔齐心合力，是有可能克服涣散而致亨通的。为了把这种可能性转化为现实性，首先必须凸显全社会的精神认同，发挥精神的凝聚力，借助于共同的宗教信仰、共同的价值观念、共同的秩序原则，把全社会整合成为一个精神文化的共同体。"'王假有庙'，王乃在中也"，王指九五之君，假是至的意思，君王来到宗庙祭祀祖先神灵，这是采取如同《萃》卦同样的做法，以孝道来凝聚人心，由于九五居于至尊之中位，这种做法就是履行自己应尽的政治责任。"'利涉大川'，乘木有功也"，上卦巽为木，下卦坎为水，木行水上，有了前进的方向，又有渡河的工具，这就可以克服困难，获得成功。

涣散之世之所以离心离德，原因在于缺乏精神认同，而克服涣散使之同心同德，立足于精神层面进行整合，对于掌控权力运作的君王来说，既是切实有效的途径，也是不可推卸的政治责任。

《象》曰：风行水上，涣。先王以享于帝，立庙。

[点评]

上卦巽为风，下卦坎为水，风行水上，有涣散之象。先王观此卦象，通过祭享上帝，建立宗庙，以凝聚人心。这种享帝立庙的做法，也就是奉行郊社之礼与宗庙之礼，以礼治国。礼是中国文化的象征，由长期的历史发展积淀而成，作为其核心层次的祭礼，蕴含着一种广义的文化秩序，涉及价值观念、政治制度、社会组织、道德规范各个方面。奉行这种祭礼治理国家，把国家政治建立在文化认同的基础之上，可以克服离心离德的倾向，发挥凝聚整合的作用，历史的事实证明，这种做法是切实有效的。

孔子曾说："郊社之礼，所以事上帝也，宗庙之礼，所以祀乎其先也。明乎郊社之礼，禘尝之义，治国其如示诸掌乎！"（《礼记·中庸》）

初六，用拯马壮[1]，吉。

《象》曰：初六之吉，顺也。

［注释］

[1]用拯马壮：借助于健壮的马前来拯救，可以脱离险难而获吉，象征初六的处境。拯，拯救。马壮，壮马。

［点评］

初六本质阴柔，当涣散之世，处坎险之下，与六四之柔不能相应，光凭自身的力量是无法拯涣脱险的，但是由于亲比于九二，借助于九二的力量，可以得到拯救。九二阳刚而居中位，如同一匹健壮的马，初六以阴柔之质托庇于九二刚中之才，顺承亲比，这就如同骑在健壮的马背上，自然可以拯涣而获吉。

九二，涣，奔其机[1]，悔亡。

《象》曰："涣，奔其机"，得愿也。

［注释］

李光地《周易折中》引《朱子语类》："九二'涣奔其机'，以人事言之，是来就安处。"

[1]涣，奔其机：当涣散之世，奔向几案，找到了凭借依靠，从而使悔恨消亡，象征九二的处境。机，几案。

［点评］

九二虽然本质阳刚，但是以阳居阴，其位不正，而又身陷坎险之中，处境并不顺利，必然会有悔恨。为了使悔恨消亡，光凭自身的力量，孤立无援，是无济于事

的，必须找到一个阴柔的对象，互相帮助，互相支持，
风雨同舟，结成协调配合的关系，才能共度时艰。因而
当涣散之世，阴阳刚柔都因自身内在的需要主动向对方
追求，不仅阴柔的一方希望得到阳刚的支持，阳刚的一
方也同样希望得到阴柔的支持。由于九二与初六彼此邻
近，存在着亲比关系，所以初六以九二为壮马，九二以
初六为几案，进行双向互动的追求。九二奔向几案，以
初六为依靠，"刚来而不穷"，摆脱了穷困之境，追求成
功，满足了心愿，是值得庆幸的。

六三，涣其躬[1]，无悔。

《象》曰："涣其躬"，志在外也。

[注释]

[1]涣其躬：当涣散之世，使自身的险难涣然冰释，也使自身
免除了悔恨。躬，自身。

[点评]

六三本质阴柔，不中不正，而又居于坎体之上，处
境不利，本当有悔，但与同位爻之上九刚柔相应，可以
争取得到上九阳刚的支持援助，其志在外，主动追求，
这就使自身摆脱了困境，免除了悔恨。

六四，涣其群[1]，元吉。涣有丘[2]，匪夷所
思[3]。

《象》曰:"涣其群,元吉",光大也。

[注释]

[1]涣其群:能够拯救涣散,为社会群体解其险难。 [2]涣有丘:把涣散的群体重新凝聚起来,如同一座稳固的山丘。 [3]匪夷所思:不是一般人所能想象的。

[点评]

六四的处境已脱离坎险,入于巽顺之体,而且柔履正位,同志乎九五之刚,居于辅佐君主掌控全局的大臣之位,所以能够拯救涣散,为社会群体解其险难,建立大功。拿六四与六三相比,六三只是"涣其躬",六四却是"涣其群";六三与上九结成刚柔相应的关系,仅仅使自身免除悔恨,所谓"穷则独善其身";六四"柔得位乎外而上同",以巽顺之正道,辅佐阳刚中正之君,君臣同功,参与权力中心的政治运作,所谓"达则兼善天下"。就六四所取得的社会效应而言,"涣有丘",把涣散的群体重新凝聚起来,如同一座稳固的山丘,"匪夷所思",与六三不在一个等量级上,不是包括六三在内的一般人所能想象的。其所以如此,是因为六四处境顺利,能够充分利用上同于九五的有利条件,把自己的品德才智发扬光大,实现经世济民的志愿。

九五,涣汗其大号[1]。涣,王居无咎。

《象》曰:"王居无咎",正位也。

[注释]

[1] 涣汗其大号：这是象征九五发布号令，行使权力，以拯救涣散，扭转形势，如同药到病除，汗发出体那样。涣汗，发汗。大号，大声呼号。

[点评]

九五阳刚，处尊履正，居巽之中，远离坎险，又得六四之同志相比，协力辅佐，于是发布号令以涤荡险厄，终于扭转了形势，使涣散复归于凝聚。由于整合社会关系到全局，必须由掌握最高权力的君王来主持，所谓"王居无咎，正位也"，是说九五之所以顺利完成这个任务而免除咎害，是因为居于至尊之正位，其所发布的号令具有最高的权威，令人信服。

上九，涣其血去逖出 [1]，无咎。

《象》曰："涣其血"，远害也。

[注释]

[1] 血去逖出：远离伤害，没有畏惧。血，伤害。逖，读为"惕"，畏惧。

[点评]

上九居于涣散即将终结之时，与在下之坎险距离甚远，又与六三具有相应关系，故有"血去逖出"之象，能够"远害"而无咎。

节卦第六十

䷮（兑下坎上）

节[1]，亨。苦节不可贞。

《彖》曰："节，亨"，刚柔分而刚得中。"苦节不可贞"，其道穷也。说以行险，当位以节，中正以通。天地节而四时成，节以制度，不伤财，不害民。

《序卦传》说："涣者，离也，物不可以终离，故受之以《节》。"涣散之世的特征是离心离德，人们各行其是，没有章法，为了克服这种倾向，把社会组织成为一个整体，必须有所节制，加以约束，安排一套制度，确立行为的准则，要求人们共同遵守。

从事制度建设，应当以"甘节"作为理想社会的目标，而不能使之变为"苦节"。

[注释]

[1]节：卦名。《节》卦由兑（☱）下坎（☵）上组成。节，节制，这种节制既是制度的安排，也是度量的标准。《节》卦继《涣》卦发展而来，其讨论的主题是如何从事制度建设的问题。

[点评]

关于制度建设，有两种不同的情况，一种是"甘节"，另一种是"苦节"。"甘节"是一种甜美的制度，合乎理想的制度，使人们感到心情舒畅，乐于接受，自有亨通之理，称之为"节亨"。"苦节"则是一种痛苦的制度，不合乎理想的制度，使人们感到强制压迫，难以接受，这种制度必然会激起人们的反抗，不可能维持长久，所以说"'苦节不可贞'，其道穷也"。

《节》卦的卦爻结构，"刚柔分而刚得中"，是刚与柔的优化组合，体现了理想社会的组织原则。《节》卦上体坎为刚，下体兑为柔，刚上而柔下。卦的六爻，三刚三柔平分均衡，而且九五、九二两刚爻又分居上下卦之中位。这种组织结构内在地蕴含着调节的功能，良性互动，"说以行险，当位以节，中正以通"。兑为悦，坎为险，在运作的过程中，刚柔双方怀着喜悦的心情去克服前面的险阻，各当其位，自我约束，有所节制，特别是刚居于君主之位，遵循中正之道的准则，柔服从刚的率领，诚心配合，这就无往而不亨通了。

这种理想的社会结构把刚柔之分与刚柔之合结合得恰到好处，既秩序井然，又和谐融洽，在己则安，行天下则悦，所以称之为"甘节"。如果违反了中道，片面地强调秩序的稳定而破坏了整体的和谐，限制得过于严格，令人无法忍受，这就变成"苦节"了。实际上，这种理想的社会结构并不是人的主观设计，而是对天地自然的效法。"天地节而四时成"，比如一年四季，各当其位，界限分明，同时又结为一体，往复循环，这整个的过程体现了一种分中有合、合中有分的自然的节律，是秩序与和谐的完美结合。因此，人类社会从事制度建设，要效法这种自然的节律，做到既不伤财，也不害民，使人民乐于接受，决不可使之变成残民害物的工具。

《象》曰：泽上有水，节。君子以制数度，议德行[1]。

关于礼治的起源，《荀子·礼论》指出："礼起于何也？曰：人生而有欲，欲而不得，则不能无求，求而无度量分界，则不能不争，争则乱，乱则穷。先王恶其乱也，故制礼义以分之，以养人之欲，给人之求。使欲必不穷乎物，物必不屈于欲，两者相持而长，是礼之所起也。"

所谓"两者相持而长"，就是中道的原则，节贵适中，中道的原则要求人们自觉遵守。《节》卦六爻，其吉凶悔吝的后果互不相同，是与人们的道德行为密切关联的。

［注释］

[1] 制数度，议德行：制定一套外在的规章制度，进行节制，同时又确立一套自觉遵守的道德准则，来治理国家。

［点评］

《节》卦上坎为水，下兑为泽，泽上有水，水在泽中，满而不溢，泽对水起到了一种节制的作用。君子观此卦象，效法天地自然，制定一套外在的规章制度，进行节制，同时又确立一套自觉遵守的道德准则，来治理国家。这种在制度建设中强调发挥道德的作用，就是不同于法治的礼治。

初九，不出户庭，无咎[1]。

《象》曰："不出户庭"，知通塞也。

［注释］

[1] 不出户庭，无咎：闭门索居，谨言慎行，自我节制，因而无咎。

［点评］

就初九本身的条件而言，以阳居阳，当位得正，上与六四相应，在建立制度整合社会的过程中，是可以发挥才智，有所作为的。但是九二塞于其前，上进之路受到阻碍，不能畅通，客观的时机尚未成熟，所以安于所处，自我节制，静以待时，为下一步的行动作好准备。

九二，不出门庭，凶。

《象》曰："不出门庭，凶"，失时极也。

［点评］

九二"不出门庭"与初九之"不出户庭"相同，但是初九因而无咎，九二却是带来凶险，同样的行为，后果完全不同。这是因为，初九对客观的形势与自身处境作了全面的估计，"知通塞也"，其所采取的行为是顺时而止，正当合理，九二则是估计错误，"失时极也"，主体行为不能适应客观形势的要求，违反了时中之道。就九二自身的处境而言，居大臣之位，以刚得中，与九五刚中之君同德，前遇六三之柔，进路通畅，没有阻塞；当此从事制度建设的大好时机，本应出而应世，辅佐君主，自觉地承担"制数度，议德行"的政治责任，有所作为；但却拘守小节，不知大节，采取不合时宜的行为，"不出门庭"。这就必然会被时代所抛弃，给自己带来凶险。

六三，不节若，则嗟若[1]，无咎。

《象》曰：不节之嗟，又谁咎也。

［注释］

[1] 不节若，则嗟若：不进行节制，就会嗟叹悔恨。若，语气助词。

［点评］

初九因节而无咎，九二因节而凶险，六三则是因
"不节"而嗟叹悔恨，由此可见，度量的标准不在主观
的节制，而在客观的节律。节贵适中，适中就是掌握
分寸，恰到好处，也就是发而皆中节，使主观与客观
相符合。因而当节而节谓之适中，不当节而节以及当
节而不节的行为，就违反了适中之道了。六三以阴居
阳，以柔乘刚，处于上下二体之交，面临坎险，处境
是极为不利的，本当自我节制，谨言慎行，但却不明
事理，恣意妄为，毫无节制，这就必然会有"不节之
嗟"。虽然如此，这种嗟叹悔恨可以引起内心的反省，
促使自己接受失败的教训，痛改前非，免除咎害，这
是不会有人来责怪的。

六四，安节[1]，亨。

《象》曰：安节之亨，承上道也。

［注释］

[1] 安节：以安然的心态自我节制，出于自然，毫不勉强。

［点评］

六四柔顺得正，上承九五，合乎"当位以节"之义，
能够配合君主从事"节以制度"的建设，所以亨通。

九五，甘节[1]，吉，往有尚。

《象》曰：甘节之吉，居位中也。

［注释］

[1] 甘节：甘美适中的制度。

［点评］

制度建设是在九五的主持下完美实现的。九五当位居中，既掌握了九五之尊的权力，又具备正中的品德，由九五所主持制定的制度，"不伤财，不害民"，是一种甘美的制度，适中的制度，能够为人民所乐于接受，称之为"甘节之吉"。

黎靖德编《朱子语类》："甘便对那苦，甘节与'礼之用，和为贵'相似。"

上六，苦节[1]，贞凶，悔亡。

《象》曰："苦节，贞凶"，其道穷也。

［注释］

[1] 苦节：令人痛苦难以接受的制度。

［点评］

上六过节之中，超出了合理的限度，限制得过于严格，这是一种痛苦的制度，称之为"苦节"。如果把这种制度强加于人，是人们所不能忍受的，必将带来灾难性的后果。如果仅仅以这种制度来修身，严格要求自己，则可以少犯错误。

中孚卦第六十一

䷲（兑下巽上）

中孚[1]，豚鱼吉，利涉大川，利贞。

《彖》曰：中孚，柔在内而刚得中，说而巽，孚乃化邦也。"豚鱼吉"，信及豚鱼也。"利涉大川"，乘木舟虚也。中孚以利贞，乃应乎天也。

[注释]

[1]中孚：卦名。《中孚》卦由兑（☱）下巽（☴）上组成。《中孚》卦继《节》卦发展而来，《序卦传》说："节而信之，故受之以《中孚》。"中孚，是中心诚信的意思。节而信之，是说国家所制定的规章制度应该建立在诚信的伦理基础之上。这种诚信是君民上下之间的互信，君主以至诚之心对待人民，人民也以至诚之心对待君主，至诚相感，上下交孚，整个国家洋溢着一种相互信赖的气氛而同心同德，所以说"孚乃化邦也"。如果节而不信，缺少这种团结的纽带，沟通的桥梁，制度就变成片面性的强制，必然会激化矛盾冲突，引起人民反抗，不可能维持长久。究竟在政治权力的运作中如何建立相互信赖的关系，以诚信来团结国家，凝聚社会，做到"节而信之""孚乃化邦"，就是《中孚》卦所讨论的主题。

[点评]

从卦爻结构看，"柔在内而刚得中，说而巽"，六三、

黎靖德编《朱子语类》："问：中孚'孚'字与'信'字恐亦有别，曰：伊川云'存于中为孚，见于事为信'，说得极好。因举《字说》'孚字从爪从子，如鸟抱子之象'。今之乳字一边从孚，盖中所抱者，实有物也。中间实有物，所以人自信之。"

六四，柔而在内，安静顺从；九二、九五，刚而得中，行为正直；在上者谦巽，在下者悦服，阴阳刚柔两大势力结成了一种协调并济的关系，发自内心，本于至诚，有中孚之象。至诚无息，不息则久，可以使整个国家受到感化，达到和谐统一的理想境界，甚至可以感动豚鱼之物，所以说"'豚鱼吉'，信及豚鱼也"。再从二体之象来看，上巽为木，下兑为泽，以木作舟，舟行泽上而无沉溺之患。木舟中虚而外实，中虚可以载人，外实可以涉水，"'利涉大川'，乘木舟虚也"，是说之所以能够顺利涉越大川，是因为乘驾了中虚而外实的木舟。木舟象征中孚之德，为了使国家克服困难，取得政治的成功，必须以至诚广系天下之心。

实际上，这种中孚之德是推天道以明人事，是对天道的效法和应用。因为"诚者，天之道也，诚之者，人之道也"，天道的本质就是一个诚字，诚就是实理，人们从事国家政治事务，本于至诚，坚守中孚之德，是合乎实理，上应天道的，所以说"中孚以利贞，乃应乎天也"。

《象》曰：泽上有风，中孚。君子以议狱缓死[1]。

[注释]

[1]议狱：是说审议讼狱，务求究明真相，避免冤假错案。缓死：是说减缓死刑，由于人死不可复生，要以至诚恻怛之心，尽可能找出不死的理由，给一条生路。

[点评]

上卦巽为风，下卦兑为泽，泽上有风，风吹泽面，水波荡漾，如同政治上的风化，政令如风，民情似水，由此而产生"孚乃化邦"的效应，象征《中孚》的卦义。为了维护社会政治秩序的稳定，不能倚仗严刑峻法的手段，崇尚暴力镇压，应该实行伦理教化，在君民上下之间建立相互信赖的关系，凝聚为一个共同感到悦乐的整体。君子观此卦象，体会到要以中孚之德作为价值取向，来慎重处理刑狱的事务。

初九，虞吉[1]，有它不燕[2]。

《象》曰："初九，虞吉"，志未变也。

[注释]

[1]虞吉：经过一番理性的分析思考并有所戒备之后所产生的诚信，可以获得吉祥。虞，是思考、担忧、戒备的意思。　[2]有它不燕：如果缺乏诚信，不能防止外物的诱惑，不能控制自己的情绪，三心二意，动摇不定，内心就不能得到安宁。这种诚信不是轻信，也不是三心二意，而是坚信不疑，客观上合乎实理，主观上发自本心，如同《乾》卦九二那样，"庸言之信，庸行之谨，闲邪存其诚"，因而这种诚信言行一致，表里如一，防止邪僻，守持正道，本质上是一种坚强的意志，理性的精神。燕，安宁。

[点评]

初九以刚爻居阳位而得正，近比九二，远应六四，由此而结成的相互信赖的关系是建立在理性的基础之上的，能够承受各种考验，坚信到底，不变初衷，所以说"'初九，虞吉'，志未变也"。

九二，鸣鹤在阴，其子和之^[1]。我有好爵^[2]，吾与尔靡之^[3]。

《象》曰："其子和之"，中心愿也。

[注释]

[1]鸣鹤在阴，其子和之：白鹤在阴处啼鸣，其子在远处应和。　[2]好爵：美酒。爵，盛酒的器皿。　[3]靡之：共同品尝它。

[点评]

九二居于六三、六四重阴之下，处境幽隐暗昧，但是不求闻达，不慕权势，秉承自己内在的刚中美德，纯朴至诚，任性而动，这种纯朴至诚必然会克服空间的距离，得到具有同样美德的人的感应，如同白鹤在阴处啼鸣，其子在远处应和一样。九二愿以中心诚信之德与人交往，而不谋权利之私，如同人有美酒，愿与他人共同品尝一样。《系辞传》对这条爻辞进行了解释，阐明无论是社会交往还是政治运作都必须本于诚信，诚信可以引起感应，产生共鸣，带来荣誉，如果缺乏诚信，就会使人们违背逆反，带来耻辱。因而君子的一言一行关系到政治的成败，要反躬自省，检查是否本于诚信，保持慎重严肃的态度，不可掉以轻心。

《系辞传》对这条爻辞解释说："君子居其室，出其言善，则千里之外应之，况其迩者乎！居其室，出其言不善，则千里之外违之，况其迩者乎！言出乎身，加乎民；行发乎迩，见乎远。言行，君子之枢机，枢机之发，荣辱之主也。言行，君子之所以动天地也，可不慎乎！"

六三，得敌，或鼓或罢，或泣或歌[1]。

《象》曰："或鼓或罢"，位不当也。

[注释]

[1]或鼓或罢（pí），或泣或歌：时而鼓舞，时而疲惫，时而欢歌，时而哭泣。六三居位不当，不中不正，本质阴柔，而好逞刚强，私心太重，患得患失，是一个毫无诚信之人。在人际关系中，既不信赖别人，也不信赖自己，找不到合理的定位，因而进退失据，悲喜无常，处境十分尴尬。

[点评]

六三的这种处境主要是误与六四为敌所造成的。六三与上九相应，六四与初九相应，二者本来可以和睦相处，不存在敌对关系；但是六三却把六四看作横梗在前的障碍，击鼓迎敌，务欲除之而后快，由于六四当位得正，又是近君之大臣，力量强大，六三不能取胜，只能停止后退。在这个"或鼓或罢"的过程中，情绪随之而起伏不定，时而欢歌，时而悲泣。实际上，六四并没有与六三为敌，六三之"得敌"无非是心怀疑忌，自我树敌，这就只能使自己陷入尴尬的处境难以自拔。

六四，月几望[1]，马匹亡，无咎。

《象》曰："马匹亡"，绝类上也[2]。

［注释］

[1]月几望：望，月圆之日。几望，即近于月圆而尚未盈满。　[2]"马匹亡"，绝类上也：六四与六三相比，属于同类的马匹，不与之相比则"马匹亡"，断绝与之同类的关系而上同于九五，绝类而上。

［点评］

六四为辅佐九五之君的大臣，以阴居阴，得位而正，处于上体《巽》卦之始，与下体《兑》卦之初九相应，而上承九五之尊，表现了充实盛大的阴德，所以有"月几望"之象。由于近比于六三，与六三同属阴类，六三以阴居阳，质柔而用刚，不量其力，前来相争，这是破坏整体和谐的不安定的因素。六四为了顾全大局，不与六三相争，恪守正道，顺承于在上之九五，这就保持了自己的盛德而无咎害。

九五，有孚挛如[1]，无咎。

《象》曰："有孚挛如"，位正当也。

［注释］

[1]有孚挛如：居于尊位的君主只有以发于至诚的信任才能广系天下之心，做到"有孚挛如"。挛如，是牵连不绝、联系紧密的意思。

［点评］

因为诚信是国家团结的纽带，社会凝聚的动力，无

程颐《周易程氏传》："五居君位，人君之道，当以至诚感通天下，使天下之心信之，固结如拘挛然，则为'无咎'也。人君之孚，不能使天下固结如是，则亿兆之心，安能保其不离乎？"

论在何种情况下都不可舍弃。九五以阳居阳，处于中位，既中且正，是一位能以诚信团结国家、凝聚社会的君主，所以不会有什么过错。

上九，翰音登于天，贞凶^[1]。

《象》曰："翰音登于天"，何可长也。

［注释］

[1]翰音登于天，贞凶：孤高绝响，无有应者，不可能长久，象征中孚之德走向衰竭，声闻过情，虚声无实，处境凶险。翰音，即飞鸟之音。

［点评］

上九在一卦之上，居穷极之地，不中不正，华而不实，务求迎合时尚，虚声外饰，欺世盗名，是一个无真诚笃实之心的虚伪小人。表面上其飞鸟之音响彻云霄，却不会使人相信，引起共鸣，产生实质性的效应，只能导致凶险的后果。

小过卦第六十二

䷽（艮下震上）

小过^[1]，亨，利贞。可小事，不可大事。飞鸟遗之音，不宜上，宜下，大吉。

《彖》曰：小过，小者过而亨也。过以利贞，与时行也。柔得中，是以小事吉也。刚失位而不中，是以不可大事也。有飞鸟之象焉。"飞鸟遗之音，不宜上，宜下，大吉"，上逆而下顺也。

[注释]

[1] 小过：卦名。《小过》卦由艮（☶）下震（☳）上组成。小过，小有过越，与大过之"大者，过也"含义相反，易以阳为大，阴为小，阳刚过度强盛而阴柔相对薄弱，叫作"大过"，反之，阴柔过度强盛而阳刚相对薄弱，则叫作"小过"。

[点评]

为了使阳刚与阴柔摆脱过越的状态复归于平衡，应当根据其具体的存在状态采取不同的对策。

就《大过》卦而言，由巽下兑上组成，四个刚爻均集中在中间，迫使两个柔爻退居本末之地，阳刚过头而失去阴柔的辅助，象征"栋桡之世"，大厦将倾。在此种情况下，必须以非凡的胆略克制阳刚，扶植阴柔，才能拯弱兴衰，挽救危机。《小过》卦的情况恰恰相反，四阴在外，二阳在内，阴多而阳寡，失衡的状态主要是阴柔的势力所造成，因而必须反其道而行之，克制阴柔，扶植阳刚。所谓"小者过而亨也"，是说如果阴柔势力能够自我克制，随时调整与阳刚势力的关系，小有过越，履行中道，可以导致亨通。虽然如此，阴柔势力的这种自

李光地《周易折中》案："大过者，大事过也。小过者，小事过也。'大事'，谓关系天下国家之事。'小事'，谓日用常行之事。道虽贵中，而有时而过者，过所以为中也。"

我克制，"可小事，不可大事"，只能在局部的范围内进行微调，而不能从根本上扭转形势，恢复系统整体的平衡。这是因为，大事非阳刚之才不能济，拨乱反正的重任不是本质柔顺之人所能承担的。在小过之时，"刚失位而不中"，特别是不居君位，没有掌握决策的权力，不能主持全局，对整体形势的发展无能为力，这是一个阴盛而阳衰的时代，当然也就"不可大事"了。

就权力结构而言，六五为君，六二为臣，皆为柔爻所居，也就是君臣俱弱，魄力不大，勇气不足，但是柔而得中，能够自我克制，履行中道，从事局部范围的微调，可以在小事上获得吉祥。《小过》卦的卦形"有飞鸟之象"，中间二阳爻如同鸟身，上下四阴爻如同鸟翼。飞鸟在天空啼鸣，孤高绝响，无有应者，有"飞鸟遗之音"之象，这是不祥之兆，只有往下飞翔，才能找到伴侣，安居栖息，"不宜上，宜下，大吉"。其所以如此，是因为"上逆而下顺"，逆是逆时而动，违反了形势的要求，顺是顺时而动，适应了形势的要求。

由于《小过》卦的总体形势是阴柔过度强盛而阳刚相对薄弱，为了缓解这种失衡状态，上下四阴不可好高骛远，以阴剥阳，中间之二阳也不可过刚而不能自下，与阴为敌，阴阳双方都必须良性互动，自觉地奉行"不宜上宜下"的行为准则，这是总体形势的要求，顺之则吉，逆之则凶。卦中六爻，其吉凶的后果各不相同，关键在于其所选择的行为方式，有的正确，有的错误，应该结合具体情况来分析。

《象》曰：山上有雷，小过。君子以行过乎恭，丧过乎哀，用过乎俭[1]。

［注释］

[1]君子以行过乎恭，丧过乎哀，用过乎俭：君子观此卦象，在行为上为了对治傲慢无礼，宁可过于恭谨，在服丧时为了对治隆重仪式，宁可过于哀戚，在用度上为了对治奢侈铺张，宁可过于节俭。

［点评］

雷震于山上，其声过常，故为小过。小有过越，超过正常，矫枉过正，纠偏除弊，这是行之有效的对治方法。这种小有过越的对治之方，反而能使之复归于正常，合乎事物之所宜，也就是时中之道。

初六，飞鸟以凶。

《象》曰："飞鸟以凶"，不可如何也。

［点评］

小过之时，往上是逆，往下是顺，"不宜上，宜下"。初六处小过之始，如同飞鸟之翼，以阴居阳，资质柔弱而好用刚强，一心想高飞上行，往应于九四，这就是逆时而动，违反了应当遵循的行为准则，必然会带来凶险。这种凶险完全是咎由自取，无可奈何的，所以说"'飞鸟以凶'，不可如何也"。

六二，过其祖，遇其妣，不及其君，遇其臣，无咎[1]。

《象》曰："不及其君"，臣不可过也。

［注释］

[1] 过其祖，遇其妣，不及其君，遇其臣，无咎：超过祖父，遇到祖母；没有继续超越君主，遇到了臣仆，没有咎害。

［点评］

六二以阴居阴，当位得正而履中，是《小过》卦的主爻，能够自觉地奉行"不宜上，宜下"的行为准则，合理地处理左邻右舍的关系，当过而不过。

就其所处的爻位而言，九三之阳在己之上，有父象，九四在九三之上，有祖象，六五以阴居尊，有妣象，当其上行之时，超过了九四，遇见了六五，故有"过其祖，遇其妣"之象。这是一种上行的态势，上行为逆，并不吉利，特别是六五为君，六二为臣，如果臣下超过君上，就有犯分之嫌，对于君上来说，是可遇而不可过的。于是六二停止了上行的态势，转而下行，下行为顺，遇见了与之相比的初六，故有"不及其君，遇其臣"之象。六二适应形势的需要，以柔顺中正之德调整自己的行为，是可以免除咎害的。

九三，弗过防之，从或戕之[1]，凶。

《象》曰："从或戕之"，凶如何也。

［注释］

[1] 弗过防之，从或戕之：如果不有所过越地防范自己刚强的行为，就会使自己受到戕害。

［点评］

九三以阳居阳，虽得位而不中，过于刚强自信，一直以上行的态势追求与上六相应，在阴盛阳衰的小过之时，这种行为是不合时宜的。应当遵循中道的原则，"弗过防之"，切不可过于刚强，要防范自己的行为，进行适当的收敛调整。如果违反中道，逆时而行，刚愎自用，不加警惕，就会使自己受到戕害，带来莫大的凶险，所以说"'从或戕之'，凶如何也"。

九四，无咎。弗过遇之，往厉必戒，勿用永贞 [1]。

《象》曰："弗过遇之"，位不当也。"往厉必戒"，终不可长也。

［注释］

[1] 弗过遇之，往厉必戒，勿用永贞：不要向上超过而要向下相遇，前往会有危险必须要有戒备，不要固守阳刚必进的常规。

［点评］

九四与九三同为刚爻，但九三凶，九四无咎，行为的后果截然相反。这是因为，九四以刚居柔，善于以柔顺之道调整自己的行为，不过于刚强，也不执意上行去超过六五，保持下行的态势，遇见了初六。这种行为适应形势的要求，遵循了"不宜上，宜下"的行为准则，所以避免了咎害。但是由于九四所处的爻位，"刚失位而不中"，其位不当，虽然"弗过遇之"，客观上却存在着危险，所以必须时刻警惕，戒慎恐惧，切切不可掉以轻心，犯下与九三同样的错误。在小过之时，如果稍有不慎，轻举妄动，是绝不可能长久无咎的，所以说"'往厉必戒'，终不可长也"。

六五，密云不雨，自我西郊。公弋取彼在穴[1]。

《象》曰："密云不雨"，已上也。

[注释]

[1]公弋取彼在穴：公指六五，彼指六二，弋是用带有绳子的箭射鸟，六五已居于在上之君位，以大局为重，求贤若渴，把隐藏在洞穴之中的六二争取过来，辅佐自己，这种做法适应了形势的要求，是合理正当的。

[点评]

六五与六二都是柔而得中，这两爻的配合可以使小事获吉，在小过之时，对于维护形势的稳定，起了关键性的作用。但是由于这两爻皆为阴爻，不能结为正应，所以虽有密云却不能阴阳和合而成雨，这就是小过之时"可小事不可大事"的根本原因。

上六，弗遇过之，飞鸟离之，凶，是谓灾眚[1]。
《象》曰："弗遇过之"，已亢也。

[注释]

[1] 飞鸟离之，凶，是谓灾眚：上六处小过之终，如同飞鸟之翼，逆而上行，高飞远举，有"飞鸟离之"之象。离，通"罹"，不幸罹难而死的意思。这就叫作灾眚。

[点评]

上六之"弗遇过之"与九四之"弗过遇之"恰恰相反，九四不过于刚强去超过六五，而是顺而下行遇见了初六，因而无咎；上六既然已经处于亢极之地，却不能自我克制，去与在下之阳刚遇合，反而背道而驰，超过了阳刚，完全违反了"上逆而下顺"的要求，这就必然会招致灾眚了。初六与上六皆取飞鸟为象。初六在下，犯"不宜上，宜下"之戒，故曰"飞鸟以凶"。上六阴极已亢，高而不能下，犯了同样的错误，故有"飞鸟离之，凶"。这都是咎由自取，无可奈何的。

既济卦第六十三

䷾（离下坎上）

既济[1]，亨小[2]，利贞，初吉终乱[3]。

《彖》曰："既济，亨"，小者亨也。"利贞"，刚柔正而位当也。"初吉"，柔得中也。"终止则乱"，其道穷也。

[注释]

[1]既济：卦名。《既济》卦由离（☲）下坎（☵）上组成。既济，万事皆济，所有的事情都已成功。　[2]亨小：是说柔小者也获得亨通，柔小者既已亨通，则刚大者更是亨通，所以无物不通。　[3]初吉终乱：盛极必衰，治极必乱，物极必反，当《既济》卦发展到上六的阶段，"其道穷也"，已经到了穷极之地，于是和谐转化为冲突，有序转化为无序，作为一个关键性的转折点，开始朝着与之相反的《未济》卦演变了。

[点评]

在六十四卦中，《既济》卦是一个最为理想的时态模型，也是从事社会政治活动所追求的最高目标。《杂卦传》说："既济，定也。"定是安定、稳定的意思，当阴阳两大势力在动态的过程中发展到稳定平衡的状态，既是秩序井然，又是和谐统一，从而产生出高效率的功能，使得所有的事情都能成功，这就是既济。

《乾》卦《象传》指出："乾道变化，各正性命，保合太和，乃利贞。""各正性命"是说阴居阴位，阳居阳位，刚柔正而位当，各得其性命之正，有条而不紊，合乎秩序性的要求，"保合太和"是说相互之间团结合作，协调并济，彼此沟通，互动互补，合乎和谐性的要求。六十四卦作为六十四种时态模型，全都贯穿着这种核心价值观。由于阴阳刚柔推移变化有不同的组合状态，和谐与冲突错综交织，也有不同的程度之差，唯有《既济》卦的组合状态稳定平衡，达到了最为理想的境界，集中地体现了这种核心价值观。

从卦爻结构看，离下坎上，卦中六爻，初九、九三、九五，阳居阳位，六二、六四、上六，阴居阴位，这就是"刚柔正而位当"，象征各得其所，各安其位，建立了正常的秩序，没有颠倒错位的现象。初九与六四、六二与九五、九三与上六，刚柔相应，彼此沟通，特别是居于臣位的六二柔而得中，与九五刚健中正之君配合默契，象征社会政治系统构成了和谐的整体，充满着生机活力。这就是太和，也叫作中和，易道贵中和，从《既济》卦的卦爻结构，可以具体地看出阳刚与阴柔发扬优势互补所形成的一种中和之美。但是，事物发展到极点，必定会向相反的方面转化，日中则昃，月盈则亏，天地盈虚，与时消息，这是不以人的意志为转移的客观规律，所以尽管《既济》卦的爻位配置达到了最佳状态，完美地实现了中和的理想，也不能违反这个规律，必定要经历一个"初吉终乱"的过程。

所谓"既济，定也"，其实质性的含义就是指一种和谐的秩序，是秩序与和谐的完美结合。追求此二者的结合，建构一种和谐的秩序，以保持社会系统的稳定平衡，是整个《周易》哲学的核心价值观。

《系辞传》曰："《易》之兴也，其于中古乎！作《易》者，其有忧患乎！"所谓忧患意识，是说以一种浓郁的人文情怀，关注社会民生，合理地处理主体与客体的关系，行为与环境的关系，主观能动性与客观必然性的关系，尽最大的可能去克服事实与价值的背离，现实与理想的冲突。因而当处于困境之时，不能消极无为，而必须激励自己，积极有为，困而求其通。当处于顺境之时，也不能得意忘形，骄傲自满，而必须时刻警惕，安而不忘危，存而不忘亡，治而不忘乱，常存忧患之心，常思忧患之故。

《象》曰：水在火上，既济，君子以思患而豫防之。

[点评]

《既济》卦由离下坎上组成，离为火，坎为水，水性润下而居上，火性炎上而居下，水火既交，各得其用，是个吉利之卦。但是，物极必反，大好的形势也隐藏着危机，君子观此卦象，应当保持清醒的头脑，居安思危，采取预防的措施，避免向不利的方面转化。这是一种忧患意识。

《既济》卦的六爻，多为警戒之辞，意在提醒人们，尽管形势大好，身处顺境，也要"思患而豫防之"，如果丧失了忧患意识，让胜利冲昏头脑，就会导致灾难性的后果。

初九，曳其轮[1]，濡其尾[2]，无咎。

《象》曰："曳其轮"，义无咎也。

[注释]

[1]曳其轮：向后拖曳车轮，控制车辆猛行。　[2]濡其尾：小狐渡河，浸湿狐尾，减缓前进的速度。

[点评]

初九以阳刚之才，居《既济》之始，而且上应于六四，本来可以乘胜前进，一鼓作气，去争取更大的成功，但却采取了"曳其轮""濡其尾"的做法。这是因为对"初吉终乱"的客观形势的发展作了全面的估计，"思患而豫防之"，所以自我克制，慎始慎终，不去贪功冒进，而是脚踏实地，稳步前进。这是明智的选择，当然不会有什么咎害。

六二，妇丧其茀，勿逐，七日得^[1]。

《象》曰："七日得"，以中道也。

[注释]

[1] 妇丧其茀（fú），勿逐，七日得：妇人丢失首饰，不用去寻找，七天就会失而复得。茀，首饰。这是象征六二的处境。

[点评]

六二以阴居阴，当位履正，柔而得中，与阳刚中正九五之君结为正应，在既济之时的整个发展系列中，处于"初吉"阶段。《象传》指出："初吉，柔得中也。"这是就六二的处境而言的。但是在有利的形势下也有不利的因素，主要是六二介于二阳之间，下乘初九，上承九三，乘承皆刚，阻碍了与九五相合的前进之路，如同妇人出门丢失了首饰，不太顺心，有些遗憾。虽然如此，也不必过于焦虑，躁动不安，应当相信这种不利的因素是可以自动消除的，何况初九与九三在既济之时并没有存心阻碍自己的前进之路。只要尽其在我，履行中道，从容应对，静待时机，是必定能够与九五结为正应，实现自己的志愿，如同丢失的首饰必定失而复得一样，所以说"'七日得'，以中道也"。

九三，高宗伐鬼方，三年克之。小人勿用[1]。
《象》曰："三年克之"，惫也。

[注释]

[1] 高宗伐鬼方，三年克之。小人勿用：高宗是殷代的中兴之主，当时鬼方尚未归服，于是出兵征伐，经过三年的苦战取得胜利，完成了统一大业。这种征伐营造了既济之时的大好形势，是王者之师，属于正义的事业，并不是如同小人为了掠夺土地所进行的那种非正义的武力侵略，所以说"小人勿用"。

[点评]

九三以阳居阳，当位履正，质刚而用刚，其所作所为，有"高宗伐鬼方"之象，对于清除不利因素维护稳定平衡的形势，是起了重大作用的。虽然如此，经过三年的苦战毕竟是劳民伤财，损耗国力，疲惫不堪。征伐之事只可在万不得已的情况下偶尔为之，不值得推崇。治国的良策应当是"思患而豫防之"，对事物的发展有一个全面的估计，深谋远虑，防微杜渐，在祸患刚露出苗头的时候，及早采取有效的措施，加以防范制止。"'三年克之'，惫也"，这是对九三的批评，意思是阳刚有余，中道不足，缺乏更高层次的智慧。

六四，繻有衣袽[1]，终日戒。

《象》曰："终日戒"，有所疑也。

[注释]

[1]繻有衣袽（rú）：繻，当作"濡"，浸湿、渗漏的意思。袽，即破絮。有衣袽，渡河之时，船体漏水，用破絮堵塞漏洞，象征六四的处境。

[点评]

六四以阴居阴，当位履正，本身具有良好的素质，但是其爻位的配置在近君之位，而且由下体进入上体。在既济之时的发展系列中，处于由"初吉"转向"终乱"的开始，这是多惧之地，客观上潜伏着危机，因而"终日戒"。整天戒慎警惕，有所疑虑，始终保持着一种忧患意识。正是由于这种忧患意识的激励，所以头脑清醒，从容应对，"有衣袽"，能够用破絮堵塞船体的漏洞，安然渡河。

九五，东邻杀牛，不如西邻之禴祭，实受其福[1]。

《象》曰："东邻杀牛"，不如西邻之时也。"实受其福"，吉大来也。

[注释]

[1]东邻杀牛，不如西邻之禴祭，实受其福：东邻阳位，杀牛

盛祭神灵，为九五之象，西邻阴位，奉行简朴的禴祭，为六二之象，但是东邻的盛祭不如西邻的薄祭可以享受实实在在的福泽。

[点评]

在既济之时，六二处于创业阶段，兢兢业业，励精图治，禴祭虽然简朴，却是本于虔诚之心，自然能"实受其福"。九五与六二不同，已经上升到至尊之位，处于功成业就阶段，容易产生一种志得意满、自我陶醉的心态，杀牛之祭虽然隆重，但是过于注重形式，而没有贯注应有的虔诚之心，自然不如六二那样"实受其福"。

上六，濡其首[1]，厉。

《象》曰："濡其首，厉"，何可久也！

[注释]

[1]濡其首：上六处《既济》之终，盲目冒进而"濡其首"，陷入灭顶之灾。

[点评]

初九处既济之始，如同小狐渡河，"濡其尾"以减缓前进的速度，因而无咎。上六处既济之终，盲目冒进而"濡其首"，陷入灭顶之灾。这种鲜明的对比说明了一条慎始慎终的道理。尽管《既济》的总体形势吉利亨通，但就人的主体行为而言，无论是开始或是结束，都必须谨慎对待，不可掉以轻心，否则就会失败。所谓谨慎，

就既济之时的整个发展系列而言，九五所处的阶段就是一个极点，也就是盛极则衰、治极则乱的转折点，在这个阶段，务必戒骄戒躁，保持清醒的头脑，"思患而豫防之"。如果看不到潜伏的危机，盲目乐观，以为到处莺歌燕舞，太平盛世的理想完全实现，这就必然会造成政治决策的重大失误，破坏大好的形势，由治世转化为乱世了。

就是一种自我克制，尽可能使主观与客观相符合，作出合理的应对，避免发生不利的后果。上六既然业已处于大好形势终结之时，却不知谨慎，这就不能维持长久，失败是必然的。

未济卦第六十四

䷿（坎下离上）

未济[1]，亨，小狐汔济，濡其尾，无攸利。

《彖》曰："未济，亨"，柔得中也。"小狐汔济"，未出中也。"濡其尾，无攸利"，不续终也。虽不当位，刚柔应也。

[**注释**]

[1]未济：卦名。《未济》卦由坎（☵）下离（☲）上组成。未济，事业尚未成功。《未济》卦是《既济》卦的反对卦，由《既济》卦发展而来。《未济》卦的六爻，阴居阳位，阳居阴位，刚柔皆不当位，违反了正的原则，象征正常的秩序受到了破坏，所以称之为"未济"，意思是所有的事情都没有成功。虽然如此，成功的可能性仍然是存在的，根据在于《未济》卦中的刚柔都能互相应和，各自按照中道的原则进行合理的调整。这是一个极为有利的条件，只要两种对立的势力彼此信赖，互动互补，能够结合成不相伤害而团结合作的关系，就可以转化形势，把事情办成功。

在一个理想的社会政治系统中，应该做到居不失其正，动不失其应，既是秩序井然，又是和谐融洽。因而中与正不仅是阴阳双方共同承担的道义责任，处理人际关系的根本准则，也是社会政治所追求的最高目标。

[点评]

《未济》卦六爻刚柔皆不当位，违反了正的原则，但却含有中的因素。就中与正这两个行为准则相比较而言，中比正更为重要，中着眼于和谐，正着眼于秩序，这也就是说，在实际的操作过程中，和谐的原则比秩序的原则更为重要。因为由和谐而产生的诚信是阴阳刚柔两大对立势力团结合作的精神纽带，可以使整个组织系统笼罩着一种发自内心的敦实笃信的气氛而同心同德，彼此依赖，以和谐为基础来建立一种阴阳各当其位的秩序，自是顺理成章，不会有任何的困难。

如果正而不中，只有秩序而无和谐，虽然也能建立一种各当其位的稳定的秩序，但是由于缺乏组织系统赖以存在的精神纽带，就会产生上下不交、彼此隔绝的局面而离心离德，变成了否道。因此，如果社会政治系统出现了中而不正的情况，有和谐而无秩序，是完全可能充分发挥同心同德的精神凝聚力，以中求正，来建构一种正常的秩序，这就是未济之时仍然内在地蕴含着亨通之理的根据所在。

从卦爻结构看，这种亨通之理表现为四个层面。首先是，《未济》卦的六五爻居于尊位而得中，洋溢着一种"君子之光"，能够与其他刚爻同心协力，发挥刚柔相济的作用，所谓"未济，亨，柔得中也"，是就六五爻而言的。其次，"小狐汔济，未出中也"，这是就九二爻而言的。汔是庶几的意思，小狐渡河，尚未到达彼岸，但已接近于成功。九二以阳居阴，其位不正，但刚而得中，与六五相应，这就蕴含着成功的可能。第三，"濡其尾，无攸利，不续终也"，这是就初六爻而言的。初六以阴居阳，其位不正，如同小狐渡河，狐尾浸湿，不能继续前进，从反面告诫人们，为了取得成功，应当谨慎持中，不可急于求成。最后，就总体形势而言，卦中六爻，"虽不当位，刚柔应也"，处不当位是事业尚未成功之象，刚柔相应是未济之时的可济之理，如何把这种可济之理由可能性转化为现实性，就是《未济》卦所讨论的主题。

《象》曰：火在水上，未济。君子以慎辨物居方[1]。

[注释]

[1]君子以慎辨物居方：君子观此卦象，为了使无序变为有序，应当审慎地辨别物类，合理安排，使之各得其所，各安其位，做到六位而成章，既充分发挥每一个个体固有的潜能，彼此之间又在整体上产生功能性的协调。

[点评]

《未济》卦的卦象与《既济》卦相反，《既济》卦是离下坎上，离为火，坎为水，火性炎上，水性润下，水在火上，水火相交；《未济》卦则是坎下离上，火在水上，水火不交，背道而驰，不能相济为用，象征事业未成。因而《未济》卦的问题症结，关键在于配置失当，安排错位，物不称其能，人不尽其才，在结构方面缺乏正常的秩序。

初六，濡其尾，吝。

《象》曰："濡其尾"，亦不知极也。

[点评]

未济之时，成功之路并不平坦，充满着曲折艰辛，应当审时度势，作出合理的应对。初六以阴居阳，错位失正，又在坎险之下，面临困境，但是仍然质柔而用刚，盲目冒进，去追求与九四相应，故有"濡其尾"之象，产生了吝惜。其所以如此，是因为"亦不知极也"。极是指事物发展的终点，也就是行为的后果。初六对此不加考虑，急于求成，在主客观条件尚未成熟的情况下，就采取轻率的行动，冒险渡河，自然不会成功到达彼岸。《既济》卦的初九与《未济》卦的初六皆有"濡其尾"之象，但是行为的后果却判然有别，一个是"无咎"，一个是"吝"，关键在于《既济》卦的初九"知极"，而《未济》卦的初六"不知极"。

九二，曳其轮，贞吉。

《象》曰：九二贞吉，中以行正也。

[点评]

"曳其轮""濡其尾"，是《既济》卦初九同时兼有的爻象，《未济》卦分而言之，九二"曳其轮"而"贞吉"，初六"濡其尾"而"吝"。同样的行为，后果却是判然有别。这是因为，初六"不知极"，行为的选择犯了错误，违反了形势的要求；九二"中以行正"，适应了形势的要求，选择了正确的行为。实际上，初六之"濡其尾"是就行为的后果而言，在开始的阶段就陷入了盲目性；九二之"曳其轮"则是一种自觉的行为选择，故意减缓前进的速度，谨慎持中，静以待时。

未济之时，六爻皆不得其正，总体形势的要求是发挥中道的有利条件，由中以求正。初六不懂得这个道理，不能自我克制，履行中道，所以"无攸利，不续终"；九二则是"中以行正"，所以"贞吉"。就九二所处的爻位而言，与六五有正应关系，但是以刚居柔，其位不正，而又身临坎险，在这种情况下，如果躁动不安，急于前进，难以取得成功；经过一番深思熟虑，采取了"曳其轮"的做法，自我克制，刚而能柔，守持中道，不超越自己的本分贸然行动，循序渐进，就自然可以获得安贞之吉了。

六三，未济，征凶，利涉大川[1]。

《象》曰："未济，征凶"，位不当也。

[注释]

[1]未济，征凶，利涉大川：六三之未济，既是"征凶"，前进将有凶险，又是"利涉大川"，利于涉越大河，看似矛盾，实际上是指出，当未济之时，挑战与机遇并存，应当全面掌握，不可只知其一，不知其二。

[点评]

从爻位关系看，六三以阴居阳，其位不当，不中不正，才质柔弱，而且又处于坎险的上方，面临这种处境，积极行动当然不利，所以说"征凶"。但是另一方面，同时也存在着有利的因素，因为其左邻右舍，下有九二刚健之大臣，上有九四刚明之近臣，如果六三能以柔顺之道以亲附之，是有可能得到有力的应援，摆脱困境，涉险以济难，所以说"利涉大川"。

九四，贞吉，悔亡，震用伐鬼方[1]，三年有赏于大国。

《象》曰："贞吉，悔亡"，志行也。

[注释]

[1]震用伐鬼方：以雷震之势出兵征伐。

[点评]

九四以阳居阴，其位不当，就客观现实的处境而言，是失正而有悔，但是作为近君大臣，承担着匡时济难的道义责任，面对外敌鬼方的侵犯，必须阳刚勇猛，以雷震之势出兵征伐，而决不能临难苟免，独善其身，结果是通过这种做法使得悔恨消亡，安贞而得吉。实际上，九四的质刚而用刚的做法适应了形势的需要，合乎以中求正的可济之理。因为外敌鬼方的侵犯破坏了正常的秩序，是一个极为严重的不安定因素，如果不奋力克服，必将造成更大的灾难。在这种情况下，九四并不顾及本身的失正之悔，而是心怀大局，勇于承担，虽居阴柔之位却能奋震动之威，毅然决然，出兵征伐，这种行为合理正当，完全合乎中道的原则。经过三年艰苦的努力，克敌制胜，从而维护了正常的秩序，建立了大功，受到封赏，九四在未济之时力求可济的志向也得到了完满的实现。

六五，贞吉，无悔。君子之光，有孚，吉。

《象》曰："君子之光"，其晖吉也。

[点评]

六五是《未济》卦的主爻，位居至尊，掌控全局，其所以能拨乱反正，由始乱转而为终治，贞吉无悔，关键在于柔而得中。就六五所处的爻位而言，以柔处刚，同样也是其位不正，但是六五能以柔中之道自我克制，妥善地处理与刚爻的关系，做到刚柔相应，洋溢着一种"君子之光"。这种由柔中之道所生发出的"君子之光"，其实质性的含义就是"有孚"，"有孚"是心中诚信的意思，君主以至诚之心对待臣下，臣下也以至诚之心对待君主，至诚相感，上下交孚，这就是未济之时所蕴含的可济之理。正是由于六五柔而得中，所以赢得了阳刚之才的衷心拥护，特别是争取到九二刚中之臣的大力辅佐，其所焕发的光辉自然形成为凝聚的核心，可以导致吉祥。

上九，有孚于饮酒，无咎。濡其首，有孚失是[1]。

《象》曰：饮酒濡首，亦不知节也。

[注释]

[1]有孚失是：这样会犯错误是确信无疑的了。有孚，指确信无疑，失是，即"失于是"，是指将因这件事而有过失、犯错误。是，这、此，指饮酒濡首这件事。

[点评]

李光地《周易折中》引石介曰："上九以刚明之德，是内'有孚'也。在《未济》之终，终又反于《既济》，故得饮酒自乐。若乐而不知节，复'濡其首'，则虽'有孚'，必失于此。此戒之之辞也。"

上九处于卦之上极，开始由《未济》转而为《既济》，形势喜人，功成业就，可以饮酒庆祝，歌舞升平，这种做法并无咎害，但是必须知道有所节制，居安思危，适可而止，保持忧患意识的心态。因为物极必反，盛极则衰，既济与未济是常常转化的。《既济》卦的上六不懂得这个道理，遭受了"濡其首"的灭顶之灾，《未济》卦的上九也面临着同样的危机。

系辞上传

天尊地卑^[1]，乾坤定矣^[2]。卑高以陈^[3]，贵贱位矣^[4]。动静有常^[5]，刚柔断矣^[6]。方以类聚，物以群分^[7]，吉凶生矣^[8]。在天成象，在地成形^[9]，变化见矣^[10]。

[注释]

[1]天尊地卑：自然界的天地，两两相对，各正其位。 [2]乾坤定矣：易学以乾卦象征天，以坤卦象征地，其尊卑之位就是由此而确定的。 [3]卑高以陈：自然界的现象呈现为由卑到高的等级层次。 [4]贵贱位矣：易学以六个不同的爻位反映自然界由卑到高的等级层次，由此而形成了贵贱之位。 [5]动静有常：自然界的现象有的呈现为动态，有的呈现为静态，一动一静，自有规律。常，指有一定的规律。 [6]刚柔断矣：易学中的刚柔两爻反映了动静有常的规律，刚动而柔静，性质判然有别。断，指判然有

别。　[7] 方以类聚，物以群分：各种事物以其自然的理势聚合为不同的种类，分化为不同的群体，有的相亲相辅，有的矛盾冲突。方、物，泛指各种事物。　[8] 吉凶生矣：易学以相亲相辅者为吉，以矛盾冲突者为凶，于是生出了或吉或凶的价值评估。　[9] 在天成象，在地成形：天地之间的形象物体丰富多彩，日新月异，随时都在变化。象，指天上诸如日月星辰之象。形，指地上诸如山川动植之形。　[10] 变化见矣：阴阳的变化就显现出来了。

[点评]

《系辞传》是《周易》的通论，集中论述了易学的基本原理、卦爻结构和象数体例，反复强调，所有这些都是对客观外界的一种摹拟、象征和反映，存在于天地之间的自然之理是第一义，圣人通过仰观俯察，提炼为易学的基本原理，并且通过卦爻结构和象数体例完美地表现出来，作成了《周易》之书，属于第二义。第一义是体，第二义是用，此二者既有联系，也有区别，只有把自己的思想提升到第一义的哲学高度，才能对《周易》之书所论述的基本原理、卦爻结构和象数体例获得深入全面的理解。本节是《系辞传》的开篇，根据这条思路，先说第一义，后说第二义，着重指出，易学的一套符号体系，包括设卦、立爻以及卦爻结构中的刚柔、吉凶的变化皆非圣人凿空所为，而是"与天地准"，是对天地自然的如实摹拟、象征和反映，此二者虽有区别，但却一一对应，应当联系起来合而观之，相互发明。

是故刚柔相摩，八卦相荡 [1]。鼓之以雷霆 [2]，润之以风雨，日月运行，一寒一暑[3]。乾道成男，坤道成女[4]。乾知大始，坤作成物[5]。

[注释]

[1]刚柔相摩，八卦相荡：刚柔两爻代表奇偶之数，阴阳之气，是易学符号体系中的两个最为基本的构成元素，刚柔相摩而生八卦，八卦相荡而生六十四卦，于是推衍出了一个完整的宇宙图式。　[2]鼓之以雷霆，润之以风雨：八卦代表八种自然界的物质，各有不同的功能，比如震为雷，离为电，以雷霆鼓动万物；巽为风，坎为雨，以风雨施行润泽。　[3]日月运行，一寒一暑：离为日，坎为月，日月来回运行，寒暑循环交替，综合这八种卦象的功能，展现了一幅自然界大化流行的图景。八卦之中，乾坤两卦居于主导地位。因为乾为纯阳之卦，坤为纯阴之卦，天地万物的变化运动都可以归结为阴阳两种对立势力的变化运动，所谓乾坤六子，其他六个卦也是由乾坤两卦派生而成的。　[4]乾道成男，坤道成女：男为阳，女为阴，这是说乾道代表纯阳的势力，坤道代表纯阴的势力。　[5]乾知大始，坤作成物：这是指出乾坤两卦反映了阳性势力和阴性势力在万物化生过程中所起的两种不同的作用。知，主宰，阳性势力主宰万物的创始。作，营作。阴性势力营作配合完成。此二者既对立，又统一，既相反，又相成，相互依赖，缺一不可，这就是所谓乾坤并建。大始，即太始，指最初的创始。成物，指生成万物。

[点评]

上节就反映与被反映的关系，由第一义推出第二义，说明作《易》的源头。本节转而论述《易》的本身，说明易学的卦爻结构作为一个宇宙图式，完美地反映了天地自然的变化，并且特别凸显乾坤两卦在整个符号体系中的关键性的作用。《周易》以阴阳作为最高哲学范畴，以"乾坤成列"作为建立哲学体系的主导原则，因而乾坤两卦是进入《周易》哲学殿堂必经的门户，蕴藏着易道的精髓。

乾以易知，坤以简能[1]。易则易知，简则易从。易知则有亲，易从则有功[2]。有亲则可久，有功则可大。可久则贤人之德，可大则贤人之业[3]。易简，而天下之理得矣[4]，天下之理得，而成位乎其中矣[5]。

[注释]

[1] 乾以易知，坤以简能：就思维模式而言，阳性势力主宰万物的创始，阴性势力配合完成。无论是天地自然还是社会人生，各种组织系统的构成元素，不外乎阳刚与阴柔两个方面，称之为"乾元"与"坤元"，或"乾道"与"坤道"，这是《周易》哲学的核心，并不晦涩难懂，而是简单明了，容易知晓的。 [2] 易知则有亲，易从则有功：可以使人亲近效法，指导人们的实践而建功立业。这种亲近之感植根于人的内在的本性，是可以长久保持的，其所建立的功业也可以不断扩大，持续发展。 [3] 可久则贤人之德，可大则贤人之业：长久保持亲近之感，这是"贤人之德"，不断扩大功业，这是"贤人之业"。 [4] 易简，而天下之理得矣：把对易简之理的认知运用于行为的实践，崇德而广业，

于是人就可以发挥主观能动性，参赞天地之化育，与天地并立而为三，这就是获知了天下的道理。　[5] 成位：是指完成天、地、人三才之位，也就是确立人在天地之间的合理的定位。中，指适中的地位。

［点评］

本节紧承上文，进一步论述易学的思维模式及其指导实践的功能。

所谓《易》有三义，变易、不易、简易，只要掌握了简易的原则，理解了乾坤两卦的底蕴，就可以懂得天地之间的变易无非是一阴一阳，而变易中自有不易之理。但是，这种对易简之理的掌握，并不仅仅停留于纯粹理性认知的层次，而是与人们的行为实践紧密相联的。

圣人设卦观象，系辞焉而明吉凶 [1]，刚柔相推而生变化 [2]。是故吉凶者，失得之象也 [3]。悔吝者，忧虞之象也 [4]。变化者，进退之象也。刚柔者，昼夜之象也 [5]。六爻之动，三极之道也 [6]。

［注释］

[1] 圣人设卦观象，系辞焉而明吉凶：圣人创设卦象出于对种种物象的观察，在卦和爻的下面系以卦爻辞以喻示事物的吉凶。　[2] 刚柔相推而生变化：卦中刚爻柔爻互相推移而产生无穷的变化。　[3] 是故吉凶者，失得之象也：如果人在实践的过程中能够适应变化的环境，采取正确的行为，就可以得到成功而获

吉，反之，如果背逆变化的环境，采取错误的行为，便会导致失败而遭凶。 [4]悔吝者，忧虞之象也：由于人具有主观能动性，其价值取向总是追求成功而避免失败，在遭遇失败之时，常常感到后悔遗憾，反思检讨，忧虞烦恼。 [5]变化者，进退之象也。刚柔者，昼夜之象也：变化是刚柔进退所体现之象。或者刚进而柔退，或者柔进而刚退，由此而形成"昼夜之象"，有的顺畅如同白昼之光明，有的闭塞如同夜间之黑暗。人生活于这种不断变化的客观环境之中，从事行为实践，则是有失有得，有吉有凶。 [6]六爻之动，三极之道也：易学中的"六爻之动"，是用来表现天、地、人"三极之道"的，六爻由下往上，初、二两爻代表地道，中间三、四两爻代表人道，上面五、上两爻代表天道。天道与地道是客观外在的环境，只有人道才是行为的主体。从这个角度看，三极之道，重点是人道，这也表明，易学的本质主要在于指导人们从事行为实践。

［点评］

本节立足于行为实践层面论述易学的指导功能。圣人设卦立爻，系上吉凶悔吝的断辞，使人们的行为实践能够做到主观与客观相符合，有所遵循，少犯错误。

是故君子所居而安者，《易》之序也[1]。所乐而玩者，爻之辞也[2]。是故君子居则观其象而玩其辞[3]，动则观其变而玩其占[4]。是以自天祐之，吉无不利[5]。

[**注释**]

[1] 是故君子所居而安者，《易》之序：所以君子平素居处而安的，是符合《周易》所体现的一定的位序。 [2] 所乐而玩者，爻之辞也：所乐于去玩味的，是爻辞中的深刻含义。 [3] 居则观其象而玩其辞：在安居无事时，反复观察卦爻象的象征意义并玩味卦爻辞所蕴含的吉凶悔吝依存转化的哲理。 [4] 动则观其变而玩其占：在有所行动时，观察卦爻的变化而探究玩味其占筮的内涵以提高应对事变的能力。 [5] 自天祐之，吉无不利：自上天降下祐助，吉祥而无所不利。

[**点评**]

本节论述学《易》的方法，关键是强调一个"玩"字。玩就是玩味，带着一种感情色彩，根据自己的切身经验去细细地体会其中所蕴含的深刻意味。这和一般哲学书的读法不同，不是诉之于抽象思维，不光着眼于逻辑的推理，而是把自己所遭遇的具体处境摆进去。由于生活经验不断丰富，特别是由于具体的处境所引发的问题经常变换，每一次去"玩"《周易》，都能产生一种新的体会，从而使自己的智慧达到上乘的境界，对未来的吉凶祸福作出正确的预测，帮助自己采取适当的行动，这就是"自天祐之，吉无不利"了。

象者，言乎象者也[1]。爻者，言乎变者也[2]。吉凶者，言乎其失得也[3]。悔吝者，言乎其小疵也[4]。无咎者，善补过也[5]。是故列贵贱者存乎位^[6]，齐小大者存乎卦^[7]，辩吉凶者存乎辞^[8]，忧悔吝者存乎介^[9]，震无咎者存乎悔^[10]。是故卦有小大，辞有险易，辞也者，各指其所之^[11]。

［注释］

[1]象者，言乎象者也：象指卦辞，象者断也，卦辞裁决论断全卦的象征意义，说明全卦的中心主旨。　[2]爻者，言乎变者也：爻指爻辞，是用来表示变化的。　[3]吉凶者，言乎其失得也：吉或凶，是说行为处事或有失、或有得。　[4]悔吝者，言乎其小疵也：悔或吝，是说处事有小的瑕疵。　[5]无咎者，善补过也：无咎，是说善于补救过失。　[6]是故列贵贱者存乎位：所以说排列贵、贱的象征在于爻位。六爻分列在不同的位次，初爻为卑位，上爻为高位，二爻为臣位，五爻为君位，有上下贵贱之分。　[7]齐小大者存乎卦：确定小、大的象征在于卦体。一卦六爻，结成一个整体，代表阴阳两大势力不同的排列组合，有时阳为主而阴为从，称之为大；有时阴为主而阳为从，称之为小。　[8]辩吉凶者存乎辞：辨别吉凶的象征在于卦、爻辞。辩，同"辨"。　[9]忧悔吝者存乎介：担忧悔、吝的象征在于对细小瑕疵的预防。介，指纤介、细小的苗头，与前文"悔吝者，言乎其小疵也"相应。　[10]震无咎者存乎悔：因震惧而得以无咎的象征在于及时悔悟，与前文"无咎者，善补过也"相应。　[11]辞也者，各指其所之：就卦爻本身而言，这是一个不以人的意志为转移的无心而自然的过程，易学则是推天道以明人事，在卦爻之下系之以卦辞和爻辞，分别指出其进一步发展的方向，有的凶险，有的平易，使人们在行为实践上有所遵循，作出正确的选择，趋吉避凶，所以说"辞也者，各指其所之"。

[**点评**]

本节论述卦爻辞的体例及其对人事的指导作用。

卦是由阴阳在自然理势的作用下所形成的一种特定的时态，有的大，有的小，有的平衡稳定，有的矛盾冲突，总揽全局。爻是服从于卦的，受卦的总体形势的支配，在各自不同的位次下适时而变。关于卦爻辞的体例，包括吉凶、悔吝、无咎几个方面。吉是最大的成功，凶是最大的失败，悔吝是因较小的失败而感到后悔惋惜，无咎是没有过失，得到相对满意的结果。由于人们的行为实践总是面临着风险，不确定的因素太多，加上本身理性能力有限，要想得到最大的成功是非常困难的，重要的是善于从失败中汲取教训，保持一种忧患意识和戒惧之心，避免决策的失误。"忧悔吝者存乎介"，忧就是忧患意识，介就是变化的苗头，吉凶的先兆。"震无咎者存乎悔"，震就是戒惧之心，在感到后悔之时而能知所戒惧，就可以避免一错再错。总之，卦爻辞的这些体例，总的精神就是着眼于人事，指导人们如何在行为实践中少犯错误。

《易》与天地准[1]，故能弥纶天地之道[2]。仰以观于天文，俯以察于地理[3]，是故知幽明之故[4]。原始反终[5]，故知死生之说[6]。精气为物，游魂为变[7]，是故知鬼神之情状[8]。

[注释]

[1]《易》与天地准：易学的理论体系和思想框架与天地齐准，主观符合于客观，是与天地一致的模型。准，齐准。　[2] 故能弥纶天地之道：所以其中也就包罗统括了天地之间所有的道理。弥纶，包罗、统括。　[3] 仰以观于天文，俯以察于地理：仰观天上日月星辰的文采，俯察地面山川动植的理致。　[4] 幽明之故：幽隐无形和显明有形的原故。　[5] 原始反终：推原万物的开始，探究万物的终结。　[6] 故知死生之说：就可以懂得始者为生、终者为死的道理。　[7] 精气为物，游魂为变：精气聚合而成物，游魂离散而生变。　[8] 是故知鬼神之情状：由此就可以明白鬼神之情况状态。

[点评]

本节论述易学体系是一幅宇宙图式，完美地反映了客观宇宙的全景，作为一个思想框架，可以毫无遗漏地解释各种自然现象，概括为天地之道。关于这种天地之道，主要有"幽明之故""死生之说""鬼神之情状"几个方面。这几个方面皆为阴阳之变，按照《周易》的阴阳哲学的原理，仰观天文，俯察地理，就可以了解昼夜循环、幽明替代的原故。推原万物的开始，探究万物的终结，就可以懂得始者为生、终者为死的道理。精气聚合而成物，游魂离散而生变，神是阳气之伸，鬼是阴气之归，由此就可以明白鬼神之情状无非是阴阳二气的聚合离散，屈伸往来。

与天地相似，故不违 [1]。知周乎万物而道济天下，故不过 [2]。旁行而不流 [3]，乐天知命，故不忧 [4]。安土敦乎仁，故能爱 [5]。范围天地之化而不过 [6]，曲成万物而不遗 [7]，通乎昼夜之道而知 [8]，故神无方而《易》无体 [9]。

[注释]

[1] 与天地相似，故不违：这句话的主语不是易学本身，而是作《易》的圣人，或者如同《乾》卦《文言传》所说的"与天地合其德"的"大人"。由于圣人全面掌握了易学的原理，"与天地相似"，作为一个行为主体，既有理性的认知，又有道德的修养，所谓"仁智合一存乎圣"，把知识与道德结合得恰到好处，从不违背宇宙大化流行的规律。　[2] 知周乎万物而道济天下，故不过：其知能周遍于万物而其道足以匡济天下，所以不会有过失。　[3] 旁行而不流：（就运用于实践而言，）能够普遍应酬事物的万变而无流弊。　[4] 乐天知命，故不忧：（就道德修养的层面而言，）乐夫天命，无所忧愁。　[5] 安土敦乎仁，故能爱：安处于其所寓，敦厚于仁，把天地生物之心内化为自己的一片仁民爱物之心。个体的生命与宇宙的生命合而为一，上升到"与天地合其德"的精神境界。　[6] 范围天地之化而不过：编织了一套思想框架和范畴体例把天地万物的变化完全囊括于其中，不超过这个范围。　[7] 曲成万物而不遗：顺应自然的理势促成事物的发展而不遗漏。　[8] 通乎昼夜之道而知：通达昼夜幽明之道而无所不知。　[9] 故神无方而《易》无体：因而圣人所掌握的易学原理，穷神知化，既仁且智，阴阳不测，变动不居，没有一定的方所，也没有一定的形体，不是静态的结构，而是"与天地相似"的动态的过程，所以说"神无方而《易》无体"。

[点评]

本节由宇宙论进一步扩展为人生论，指出易学并不仅仅停留于建构一幅宇宙图式来解释世界，重要的是用来指导人生实践来改变世界。

一阴一阳之谓道[1]，继之者善也，成之者性也[2]。仁者见之谓之仁，知者见之谓之知[3]，百姓日用而不知[4]，故君子之道鲜矣[5]。显诸仁，藏诸用[6]，鼓万物而不与圣人同忧[7]，盛德大业至矣哉[8]！

[注释]

[1]一阴一阳之谓道：这是关于易道的经典性的定义，"一阴一阳"包含两层意思，一是指阴阳之间的对待，二是指阴阳之间的流行，天、地、人、物，莫不有阴阳，莫不受一阴一阳的支配，因而易道就是通贯天、地、人、物的总的规律。 [2]继之者善也，成之者性也："善""性"是专就人而言。天人之间的沟通，关键在一个"继"字。继，是继承、继续，继之则善，不继则不善。就天道之阴阳而言，无所谓善与不善，物之性乘大化之偶然，也无所谓善与不善，唯有人能自觉地继承天道之阴阳，使之继续不断，并且凝成而为人之善性。 [3]仁者见之谓之仁，知者见之谓之知：善性只是就本原的意义而言，就实现的程度而言，则有圣人、贤人与常人之分，对易道的认知应用也就形成了不同的等级层次。圣人的禀赋最高，对易道的认知应用最为全面，完美地实现了仁智合一的圣人之德。贤人的禀赋不及圣人，总是

有所偏失，阴阳的搭配组合不是恰到好处，有的偏于道德实践而成为一个"仁者"，有的偏于认知活动而成为一个"智者"，常常是以偏概全，把局部看成整体，仅仅实现了易道本质的某一个方面。　[4]百姓日用而不知：普通百姓，对于易道则是昧然不觉，习焉不察，日用而不知。　[5]故君子之道鲜矣：由此看来，对君子所推崇的"易道"能够懂得的人是很少了。鲜，少。　[6]显诸仁，藏诸用：从外在的显现看，"道"是一个既仁且智的全体，生长化育，润物无私，这就是仁；但是其作用机制却是深藏不露（神妙无方，变化无迹，这就是智）。　[7]鼓万物而不与圣人同忧：鼓动化育万物而不与圣人一样心存忧患意识。易道作为一种本原性的存在，无心而成化，是一种超越于人的意志的客观外在的自然规律。　[8]盛德大业至矣哉：易道之盛美德行和广大功业真是达到极致了啊。

[点评]

本节论述易道的本质，通贯天、地、人、物，是人性的本原。继善成性是一个主客契合的过程，其所以见仁见智，或者日用而不知，问题不在于客体，而在于主体的禀赋有偏，志趣各异。

富有之谓大业，日新之谓盛德[1]。生生之谓《易》[2]，成象之谓乾，效法之谓坤[3]，极数知来之谓占[4]，通变之谓事[5]，阴阳不测之谓神[6]。

[注释]

[1]富有之谓大业，日新之谓盛德：就易道而言，其所成就的

大业恢宏富有，包罗万象，表现为空间的广袤，其所成就的盛德
日新月异，永不停息，表现为时间的绵延。 [2]生生之谓《易》：
阴阳转易相生，从而构成了一幅生生不已的宇宙全景，《易》书
就是对这幅宇宙全景的如实的反映。因而生生不已也就成为《易》
书的思想精髓和实质内涵。 [3]成象之谓乾，效法之谓坤：《易》
作为一面自然之镜是通过象数来反映的，以乾卦的卦形象征天，
以坤卦的卦形象征地，天为阳，地为阴，于是乾坤两卦的卦象也
就反映了天地阴阳生化的功能。 [4]极数知来之谓占：阳为奇
数，阴为偶数，由此而有天地之数和大衍之数，推演数的变化，
揲蓍占卦，可以预知未来发展的趋势，这就是"极数知来之谓
占"。 [5]通变之谓事：把对变化之理的认识用于指导行为的实
践，谋求应变之方，这就是"通变"，通变可以成就事业，所以
说"通变之谓事"。 [6]阴阳不测之谓神：由于易道的本质归结
为"一阴一阳之谓道"，而阴阳的变化是一个永不停息的动态的
过程，受各种因素的影响，充满着模糊性、突发性和不确定性，
所谓"极数知来"只是意味着对未来发展的趋势作出大致的估计，
并非决定性的必然，而是"阴阳不测之谓神"。神，就是神化之理。
《易》书把这种神化之理揭示出来，这就全面而准确地反映了易
道的本质了。

[点评]

　　本节由易道转而论述《易》书，指出《易》书全面
反映了易道的本质。

　　夫《易》，广矣大矣！以言乎远则不御[1]，
以言乎迩则静而正[2]，以言乎天地之间则备矣[3]。

夫乾，其静也专，其动也直，是以大生焉[4]。夫坤，其静也翕，其动也辟，是以广生焉[5]。广大配天地，变通配四时，阴阳之义配日月，易简之善配至德[6]。

[注释]

[1] 不御：不可阻止的意思。　[2] 静而正：宁静而端正。　[3] 以言乎天地之间则备矣：《周易》这本书把整个宇宙的时间与空间、运动与静止、无限与有限的辩证统一的关系全面揭示出来，无不具备。备，充实完备。　[4] 夫乾，其静也专，其动也直，是以大生焉：象征阳的乾，具有"静专""动直"的性质。当乾安静的时候，是清静专一的，以含养万物；当乾行动的时候，是直道而行的，以创生万物。其动静有时，所以能够大生。　[5] 夫坤，其静也翕，其动也辟，是以广生焉：象征阴的坤，具有"静翕""动辟"的性质。当坤安静的时候，是闭藏的，以滋育万物；当坤行动的时候，是开辟的，以成养万物。其动静不失时，所以能够广生。　[6] 广大配天地，变通配四时，阴阳之义配日月，易简之善配至德：配，是相似、匹配的意思。这是说，《易》书所建立的哲学体系虽然是一套语言符号的框架，却与客观世界的天地、四时、日月、至德完全相似匹配，具有同构性，是一面如实反映的镜子，特别是乾坤两卦所蕴含的易简之理，揭示了宇宙大化流行的动力机制，易于理解把握。

[点评]

本节论述《易》书的哲学体系包罗宏富，体大思精，广大配天地。天地指的是整个的宇宙，也就是整个客观实在世界，既有空间的广袤，又有时间的绵延，随时随地处在永恒的绝对的运动之中，因而是无限的，所以说"以言乎远则不御"。但是另一方面，运动包含着相对的静止，无限不能脱离有限而独立存在，所以说"以言乎迩则静而正"，就客观世界具体的存在状态而言，总是相对静止，存在于有限的时间与空间之中。

子曰："《易》其至矣乎！夫《易》，圣人所以崇德而广业也[1]。知崇礼卑[2]，崇效天，卑法地[3]。天地设位，而《易》行乎其中矣[4]。成性存存，道义之门[5]。"

[注释]

[1] 崇德而广业：崇德是高扬道德，广业是开拓事业。人们从事行为实践，既要有理性的知识，又要有价值的规范，就高标准来要求。　[2] 知崇礼卑：理性的知识要达到高明的境界，价值的规范要谦卑有礼，合乎人伦日用之常。　[3] 崇效天，卑法地：高明的境界是对天的效法，谦卑有礼是对地的效法。人道的行为实践是对天道和地道的效法，只有效法天地，才能"崇德而广业"，实现预期的目标。　[4] 天地设位，而《易》行乎其中矣：天地既已设立尊卑之位，《易》书中所体现的变化不离"天地"之中。在《易》书的符号体系中，天地指的是整个的宇宙，"天尊地卑，乾坤定矣"，作为一个框架结构，天道与地道在其中运行，因而天地之道也就是乾坤阴阳变化的宇宙原理，代表易道的本质。　[5] 成性存存，道义之门：天地之道虽是自然的道理，同时也具有人文的意义，是人的道德的本体，价值的源泉。人是整

个宇宙的有机组成部分，不能脱离宇宙孤立存在，为了继善成性，必须把个体的生命与整个宇宙的生命连接起来，以天地之道为依据，而天地之道是内在地植根于人性的本质之中的，所以说"成性存存，道义之门"。存存，就是存其所存，存乎人者，因而存之，使本原意义的善不至于丧失而变为自己的本性，这就是进入道义的门户，完成德业的根本。

[点评]

本节进一步指出，圣人作《易》的目的不仅是建立一套体系去反映客观世界，主要是为了推天道以明人事，指导行为实践。

圣人有以见天下之赜[1]，而拟诸其形容，象其物宜，是故谓之象[2]。圣人有以见天下之动，而观其会通，以行其典礼[3]，系辞焉以断其吉凶，是故谓之爻。言天下之至赜而不可恶也，言天下之至动而不可乱也[4]。拟之而后言，议之而后动，拟议以成其变化[5]。

[注释]

[1] 圣人有以见天下之赜：赜，是精微深奥的意思，也就是隐藏在事物内部的本质，圣人"探赜索隐"，把这种本质发掘出来，以卦的形式表现出来。　[2] 拟诸其形容，象其物宜，是故谓之象：把事物的本质比拟成具体的卦象，用来象征与之相适宜的意义，这就是卦象。因而卦象蕴含着义理，具有象征的意义，是一种本

质的直观，可以通过具体的卦象窥见事物内在的本质。　[3]观其会通，以行其典礼：会通，是交会贯通的意思，也就是变动的规律。典礼，是制度性的礼仪条文，也就是行为的常规。爻的功能在于认识事物外在现象的变动。本质相对稳定，现象则是错综复杂，变动不居，但是变动自有规律可循，人们的行为也不能没有常规，所以用爻来"观其会通，以行其典礼"。　[4]言天下之至赜而不可恶也，言天下之至动而不可乱也：人们面对着杂多的现象不必感到厌恶，只要善于领会卦的象征意义，就可以统宗会元，把握现象中的本质。人们面对着纷纭的变动也不必感到慌乱，只要善于领会爻所揭示的变动之理，就可以从容应对，落实到行为实践，趋吉避凶，作出正确的选择。　[5]拟之而后言，议之而后动，拟议以成其变化：拟，比拟。议，议论。通过比拟把自己带进特定的处境之中，对客观的环境产生理性的认识，通过议论来决定自己的行动，审时度势，采取适当的对策，这种思维模式不仅具有认识的功能，而且具有强烈的实践功能。下面列举了七条爻辞为例，具体阐明如何"拟议以成其变化"，向人们提示读《易》的方法。

[点评]

　　本节论述卦与爻在认识过程中不同的功能。易学的符号体系作为一种认识的工具，既能把握现象中的本质，又能把握本质中的现象，表现了一种认识的深化。就思维模式而言，这是一种整体性的思维、形象化的思维，也是与人们的行为实践和生活经验紧密相联的生动具体的思维。

"鸣鹤在阴，其子和之。我有好爵，吾与尔靡之[1]。"子曰："君子居其室，出其言善，则千里之外应之，况其迩者乎！居其室，出其言不善，则千里之外违之，况其迩者乎！言出乎身，加乎民；行发乎迩，见乎远。言行，君子之枢机[2]，枢机之发，荣辱之主也。言行，君子之所以动天地也，可不慎乎！"

[注释]

[1]鸣鹤在阴，其子和之。我有好爵，吾与尔靡之：这是《中孚》卦的九二爻辞（参见该卦的注释）。　[2] 枢机：比喻事物的关键。

[点评]

这是引用《中孚》卦九二爻辞来阐明如何"拟议以成其变化"，既有认识的功能，也有实践的功能。就九二爻辞的本义而言，说的是白鹤在阴处啼鸣，其子在远处应和，我有美酒，愿与朋友共同品尝，这就是一种比拟，一种取譬，通过联想律把生动具体的形象转化为一种深刻的含义，象征至诚之心必然会克服空间的距离，得到同样具有至诚的人的感应，也就是现象世界存在着同类相感之理。因而这条爻辞着眼于"立象以尽意"，从现象的表层深入到本质，揭示了同类相感的普遍性的原理。

至于如何把这个普遍性的原理运用于行为实践的层面，则是因人而变，因时而变，处境不同，面临的问题不同，选择的角度也是不同的，所以必须慎重考量，反复议论，"议之而后动"。

拿九二爻辞的本义与孔子的引申发挥来比较，就可以看出，随着处境和问题的不同，对相互感应原理的领会理解，侧重点是不相同的。《中孚》卦的九二，其特定的处境是内怀刚中之德而又居于六三、六四重阴之下，其所面临的问题是如何安以自处，静以待时，因而对爻象内涵意蕴的具体感受，"拟议以成其变化"，侧重点是保持至诚之心，不求闻达，不慕权势，确立未来必将同类相感的信念。孔子的引申发挥则把侧重点转移到君子的立身处事以及政治权力运作的层面上来，强调君子的一言一行关系到政治的成败，要反躬自省，检察是否本于诚信，保持慎重严肃的态度，不可掉以轻心。这种情况说明，在易学的符号体系中，卦与爻的象征意义是极为丰富的，可以从不同的角度来解读，诠释的空间无限广阔，容许人们进行不断的开拓，应该结合实践的需要，引申发挥，推出新解。孔子对《中孚》卦九二爻辞的解读，为我们提供了一个诠释学的范例。

"同人，先号咷而后笑。"子曰："君子之道，或出或处，或默或语，二人同心，其利断金，同心之言，其臭如兰[1]。"

[**注释**]

[1] 同心之言，其臭（xiù）如兰：心意相同的语言，其气味像兰草一样散发着香气。臭，同"嗅"，气味。

[**点评**]

这是对《同人》卦九五爻辞的解读。从爻辞的本义看，只是对九五特定处境的一种现象学的描述，设譬取象，比拟为"先号咷而后笑"。九五居于君位，与六二之臣同心相应，但却受到九三、九四两个刚爻的阻隔，不能立刻结为一体，所以先是号咷大哭，悲愤不已，后来终于克服了阻隔，君臣相遇，情投意合，所以又欢欣鼓舞，破涕为笑。这种感性直观的爻象虽然蕴含着普遍的意义，却是受特定处境的制约，隐而不显，藏而不露。孔子的解读则是着眼于发掘其内在的普遍意义，超越了特定的处境，摆脱了具体爻象的束缚，从现象描述的表层深入到义理的本质，提炼为"二人同心，其利断金"的哲学命题。这个命题不是由抽象的概念所构成，仍然带有感性直观的特点，但是不仅适用于《同人》卦九五爻的特定处境，而且适用于包括政治在内的所有的人际关系，具有普遍性的指导意义。

"初六，藉用白茅，无咎。"子曰："苟错诸地而可矣，藉之用茅[1]，何咎之有？慎之至也。夫茅之为物薄，而用可重也，慎斯术也以往，其无所失矣。"

[注释]

[1] 藉（jiè）：垫在下面的东西。

[点评]

这是对《大过》卦初六爻辞的解读。"藉用白茅"是说在祭品下面垫一层白色的茅草，这是一种隐喻，用具体的形象比拟初六在特定处境下的行为方式，而且意在言外，不局限于"藉用白茅"本身。究竟其中隐藏着什么意蕴，爻辞并未明言，这就需要不断地解读。《小象》从爻位关系的角度解读说："'藉用白茅'，柔在下也。"这是说，初六当大过之时，力量柔弱，居于下位，所以行事小心谨慎，如同把白茅垫在祭品下面以使祭品免受玷污一样。这种解读着眼于初六所处的特定的爻位关系，是一种象数学的解读，而不是义理学的解读，并没有得意忘象，思维受具体爻象的束缚，概括性的程度不是很高。

实际上，"藉用白茅"的象征意义是多重的，既有表层的意义，也有深层的意义，既有具体的意义，也有抽象的意义。孔子的解读不同于《小象》，关键在于得意忘象，是一种义理学的解读。孔子从"藉用白茅"的爻象中发掘出了两条普遍性的意义。一是"夫茅之为物薄，而用可重也"，白茅虽然不是贵重的物品，但垫在祭品下面，功能就非常重要，物品的价值不在本身，而在实践的功用。二是"慎斯术也以往，其无所失矣"，如果在行事之时，像这样小心谨慎，就不会有什么过失。通过这种解读，引申发挥，触类旁通，爻象的多重意蕴就凸显出来了。

　　"劳谦，君子有终，吉。"子曰："劳而不伐，有功而不德，厚之至也，语以其功下人者也。德言盛，礼言恭，谦也者，致恭以存其位者也。"

[点评]

　　这是对《谦》卦九三爻辞的解读。爻辞并未涉及爻位关系，而是从义理层面赞扬九三是一位劳而能谦的君子，因而孔子的解读着眼于义理，引用这条爻辞论述谦逊的美德。勤劳而不自夸，有功而不自居，为人厚道，恭以事上，谦以待下，奉行谦恭守礼的美德可以长久保存自己的地位。通过这种解读，爻辞就演变成为一条含有劝诫和教育意义的人生格言。

　　"亢龙有悔。"子曰："贵而无位，高而无民，贤人在下位而无辅，是以动而有悔也。"

[点评]

　　这是对《乾》卦上九爻辞的解读。上九居于《乾》卦的上极，以"亢龙"为象，如同一条巨龙向上腾飞，亢进过度，将会引来灾祸，产生悔恨。孔子以政治的角度解读，指出"亢龙"象征着被权力冲昏了头脑的君主，急躁冒进，刚愎自用，失去了民众的支持和贤人的辅助，使得权力脱离了赖以存在的基础，走上了穷极之地，变成了一个名副其实的孤家寡人，动而有悔也就是必然的了。由此而引申出一条戒骄戒躁的道理，对于从事政治权力运作的君主来说，是具有普遍性的指导意义的。

　　"不出户庭，无咎。"子曰："乱之所生也，则言语以为阶[1]。君不密则失臣，臣不密则失身，几事不密则害成[2]，是以君子慎密而不出也。"

　　[注释]
　　[1]乱之所生也，则言语以为阶：祸乱的产生，往往是言语不慎导致的。阶，阶梯，这里指招祸的途径。　　[2]几事：机密的事。

　　[点评]
　　这是对《节》卦初九爻辞的解读。从爻位关系看，初九之所以"不出户庭"，是因为九二塞于其前，上进之路受到阻碍，不能畅通，因而闭门索居，自我节制，免于咎害。这是象征特定处境下的一种行为方式，一种局限于个别事例的爻象。孔子观此爻象，推类比拟，引申发挥，由个别上升到一般，概括出一条谨言慎行的道理，指出"不出户庭"蕴含着"君子慎密而不出"的意义，无论是君主臣下，如果不知慎密，自我节制，就会带来祸乱。

　　子曰："作《易》者其知盗乎！《易》曰：'负且乘，致寇至。'负也者，小人之事也；乘也者，君子之器也。小人而乘君子之器，盗思夺之矣。上慢下暴，盗思伐之矣^[1]。慢藏诲盗，冶容诲淫^[2]。《易》曰：'负且乘，致寇至'，盗之招也。"

[注释]

[1] 上慢下暴，盗思伐之矣：居于上位的轻慢无礼，处于下位的骄奢暴虐，盗寇就思谋着侵伐了。　[2] 慢藏诲盗，冶容诲淫：财物收藏得不及时就是在引诱盗贼来抢夺，妖冶的容貌就是在引诱淫荡之心。

[点评]

这是对《解》卦六三爻辞的解读。爻辞的本义是说一个人背负着重物而乘着马车，招摇过市，必然会引来盗寇抢劫。孔子运用类比推理的方法作了大量的发挥，从这条爻辞推出了一系列新的结论。孔子认为，"小人而乘君子之器"，"上慢下暴"，"慢藏"，"冶容"，这几种情况与"负且乘"有相似之处，都会招引类似盗寇来抢劫的同样的后果。可以看出，这种解读方式完成了从个别到一般、具体到抽象的转化，虽然爻辞的本义是针对个别具体情况而言，却具有一种规律性的普遍意义，适用于一切与此类似的情况。

天一地二，天三地四，天五地六，天七地八，天九地十^[1]。天数五，地数五^[2]，五位相得而各有合^[3]。天数二十有五，地数三十，凡天地之数，五十有五，此所以成变化而行鬼神也^[4]。

[注释]

[1]天一地二，天三地四，天五地六，天七地八，天九地十：从一到十，代表天地阴阳、自然奇偶之数，奇数为天数，偶数为地数。按，此二十字，王弼《周易注》引在后文"子曰：'夫《易》，何为者也？'"之上，今根据《汉书·律历志》、程颐《易说》及朱熹《周易本义》移至本章，以使文意贯通。　[2]天数五，地数五：天数是五个奇数，一、三、五、七、九，加起来等于二十有五；地数是五个偶数，二、四、六、八、十，加起来等于三十，天地之数共五十有五。　[3]五位相得而各有合：由于天地阴阳不是孤立的存在，而是交通往来，互动互补，永不停息地从事一体化的努力，所以天地之数也表现为"五位相得而各有合"。按照古人的说法，天一与地六相合而为水，地二与天七相合而为火，天三与地八相合而为木，地四与天九相合而为金，天五与地十相合而为土。　[4]此所以成变化而行鬼神也：这种天地之数的相合实际上就是阴阳之间的协调并济，由量变而引起质变，就整个宇宙大化流行的动态的过程而言，天地之数的变化是一切具体事物变化的根本原因。这就是《周易》运用数字象征得以形成无穷变化并通行于鬼神的道理。

[点评]

本节论述天地之数是一切具体事物变化的根本原因。《周易》的符号体系由象与数两个方面共同组成，"象"指的是八卦的卦象，"数"指的是爻的奇偶，卦以六爻为成，《周易》中所有卦象的变化都是由一奇一偶两个基本符号所决定的，爻变支配着卦变，因而奇偶之数也就成为卦象的基础，在符号体系中占有极为重要的地位。这种奇偶之数并非主观的设定，人为的强加，而是来源于天地。易学以天地指称宇宙，作为一个实体性的结构，既有质的规定，又有量的规定。就质的规定而言，"在天成象"，代表阳性的势力，"在地成形"，代表阴性的势力，就量的规定而言，阳为奇数，阴为偶数，合而言之，这就是质与量的统一，象与数的统一，构成了整个的宇宙。从这个角度看，奇偶之数来源于天地，天地之数也就是宇宙之数，是对宇宙的量的规定的一种如实的反映。

　　大衍之数五十，其用四十有九[1]。分而为二以象两[2]，挂一以象三[3]，揲之以四以象四时[4]，归奇于扐以象闰[5]。五岁再闰，故再扐而后挂[6]。

　　乾之策，二百一十有六。坤之策，百四十有四。凡三百有六十，当期之日[7]。二篇之策，万有一千五百二十，当万物之数也[8]。

　　是故四营而成易，十有八变而成卦[9]，八卦而小成，引而伸之，触类而长之，天下之能事毕矣[10]。

　　显道神德行[11]，是故可与酬酢，可与佑神矣[12]。子曰："知变化之道者，其知神之所为乎！"

[注释]

[1] 大衍之数五十，其用四十有九：大衍之数，即揲蓍（shé shī）成卦的总数，共有五十根蓍草，实际使用的是四十九根，留下一根不用，这留下的一根象征天地未分前的太极。以下按照四道程序经营，"四营而成易"，易，变易，四次经营完成一次变易，每次经营都不是简单的操作，而是具有象征性的哲学含义的。　[2] 分而为二以象两：这是第一道程序，也就是一营，即把四十九根蓍草任意分为两份，象征天地两仪。　[3] 挂一以象三：这是第二道程序，也就是二营，即在分为两份的蓍草中取出一根悬挂起来，象征天、地、人三才。　[4] 揲之以四以象四时：这是第三道程序，也就是三营，即以四根蓍草为一组对两份蓍草分别数之，象征一年春夏秋冬四时。　[5] 归奇于扐（lè）以象闰：这是第四道程序，也就是四营。奇是揲之以四的余数，扐，是手指中间，把余下的蓍草夹在手指中间，象征闰月。　[6] 五岁再闰，故再扐而后挂：五年之中有两个闰月，由于演算的蓍草分为左右两份，把左边蓍草的余数挂起来，再把右边蓍草的余数挂起来，这就是象征两个闰月了。　[7] 乾之策，二百一十有六。坤之策，百四十有四。凡三百有六十，当期之日：大衍之数的变化不仅是单纯的数的变化，而是象征着天地万物的变化。拿《乾》《坤》两卦来说，"乾之策二百一十有六"，《乾》卦的六爻都是阳爻，阳爻的策数是三十六，$6 \times 36 = 216$，"坤之策百四十有四"，《坤》卦的六爻都是阴爻，阴爻的策数是二十四，$6 \times 24 = 144$，《乾》《坤》之策相加，$216 + 144 = 360$，"当期之日"，期，指年，相当一年的日数，乾为天，坤为地，也相当天地一年中的变化之数。　[8] 二篇之策，万有一千五百二十，当万物之数也：六十四卦共有三百八十四爻，阴阳两爻各为一百九十二，$(192 \times 36) + (192 \times 24) = 11520$，这个策数相当万物的总数。　[9] 是故四

营而成《易》，十有八变而成卦：经过四次经营，并没有完成整个的过程，只是属于一变，还要继续进行二变、三变，三变成一爻。一变的结果，剩下的蓍草出现两种情况，或四十四根，或四十根。对一变的结果再按照上述的"分二""挂一""揲四""归奇"四道程序经营，得出二变。二变的结果，剩下的蓍草出现三种情况，或四十根，或三十六根，或三十二根。对二变的结果再按照四道程序经营，得出三变。三变的结果，剩下的蓍草出现四种情况，或三十六根，或三十二根，或二十八根，或二十四根，不再有余数，整个的过程业已完成，以四除之，三十六之商为九，三十二之商为八，二十八之商为七，二十四之商为六，奇数为阳，偶数为阴，这七、八、九、六之数就是爻的阴阳奇偶之数了。爻要经过蓍草之数三次的变化画成，一卦六爻，"十有八变而成卦"，这就是说，必须经过蓍草之数十八次的变化才能画成一卦，所谓揲蓍成卦，整个过程是相当复杂的。 [10]八卦而小成，引而伸之，触类而长之，天下之能事毕矣：八卦是经卦，由三根爻组成，与由六根爻组成的重卦不同，也就是只经过了九变而没有经过十八变，仅仅象征八种事物，是易道的小成。如果以八卦为基础，引而伸之，触类而长之，八卦可以重为六十四卦，一卦也可以变为六十四卦，这就是易道的大成，天下可能发生的一切变化就完全包括在内了。 [11]显道神德行：以大衍之数揲蓍成卦的哲学认识的功能，发挥应对万物、助成神化之功的实践作用，可以在具体的操作中深刻地领会天地万物的变化之道。 [12]是故可与酬酢，可与佑神矣：所以可以应对酬答万物，可以佑助神明了。

[点评]

本节论述揲蓍成卦的程序及其哲学含义，也就是对古代用于占卜巫术的筮法进行人文理性的诠释。

《易》有圣人之道四焉[1]，以言者尚其辞，以动者尚其变，以制器者尚其象，以卜筮者尚其占[2]。

[注释]

[1]《易》有圣人之道四焉：《周易》的哲学内容论述实践层面的四种应用方法。其哲学内容总的来说就是变化之道，分而言之，包括辞、变、象、占四个方面，辞是卦爻辞，变是卦爻的变化，象是卦象，占是揲蓍占卦。此四者紧密联系，结为一体，但在实践层面，由于应用的主体面临着不同的处境和不同的问题，则有不同的取向。 [2]以言者尚其辞，以动者尚其变，以制器者尚其象，以卜筮者尚其占：在发表言论之时，崇尚辞中所蕴含的义理；在有所行动之时，崇尚卦爻刚柔相推的变化、在制造器物之时，崇尚卦象所体现的结构原理；用于卜筮之时，崇尚揲蓍占卦以决断疑惑。

[点评]

本节这四种不同的应用，都是以《周易》的哲学内容为依据的。下面一节从"天下之至精""天下之至变""天下之至神"三个方面进一步论述这种哲学内容的丰富性和深刻性，使读《易》的人得到切实的体会。

是以君子将有为也，将有行也，问焉而以言，其受命也如响[1]，无有远近幽深，遂知来物[2]。

非天下之至精，其孰能与于此[3]！

参伍以变，错综其数[4]，通其变，遂成天地之文[5]，极其数，遂定天下之象[6]。非天下之至变[7]，其孰能与于此！

《易》，无思也，无为也[8]，寂然不动，感而遂通天下之故[9]。非天下之至神[10]，其孰能与于此！

[注释]
[1] 问焉而以言，其受命也如响：人以蓍来求问于《易》，《易》就会承受蓍命而告之，就如响之应声一样。　[2] 无有远近幽深，遂知来物：不论是遥远的还是切近的，是幽隐的还是深邃的，都能够推知将要到来的事物状态。　[3] 非天下之至精，其孰能与于此：若不是天下至为精微的道理，谁能够做到这样。至精，穷极精微的道理。　[4] 参伍以变，错综其数：参，古同"叁"；伍，即"五"。"参伍以变"指三番五次地变化，与"错综其数"互文。错，交错。综，综合。前后两句均是指揲蓍求卦过程中以蓍策推求变化。　[5] 通其变，遂成天地之文：会通其变化，于是形成天地的文采。　[6] 极其数，遂定天下之象：穷极其蓍数，于是判定天下的物象。　[7] 至变：极为复杂的变化。　[8]《易》，无思也，无为也：《易》无须思虑营谋，而是任运自然、无为而成。　[9] 寂然不动，感而遂通天下之故：虽然寂然不动，以交感相应之道于是会通了天下的万事万物。　[10] 至神：神妙无比的功能。

[点评]

《易》，就其哲学内容本身而言，无思无为，寂然不动；作为一个由象数义理组成的完整的思想框架，虽然反映了宇宙的全景，与天地齐准，但却是独立自主的客观存在，表现为静态的结构，并不能直接参与实践的动态过程，帮助人们去解决具体实际的问题。为了由"寂然不动"转化为"感而遂通"，进入到实际应用的层面，发挥神妙无比的功能，必须有主体的承担，以人的实践为中介。当人们有所行动，在实践中遇到了问题，只要向《周易》之书请教询问，都能得到满意的回答，"其受命也如响"，如同响之应声，这就是"感而遂通"。感是主体，通是客体对主体的回应，如果没有主体自觉的承担和实践层面的应用，《周易》的哲学内容始终是一个无思无为、寂然不动的客观知识的框架，脱离了与实际的关联，不会发生应有的作用。《系辞下传》指出："苟非其人，道不虚行"，说的是同样的道理。

夫《易》，圣人之所以极深而研几也[1]。唯深也，故能通天下之志；唯几也，故能成天下之务；唯神也，故不疾而速，不行而至[2]。子曰："《易》有圣人之道四焉"者，此之谓也。

[注释]

[1]极深而研几：既能提高人们的哲学分析能力，开通天下人的心志，又能运用于实际，通权达变，成就天下的事务。面对着

复杂万变的客观世界，能够始终保持清醒的认识，随机应变，应付自如，这就达到神化的境界了。深，是事物变化深刻的原因。几，是事物变化的苗头，吉凶的先兆。　[2]不疾而速，不行而至：不须迅疾而能够速成，不须行动而能够到达。指无须费心费力而能成就一切事务。

[点评]

本节文字紧承上文，把《周易》归结为一部"极深而研几"之书。如《正义》所言："言《易》道弘大，故圣人用之所以穷极幽深而研核几微也。""不疾而速，不行而至"，是形容这种境界处乱不惊，游刃有余，运用之妙，存乎一心。因此，孔子赞叹说："《易》有圣人之道四焉者，此之谓也。"

子曰："夫《易》，何为者也？夫《易》，开物成务[1]，冒天下之道[2]，如斯而已者也。是故圣人以通天下之志[3]，以定天下之业[4]，以断天下之疑[5]。"

[注释]

[1]开物成务：开物即开达物理，成务即成就事务。　[2]冒：囊括。　[3]通天下之志：会通天下的心志。　[4]定天下之业：确定天下的事业。　[5]断天下之疑：决断天下的疑难。

［点评］

　　这段文字是从主客合一的角度把《周易》归结为"开物成务"之书，强调其指导实践的功能。明确指出，《周易》揭示客观世界的规律，囊括天地万物之理，目的是为了开通天下人的思想，奠定天下人的事业，决断天下人的疑惑，并不仅仅停留于纯粹理性认识的层次，而是与人们的实践行为紧密相联的。

　　是故蓍之德圆而神，卦之德方以知[1]，六爻之义易以贡[2]。圣人以此洗心，退藏于密[3]，吉凶与民同患[4]。神以知来，知以藏往[5]，其孰能与于此哉[6]！古之聪明睿知神武而不杀者夫[7]！是以明于天之道，而察于民之故[8]，是兴神物以前民用。圣人以此齐戒，以神明其德夫[9]！

［注释］

　　[1]蓍之德圆而神，卦之德方以知：蓍数的性质圆融通达而变化神妙。卦体的性质定体方正而蕴含智慧。圆，形容蓍唯变所适，无数不周。方，形容卦体方正，止而有分。知，即"智"。　[2]六爻之义易以贡：六爻的意义是通过变易而告知吉凶。易，变易。贡，告知。　[3]圣人以此洗心，退藏于密：此，是指揲蓍成卦的象数操作系统。洗心，即洗涤其心，提高哲学修养，把这套操作系统所蕴含的"知来""藏往"的功能体现出来。退藏于密，密即形上精微之理，也就是易道的精髓，把对易道精髓的认识退藏于一心之中，神而明之，就可以发挥涉世妙用，由认识层面过渡到

实践层面上来。　[4]吉凶与民同患：实践层面的应用以民众之吉凶为吉凶，关注的是民众的切身利益，与民众同其忧患，这就是有关政治权力和社会人事的重大问题。如果说"退藏于密"是"开物"而明体，"与民同患"则是"成务"而达用。　[5]神以知来，知以藏往：神妙而能推知未来，智慧而能含藏过往。　[6]其孰能与于此哉：谁能够做到这样呢。　[7]神武而不杀：虽有神武而不用杀伐，政治权力的运作完全遵循阴阳变化的自然之理，事无不济，功无不成，不用杀伐就能造就和谐融洽的政治局面。　[8]明于天之道，而察于民之故：把对天道变化的规律运用于处理社会政治的事务，即推天道以明人事，这也就是易道的本质。　[9]是兴神物以前民用，圣人以此齐戒，以神明其德夫：神物，指著占，这是一种哲学化的著占。前，是引导。齐，通"斋"。对民众而言，兴起著占，激发学习《周易》的热情，引导民众正确决策，以趋吉避凶。对圣人自己而言，则是对著占保持斋戒之时的虔诚心志。极深研几，使自己的哲学修养达到神而明之的化境。

[点评]

　　本节紧承上文，论述《周易》之所以是一部"极深研几""开物成务"之书，关键在于有一套揲著成卦的象数操作系统，可以"彰往而察来"，由已知推出未知，根据对以往阴阳规律的深刻理解来预测未来事态的发展趋向。《周易》的象数是以"大衍之数"为基础自然推演而成的，由著以生爻，由爻以成卦，通过"参伍以变""错综其数"的操作程序而形成的象数，穷尽了天下极为复杂的变化，称之为"天下之至变"。变中自有不变，变的是现象，不变的是规律。当阴阳规律凝结而为卦的象数结构，这就形成了卦所特有的性质与功能。"卦之德方以知"，卦有定体，止而有分，它的功能在于"知以藏往"，即把以往天道人事的变化规律藏于象数结构之中，使之定型化，给人以哲理性的启发，提高人的智慧。由于规律是变中之不变，作为一种反映事物本质的常道支配变化的全过程，所以"藏往"必然蕴含着"知来"。"知来"是蓍所特有的功能。"蓍之德圆而神"，"神以知来"。圆者，唯变所适，运而不滞。神者，感而遂通，妙用不测。这种"神以知来"的功能其实就是卜筮的预测功能。但是，这种卜筮是一种哲学化了的卜筮，和古代的那种为了窥探鬼神意旨的巫术卜筮有本质的区别，它是基于理性的思考由已知推出未知，如果不深知以往的变化之道，便无从预测未来，因此"知来"是以"藏往"为前提的。爻由蓍而生，"六爻之义易以贡"，通过一套揲蓍的操作程序生出六爻，六爻的意义在于反映阴阳的变易，并且告知人们如何趋吉避凶，作出正确的行为选择。因此，从揲蓍成卦的操作程序看，是由蓍而生爻，由爻而生卦，从"彰往而察来"的哲学认识的功能看，则是由卦而爻，由爻而蓍，只有对卦中所藏的变化之道有了深刻的理解，才能较为准确地察觉未来的发展趋势。

实际上，此二者是认识与实践相互联结的两个方面，不能孤立开来，割裂成为两截。就揲蓍成卦的方面而言，这是由用以求体，从具体上升到抽象，使纷纭万变的现象归属服从于总的原则。就"彰往而察来"的方面而言，这是由体而及用，从抽象返回到具体，通权达变，掌握神而明之的应变能力。正是由于此二者往复循环，结成了一种体用一源、认识与实践相互联结的关系，所以《周易》才成为一部"极深研几""开物成务"之书。

　　是故阖户谓之坤，辟户谓之乾，一阖一辟谓之变[1]，往来不穷谓之通[2]。见乃谓之象，形乃谓之器[3]，制而用之谓之法[4]，利用出入，民咸用之谓之神[5]。

[注释]

[1]阖户谓之坤，辟户谓之乾，一阖一辟谓之变：蓍占的奇偶之数即阴阳之数、乾坤之数。坤之偶数如同关闭门户，乾之奇数如同打开门户，奇偶之数的变化如同门户的一开一关，贮存了宇宙的信息，体现了"一阴一阳之谓道"的原理，分中有合，合中有分，动静无端，阴阳无始，体现了无穷无尽的变化。　[2]往来不穷谓之通：阴和阳的这种变化是往来不穷的，作为一种内在的动力机制，产生了天地万物，这就是通。　[3]见乃谓之象，形乃谓之器：就其外在的显现而言谓之象，就其具体的形状而言谓之器。见，同"现"。　[4]制而用之谓之法：就其可供人仿效以制作器物的规律而言谓之法。　[5]利用出入，民咸用之谓之神：利于反复使用，这个规律支配万事万物，民众虽然都在普遍利用，但却"日用而不知"，这就叫作神了。

[点评]

　　本节论述蓍占的动力机制及其所体现的阴阳变化的普遍性的原理。

是故《易》有太极，是生两仪[1]，两仪生四象，四象生八卦[2]，八卦定吉凶，吉凶生大业[3]。

[注释]

[1]《易》有太极，是生两仪：太极，指天地阴阳未分时的混沌状态。《易》由数而生，太极是数之元，是天地阴阳浑然未分的始元。"是生两仪"之"两"，是由一而分为二，分出一阴一阳，在《易》中以阳爻与阴爻体现，代表阳气和阴气，"两仪"也象征天地。　[2]两仪生四象，四象生八卦：所谓"两仪生四象"，既是加一倍法的数的推演，也是阴与阳的衍生，体现在卦爻中则是阴爻与阳爻相重为两层（2^2）所产生的四种不同的组合，即少阳、老阳、少阴、老阴，在筮数体现为七、九、八、六，在时令上象征春、夏、秋、冬；所谓"四象生八卦"，是阴与阳的进一步衍生，是阴爻与阳爻在"四象"的基础上进一步重为三层（2^3）所产生的八种不同的组合，代表着自然界具有实体结构的八种物质，即天、地、雷、风、水、火、山、泽，这八种物质象征着整体性的宇宙，因而揲蓍成卦的程序具有深刻的哲学含义，象征着宇宙的生成。　[3]八卦定吉凶，吉凶生大业：由八卦而判定吉凶，将吉凶的判定运用于社会，使事物顺应规律进行发展，于是产生了伟大的事业。

[点评]

本节是从宇宙论的角度诠释八卦的产生，用以象征宇宙的生成。

是故法象莫大乎天地[1]；变通莫大乎四时；

县象著明莫大乎日月[2]；崇高莫大乎富贵；备物致用[3]，立成器以为天下利[4]，莫大乎圣人；探赜索隐，钩深致远[5]，以定天下之吉凶，成天下之亹亹者[6]，莫大乎蓍龟。

[注释]

[1]法象莫大乎天地：供万物效法之象没有比天地更大的了。　[2]县象著明莫大乎日月：高悬其象、显现光明没有比太阳月亮更大的了。县，通"悬"。　[3]备物致用：备置物品供人使用。　[4]立成器以为天下利：创成器具以利天下。　[5]探赜索隐，钩深致远：探索深奥幽隐的规律，揭示深沉悠远的事物。探，探索。赜，深奥。索，索求。隐，隐藏。钩，钩取。致，招致。　[6]亹（wěi）亹：连续而不倦怠，勤勉的样子。《本义》："亹亹，犹勉勉也；疑则怠，决故勉。"

[点评]

本节论述自然界和社会领域的六种伟大现象，特别强调圣人和蓍龟的伟大，为下文作铺垫。就自然界而言，天地是最伟大的法象，四时是最伟大的变通，日月是最伟大的光明。就社会领域而言，富有天下，贵为天子，其崇高的地位无人能比。至于圣人的伟大，则是经世致用，为天下人谋福利。

是故天生神物[1]，圣人则之。天地变化，圣人效之[2]。天垂象，见吉凶，圣人象之[3]。河出图，洛出书，圣人则之[4]。《易》有四象[5]，所以示也。系辞焉，所以告也[6]。定之以吉凶，所以断也[7]。

[注释]

[1]天生神物：神物，指蓍龟，也指河图洛书，传说伏羲时有龙马出于黄河，背有河图之数，夏禹时有神龟出于洛水，背有洛书之数，圣人由此得到数的启发，模仿效法，画出了八卦。　[2]天地变化，圣人效之：天地变化所显示的形象，使圣人得到象的启发，也是模仿效法的对象。因此，《易》书的制作不是出于圣人主观的虚构设计，而是以客观自然和天生的神物为根据的。　[3]天垂象，见吉凶，圣人象之：天上悬挂日月星辰等天象，以其变化运行垂示给天下的人看，显现吉凶的征兆，圣人用卦爻象来模拟它。　[4]河出图，洛出书，圣人则之：黄河出现河图，洛水出现洛书，圣人取法它。　[5]四象：即老阳、老阴、少阳、少阴之象，这是以具体的形象显示天地的变化。　[6]系辞焉，所以告也：在卦爻下面系之以辞，这是告知人们其中所蕴含的义理。　[7]定之以吉凶，所以断也：文辞中确定吉凶的占语，是人们决断行为的准则，使人们有所遵循。

[点评]

本节紧承上文，论述圣人作《易》的根据。

总起来看，《周易》的象数符号体系是对客观外界的一种摹拟、象征和反映，包容了天地万物之理，能够决断吉凶，指导人们的实践行为。

《易》曰："自天祐之，吉无不利[1]。"子曰："祐者，助也。天之所助者，顺也，人之所助者，信也。履信思乎顺，又以尚贤也，是以自天祐之，吉无不利也。"

[注释]

[1] 自天祐之，吉无不利：这是《大有》卦上九的爻辞（见该卦注释）。

[点评]

孔子超越上九具体的爻位关系，从义理的层面解读，认为祐不是保祐而是帮助的意思，有天之所助，也有人之所助。天之所助在于顺，即顺应客观规律；人之所助在于信，即社会交往诚实守信。履行诚信，顺应天道，再加上任用贤才，这就自然能得到天人之助，吉无不利了。

子曰："书不尽言，言不尽意[1]，然则圣人之意其不可见乎？"子曰："圣人立象以尽意[2]，设卦以尽情伪[3]，系辞焉以尽其言[4]，变而通之以尽利[5]，鼓之舞之以尽神[6]。"

[注释]

[1] 书不尽言，言不尽意：这是说文字不能完全表达语言，语言不能完全表达意义，作为一种表达工具，文字语言存在着很大

的局限性。实际上，这也是抽象概念思维模式的局限性。因为文字语言把生动具体变化流动的现实世界抽象化为一系列的概念，为了思维的方便，企图用这些抽象的概念来把握现实世界，而现实世界却是始终存在于抽象的概念世界的外部，形成了两个世界不相契合甚至矛盾对立的情况，由此而产生"书不尽言，言不尽意"的局限也就是必然的了。　[2]立象以尽意：语言文字不能完全表达意义，这并不意味着"圣人之意"根本无法表达，问题在于转换思维模式，用象数思维或形象思维来取代抽象概念的思维。象，就是现实世界生动具体的形象。意，就是对现实世界变化流动的切身体验。人们生活在现实世界，每日每时与之打交道的不是抽象的概念，而是带着诗意的感性光辉的具体形象，对现实世界的把握，不是通过抽象概念的逻辑联结，而是通过心领神会的切身体验，因而"立象以尽意"的思维模式也就摆脱了概念思维模式的局限，把人从文字语言的世界带回到生动具体的现实世界中来。虽然如此，这种思维模式也并不排斥文字语言在认识过程中的功能。　[3]设卦以尽情伪：情，实情。伪，假象。圣人设立八卦，目的是去伪存真，揭示世界的真相，把复杂多样纠缠扭结的物象归纳提炼，概括为八种起主导支配作用的卦象，八种卦象的综合象征着宇宙的全景，揭示了世界的真相，从而使"立象以尽意"的思维规范定型，形成一种思维模式。每一种卦象都蕴含着一种本质的意义，卦象是外在的形象，意义是内在的本质，此二者的有机联结就是外在与内在的联结、形式与内容的联结、个别与一般的联结，也是直观与本质的联结，因而这种思维模式是一种不同于概念思维的本质的直观。人们用这种思维模式去把握世界，不仅可以通过生动具体的感性直观到世界的本来面目，而且可以通过切身的体验领会到世界内在的本质。　[4]系辞焉以尽其言：辞，文字。言，语言。上文曾说："辞有险易，辞也者，各指其所之"，在卦爻之下附加上卦辞和爻辞，目的是为了指示卦爻的变化趋向，联系爻位关系的具体处境，告知人们如何趋吉避凶，因而这种文字语言不是抽象凝固的概念，而是作为由认识转化为实践的中介，具有指导实践的功能。　[5]变而通之以尽利：以爻的变通揭示变化规律以施利于万物。　[6]鼓之舞之以尽神：鼓励和推动万物以发挥其神妙的作用。

[点评]

　　本节论述《周易》思维模式的特征表现在"立象""设卦""系辞"三个方面，是象数与义理的有机统一。这三个方面侧重于从认识层面阐明《周易》思维模式的特征。"变而通之以尽利，鼓之舞之以尽神"，则是侧重于从实践层面阐明运用这种思维模式所取得的功效。

　　乾坤，其《易》之缊耶[1]！乾坤成列，而《易》立乎其中矣。乾坤毁，则无以见《易》，《易》不可见，则乾坤或几乎息矣[2]。

[注释]

[1]缊：同"蕴"，精蕴。　[2]几：接近。息：止息。

[点评]

　　本节论述乾坤两卦蕴藏着易道的精髓。所谓易道，是象数形式与义理内容的有机统一。就其象数形式而言，关键是由阴阳之象与奇偶之数组合而成，乾为纯阳之卦，三爻皆为奇数，坤为纯阴之卦，三爻皆为偶数，因而《周易》的一套象数的符号体系都是由乾坤两卦的阴阳奇偶组合而成，只有通过阴阳奇偶的变化才能见出天地万物的变化，完整地把握易道，所以说"乾坤成列，而《易》立乎其中矣"。反过来看，如果没有乾坤两卦的阴阳奇偶，就不可能建立一套象数的符号体系，无从见出以变化为内容的易道。既然无从见出易道，乾坤两卦就成为僵化凝固的空洞的符号，其反映天地万物变化的功能也就止息了。

是故形而上者谓之道，形而下者谓之器[1]，化而裁之谓之变，推而行之谓之通[2]，举而错之天下之民谓之事业[3]。

[注释]

[1]形而上者谓之道，形而下者谓之器：形，指形体。形而上，是超乎形体之外者，即超经验界或本体界、抽象的、不能以感性去获知的事物，这就叫作"道"。形而下，是有形的、具体的、可以用感性去感知的事物，这就叫作"器"。《正义》："道在形之上，形在道之下。故自形外已上者谓之道也，自形内而下者谓之器也。形虽处道、器两畔之际，形在器不在道也。既有形质，可为器用，故云'形而下者谓之器'也。"在《周易》中，"形而上"可理解为义理内容，"形而下"可理解为象数形式。 [2]化而裁之谓之变，推而行之谓之通：化育裁节叫作变。推动施行叫作通。 [3]举而错之天下之民谓之事业：将这些（道、器、化、裁、推、行的）道理交给天下的民众使用叫作事业。

[点评]

本节紧承上文，论述易道的总体特征是象数形式与义理内容的有机统一。

义理内容隐而不显，无形可见，是为形而上；象数形式显现于外，有形有器，是为形而下。道器不离，结为一体。如果有道而无器，扫落象数而孤立地研究它的义理，就会抹杀易道的特征而使之混同于一般的哲学思想。反之，如果有器而无道，排斥义理而孤立地研究它的象数，就会取消其中所凝结的阴阳变化之道而把象数变为抽象空洞的形式。因此，《周易》在论述象数时，总是联系到义理，在阐发义理时，总是借助于象数。这种象数与义理、形式与内容的有机统一，就是易道的思维模式区别于其他各家的根本所在。由于这种思维模式"寂然不动，感而遂通"，具有"彰往而察来"的功能，所以可以用于指导行为的实践，进行具体的操作，"化而裁之"，"推而行之"，"举而错之天下之民"，做成一番事业。

是故夫象，圣人有以见天下之赜，而拟诸其形容，象其物宜，是故谓之象。圣人有以见天下之动，而观其会通，以行其典礼，系辞焉以断其吉凶，是故谓之爻[1]。极天下之赜者存乎卦，鼓天下之动者存乎辞[2]，化而裁之存乎变，推而行之存乎通，神而明之存乎其人，默而成之，不言而信，存乎德行[3]。

[注释]

[1] 圣人有以见天下之赜……是故谓之爻：此段文字与《系辞传》前文重复。《正义》："为下云'极天下之赜存乎卦，鼓天下之动存乎辞'，为此故更引其文也。"这里重复是引用前文以引出下文。 [2] 鼓天下之动者存乎辞：卦爻辞既为揭示吉凶得失，则其义足以鼓动天下，使人奋发振作。 [3] 默而成之，不言而信，存乎德行：（学《易》君子）默默地潜修而有所成就，不用言辞而能够取信于人，这些都在于（实践《易》道的）德行。

[点评]

本节总结全文，是关于易道的通论。开头指出，圣人之所以通过立象、设卦、系辞建构一套象数符号体系，目的是为了表现"天下之赜""天下之动"的义理内容，并且展示其未来的发展方向，决断吉凶，作为一种把握世界的思维模式，是与天地相齐准的。但是重要的不在于理性的认知，而在于实际的应用，所以还要进一步"化而裁之"，"推而行之"，发挥主观能动性，把对客观事物变化规律的认知用来指导实践的行为，促使事物的变通符合人们的价值理想。"神而明之"是指这种应用所达到的最高境界，这是一种"极深研几"的哲学境界，也是一种"开物成务"的艺术，通过不懈的努力提高自己的哲学境界，掌握这门艺术，就可以做到"默而成之，不言而信"，无往而不自得了。

系辞下传

八卦成列，象在其中矣^[1]。因而重之，爻在其中矣^[2]。刚柔相推，变在其中矣^[3]。系辞焉而命之，动在其中矣^[4]。吉凶悔吝者，生乎动者也^[5]。刚柔者，立本者也^[6]。变通者，趣时者也^[7]。

[**注释**]

[1]八卦成列，象在其中矣：八卦成为序列，万物之象就蕴含其中了。 [2]因而重之，爻在其中矣：因用八卦两两相重成为六十四卦，则三百八十四爻就都在其中了。 [3]刚柔相推，变在其中矣：刚爻和柔爻相互推荡，变化的道理就在其中了。 [4]系辞焉而命之，动在其中矣：在卦爻下系以文辞而命为吉、凶、悔、吝等断语，则变动就在其中了。 [5]吉凶悔吝者，生乎动者也：吉、凶、悔、吝等情况，都是由变动而产生。 [6]刚

柔者，立本者也：刚爻和阴爻，是确立形成卦的根本因素。 [7]变通者，趣时者也：变而能通，是说行动趋向适应了时势。

［点评］

《系辞传》上下两篇文意交错，内容多有重复，仔细比较，上篇多言作《易》之事，下篇多言用《易》之事，着重点有所不同。

下篇开头首先论述象、爻、辞在易学体系中的地位和作用。这个体系的结构由八卦组成，八卦是基本卦，称为经卦，八卦的序列方位是一个宇宙图式，天地万物之象尽在其中。由八卦重叠而成的六十四卦，叫作重卦，共有三百八十四爻。爻是反映变化的，是这个体系结构的动力机制，所以说"刚柔相推，变在其中矣"。"变"是不以人的意志为转移的无心而自然的过程，加上人为的有心的参与，就叫作"动"。动的结果有吉、凶、悔、吝之不同，"系辞焉而命之"，联系人的实践目的作出价值判断，进行趋吉避凶的指导，做到主观符合于客观。由于客观事物的变化都是阴阳的变化，其内在的机制是刚与柔的相互推移，所以为了做到主观符合于客观，不犯错误，必须懂得刚柔立本的道理。只有懂得这个道理，认识到客观事物变化的规律，才能变通趣时，去主动地适应变化的规律，采取正确的应变之方，变而通之，促使客观事物朝着有利的方向发展，所以说"变通者，趣时者也"。

吉凶者，贞胜者也[1]。天地之道，贞观者也[2]。日月之道，贞明者也[3]。天下之动，贞夫一者也[4]。

[注释]

[1] 贞胜：守正者可以获胜。　[2] 贞观：守正者为人们所崇仰观瞻。　[3] 贞明：守正者是光明的。　[4] 贞夫一：守正者专一不渝。

[点评]

客观事物的变化，自有其正常的规律，"贞"是守持正固的意思，即合乎正常的规律。就社会人事而言，不是吉胜凶，便是凶胜吉，吉凶二义无两立之理，迭相为胜，这是合乎正常规律的。就宇宙自然而言，天地之道由于合乎正常规律，所以为人们所观瞻，日月之道由于合乎正常规律，所以显示其光明，天下事物的运动由于合乎正常规律，所以形成一元化的整体。这个正常规律就是一阴一阳之道，也就是《周易》阴阳哲学的基本原理。

夫乾，确然示人易矣[1]。夫坤，隤然示人简矣[2]。爻也者，效此者也。象也者，像此者也。爻象动乎内，吉凶见乎外，功业见乎变，圣人之情见乎辞。

[注释]

[1]夫乾，确然示人易矣：乾，确实刚健地向人显示其平易。夫，句首语气词。确，坚确、刚健的样子。　[2]夫坤，陨（tuí）然示人简矣：坤，柔顺地向人显示其简约。陨，柔顺之貌。

[点评]

客观事物变化的规律即一阴一阳之道，乾为纯阳，示人以平易；坤为纯阴，示人以简明。"易则易知，简则易从"，因而乾坤两卦所昭示的易简就是这个客观规律的总体特征。"易简，而天下之理得矣"，只要掌握了易简的特征，就可以领悟天下一切事物的道理。爻是对客观规律的仿效，象是对客观规律的象征，由爻象所组成的易学体系完整地反映了客观规律，是一个易知易从的认识世界的思维模式。用这个思维模式来处理行为实践的问题，就产生了或吉或凶的不同的后果。"爻象动乎内"是说爻象之动只是思维模式内部的逻辑联结，"吉凶见乎外"则是通过人的行为实践，把认识世界的问题转化为改变世界的问题了。"功业见乎变"，这个变不是自然之变，也不是爻象之变，而是"化而裁之""推而行之"的人为之变，只有发挥主观能动性，按照自然的变化规律加以人为的裁定推行，才能建功立业，促使事物的发展符合人的价值理想。为了达到这个目的，"圣人之情见乎辞"，在爻象之下系之以辞，示以吉凶，对人的行为实践进行具体指导。由此看来，易学的体系具有实践的品格，其所关注的核心就是"功业见乎变"，也就是"举而错之天下之民谓之事业"。

天地之大德曰生，圣人之大宝曰位[1]。何以守位？曰仁。何以聚人？曰财[2]。理财正辞，禁民为非曰义[3]。

[注释]

[1] 天地之大德曰生，圣人之大宝曰位：天地化育万物，以生物为心，具有好生之德，圣人居于至尊的宝位，掌握了最高权力，应当秉承天地的好生之德，仁民而爱物，这是圣人不可推卸的职责。　[2] 何以守位？曰仁。何以聚人？曰财：以什么来守位？用仁政。以什么来聚集人才？用财物。　[3] 理财正辞，禁民为非曰义：管理财物、端正言辞，禁止民众为非犯法就是义。

[点评]

本节紧承上文，进一步论述把易学应用于为政的基本原则。因此，为了巩固政权，守持宝位，必须施行仁政。仁政的本质在于关怀民众的切身利益，首先在经济上推行富民政策，用财富凝聚人民，使人民安居乐业，其次在政治上颁布法令条文，要做到辞正言顺，取信于民，除此之外，还要"禁民为非"，进行道德教化，使人民的行为符合义的规范制约。由于自然和社会是一个整体，适用于自然界的原则同样也适用于人类社会，所谓"好生之德，洽于民心"，圣人以仁民爱物之心行使权力，在经济上"理财"，在政治上"正辞"，在道德上"禁民为非"，这既是对民众切身利益的关怀，也是秉承了天地的好生之德。

古者包牺氏之王天下也[1]，仰则观象于天，俯则观法于地，观鸟兽之文，与地之宜[2]，近取诸身，远取诸物，于是始作八卦，以通神明之德，以类万物之情[3]。作结绳而为网罟[4]，以佃以渔[5]，盖取诸《离》[6]。

[注释]

[1]包牺氏：一作宓羲、庖牺、伏羲，亦称牺皇、皇羲。中国神话中人类的人文始祖。王（wàng）：统治、称王，古代指统治者谓以仁义取得天下。　[2]观鸟兽之文，与地之宜：观察飞禽走兽身上的纹理，和土地上相宜的种种事物。　[3]通：通达。类：类归。　[4]网罟（gǔ）：《释文》："取兽曰网，取鱼曰罟。"　[5]佃（tián）：古同"畋"，打猎。　[6]盖取诸《离》：大概是取自《离》卦的卦象。盖，大概。《离》卦（䷝），上下卦均为"离"，卦象有网孔之象。"以佃以渔，盖取诸《离》"的意思是：用来围猎和捕鱼用的罗网的制作，大概取法于《离》卦。

[点评]

本节列举了十三个卦象，论述观象制器的思想。伏羲通过对天文地理自然现象的仰观俯察进行摹拟仿效画出了八卦，这种摹拟仿效不是物象的简单的投影，不是停留于感性层次的表象，而是"以通神明之德，以类万物之情"，揭示了事物的内在本质，因而八八六十四卦的卦象体现了事物的结构与功能，人们可以通过对卦象的观察，接受自然的启示，摹拟仿效这种结构与功能，制造出适合于人类使用的器物，这就是观象制器思想的理论依据。伏羲始作八卦，把无意识的客观世界的存在转化为人的自觉的认识，提出了观象制器的思想。成为人类历史上的第一个圣人。但是，观象制器是与人类文明创造的实践活动紧密相联的，人类文明的创造包括物质文明、制度文明、精神文明三个层面，人类必须首先从事物质文明的建设以解决自身的生存问题，才能进一步去从事制度文明与精神文明的建设，因而人类文明的演进史同时也就是观象制器的思想代代相传的历史。伏羲生活于洪荒之世，从《离》卦的卦象中得到启示，"作结绳而为网罟"，用来围猎捕鱼，在人类历史上开创了渔猎时代。

包牺氏没，神农氏作[1]，斫木为耜，揉木为耒[2]，耒耨之利，以教天下，盖取诸《益》[3]。日中为市[4]，致天下之民，聚天下之货，交易而退，各得其所，盖取诸《噬嗑》[5]。

[注释]

[1]包牺氏没，神农氏作：伏羲氏去世，神农氏兴起。没，同"殁"，死。神农氏，中国古代神话传说中的人物，一说即"炎帝"。作，兴起。　[2]斫木为耜（sì），揉木为耒（lěi）：砍削木头成为耜，揉制木头成为耒。斫，用刀、斧等砍劈。耜，原始翻土农具耒耜的下端，形状像今天的铁锹和铧，最早是木制的，后用金属制。揉，动词，使木弯曲或伸直。耒，古代指耕地用的农具。　[3]耒

耨（nòu）之利，以教天下，盖取诸《益》：耒耨的好处，以教化天下，大概取自于《益》卦。耒耨，犁与锄，古代的农具。《益》卦（䷩），象征增益。《益》卦下震上巽，震和巽均属木，震的卦德为动，巽的卦德为入，下震上巽，如同用木质的器具操作时上入下动进行耕作，以施利、增益于天下。　[4] 日中为市：规定中午为集市的时间。　[5] 致天下之民，聚天下之货，交易而退，各得其所，盖取诸《噬嗑》：招致天下的民众，聚集天下的货物，进行交换货物然后散去，各人都得到了所需要的物品，这大概是取法于《噬嗑》卦。《噬嗑》卦（䷔），下卦为震，上卦为离。离卦卦象为日、为明，震卦卦德为动，象征着日中而兴动。

［点评］

伏羲氏去世，神农氏继起，从《益》卦的卦象中得到启示，创造了农业。接着又从《噬嗑》卦的卦象中得到启示，创造了商业。

神农氏没，黄帝、尧、舜氏作 [1]，通其变，使民不倦 [2]，神而化之，使民宜之 [3]。《易》穷则变，变则通，通则久，是以自天祐之，吉无不利 [4]。黄帝、尧、舜垂衣裳而天下治 [5]，盖取诸《乾》《坤》 [6]。

［注释］

[1] 黄帝、尧、舜：黄帝，远古时代中原各族的共同祖先，居轩辕之丘，号轩辕氏，建都于有熊，史亦称"有熊氏"。尧，姓

伊祁，号放勋，中国上古时期方国联盟首领，帝喾之子。舜，姓姚，有虞氏，名重华。三人均为传说中原始社会人物。　[2] 通其变，使民不倦：通达《易》中卦爻的变化来创造和革新器具，使民众取用不倦。　[3] 神而化之，使民宜之：神妙地进行演化改进，使民众应用适宜。　[4] 自天祐之，吉无不利：（如《大有》卦所说）从上天降下祐助，吉祥而无所不利。　[5] 垂衣裳而天下治：制作衣裳为服饰而天下大治。黄帝以上的时期，人们羽皮革木以御寒暑，黄帝时期制作衣裳，垂示天下，通过服饰，使天下有了秩序，因此天下大治。　[6] 盖取诸《乾》《坤》：大概取法于《乾》《坤》两卦。乾居上，坤居下，古代的"衣裳"是上衣下裳，此句言取法《乾》《坤》的上、下之象而制作"衣"和"裳"。

［点评］

神农氏去世，黄帝、尧、舜三位圣人先后继起，在此物质文明的基础上神而化之，使民宜之，从乾、坤两卦的卦象中得到启示，"垂衣裳而天下治"，进一步创造了制度文明与精神文明。

刳木为舟 [1]，剡木为楫 [2]，舟楫之利，以济不通，致远以利天下，盖取诸《涣》[3]。服牛乘马 [4]，引重致远，以利天下，盖取诸《随》[5]。

［注释］

[1] 刳（kū）：剖开挖空。　[2] 剡（yǎn）：削。楫（jí）：船桨。　[3] 致远以利天下，盖取诸《涣》：达致远方而有利于天下，大概取法于《涣》卦。《涣》卦（䷺），下坎上巽，坎为水，巽属

木，此卦象犹如木舟行于水上，所以黄帝、尧、舜取法此象制作"舟楫"。　[4]服牛乘马：驾牛乘马。服，驾。　[5]盖取诸《随》：大概取法于《随》卦。《随》卦（☳☱），下震上兑，震卦的卦德为动，兑卦的卦德为悦，下动上悦，犹如乘驾着牛马前行，牛马在下而温顺健动奔跑，乘驾者在上而轻松欣然喜悦。所以说，服牛乘马大概是取法自《随》卦。

［点评］

从《涣》卦的卦象中得到启示，发明了舟楫，从《随》卦的卦义中得到启示，发明了车辆，制造出水陆交通的工具。

重门击柝，以待暴客，盖取诸《豫》[1]。断木为杵，掘地为臼，臼杵之利，万民以济，盖取诸《小过》[2]。弦木为弧，剡木为矢，弧矢之利，以威天下，盖取诸《睽》[3]。

［注释］

[1]重门击柝（tuò），以待暴客，盖取诸《豫》：设置多重的门并且在夜间敲梆子巡夜，以防备盗贼，大概取法自《豫》卦。柝，古代打更用的梆子。《豫》卦（☷☳），下坤上震。《周易折中》引俞琰曰："坤为阖户，'重门'之象也；震，动而有声之木，'击柝'之象也。"意思是《系辞传》中有"阖户之谓坤"之说，所以下坤象征着关门；震属木，卦德为动，所以上震有敲击木器而发声之象，如同击柝。因此，发明重门击柝大概是从《豫》卦中

得到的启示。　[2] 断木为杵，掘地为臼，臼杵之利，万民以济，盖取诸《小过》：砍断木头作成杵，挖掘地而作成捣臼，臼杵的好处，为万民提供济养，这大概取法于《小过》卦。《小过》卦（☳），下艮上震，艮卦卦德为止，震卦卦德为动，上动下止，动静配合，如同用杵臼舂米时的情状。因此，发明杵臼大概是从《小过》卦中得到启示。　[3] 弦木为弧，剡木为矢，弧矢之利，以威天下，盖取诸《睽》：张弦而为弯弓，削木而为箭矢，弓箭的利处，可以威震天下，这大概是取法于《睽》。弦，用作动词，在曲木上张弦成弓。《睽》卦（☲），下兑上离，火向上而泽向下，彼此乖离，但《睽》卦卦义最终是由乖离达到了合睽的目的。弓矢的用处就是以威力震服天下，处理乖离，其目的是合睽。因此，发明弓箭，大概是从《睽》卦得到的启示。

上古穴居而野处，后世圣人易之以宫室，上栋下宇，以待风雨，盖取诸《大壮》[1]。

古之葬者，厚衣之以薪，葬之中野，不封不树，丧期无数，后世圣人易之以棺椁，盖取诸《大过》[2]。

上古结绳而治，后世圣人易之以书契，百官以治，万民以察，盖取诸《夬》[3]。

[**注释**]

[1] 上古穴居而野处，后世圣人易之以宫室，上栋下宇，以待风雨，盖取诸《大壮》：上古时期人们散居在野外的洞穴里，后

世的圣人建造房屋改变了原有的居住方式，上有栋梁下有屋宇，以防御风吹雨打，这大概是取法于《大壮》卦。《大壮》卦（☳☰），下乾上震，乾德为健，震德为动，其象如同风雨吹动于上，而房屋壮健于下，风雨不能摇动。因此，建造房屋的发明大概是从《大壮》卦中得到启示。　[2]古之葬者，厚衣之以薪，葬之中野，不封不树，丧期无数，后世圣人易之以棺椁，盖取诸《大过》：古时候的丧葬，用柴草厚厚地缠裹死者，埋葬在荒野之中，不堆坟墓也不植树以作标记，居丧的期限也没有天数的规定，后世的圣人制作棺椁改变了原有的丧葬方式，这大概是取法于《大过》卦。《大过》卦（☱☴），《周易折中》案："棺椁者，取木在泽中也；又死者以土为安，故入而后说之。"意思是，《大过》卦下卦（也即内卦）为巽、为木，上卦（也即外卦）为兑、为泽，卦象为木在泽中，由此卦象而发明了棺椁；巽卦卦德为入，兑卦卦德为悦，配合之义是入土而后感到欣悦，由此卦义而设立了入土为安的丧葬礼仪。　[3]盖取诸《夬》：大概取法于《夬》卦。《夬》卦（☱☰），下乾上兑，《夬》卦象征着"明于决断"，由对于"明于决断"的认识而发明了"书契"，以利于决断，这大概是从《夬》卦得到的启示。

[点评]

宫室建筑、丧葬之礼、文字书契是人类社会由蒙昧时代进化到文明时代的三个重要的标志。发明宫室建筑取代上古的穴居野处，是从《大壮》卦的卦象所得到的启示。制定丧葬之礼取代古时的葬之中野，是从《大过》卦的卦象所得到的启示。发明文字书契取代上古的结绳而治，是从《夬》卦的卦象所得到的启示。总起来看，伏羲、神农、黄帝、尧、舜这五位观象制器的圣人，就是按照历史演进的程序创造了人类的文明，从而展现为一部薪火相续、层次历然的文明演进史。在这个历史的过程中所列举的十三个卦象，特别用了一个"盖"字，盖是大概如此的意思，表示一种或然性，一种思想渊源上可能存在的猜想，并非必然如此，所以不必牵强附会，具体地落实。

是故《易》者，象也。象也者，像也[1]。彖者，材也[2]。爻也者，效天下之动者也，是故吉凶生而悔吝著也。

[注释]

[1] 是故《易》者，象也。象也者，像也：所以说《周易》这本书，是取象之书。取象就是摹拟万物以取类比象。　[2] 彖者，材也：彖辞，是进行裁断。材，通"裁"。

[点评]

象即"象其物宜"之象，也就是卦象，《周易》的符号体系由卦象构成，所以说"《易》者，象也"。卦象是对客观事物概括性的摹拟，具有象征的意义，以具体的形象表现事物的本质，所以说"象也者，像也"。彖即卦辞，卦辞不同于卦象，卦象是具体的形象，其内在的意蕴隐而不显，卦辞以明确的语言文字进行裁决论断，使卦象的意蕴得以凸显，所以说"彖者，材也"。一卦六爻，爻是仿效事物的运动变化，并且与人的行为紧密相联，由此而产生了吉、凶、悔、吝各种不同的行为后果。人们通过对卦象、卦辞、爻变三者全面的了解，就可以认识客观事物而采取正确的行动。

阳卦多阴，阴卦多阳，其故何也？阳卦奇，阴卦耦。其德行何也？阳一君而二民，君子之道也；阴二君而一民，小人之道也。

[点评]

本节根据卦的阴阳奇偶不同的组合论述卦的性质。八卦之中，乾（☰）为纯阳之卦，坤（☷）为纯阴之卦，其余六卦皆为乾坤之交，也分阴阳。阳卦为震（☳）、坎（☵）、艮（☶），均为一阳二阴，阴爻多而阳爻少。阴卦为巽（☴）、离（☲）、兑（☱），均为一阴二阳，阳爻多而阴爻少。这是因为，阴阳之卦的划分不以阴爻与阳爻的多少为标准，而是以奇数与偶数为标准的。阳卦的卦画加起来是五，五为奇数，阴卦的卦画加起来是四，四为偶数，所以说"阳卦奇，阴卦耦（偶）"，这就是划分阴阳的标准。阳为君，阴为民，"阳一君而二民"，"阴二君而一民"，由此可以判定阴阳之卦的性质。阳卦象征一君领导二民，二民拥戴一君，上下协心，故为君子之道，阴卦象征二君争夺一民，一民兼事二主，故为小人之道。这种性质的判定只是就其大体而言，并非一成不变，因为阳不必善，阴不必恶，关键在于阴阳相互之间结成一种协调并济的关系，维持相对的平衡，而不能争夺倾轧，彼此冲突矛盾。以下引用孔子对十一条爻辞的解读，具体论述如何结合行为实践来应用这种君子之道。

《易》曰："憧憧往来，朋从尔思。"子曰："天下何思何虑？天下同归而殊途，一致而百虑，天下何思何虑？日往则月来，月往则日来，日月相推而明生焉。寒往则暑来，暑往则寒来，寒暑相推而岁成焉。往者屈也，来者信也[1]，屈信相感而利生焉。尺蠖之屈，以求信也[2]。龙蛇之蛰，以存身也[3]。精义入神，以致用也。利用安身，以崇德也。过此以往，未之或知也。穷神知化，德之盛也。"

[注释]

[1] 往者屈也，来者信也：往，屈缩。来，伸展。信：古同"伸"，伸展。　[2] 尺蠖（huò）：蛾的幼虫，生长在树上，行动时身体一屈一伸地前进。　[3] 龙蛇之蛰，以存身也：龙和蛇在冬季蛰伏，是为了保存自身。

[点评]

"憧憧往来，朋从尔思"是《咸》卦九四的爻辞，爻辞的本义是说九四"憧憧往来"的思念之情终究会得到初六"朋从尔思"的回报，联系到九四与初六的爻位关

系阐明有感必有应的感通之理。孔子的解读则是超越了
爻位关系，提升到哲学的高度，认为"天下何思何虑"，
天下之事何必思念，何必忧虑，这种感通之理是普遍存
在的。因为"天下同归而殊途，一致而百虑"，兼容并包，
多元一体，途径虽然殊异，归宿则是相同，意见虽有百
种，结论则是一致，这就是普遍存在的感通之理。这种
感通之理的实质性的含义就是阴与阳的往来屈伸，相因
相成，协调并济，从而构成天人整体的和谐，而要本归
于和顺。所谓和顺，也就是阴顺阳，阳顺阴，阳为主导，
阴为从属，在和谐中蕴含着本然的秩序。懂得了这个道
理，就可以"精义入神""穷神知化"，指导行为的实践
以"致用""安身"，提高自己的品德，这也就是君子之道。

《易》曰："困于石，据于蒺藜，入于其宫，
不见其妻，凶。"子曰："非所困而困焉，名必辱；
非所据而据焉，身必危。既辱且危，死期将至，
妻其可得见邪？"

[点评]

这是对《困》卦六三爻辞的解读。从爻位关系看，
六三是一个不中不正的小人，轻举妄动，前进被巨石挡
道，后退为蒺藜刺伤，回家见不到妻子，陷入了困境。
孔子的解读着眼于阐发爻象的意蕴，指出这种困境是咎
由自取，"非所困而困焉"，"非所据而据焉"，错误估计
形势，也不能正确对待自己，这就只能导致"名必辱""身

必危"的后果，"死期将至"，又怎能见到妻子。

《易》曰："公用射隼于高墉之上，获之，无不利。"子曰："隼者，禽也；弓矢者，器也；射之者，人也。君子藏器于身，待时而动，何不利之有？动而不括[1]，是以出而有获，语成器而动者也。"

[注释]

[1]动而不括：行动而毫无阻碍。括，阻滞，闭塞。

[点评]

这是对《解》卦上六爻辞的解读。爻辞把上六比作王公，把六三比作隼——一种凶残的恶鸟，也就是窃居高位的小人，王公为了解除悖乱的祸根，采取断然的措施，张弓将隼射落，这是非常有利的。孔子对上六的爻象进行理论的提升，着眼于象外之意，阐发了"藏器于身，待时而动"的思想。人是行为的主体，射隼是行为所趋向的目标，弓矢是达到目标必要的器具，如果不首先具备弓矢，束手无策，根本不可能达到目标。因而在行为的主体、行为的目标与行为的器具三者之间，器具占有十分重要的地位，必须"藏器于身"，"成器而动"，只有具备了器具，才能"动而不括"，"出而有获"，不会陷入束手无策的困境。所谓工欲善其事，必先利其器，对于君子来说，这种器主要是指品德才学，也就是经国之才，济世之器。

子曰："小人不耻不仁，不畏不义，不见利不劝，不威不惩。小惩而大诫，此小人之福也。《易》曰：'屦校灭趾，无咎'，此之谓也。"

[点评]

这是首先讲出了一番道理，然后引用《噬嗑》卦初九的爻辞来证明，作为立论的依据。小人"不见利不劝"，是说小人如果不看见利益就不会劝勉行善。但是小人对利益的追求往往违反了社会共同的行为准则，不耻不仁，不畏不义，以致走上犯罪的道路。因此，当小人初次触犯刑法，进行小小的惩罚，使其悔过自新，这是小人的福分。孔子讲的这番道理源于对现实生活经验的总结，为了加强说服力，在《噬嗑》卦初九的爻辞中找到了相关的依据。"屦校灭趾"是初九的爻象，意思是说套在脚上的刑具遮没了脚趾，象征罪过尚轻，不用重刑，仅仅套上脚镣，"小惩而大诫"，其中的意蕴和现实生活的经验是完全相符的。

"善不积，不足以成名。恶不积，不足以灭身。小人以小善为无益而弗为也，以小恶为无伤而弗去也，故恶积而不可掩，罪大而不可解。《易》曰：'何校灭耳，凶。'"

［点评］

在现实生活中，吉凶祸福的后果都是积渐而成，"善不积不足以成名，恶不积不足以灭身"，小人之所以走上罪大恶极的道路，根本原因在于不知防微杜渐，"以小善为无益而弗为也，以小恶为无伤而弗去也"。孔子指出，关于这个道理，可以在《噬嗑》卦上九的爻辞中找到有力的印证。"何校灭耳"是说套在脖子上的刑具遮没了耳朵，这是重刑，也是罪有应得，无法消解的。

子曰："危者，安其位者也；亡者，保其存者也；乱者，有其治者也。是故君子安而不忘危，存而不忘亡，治而不忘乱，是以身安而国家可保也。《易》曰：'其亡其亡，系于苞桑。'"

［点评］

"其亡其亡，系于苞桑"乃《否》卦九五爻的爻辞。从爻位关系看，九五居于至尊的君位，承担着拨乱反正的重任，时刻警惕，念念不忘将会陷入危亡，因而励精图治，像系着于牢固的桑树根丛那样，保持国家政治局面的稳定。孔子引用这条爻辞，实际上是"六经注我"，用来印证自己的"居安思危"的政治思想。孔子首先站在哲学的高度，阐明了安与危、存与亡、治与乱相互之间依存转化的辩证关系，为了长治久安，必须以忧患之心思忧患之故，"安而不忘危，存而不忘亡，治而不忘乱"，对现实处境保持清醒理性的认识，致力于调整，防止向反面转化。从现实生活的经验中可以看到，国家政治之所以造成倾危、灭亡和动乱的悲剧，都是由于不懂得物极必反的道理，得意忘形，骄傲自满，被胜利冲昏了头脑，丧失了警惕，自以为位可常安，存可常保，治可常有。关于这个道理，也就是《否》卦九五爻辞的深层的意蕴，"其亡其亡，系于苞桑"虽然带有直观形象的特点，其深层的意蕴则要提到"居安思危"的哲学高度来理解。因而孔子的这种"六经注我"的解读同时也是我注六经，是对爻辞意蕴的进一步的开拓和提升，从而相互印证，彼此发明，形成了一种视界的融合和解释学的循环，为人们提供了读《易》的范例。

子曰："德薄而位尊，知小而谋大，力小而任重，鲜不及矣！《易》曰：'鼎折足，覆公𫗧，其形渥，凶。'言不胜其任也。"

[点评]

"鼎折足，覆公𫗧，其形渥，凶"是《鼎》卦九四爻的爻辞。《鼎》卦的象征意义在于革故鼎新，创建新秩序，九四居于近君大臣之位，由于用人不当，力不胜任，破坏了大好形势，使变革的成果付之东流，故有"鼎折足，覆公𫗧"之象。这个教训是极为深刻的，必须引以为戒。《小象》对这个教训作了初步的浅层次的解释，认为"'覆公𫗧'，信如何也"，这是说九四这种人不值得信任。孔子则是对这个教训作了进一步的深层次的分析，指出这是由于"德薄而位尊，知小而谋大，力小而任重"，使这条爻辞的意蕴摆脱了"鼎折足，覆公𫗧"的直观形象的束缚，上升到一般原理的高度，明确地揭示了九四何以失败的根本原因。

子曰："知几，其神乎！君子上交不谄，下交不渎，其知几乎。几者，动之微，吉之先见者也。君子见几而作，不俟终日。《易》曰：'介于石，不终日，贞吉。'介如石焉，宁用终日，断可识矣。君子知微知彰，知柔知刚，万夫之望。"

［点评］

"介于石"是《豫》卦六二的爻辞。六二处于初六、六三有违正道的两爻之间，初六"鸣豫"即耽于豫乐而致凶，六三"盱豫"即趋炎附势而有悔，六二则是以中正之道自处，保持自己耿介如石的独立的人格，因而贞正而获吉，这种吉凶悔吝后果之不同，关键在于是否正确认清形势采取适时之变的对策。《小象》对六二之吉解释说："'不终日，贞吉'，以中正也"，归结为中正的人格操守，只注意到主观的方面而忽视了客观的方面。孔子则是强调对客观形势的理性的认知，指出六二之吉在于"见几而作"。"几"是变化的苗头，吉凶的先兆，"见几而作"就是以清醒的理性如实地把握这种苗头先兆，由此而采取的行动也就耿介如石，"上交不谄，下交不渎"，自然合乎中正之道。因此，作为一个理想的君子人格，应该"知微知彰，知柔知刚"，如果自己理性的认知达到了神化的境界，也就成为众人所仰慕的楷模了。

子曰："颜氏之子，其殆庶几乎！有不善，未尝不知，知之，未尝复行也。《易》曰：'不远复，无祗悔，元吉。'"

［点评］

"颜氏之子"即颜回，是孔子最得意的弟子，"不迁怒，不贰过"，"其心三月不违仁"。孔子赞扬说，颜回的品德大概接近于完美了，正如《复》卦初九爻辞所说，"不远复，无祗悔，元吉"，知错能改，起步不远就能回复正道，不再重犯，这当然不至于后悔而获吉。

"天地纲缊，万物化醇。男女构精，万物化生。《易》曰：'三人行，则损一人；一人行，则得其友。'言致一也。"

［点评］

宇宙的生机活力，源于阴阳两大对立势力的协调并济，和谐统一。天地二气交融渗透，万物化育醇厚，男女雌雄精气交合，万物化育生成。孔子指出，关于这个普遍性的哲学原理，可以引用《损》卦六三爻辞来阐明。孔子对六三爻辞的解读，超越了具体的爻位关系，着眼于意义的关联，指出"三人行，则损一人；一人行，则得其友"，说的就是合二而一的哲理。因为三人减去一人得二，一人加上一人也是二，"二人同心，其利断金"，这正是宇宙的生机活力之所在。

子曰："君子安其身而后动，易其心而后语，定其交而后求，君子修此三者，故全也。危以动，则民不与也；惧以语，则民不应也；无交而求，则民不与也；莫之与，则伤之者至矣。《易》曰：'莫益之，或击之，立心勿恒，凶。'"

[点评]

《益》卦上九处理人际关系，行为不当，片面地要求损人以益己，"立心勿恒"，贪得无厌，结果并没有得到助益，反而引起众人的愤怒攻击，带来了凶险。孔子就《益》卦上九的这种个别行为引申发挥，阐明处理人际关系所应遵循的普遍性的原则。孔子认为，作为一个君子，为了在待人处事上做到周全完美，应当从事三方面的修养：有所行动先要安定自身，无愧无怍；有所言语先要心态平和，坦坦荡荡；有所要求先要确定交情，建立信赖。反之，如果自身危险而行动，内心惶恐而发言，缺少交情而求助，这就破坏了合理的人际关系，如同《益》卦上九那样，导致"莫益之，或击之"的不利后果。

子曰："乾坤，其《易》之门邪[1]！乾，阳物也；坤，阴物也。阴阳合德，而刚柔有体，以体天地之撰[2]，以通神明之德。其称名也，杂而不越，於稽其类[3]，其衰世之意邪！"

[注释]

[1]乾坤，其《易》之门邪：乾坤两卦是进入《周易》哲学殿堂必由的门户！此语强调乾坤两卦在《周易》体系中的重要地位。 [2]天地之撰：指天地阴阳等自然现象的变化规律。 [3]其称名也，杂而不越，於稽其类，其衰世之意邪：卦爻辞所称述的物名虽然杂多，但不逾越卦爻的义理，仔细考察所有卦爻所象征事象的种类，大概是针对衰世提出的忧患以思之意吧！於，语助词。稽，考察。

[点评]

《系辞传》反复强调，乾坤两卦是进入《周易》哲学殿堂必经的门户，蕴藏着易道的精髓。所谓易道，也就是一阴一阳的变易之道，乾代表阳性的势力，坤代表阴性的势力，整个宇宙，万事万物，莫不分阴分阳，由此而构成了两个对立面。但是，这两个对立面相互依存，相互渗透，相互转化，既对立，又统一，消息盈虚，表现为一个大化流行的动态的过程。就其统一的一面而言，叫作"阴阳合德"，就其对立的一面而言，叫作"刚柔有体"，这两个方面所结成的对立统一的辩证关系，也就是乾坤并建。"以体天地之撰，以通神明之德"，深刻而全面地反映了阴阳变易的规律。从其反映的形式看，名称杂乱，事象繁多，但却不逾越卦爻义理，具有规律性、概括性的象征意义。仔细考察各种事象的种类，多半是针对着现实生活中违反人们心愿的对立和冲突，致力于探索化冲突为和谐、由对立而求统一的应对之方，其中体现了一种强烈的忧患意识，大概是时逢衰世的作品。

"夫《易》，彰往而察来，而微显阐幽[1]，开而当名辨物，正言断辞[2]，则备矣。其称名也小，其取类也大[3]；其旨远，其辞文[4]；其言曲而中，其事肆而隐[5]。因贰以济民行，以明失得之报[6]。"

[注释]

[1] 彰往而察来，而微显阐幽：彰明已往，察知未来，显示细微征兆，阐明幽隐之理。这是就其认识的功能而言。   [2] 开而当名辨物，正言断辞：开，展开。当名，是指六十四卦的卦名。辨物，是辨别物象，也就是卦象。正言断辞，是指其所系的卦爻辞正当周全，决断吉凶。这种由卦名、卦象和卦爻辞所组成的体系是非常完备的。这是就其体系的结构而言。   [3] 其称名也小，其取类也大：每一个名称看起来很小，但却概括了一个大的类别，人们可以通过设类取譬，由此及彼，触类旁通，认识到客观事物的普遍联系。这是就其思维方式的特征而言，不是演绎推理，而是类比推理。   [4] 其旨远，其辞文：虽然旨意深远，揭示了事物的本质，但却不用抽象的逻辑概念来表现，而是用文采灿烂的形象的语言来表现。这是就表现方法的特征而言。   [5] 其言曲而中，

其事肆而隐：易学不是一种知识，而是一种智慧，智慧闪耀着感性的光辉，是与人们的切身经验密切相联的，因而其中的言说虽然委婉曲折却是切中肯綮，所谈论的事物虽然放肆广泛却是隐藏着深意，善读者可以得到智慧的启迪，感悟人生。这是就其智慧的特征而言。　[6]因贰以济民行，以明失得之报：贰，三心二意，也就是疑惑，针对人们的疑惑进行"彰往而察来"的指导，指明失得的后果决定于行为的选择是否合理正当，这就可以帮助人们做成一番事业。这是就其指导实践的功能而言。

[点评]

本节紧承上文，论述易学体系的结构与功能。这个体系的特征可以从三个方面来把握，即：其称名也小，其取类也大；其旨远，其辞文；其言曲而中，其事肆而隐。

《易》之兴也，其于中古乎！作《易》者，其有忧患乎！

是故《履》，德之基也。《谦》，德之柄也。《复》，德之本也。《恒》，德之固也。《损》，德之修也。《益》，德之裕也。《困》，德之辩也[1]。《井》，德之地也。《巽》，德之制也。

《履》，和而至。《谦》，尊而光。《复》，小而辨于物。《恒》，杂而不厌。《损》，先难而后易。《益》，长裕而不设。《困》，穷而通。《井》，居其所而迁。《巽》，称而隐。

《履》以和行。《谦》以制礼。《复》以自知。《恒》以一德。《损》以远害。《益》以兴利。《困》以寡怨。《井》以辨义。《巽》以行权。

[注释]

[1]辩：通"辨"，明辨。王弼《周易注》："困而益明。"

[点评]

本节首先推测《易》之兴起大概在中古时代，即殷周之际，作《易》之人大概怀有忧患意识，因而十分重视道德修养，然后列举九卦来论述，一共讲了三遍，后人把本节概括为"三陈九卦"或"三陈九德"。论述的特点是根本不涉及卦爻辞和卦爻象，而完全着眼于卦名的意义的关联，适应道德修养本身的需要，把九卦的意义串联起来，组成一个序列。

第一陈论述九卦作为道德规范在这个序列中的地位。《履》有践履之意，是道德的基础。《谦》有谦恭之意，是道德的关键。《复》有复归本原之意，是道德的根本。《恒》有持久之意，使道德坚固。《损》有减损之意，用以修养品德。《益》有增益之意，使品德更为充裕。《困》有困穷之意，使人明辨德行。《井》有养人利物之意，是道德的基地。《巽》有申明教令之意，是道德的裁制。

第二陈论述九卦之德的作用。履礼而行，可以和谐人际关系。谦恭自处，可以受到他人尊敬。复归本原，可以辨别是非善恶。恒守其德，能使人始终坚持而不厌烦。减损欲望，先难而后易。增益品德，可以长久充裕而不必有意造作。困穷之时，可以磨炼意志，困而求通。井不动而及物，居其所而施惠于人。巽之教令，称物之宜，而不露形迹。

第三陈论述九卦之德的重点所在。践履在于和谐相处。谦恭在于克制守礼。复归本原在于自我反省。恒常持久在于道德专一。减损欲望在于远离危害。增益品德在于产生利益。处困之道在于减少怨尤。井以养人在于辨明道义。巽以申命在于通权达变。

《易》之为书也不可远[1]，为道也屡迁[2]。变动不居，周流六虚，上下无常，刚柔相易[3]，不可为典要，唯变所适。其出入以度，外内使知惧，又明于忧患与故[4]，无有师保，如临父母[5]。初率其辞，而揆其方[6]，既有典常[7]。苟非其人，道不虚行[8]。

[注释]

[1]《易》之为书也不可远：不可远，是不可远离的意思，《周易》这本书与人的生活实际息息相关，自有其必须遵循的恒常之道。　[2]为道也屡迁：这个道又在不断地迁徙流转，并不固定在某个一定的处所，这就是常中有变，变中有常，应当全面地把握此二者的关系，做到常以处变，变不失常。　[3]变动不居，周流六虚，上下无常，刚柔相易：六虚，即六位。初、三、五为阳位，二、四、上为阴位，位虽然固定，但却是虚位以待，留出位

置等待刚柔两爻来坐实，而刚柔两爻则是或上或下，相互变易，不断地变化运动，并无一定之规。这是就六爻在一卦之内的变动而言。　[4]其出入以度，外内使知惧，又明于忧患与故：凡阳爻居阳位、阴爻居阴位，谓之当位，当位为吉，阳爻居阴位、阴爻居阳位，谓之不当位，不当位为凶，因而六爻"出入""外内"的变动也遵循了一定的法度，变中有常，并且通过爻辞示之以吉凶，使人知道戒惧警惕，明了吉凶转化的道理以及导致忧患的原故。　[5]无有师保，如临父母：尽管没有师长耳提面命的教诲，却如同父母那样时刻在身旁关怀呵护。这是就《周易》这部书指导人们生活的作用而言。　[6]初率其辞，而揆其方：循着初爻的爻辞可以揣度出进一步的发展方向。率，循。揆，揣度。　[7]既有典常：既，是终的意思，终于从事物发展的全过程体会到有不变的常法、规律可以遵循。典常，不变的常法、规律。　[8]苟非其人，道不虚行：假如没有贤明的人，易道是不会凭空得以推行。这是强调无论是学《易》还是用《易》，必须有主体意识的自觉担当。孔子曾说，"人能弘道，非道弘人"，如果没有人的积极的弘扬，推而行之，运用于实际的生活，所谓易道也只能是一纸空文，不会自动地落实。

［点评］

本节就六爻的变动论述常与变的辩证统一关系，关键在于人结合实际领会运用。

《易》之为书也，原始要终以为质也[1]。六爻相杂，唯其时物也[2]。其初难知，其上易知，本末也[3]。初辞拟之，卒成之终[4]。若夫杂物撰德，辨是与非，则非其中爻不备^[5]。噫！亦要存亡吉凶，则居可知矣^[6]，知者观其彖辞，则思过半矣^[7]。

二与四，同功而异位，其善不同，二多誉，四多惧，近也^[8]。柔之为道，不利远者，其要无咎，其用柔中也。三与五，同功而异位，三多凶，五多功，贵贱之等也^[9]。其柔危，其刚胜邪！

［注释］

[1] 原始要（yāo）终以为质也：原始要终，即推原事物的开始，探求事物的终结。把事物的存在置于具体的时间序列中来考察，看作一个特定的时态，这也就是"《易》之为书"的特质所在。原，推原。要，探求。　[2] 时物：不同发展阶段和不同存在状态的事物。六爻在此特定的时态中错杂相处，各有不同的爻位，每一个爻位即代表不同的"时物"。　[3] 其初难知，其上易知，本末也：初爻代表事物的开始，其未来的发展充满着变数，难以由初爻把握事物的整体，上爻代表事物的终结，可以通过上爻看出事物发展的全过程，容易知晓。这是一种由本到末的关系，也是由开始的可能性发展为最终结局的现实性的关系。　[4] 初辞拟之，卒成之终：初爻在事物发展的开始阶段，只是拟议各种可能的发展的趋势，到了终结阶段，可能性变成了现实性，这就已成定局了。这是一种由本到末的关系，也是由开始的可能性发展为最终结局的现实性的关系。拟，拟议。　[5] 杂物撰德，辨是与非，则非其中爻不备：事物之间的复杂关系，各自具有健顺动止之德，其所选择的行为方式，有的正确，有的错误，要是撇开中间四爻

那就无法全面理解。　[6]亦要存亡吉凶，则居可知矣：（观察中间四爻阶段性的发展，）也可以探求事物发展"存亡吉凶"的后果，那是居处而可得知的了。　[7]知者观其象辞，则思过半矣：明智的人只要观察体会象辞（即卦辞），就可以把全卦的大义多半领悟了。卦以存时，爻以示变，部分从属于整体，一卦之时支配着六爻之变，关于事物发展的态势及其存亡吉凶的后果在象辞（即卦辞）中已经作出了原则性的提示，明智的人只要认真研究卦辞，就可以大体上领悟到全卦的整体意义。　[8]二与四，同功而异位，其善不同，二多誉，四多惧，近也：二爻与四爻功能相同而爻位有异，二爻多有赞誉，四爻多有戒惧，这是因为四爻接近君位，容易冒犯得咎。一般说来，处于二、四阴柔之位，不利于有远大的作为，要点在于奉行柔中之道，避免灾难而无咎。　[9]三与五，同功而异位，三多凶，五多功，贵贱之等也：三爻与五爻也是功能相同而爻位有异，三爻多有凶险，五爻多有功勋，这是因为五为君位，三为臣位，有贵贱等级的不同。一般说来，由于三、五皆为阳刚之位，柔爻居之多有危险，刚爻居之才能胜任。

[点评]

本节紧承上文，就部分与整体的关系论述一卦与六爻不同的认识功能，从编纂体例的角度提示读《易》的方法。

《易》之为书也，广大悉备，有天道焉，有人道焉，有地道焉。兼三材而两之，故六，六者非它也，三材之道也。道有变动，故曰爻；爻有等，故曰物；物相杂，故曰文；文不当，故吉凶生焉。

[点评]

以上三节皆以"《易》之为书也"开头，可以合而观之，把握《易》之为书的总体特征。本节论述卦的六位广大悉备，包容了天道、人道、地道。五与上两个位次代表天道，三与四两个位次代表人道，初与二两个位次代表地道，这六个位次也就完整地代表了三才之道。

道是变动不居的，六爻刚柔相推，居于不同的位次，效法这种变动，爻就是效的意思。爻居其位，谓之爻位，爻位的排列有上下等次之分，阴阳刚柔构成为物象，所以爻也叫作物。物与物相互错杂，组合匹配，表现为各种不同形式的文采，在天为天文，在人为人文。各种文采的组合匹配有的适当，有的并不适当，这就产生了吉凶。

《易》之兴也，其当殷之末世，周之盛德邪[1]？当文王与纣之事邪[2]？是故其辞危。危者使平，易者使倾[3]，其道甚大，百物不废，惧以终始，其要无咎[4]，此之谓《易》之道也。

[注释]

[1]其当殷之末世，周之盛德邪：大概是在殷朝末世，周文王德业正盛的时候吧。　[2]当文王与纣之事邪：对应的是周文王与商纣王的史事吧。此节至此是推测《周易》成书于殷末周初之

际。　[3]危者使平，易者使倾：危言使人警惕可得平安，言辞平易使人丧失警惕导致倾覆。　[4]惧以终始，其要无咎：自始至终保持警惧，其要旨归于无咎。

[**点评**]

《系辞传》反复强调，《周易》这部书是在"衰世""中古"之世、殷周之际制作而成的，作《易》之人怀有强烈的忧患意识，面对着当时矛盾冲突混乱失序的困境，焦虑不安，忧心如焚，力求通过客观冷静的研究找到摆脱困境的出路，拨乱反正，重建正常的秩序。因而"其辞危"，在卦爻辞上有很多危言，目的是要人们警惕自励，谨慎行事，转危为安，反之，如果言辞平易，就会使人丧失警惕，掉以轻心，导致倾覆。其中的道理具有深刻的哲学意义，是十分宏大的，贯穿于万事万物之中。就《易》之道的要领而言，关键在于"惧以终始"，以戒慎恐惧之心处理现实的危机，采取正确的行动，避免犯错。孔子曾说："五十以学《易》，可以无大过矣"，这就是抓住了学《易》的要领。

夫乾，天下之至健也，德行恒易以知险[1]。夫坤，天下之至顺也，德行恒简以知阻[2]。能说诸心，能研诸侯之虑，定天下之吉凶，成天下之亹亹者[3]。是故变化云为，吉事有祥，象事知器，占事知来[4]。天地设位，圣人成能，人谋鬼谋，百姓与能[5]。

八卦以象告，爻象以情言，刚柔杂居，而吉凶可见矣。变动以利言，吉凶以情迁。是故爱恶相攻而吉凶生，远近相取而悔吝生，情伪相感而利害生[6]。凡《易》之情，近而不相得则凶，或害之，悔且吝。

将叛者，其辞惭。中心疑者，其辞枝[7]。吉人之辞寡，躁人之辞多。诬善之人，其辞游[8]。失其守者，其辞屈[9]。

[注释]

[1]德行恒易以知险：乾德至健，其行恒久平易而能够知见艰险。　[2]德行恒简以知阻：坤德至顺，其行恒久简约而能够知见险阻。　[3]亹（wěi）亹：勤勉不倦。　[4]变化云为，吉事有祥，象事知器，占事知来：遵循变化而有所作为，使吉祥的事物得以呈现，观察象征的事物而知晓器用，占问事理就能够测知将来。　[5]天地设位，圣人成能，人谋鬼谋，百姓与能：天地设立各自的居位，圣人依此创制完成了《周易》并彰显其功能，人的谋虑和鬼神的谋虑得以沟通合用，百姓也能参与其中而运用《周易》。　[6]情伪相感而利害生：真诚相感或虚伪相感而产生利或害。情，真实、真诚，与伪相对。　[7]枝：指言辞散乱，支吾其词。　[8]游：游移不定。　[9]屈：理屈辞穷。

[点评]

这是全篇的总结，分为三段，说了三层意思。

　　第一段论述乾坤易简之德是《周易》阴阳哲学的核心。乾为天下之至健，坤为天下之至顺，健者自强不息，顺者厚德载物，此二者的有机结合，能够清醒地面对各种险阻，进行有效的克服。这种哲学原理可以使人心情愉悦，消除忧虑，断定吉凶，勤勉奋发，成就事业。遵循阴阳变化的规律有所作为，可以使吉事呈现，可以观象制器，可以占事知来。乾为天，坤为地，乾坤成列，天地设位，是对天道与地道的效法，但是《周易》的哲学体系包含了天、地、人三才之道，人与天地并立而为三，必须发挥主观能动性，参赞天地之化育，因而"圣人成能，人谋鬼谋，百姓与能"，去积极参与，谋划行动，来营造一种如同天地万物那样调适畅达的社会发展前景。这也就是《周易》哲学的根本用心所在。

　　第二段论述一卦六爻刚柔杂居而产生吉凶悔吝不同的后果，给人以行为的指导。八卦以卦象说明一卦之大体，爻辞、象辞则是更为具体地说明事物的存在及其变动的各种复杂情况。由于刚柔错杂相居，形成不同的组合，有的相互协调，有的彼此矛盾，这就可以看出吉凶了。就人的实践目的而言，都是追求功利，"变动以利言"，两利相权取其大，两害相权取其小，趋利而避害，但就实践的后果而言，则是或吉或凶，有的达到了目的，有的事与愿违，随着具体情况的不同而有不同的表现。究其原因，可以从三个方面来分析，一是"爱恶相攻"，二是"远近相取"，三是"情伪相感"。这三个方面归结起来就是如何处理自我与他人的关系。在行为实践中，自我是不能脱离他人而孤立存在的，究竟与他人是结成相爱的关系还是结成相恶的关系，"爱恶相攻"，面临着不同的选择，相爱能团结合作，相恶则造成冲突对立，这就产生了吉凶。就自我所处的具体的位置而言，与他人的距离有远近之不同，有的虽远而有应，有的虽近而不相得，随着取舍的不同，这就产生了悔吝。良好的人际关系应当建立在相互信赖的基础上。"情伪相感"，情是实情，伪是虚伪，处理这种相互交往彼此感应的关系，究竟是胸怀坦诚还是尔虞我诈，这就产生了利害。一般说来，《周易》的爻位体例，近邻的相比要比远方的相应重要，如果左邻右舍的关系处理不当，就会受到伤害，带来悔吝。

第三段就与他人的言辞交往进行细致的分析，以便准确把握对方的心理状态和性格特征，"圣人之情见乎辞""系辞焉以尽其言""辞有险易，辞也者，各指其所之"，这也是卦爻辞通过不同的指向以明人情立言之不同的凡例。"将叛者，其辞惭"，将要背叛的人，由于违反承诺，不守信义，说话会有惭愧的表情。"中心疑者，其辞枝"，内心疑惑的人，由于拿不定主意，犹豫不决，说话会是支吾其词。"吉人之辞寡，躁人之辞多"，吉善之人说话少，浮躁之人说话多。"诬善之人，其辞游"，诬陷善良的人，由于找不到事实根据，说话常常游移不定。"失其守者，其辞屈"，失去操守的人，由于方寸已乱，说话会显得理屈辞穷。在与人交往的过程中，可以通过说话言辞的外部表现观察到人的心理状态和性格特征，在读《易》的过程中，也可以通过卦爻辞表达的语气领会其内在的深意。

说卦传

　　昔者圣人之作《易》也，幽赞于神明而生蓍[1]，参天两地而倚数[2]，观变于阴阳而立卦[3]，发挥于刚柔而生爻[4]，和顺于道德而理于义，穷理尽性以至于命[5]。

[注释]

[1]幽赞于神明而生蓍：暗中得到神明的佐助，故生蓍草。《系辞传》曰："蓍之德圆而神"，"天生神物，圣人则之"，皆言蓍草是神明之物，以为占筮之用。　[2]参天两地而倚数：参，即"三"，参天，指择取"三"代表天数，即奇数。两地，指择取"二"代表地数，即偶数。倚数，指创立阴阳之数的象征。揲蓍成卦的第一道程序以"大衍之数五十"进行推演，经过"分二""挂一""揲四""归奇"四次经营，"四营而成易"，得出了七、八、九、六之数，七、九为奇数，八、六为偶数，奇偶之数本于天地之数。"盖古

之'奇耦'，亦以'三两'言之"(《周易正义》)，所以称"参天两地而倚数"，这就完成了揲蓍成卦的第二道程序。　[3]观变于阴阳而立卦：奇数为阳，偶数为阴，奇偶之数即阴阳之象，经过奇偶之数的推演，十有八变而成卦，也就是"观变于阴阳而立卦"，这是第三道程序。　[4]发挥于刚柔而生爻：阳为刚，阴为柔，刚柔相推，阴阳互动，穷尽了天地万物的变化，于是"发挥于刚柔而生爻"，以刚柔两爻来象征这种变化，这是第四道程序。　[5]和顺于道德而理于义，穷理尽性以至于命：由上述四道程序所形成的卦爻结构，总体上顺应阴阳变化之理，随事各得其宜，具有既深刻又丰富的哲学意义。穷得物理，尽得人性，至得天命，与造化一般。

[点评]

《说卦传》是对卦的形成、意义、取象、性能以及方位的说明。本节是就卦的形成进行阐述，根据"生蓍""倚数""立卦""生爻"四道程序再现圣人作《易》的过程。

　　昔者圣人之作《易》也，将以顺性命之理，是以立天之道曰阴与阳，立地之道曰柔与刚，立人之道曰仁与义。兼三才而两之，故《易》六画而成卦[1]，分阴分阳，迭用柔刚，故《易》六位而成章[2]。

[注释]

[1]兼三才而两之，故《易》六画而成卦：两之，就是以"二"

乘之。天、地、人"三才"，天有阴阳，地有柔刚，人有仁义。将"三才"的性质表现出来的数就是六，即以六爻象征之。所以《周易》每个卦以六画组成。　[2]故《易》六位而成章：所以《周易》卦体具备六位才蔚然成章。

[点评]

本节紧承上文，论述《易》为性命之书，是性命之源，圣学之本。圣人之所以作《易》，目的在于顺从性命之理，于是设立一卦六爻来摹写反映天、地、人三才之道。性命之理是统天、地、人而言的，包括天道的阴阳、地道的柔刚、人道的仁义，天、地、人三才都受性命之理的支配。就性命之理表现于天地之道的层面而言，作为客观外在的宇宙秩序的本然，阴阳协调，刚柔并济，营造了一种纯属自然的和谐，但是，这种性命之理同时也内在于人性的本质，表现为人道之仁义，因而仁义作为一种属于人文的伦理规范，与天地之道的阴阳柔刚息息相通，应当提到性命之理的哲学高度来加深理解。仁义是人的道德行为所追求的最高目标，单有仁不叫作善，单有义也不叫作善，只有使仁义有机结合而不流入一偏，达到如同天地之道那样协调并济的境界，才符合贯通天人的性命之理，这是因为性命之理的本质就在于阴与阳、柔与刚、仁与义的和谐统一。《周易》的卦爻结构，"兼三才而两之"，"六画而成卦"，通过一卦六爻完整地表现了此三者的和谐统一。六爻之中，居上的两爻为天，居下的两爻为地，居中的两爻为人，天、地、人三才各分为二而两之，这是"分阴分阳"，表现事物的对待，但是分中有合，依存转化，这是"迭用柔刚"，表现事物的和谐统一，大化流行。从这个角度看，《周易》的卦爻结构，"六位而成章"，分中有合，合中有分，两两相对，互动互补，其有条不紊的章法是对天人整体和谐的全面的效法和象征。

　　天地定位，山泽通气，雷风相薄[1]，水火不相射[2]，八卦相错。数往者顺，知来者逆[3]，是故《易》，逆数也[4]。

[注释]

[1]雷风相薄：薄，通"迫"，迫近、接近。雷和风相迫近，彼此激荡。　[2]水火不相射（yì）：射，即"厌"。不相射，即"不相厌"，彼此相通。李道平《周易集解纂疏》："射，厌也。水火相通，坎戊离己，月三十日一会于壬，故不相射也。"　[3]数往者顺，知来者逆："数往"是顺推，"知来"是逆推。"数往"是面向过去，面向历史，总结以往的经验教训，进行知识的积累。"知来"则是立足于现在而面向未来，以清醒务实的理性预见未来的可能之果，见微知著，防微杜渐，以便在行为实践上作出正确的选择。这两种方法实际上是紧密结合，不可分割的，"知来"必须以"数往"为前提，没有"数往"的知识的积累，便无从"知来"，而"数往"的最终目的也是为了"知来"，不以"知来"为目的而单纯从事"数往"，则无补于实用。　[4]是故《易》，逆数也：所以《周易》的主要功能在于逆推未来。

[点评]

本节就八卦所代表的八种自然界的物象论述其所结成的对立统一的关系。乾为天，坤为地，位置一上一下，确立了整个宇宙的框架。艮为山，兑为泽，虽有高低之不同，气息却是交流沟通。震为雷，巽为风，虽然彼此迫近，相互激荡，但却气势磅礴。坎为水，离为火，虽然性质相反，却是相反相成，彼此不厌恶。"八卦相错"，重为六十四卦，其所结成的对立统一的关系，具有"彰往而察来"的认识功能。由于天、地、人三才之道不是静态的结构，而是动态的过程，表现为连续性的时间序列，可以区分为过去、现在、未来三个阶段，因而考察这个发展的全过程，有两种不同的方法，一种是按照发展的理势线索，从过去的因推出现在的果，谓之顺推，即"数往者顺"；另一种是根据行为实践的目的期望，从未来的可能之果来把握现在的因，谓之逆推，即"知来者逆"，二者缺一不可，不过，相较而言，"知来"要比"数往"更为重要。这是因为，《周易》是一部"开物成务"之书，具有实践的品格，逆推往事而预知未来，给人以行为的指导，以便成就一番事业，是它的主旨所在，所以说"《易》，逆数也"，就是强调《周易》的主要功能在于逆推未来。

雷以动之，风以散之，雨以润之，日以烜之 [1]，艮以止之，兑以说之，乾以君之，坤以藏之。

[注释]

[1] 烜（xuān）：通 "烜"，曝晒；晒干。

[点评]

这是对八卦卦象各自具有不同性能的说明。震为雷，使万物发动。巽为风，使万物散播。坎为雨，使万物滋润。离为日，使万物温暖。艮为山，使万物静止。兑为泽，使万物和悦。乾为天，是万物的主宰。坤为地，使万物得以收藏。

帝出乎震，齐乎巽，相见乎离，致役乎坤 [1]，说言乎兑，战乎乾，劳乎坎，成言乎艮 [2]。

万物出乎震，震，东方也。

"齐乎巽"，巽，东南也，齐也者，言万物之絜齐也 [3]。

离也者，明也，万物皆相见，南方之卦也，圣人南面而听天下，向明而治 [4]，盖取诸此也。

坤也者，地也，万物皆致养焉，故曰 "致役乎坤"。

兑，正秋也，万物之所说也，故曰 "说言乎兑"。

战乎乾，乾，西北之卦也，言阴阳相薄也。

坎者，水也，正北方之卦也，劳卦也，万物之所归也，故曰"劳乎坎"。

艮，东北之卦也，万物之所成终而所成始也，故曰"成言乎艮"。

[注释]

[1]帝出乎震，齐乎巽，相见乎离，致役乎坤：帝，宇宙的创造者和主宰者。帝使万物萌生于"震"，发育整齐于"巽"，纷纷显现于离，致力劳作于坤。 [2]说言乎兑，战乎乾，劳乎坎，成言乎艮：说，即"悦"。欣悦成熟于兑，阴阳交战于乾，劳累倦乏于坎，完成于艮。 [3]絜齐：指清新整齐。絜，古同"洁"，干净清新。 [4]向明而治：朝向着光明的南面而治理天下。

[点评]

这是就八卦的性能与四时八方相配，排列成一个八卦方位图，表示宇宙万物在这个具体时空的框架内井然有序流行运转的过程。后来人们据此绘成圆图，叫作"文王八卦图"，也叫"后天八卦图"。

震为东方之卦，于时为春季，此时此地，万物萌生。巽为东南之卦，时当春末夏初，此时此地，万物欣欣向荣，清新整齐。离为南方之卦，正当盛夏，阳光普照，万物繁茂，帝王坐北朝南，治理天下，就是取法于离卦的象征。坤为西南之卦，时当夏末秋初，此时此地，万物得到充足的滋养，苗壮成长。兑为西方之卦，时当正秋，此时此地，万物成熟，果实累累，感受到喜悦。乾为西北之卦，时当秋末冬初，此时此地，万物由盛而衰，阴阳交战。坎为北方之卦，于时为正冬，此时此地，万物感受到劳累，进入冬藏阶段。艮为东北之卦，时当冬末春初，此时此地，万物终而复始，一年的循环告终，新的生命重又开始。

神也者，妙万物而为言者也[1]。动万物者，莫疾乎雷。挠万物者，莫疾乎风[2]。燥万物者，莫熯乎火[3]。说万物者[4]，莫说乎泽。润万物者，莫润乎水。终万物始万物者，莫盛乎艮。故水火相逮[5]，雷风不相悖，山泽通气，然后能变化，既成万物也。

[注释]

[1]神也者，妙万物而为言者也：所谓神，指的是宇宙的生机活力，大自然的神奇造化，是就其能够奇妙地化育万物而言的。　[2]挠：挠折弯曲，这里指吹拂。　[3]熯(hàn)：干燥。　[4]说：同"悦"。　[5]逮：及。

[点评]

万物的生长化育都是由于生机活力的驱动，而这种生机活力的内在机制和结构原理则是一阴一阳，交互作用，协调并济，和谐统一。在以天地乾坤为框架的宇宙图式中，震为雷，鼓动万物没有比雷更迅猛的，巽为风，吹拂万物没有比风更疾速的，但是"雷风不相悖"，彼此不相悖逆而保持一种平衡。离为火，干燥万物没有比火更炎热的，坎为水，滋润万物没有比水更湿润的，但是"水火相逮"，性质相反而有互补的功能。兑为泽，使万物喜悦没有比得上泽的，艮为山，使万物成终而成始没有比得上山的，但是"山泽通气"，气息相通，结为一体。由此看来，雷风、水火、山泽在天地之中普遍结成了一种既对立又统一的关系，体现了宇宙的生机活力，这种内在机制和结构原理就是促使万物变化生成的根本原因。

乾，健也。坤，顺也。震，动也。巽，入也。坎，陷也。离，丽也。艮，止也。兑，说也。

［点评］

这是对八卦的卦德即属性与功能的说明。

乾为马，坤为牛，震为龙，巽为鸡，坎为豕，离为雉，艮为狗，兑为羊。

［点评］

这是就八卦所取动物之象的说明。

乾为首，坤为腹，震为足，巽为股，坎为耳，离为目，艮为手，兑为口。

[点评]

这是就八卦所取人体之象的说明。

乾，天也，故称乎父。坤，地也，故称乎母。震一索而得男[1]，故谓之长男。巽一索而得女，故谓之长女。坎再索而得男，故谓之中男。离再索而得女，故谓之中女。艮三索而得男，故谓之少男。兑三索而得女，故谓之少女。

[注释]

[1] 索：求。阴阳相求。

[点评]

这是就八卦所取家庭之象的说明。乾为纯阳之卦，坤为纯阴之卦，其他六卦都是由乾坤相求交合所生，也分阴阳，震、坎、艮三卦为阳，巽、离、兑三卦为阴，象征乾坤六子，天父地母，组成了一个以血缘为纽带的大家庭。震是由乾初次与坤交合而生的阳卦，谓之长男。巽是由坤初次与乾交合而生的阴卦，谓之长女。坎是由乾再次与坤交合而生的阳卦，谓之中男。离是由坤再次与乾交合而生的阴卦，谓之中女。艮是由乾三次与坤交合而生的阳卦，谓之少男。兑是由坤三次与乾交合而生的阴卦，谓之少女。

乾为天，为圜，为君，为父，为玉，为金，为寒，为冰，为大赤，为良马，为老马，为瘠马，为驳马，为木果。

坤为地，为母，为布，为釜，为吝啬，为均，为子母牛，为大舆，为文，为众，为柄。其于地也为黑。

震为雷，为龙，为玄黄，为旉，为大涂，为长子，为决躁，为苍筤竹，为萑苇。其于马也为善鸣，为馵足，为作足，为的颡。其于稼也为反生。其究为健，为蕃鲜。

巽为木，为风，为长女，为绳直，为工，为白，为长，为高，为进退，为不果，为臭。其于人也为寡发，为广颡，为多白眼，为近利市三倍。其究为躁卦。

坎为水，为沟渎，为隐伏，为矫輮，为弓轮。其于人也为加忧，为心病，为耳痛，为血卦，为赤。其于马也为美脊，为亟心，为下首，为薄蹄，为曳。其于舆也为多眚，为通，为月，为盗。其于木也为坚多心。

离为火，为日，为电，为中女，为甲胄，为

戈兵。其于人也为大腹，为乾卦，为鳖，为蟹，为蠃，为蚌，为龟。其于木也为科上槁。

艮为山，为径路，为小石，为门阙，为果蓏，为阍寺，为指，为狗，为鼠，为黔喙之属。其于木也为坚多节。

兑为泽，为少女，为巫，为口舌，为毁折，为附决。其于地也为刚卤，为妾，为羊。

［点评］

这是广泛列举八卦取象的象例，从其中可见《易》取象比类的思维方式。以上这八段文字共列一百一十二个象例，其基本象例是八卦取象的第一句"乾为天、坤为地、震为雷、巽为木、坎为水、离为火、艮为山、兑为泽"，其余的取象是在这些基本象例的基础上，按照八卦的卦德（乾健、坤顺、震动、巽入、坎陷、离丽、艮止、兑悦）将事物分别进行相应归类的结果。因此，八卦象征着宇宙间的万事万物。

序卦传

有天地，然后万物生焉。盈天地之间者唯万物，故受之以《屯》，屯者，盈也，屯者，物之始生也。

[点评]

《序卦传》是对六十四卦排列次序的说明，分为上下两篇，上篇起自《乾》《坤》，终于《坎》《离》，共三十卦，下篇起自《咸》《恒》，终于《既济》《未济》，共三十四卦。卦与卦之间具有逻辑因果性的联系，前后相承，前一卦是后一卦的原因，后一卦是前一卦的结果，由此而建构了一个天地万物井然有序的发展图式。六十四卦之所以起自《乾》《坤》，是因为《乾》为天，《坤》为地，有天地而后有万物。《屯》是乾坤始交所生的第一个卦，象征物之始生，所以继《乾》《坤》以后，受之以《屯》，受就是前后相承的意思。以下各卦就按照这种因果联系逐次展开，通过卦与卦的前后相承来表现天地万物包括宇宙自然和社会人事的合乎规律的发展。

物生必蒙，故受之以《蒙》，蒙者，蒙也，物之稚也。物稚不可不养也，故受之以《需》，需者，饮食之道也。饮食必有讼，故受之以《讼》。讼必有众起，故受之以《师》，师者，众也。众必有所比，故受之以《比》，比者，比也。比必有所畜，故受之以《小畜》。物畜然后有礼，故受之以《履》。履而泰然后安，故受之以《泰》，泰者，通也。物不可以终通，故受之以《否》。物不可以终否，故受之以《同人》。与人同者，物必归焉，故受之以《大有》。有大者不可以盈，故受之以《谦》。有大而能谦必豫，故受之以《豫》。豫必有随，故受之以《随》。以喜随人者必有事，故受之以《蛊》，蛊者，事也。有事而后可大，故受之以《临》，临者，大也。物大然后可观，故受之以《观》。可观而后有所合，故受之以《噬嗑》，嗑者，合也。物不可以苟合而已，故受之以《贲》，贲者，饰也。致饰然后亨则尽矣，故受之以《剥》，剥者剥也。物不可以终尽，剥穷上反下，故受之以《复》。复则不妄矣，故受之以《无妄》。有无妄然后可畜，故受之以《大畜》。物畜然后可养，故受之以《颐》，颐者，养也。不养则不可动，故受之以《大过》。物不可以终过，故受之以《坎》，坎者，陷也。陷必有所丽，故受之以《离》，离者，丽也。

有天地，然后有万物；有万物，然后有男女；有男女，然后有夫妇；有夫妇，然后有父子；有父子，然后有君臣；有君臣，然后有上下；有上下，然后礼义有所错。夫妇之道不可以不久也，故受之以《恒》，恒者，久也。物不可以久居其所，故受之以《遁》，遁者，退也。物不可以终遁，故受之以《大壮》。物不可以终壮，故受之以《晋》，晋者，进也。进必有所伤，故受之以《明夷》，夷者，伤也。伤于外者必反于家，故受之以《家人》。家道穷必乖，故受之以《睽》，睽者，乖也。乖必有难，故受之以《蹇》，蹇者，难也。物不可以终难，故受之以《解》，解者，缓也。

缓必有所失，故受之以《损》。损而不已必益，故受之以《益》。益而不已必决，故受之以《夬》，夬者，决也。决必有遇，故受之以《姤》，姤者，遇也。物相遇而后聚，故受之以《萃》，萃者，聚也。聚而上者谓之升，故受之以《升》。升而不已必困，故受之以《困》。困乎上者必反下，故受之以《井》。井道不可不革，故受之以《革》。革物者莫若鼎，故受之以《鼎》。主器者莫若长子，故受之以《震》，震者，动也。物不可以终动，止之，故受之以《艮》，艮者，止也。物不可以终止，故受之以《渐》，渐者，进也。进必有所归，故受之以《归妹》。得其所归者必大，故受之以《丰》，丰者，大也。穷大者必失其居，故受之以《旅》。旅而无所容，故受之以《巽》，巽者，入也。入而后说之，故受之以《兑》，兑者，说也。说而后散之，故受之以《涣》，涣者，离也。物不可以终离，故受之以《节》。节而信之，故受之以《中孚》。有其信者必行之，故受之以《小过》。有过物者必济，故受之以《既济》。物不可穷也，故受之以《未济》终焉。

［点评］

从《序卦传》的这种说明，可以看出，卦与卦的前后相承是表现的形式，天地万物合乎规律的发展是表现的内容，全篇的着眼之点在于力图把内容纳入形式之中。究竟六十四卦的排列次序是否全面完整地反映了天地万物发展的规律，这种形式与内容的结合，究竟是有理有据，圆融无滞，还是牵强附会，生搬硬套，在易学史上，历来是褒贬不一，存在着两种截然相反的评价。比如晋人韩康伯指出："凡《序卦》之所明，非《易》之蕴也，盖因卦之次，托象以明义。"王夫之也指出："二篇必非圣人之书，即以文义求之，亦多牵强失理。"但是唐人李鼎祚的《周易集解》则是"以《序卦传》散缀六十四卦之首"。程颐的《伊川易传》采用其例，也以《序卦传》分置诸卦之首来说明卦与卦之间前后相承的关系。朱熹试图对这两种相反的评价折中调和，认为"先儒以为非圣人之蕴，某以为谓之非圣人之精则可，谓非《易》之蕴则不可。周子分'精'与'蕴'字甚分明。《序卦》却正是《易》之蕴，事事夹杂，都有在里面"。我们今天重新解读，可以超越古人的学派成见，就内容与形式的关系进行具体的考察，分别指出有哪些结合得圆融无滞，有哪些纯属牵强附会。

就总体而言，《序卦传》并不是依据六十四卦的排列次序来推演关于自然和社会的发展规律，而是把客观外在的规律置于首位，使卦序排列的形式从属于表现内容的需要。首先，它从"有天地然后万物生焉"的命题出发，提出了一套系统完整的宇宙生成论的哲学思想，为了表现内容，把这套哲学思想纳入卦序的形式之中，既然天地为万物之本，《乾》为天，《坤》为地，在卦序中为六十四卦之始，这种内容与形式的结合看来是符合一致，无滞无碍的。其次，由于自然和社会是一个天人整体，构成一个生成的发展序列，"有天地，然后有万物；有万物，然后有男女；有男女，然后有夫妇；有夫妇，然后有父子；有父子，然后有君臣；有君臣，然后有上下；有上下，然后有礼义有所错"（错：即措，安置），人类社会的各种人际关系和礼义规范都是由夫妇关系派生演化而来的，所以天地为万物之本，夫妇为人伦之始。在卦序的排列中，上篇起自《乾》《坤》，下篇起自《咸》《恒》，《咸》《恒》两卦为夫妇之道，正好表现了这个生成的发展序列，内容与形式的结合也是符合一致的。第三，六十四卦以《未济》卦作为终结，其所以如此，是因为"物不可穷也，故受之以《未济》终焉"，表现事物的发展变化没有穷尽，永远处于生生不已、贞下起元、日新月异的变易过程之中，激励人们以自强不息的精神朝向未来，这种卦序排列反映了事物的真实，蕴含着深刻的哲理，作为一种宇宙图式，在中外哲学史上，可以说是达到了无与伦比的奇妙的境界了。

但是，就具体的细节而言，卦序的排列与客观事物的发展序列本来就属于两个不同的系统，难以使之完全契合，《序卦传》却采用削足适履的方法，把卦序置于首位，生搬硬套，也确实存在着牵强附会的现象，为后人所诟病。比如《蒙》卦之后必然是《需》卦，是因为《蒙》卦代表幼稚的事物，"物稚不可不养也，故受之以

《需》"。《需》卦之后必然是《讼》卦，是因为《需》卦代表饮食之道，"饮食必有讼，故受之以《讼》"。人们可以对这种说明提出质疑，既然蒙为幼稚之名，为什么其所需者不是启蒙教育而是饮食。《需》卦之名包含需要、须待多层意义，为什么单以饮食之道来概括。至于《需》卦也有饮食宴乐的含义，与争讼之道并无必然的因果联系。类似的例子还可以举出很多，由此看来，人们对《序卦传》的说明表示不满，是确有道理的。虽然如此，从形式系统的角度看，今本的卦序排列，也并非毫无章法，而是遵循了一定的规律，这是属于象数的规律，卦变的规律。唐人孔颖达指出，主要是依据了两个原则，即"两两相耦，非覆即变"。所谓"两两相耦"，耦是耦合的意思，即每两卦相互耦合，结成一个对子，六十四卦一共结成了三十二个对子。所谓"非覆即变"，覆是颠倒的意思，即前一卦的卦象颠倒过来就是后一卦的卦象。变是阳变阴，阴变阳，即前一卦的卦象中阳爻变成阴爻，阴爻变成阳爻，就成了后一卦的卦象。依据"两两相耦"的原则，六十四卦不是孤立的存在，而是以两卦为一组，结成了三十二个对子，反映了事物与事物之间的普遍联系，每一个卦都是统一的完整结构的一个有机组成部分。依据"非覆即变"的原则，三十二组对卦可以分为两类，其中二十八组（五十六卦）为"覆"，四组（八卦）为"变"。比如《乾》卦和《坤》卦，《坎》卦和《离》卦，《颐》卦和《大过》卦，《中孚》卦和《小过》卦，这四组都是阴变阳，阳变阴。其他二十八组，比如《屯》卦和《蒙》卦，《需》卦和《讼》卦，《师》卦和《比》卦，都是相互颠倒，称之为"覆"。这种"非覆即变"的卦序排列体现了两条象数的规律，一是阴阳平衡与变通互补的规律，二是物极必反与变化日新的规律。就卦序排列系统而言，这两条象数的规律是确实存在的，问题在于，形式与内容，象数与义理，此二者之间同时也存在着矛盾。《序卦传》处理此二者的关系，一方面在总体上使形式从属于内容，以象数来表现义理，建构了一个与天地相似的宇宙图式；另一方面在具体的细节上又使内容从属于形式，用卦序来说明事物的变化，牵强附会，难以自圆其说。因而我们今天重新解读，应当有一个全面的观点，作出客观公允的评价。

杂卦传

《乾》刚《坤》柔，《比》乐《师》忧。《临》《观》之义，或与或求。《屯》见而不失其居，《蒙》杂而著。《震》，起也。《艮》，止也。《损》《益》，盛衰之始也。《大畜》，时也。《无妄》，灾也。《萃》聚而《升》不来也。《谦》轻而《豫》怠也。《噬嗑》，食也。《贲》，无色也。《兑》见而《巽》伏也。《随》，无故也。《蛊》则饬也。《剥》，烂也。《复》，反也。《晋》，昼也。《明夷》，诛也。《井》通而《困》，相遇也。《咸》，速也。《恒》，久也。《涣》，离也。《节》，止也。《解》，缓也。《蹇》，难也。《睽》，外也。《家人》，内也。《否》《泰》，反其类也。《大壮》则止，《遁》则退也。《大有》，众也。《同人》，亲也。《革》，去故也。《鼎》，取新也。《小过》，过也。《中孚》，信也。《丰》，多故也。亲寡，《旅》也。《离》上而《坎》下也。《小畜》，寡也。《履》，不处也。《需》，不进也。《讼》，不亲也。《大过》，颠也。《姤》，遇也，柔遇刚也。《渐》，女归待男行也。《颐》，养正也。《既济》，定也。《归妹》，女之终也。《未济》，男之穷也。《夬》，决也，刚决柔也，君子道长，小人道忧也。

[点评]

《杂卦传》是《序卦传》的姊妹篇，也是对六十四卦的说明。但是重点不是说明卦与卦之间前后相承的排列次序，而是"杂糅众卦，错综其义"，打乱了现成的卦序，以义为主，重新排列。

虽然如此，《杂卦传》的重新排列仍然是依据"两两相耦，非覆即变"的原则，以每两卦为一组，以相互依存的角度揭示其内在固有的"非覆即变"的关系。比如《乾》《坤》两卦，这是阴阳之变；《比》《师》两卦，这是相互颠倒之覆。从《乾》《坤》到《需》《讼》一共五十六卦，分为二十八组，都是依据这个原则，使之耦合成对，后面的八个卦，可能因为错简，不尽相合，如果稍加调整，使《大过》卦和《颐》卦、《既济》卦和《未济》卦、《归妹》卦和《渐》卦、《姤》卦和《夬》卦耦合成对，这就完全合乎这个原则了。

由此看来，无论是《序卦传》的卦序排列，还是《杂卦传》的错杂排列，"两两相耦，非覆即变"的原则是普遍适用的。其所以如此，是因为六十四卦本来就是一个符号形式系统，以阴阳之象与奇偶之数作为基本的构成元素，就阴阳奇偶不能孤立存在而相互联系而言，必然是"两两相耦"，就其所结成的依存转化的关系而言，必然是"非覆即变"，无论对卦序进行何种排列，都不能违反这种必然性，这也就是象数的规律，卦变的规律。

关于这种象数的规律，主要有两条，一是阴阳平衡与变通互补的规律，二是物极必反与变化日新的规律。从总体上看，这两条属于符号形式的象数规律与具有实质内涵的天地万物的发展规律是相互契合的，也可以依据这种象数规律把六十四卦编织成一个与天地相似的宇宙图式。但是，从具体的细节看，形式的系统和实质的系统常常是方枘圆凿，无法完全契合。因而《杂卦传》和《序卦传》在如何处理形式与内容、象数与义理的关系上，面临着同样的问题。仔细比较二者的处理方式，可以看出，《序卦传》由于力图以卦序的前后相承来说明事物的发展变化，使义理内容从属于象数形式，难免产生很多的牵强附会，《杂卦传》则是"杂糅众卦"，按照"两两相耦"的原则重新排列，单就"非覆即变"的关系"错综其义"，来说明事物之间的依存转化，这就避免了如同《序卦传》那样的牵强附会，显得较为切实合理。

《杂卦传》解卦的特点，有时是依据卦名，有时是依

据卦象或卦德，与《彖传》《象传》有很多相通之处，其
"两两相耦"的排列，有时取其相互反对之义，有时则是
以类相从。比如"《大壮》则止，《遁》则退也。《大有》
众也，《同人》亲也"，这就是取其义之相近而归于同类。
由于对立面的相互依存是客观事物普遍的存在状态，阴
阳奇偶的象数符号是表现这种存在状态的最好的形式，
所以《杂卦传》主要是以两两相对的关系来揭示卦义。
比如"《乾》刚《坤》柔，《比》乐《师》忧，《临》《观》
之义，或与或求"。这种揭示，既深刻，又简约，常常是
一语破的，凸显了卦义的实质内涵。比如，"《损》《益》，
盛衰之始也"；"《剥》，烂也，《复》，反也"；"《否》《泰》，
反其类也"；"《革》，去故也，《鼎》，取新也"等等。许
多流传到今日的富有哲理性的成语，比如盛极必衰、剥
极必复、否极泰来、革故鼎新，都是由这种揭示凝练而
来的。但是，由于过分追求简约，也产生了不少意义暧
昧或者以偏概全的现象，令人无从索解。比如，"《大畜》，
时也，《无妄》，灾也"；"《萃》聚而《升》不来也"。大
畜之义为积蓄，何以谓之为时？无妄之义为不妄，何以
谓之为灾？《萃》卦的卦义为聚，可以理解，但《升》
卦的卦义谓之不来，则义不可通。总起来看，《杂卦传》
对六十四卦的说明，和《序卦传》同样，也是有得有失，
我们今天重新解读，不必苛求古人，也不必在本不可通
之处曲意求通，应当有一个全面的观点，合理的评价。

主要参考文献

周易附周易略例 （三国魏）王弼、（晋）韩康伯注 四部丛刊本 商务印书馆 1919 年版

论语注疏 （三国魏）何晏等注 （宋）邢昺疏 阮刻十三经注疏本 中华书局 1980 年版

周易正义 （唐）孔颖达疏 阮刻十三经注疏本 中华书局 1980 年版

周易集解 （唐）李鼎祚撰 中国书店 1984 年版

周易口义 （宋）倪天隐述 吉林出版集团 2005 年版

东坡易传 （宋）苏轼撰 津逮秘书本 上海博古斋 1922 年版

横渠易说 （宋）张载撰 通志堂经解本 江苏广陵古籍刻印社 1996 年版

易小传 （宋）沈该撰 文渊阁四库全书本 上海古籍出版社 1987 年版

周易程氏传　（宋）程颐撰　景印文渊阁四库全书本　台湾商务印书馆 1986 年版

温公易说　（宋）司马光撰　四库易学丛刊本　上海古籍出版社 1989 年版

朱子语类　（宋）黎靖德编　王星贤点校　中华书局 1986 年版

诗集传　（宋）朱熹注　王华宝整理　凤凰出版社 2007 年版

四书章句集注　（宋）朱熹撰　中华书局 1983 年版

周易本义　（宋）朱熹撰　廖名春点校　中华书局 2009 年版

读易详说　（宋）李光撰　文渊阁四库全书本　上海古籍出版社 1987 年版

诚斋易传　（宋）杨万里撰　九州出版社 2008 年版

易学启蒙　（宋）朱熹撰　中国书店 1991 年版

易纂言　（元）吴澄撰　通志堂经解本　江苏广陵古籍刻印社 1996 年版

周易浅述　（清）陈梦雷撰　台湾商务印书馆 1986 年版

周易折中　（清）李光地等撰　九州出版社 2002 年版

六十四卦经解　（清）朱峻声著　中华书局 1953 年版

船山全书　（清）王夫之著　岳麓书社 1988 年版

张子正蒙注　（清）王夫之著　中华书局 1975 年版

易汉学　易例　（清）惠栋撰　四库易学丛刊本　上海古籍出版社 1990 年版

易学哲学史　朱伯崑著　昆仑出版社 2005 年版

中国传统中和思想　程静宇著　社会科学文献出版社 2010 年版